普通高等教育"十三五"规划教材

本书第1版荣获中国石油和化学工业优秀出版物奖

食品安全法律法规与标准

第2版

钱 和　庞月红　于瑞莲　主编

化学工业出版社

·北京·

《食品安全法律法规与标准》(第2版)共计包括食品安全法律法规与标准基础知识、国际食品法规与标准、发达国家/地区食品安全法律法规与标准、中国食品安全法律法规与标准四大篇内容。首先从基础知识入手,以奠定知识基础并启发学生的学习积极性,然后介绍国际食品法规与标准,接着介绍发达国家食品安全法律法规和标准体系的现状与成功经验、重要法律法规以及标准的获取渠道,最后要求读者基于食品安全保障的先进理念与思想,带着现实中的问题,学习我国现行食品安全法律法规和标准体系。

《食品安全法律法规与标准》(第2版)既可作为食品质量与安全专业、食品科学与工程专业的教材,也可作为食品生产及进出口贸易企业、食品安全质量认证及咨询人员的参考书,并可作为食品安全和质量管理人员培训的教材或参考资料。

图书在版编目(CIP)数据

食品安全法律法规与标准/钱和,庞月红,于瑞莲主编. —2版. —北京:化学工业出版社,2019.9(2024.9重印)
普通高等教育"十三五"规划教材
ISBN 978-7-122-34569-1

Ⅰ.①食… Ⅱ.①钱… ②庞… ③于… Ⅲ.①食品卫生法-中国-高等学校-教材②食品标准-世界-高等学校-教材 Ⅳ.①D922.16②TS207.2

中国版本图书馆 CIP 数据核字(2019)第 101739 号

责任编辑:尤彩霞　赵玉清　　　　　　　装帧设计:关　飞
责任校对:杜杏然

出版发行:化学工业出版社(北京市东城区青年湖南街13号　邮政编码100011)
印　　装:三河市双峰印刷装订有限公司
787mm×1092mm　1/16　印张 17½　字数 448 千字　2024 年 9 月北京第 2 版第 8 次印刷

购书咨询:010-64518888　　　售后服务:010-64518899
网　　址:http://www.cip.com.cn
凡购买本书,如有缺损质量问题,本社销售中心负责调换。

定　　价:49.00元　　　　　　　　　　　　　　　　　　　版权所有　违者必究

前言

2009年6月1日《中华人民共和国食品安全法》正式实施，标志着我国食品标准进入关注食品安全相关指标的新时期；2018年12月修订后的《中华人民共和国食品安全法》正式实施，标志着我国食品安全法律法规体系、食品安全标准体系更加趋于完善。基于这样的背景，《食品安全法律法规与标准》必须修订。

本次修订，一方面力求全面反映近年来国内外食品安全法律法规和标准的最新进展；另一方面更加注重教材的使用效果。遵循第一版的编写原则和框架，重点修改和补充了国内外食品安全监管体系的变化、食品安全法律法规与标准体系的完善，同时更新相关内容。本版保持了第一版"授人以渔"，满足"教、学、用"三方面要求的特点。

第二版的作者编写分工如下：第一章由钱和（江南大学）、王海利（江南大学）编写，第二章由沈晓芳（江南大学）、郭露露（江南大学）编写，第三章由杜超（鲁东大学）、王海利（江南大学）编写，第四章由胡斌（中国检验认证集团江苏有限公司无锡分公司）、王海利（江南大学）编写，第五章由崔燕（宁波市农业科学研究院）、郭露露（江南大学）编写，第六章由李颖超（常州工程职业技术学院）、孙苗（江南大学）编写，第七章由王姣（太仓市农产品质量监督检验测试中心）、孙苗（江南大学）编写，第八章由于瑞莲（南京中医药大学）、王海利（江南大学）编写，第九章由庞月红（江南大学）、王海利（江南大学）编写。全书由钱和、庞月红、于瑞莲统稿。

本书是中国工程院重大咨询研究项目第二期"中国食品安全问题、现状与对策战略研究"的成果之一，衷心感谢庞国芳院士、孙宝国院士和项目组的所有老师们，是他们让我们的眼界不断提高、思维不断开阔。

衷心感谢这个不断变化的时代，本书将随着世界食品安全保障体系的变化而适时修订、不断完善；衷心感谢所有帮助成就此书的作者、提供研究成果和参考信息的专家以及出版社的老师们。

钱和

2019年6月

序（第1版）

食品安全直接影响广大公众的身体健康和生命安全，影响经济发展和社会稳定。世界上许多国家把食品安全视为国家公共安全的重要组成部分，不断加强食品安全保障体系的建设。毫无疑问，健全的法律法规和标准体系是构建食品安全保障体系最重要的基础：严谨的食品安全法律法规体系，能维护高度秩序、高度稳定、高度效率、高度文明的食品生产经营环境；系统、科学、可操作的食品安全标准，为食品生产经营者提供了必须遵守的准则，为食品安全监管部门提供了监管依据和准绳。但是，由于食品安全是个综合性概念，涉及食品链内的各类组织（从饲料生产者、农业投入品生产者、农业产品的初级生产者、食品生产者、运输和分销中心，直到零售商和餐饮服务商）以及与其关联的组织（如设备、包装材料、清洗剂、消毒剂、添加剂和辅料的生产者），因此，世界各国的食品法律法规都存在涉猎面极其广泛的特点，而且，在原始法律仍然有效的情况下，经常会根据需要发布新的法规来修订其中某个或某些条款，以至于对同一对象，常有许多不同年代的管理规定同时存在；食品安全标准也随着科学研究的深入和消费者要求的提高而经常更新。

为了实现针对食品质量与安全、食品科学与工程专业的学生们厚基础、宽口径的培养目标，为了满足食品行业对食品安全法律法规和标准体系的知识需求，以江南大学食品学院为团队核心的作者们通过系统调研、广泛阅读、分析归纳、提炼总结，在充分考虑"教、学、用"三方面要求的基础上，对《食品安全法律法规与标准》一书的教学内容进行了科学和系统策划。首先从法律法规和标准的基础知识切入，为读者充分理解食品安全法律法规和标准奠定基础。接着，全面系统地介绍国际相关组织［世界贸易组织（WTO）、世界卫生组织（WHO）、联合国粮农组织（FAO）、食品法典委员会（CAC）、国际有机农业运动联合会（IFOAM）、动物卫生组织（OIE）、国际标准化组织（ISO）］在全球食品安全保障中的作用、制定的重要法规和标准，使读者能够立足全球，了解食品安全法律法规和标准的国际现状。然后，详细介绍具有一定代表性的发达国家/地区（美国、欧盟、日本）如何通过管理理念和监管制度的创新完善食品安全监管体系，以及其食品安全法律法规体系的形成过程，目前一些重要法律法规的立法宗旨、基本原则、食品标准体系的框架、制（修）订主体、各类食品标准的获取渠道，并通过典型案例帮助读者了解发达国家食品安全法律法规和标准的实施效果。最后，全面介绍了中国食品安全法律法规和标准体系的发展与现状，现行重要法律法规的立法宗旨、基本原则和主要内容，各类食品标准的获取方法等内容。至于本书结语"关于我国食品安全法律法规与标准体系的思考"则犹如抛砖引玉，引导读者根据发达国家食品安全监管成功经验，深刻思考如何建立健全我国食品安全法律法规和标准体系。

《食品安全法律法规与标准》为中国工程院重大咨询项目"中国食品安全问题、现状与对策战略研究"的成果之一，同时也是江南大学2011年本科教育教学改革研究项目之一，结构严谨，逻辑性强，系统性、思想性、启发性和可读性均较强；层次分明，脉络清晰，信息丰富，参考性强；注重实时、实效、实用等特点。在如何实现"授人以渔"教学宗旨等方面具有创新性，是一本不可多得的好教材，可作为各高等院校食品科学与工程、食品质量与安全专业的教学用书，也可作为食品加工企业、食品安全控制与管理咨询、食品安全监管机构等部门的参考书或培训教材。

  食品安全所反映的问题，不仅仅是食品行业的问题，还是整个社会的稳定问题、管理问题、环境问题等的综合体现。因此，解决食品安全问题的方法一定是多元化的、综合性的方法。尽管如此，食品安全法律法规和标准体系仍是解决食品安全问题必不可少的基础。感谢作者为普及食品安全法律法规与标准体系知识，为食品行业培养懂法、守法专业人才所做的努力。

中国工程院院士
2014年7月

前 言（第1版）

自 2002 年教育部设立食品质量与安全本科专业以来，国内已有 120 多家高校设立食品质量与安全专业，"食品安全法律法规与标准"是该专业的必选课程。但是，在具体教学中如何授课一直是困扰教师们的难题，简单宣讲法律条文和标准的限量要求，往往使学生们感到枯燥无味，兴趣索然。因此，如何通过科学设计教学内容，有效改进教学方法，以达到激发学生们的学习热情、提高学习效率的目的就成为教学改革中的重点与难点。

2011 年始，本人有幸参加了中国工程院重大咨询调研项目"中国食品安全问题、现状与对策战略研究"，在庞国芳院士的指导下，大家对发达国家的食品安全监管体系、法律法规和标准体系等进行了深入调研和系统分析。在此过程中深刻体会到，食品安全法律法规和标准体系具有与时俱进的特点。因此，《食品安全法律法规与标准》一书，如果能让读者基于食品安全法律法规和标准的发展与完善过程，理解相关法律法规的立法宗旨、基本原则并掌握主要内容，了解法律法规的制定机构，知道获取最新食品标准的渠道，有能力查到实际工作中需要的法律法规和标准信息，就达到了食品安全法律法规和标准知识的普及与教育的目的，且能满足"教、学、用"三方面的要求。至此，本书的设计思想逐步趋于成熟。

本书共四篇：食品安全法律法规与标准基础知识（第一篇）、国际食品法规与标准（第二篇）、发达国家/地区食品安全法律法规与标准（第三篇）、中国食品安全法律法规与标准（第四篇）。本书首先从基础知识入手以奠定知识基础并激发学生们的学习积极性，然后介绍国际食品法规与标准，接着介绍发达国家食品安全法律法规和标准体系的现状与成功经验、重要法律法规以及标准的获取渠道，最后要求读者基于食品安全保障的先进理念与思想，带着现实中的问题，学习我国现行食品安全法律法规和标准体系，思考完善与改进的措施。

本书既可作为食品质量与安全专业、食品科学与工程专业的教材，也可作为食品生产及进出口贸易企业、食品安全质量认证及咨询人员的参考书，并可作为食品安全和质量管理人员培训的教材或参考资料。

本书既是中国工程院重大咨询研究项目"中国食品安全问题、现状与对策战略研究"的成果之一，也是江南大学 2011 年本科教学改革研究项目成果，且经过了理论研究、教学实践探索等过程。在写作过程中征求过邹翔、徐建华、闫雪等专家的意见，在此表示衷心的感谢！

《食品安全法律法规与标准》历时多年，江南大学食品学院许多研究生在资料调研和本书的写作过程中作出了重大贡献，他们是：2005 级硕士王浩月、顾亚萍、陈峰；2008 级硕士刘利兵；2010 级硕士毕井辉、叶青；2011 级硕士鲁洋、施秋妤；2012 级硕士何重亮、王梓昂、化涵毅、张文易、周苏、武旭；2011 级本科强化班应丹瑜、余祺枫；博士生李颖超、杜超；还有被称为"食品安全信息源"的马伟等。在这个过程中，我充分体验到教学相长的乐趣，特借此机会向大家致以特别的感谢！在写作过程中，我们亦师亦友，讨论争论，共同享受研究的乐趣，收获研究的成果。特别是何重亮等 2012 级硕士生，承担了最后大幅度修改、整体校对等任务，对全书整体内容的完善作出了很大贡献，所表现出来的能力与智慧让我吃惊，更让我欢欣鼓舞！

最后，衷心感谢中国工程院重大咨询研究项目组的所有老师们！衷心感谢庞国芳院士！衷心感谢江南大学食品学院陈卫院长！衷心感谢为本书提供资料、提供意见的朋友们！衷心感谢一切帮助成就此书的因缘！！！

钱和

江南大学食品学院

2014 年 7 月

目录

第一篇 食品安全法律法规与标准基础知识 …… 1

第一章 食品安全基础标准 …… 2

第一节 标准与标准化 …… 2
一、标准与标准化的概念 …… 2
二、标准与标准化的基本特征 …… 4
三、标准、标准化和法律法规之间的关系 …… 5
四、标准化的目的 …… 6
五、标准化的作用 …… 7
六、标准化活动的基本原则 …… 8

第二节 标准分类与标准体系 …… 9
一、中国标准的分类 …… 9
二、国外标准的分类 …… 14
三、标准体系 …… 16

第三节 标准的结构与编写 …… 17
一、标准的结构 …… 18
二、资料性概述要素的编写 …… 21
三、规范性一般要素的编写 …… 22
四、规范性技术要素的编写 …… 24
五、资料性补充要素的编写 …… 29
六、标准的代号和编号 …… 29

第四节 标准的制定 …… 32
一、制定标准的一般程序 …… 32
二、标准制定的基本原则 …… 36
三、编写标准的基本要求 …… 36

第五节 我国标准及标准化的管理 …… 39
一、管理部门及分工 …… 39
二、标准宣贯与实施 …… 40
三、标准的修订 …… 41

第六节 食品安全标准基础知识 …… 41
一、食品安全标准的概念 …… 41
二、食品安全标准的性质 …… 42
三、食品安全标准体系 …… 42
四、食品安全标准的制定 …… 43

本章案例	45
讨论题	46

第二篇 国际食品法规与标准 ... 47

第二章 世界贸易组织（WTO）及其法规和标准 ... 48
第一节 世界贸易组织简介 ... 48
一、WTO 的历史 ... 48
二、WTO 的组织结构 ... 50
三、WTO 的宗旨、职能与作用 ... 51
第二节 WTO 协议分类和总体框架结构 ... 55
一、协议分类 ... 55
二、框架结构 ... 56
第三节 WTO 的技术法规与标准 ... 57
一、《TBT 协议》对技术法规、标准、合格评定的定义 ... 57
二、技术性贸易壁垒协议 ... 57
三、实施卫生与植物卫生措施协议 ... 60
四、《TBT 协议》与《SPS 协议》的联系及区别 ... 64
五、TBT/SPS 措施通报及风险预警 ... 65
本章案例 ... 71
讨论题 ... 73

第三章 世界卫生组织、联合国粮农组织和食品法典委员会 ... 74
第一节 世界卫生组织简介 ... 74
一、WHO 的发展历史、宗旨和目标 ... 74
二、WHO 的结构 ... 75
三、食品安全职能框架规划依据 ... 75
第二节 联合国粮农组织简介 ... 77
一、FAO 的发展历史、宗旨与战略目标 ... 77
二、FAO 的组成 ... 78
三、FAO 的活动 ... 79
第三节 食品法典委员会简介 ... 79
一、CAC 的历史及职责 ... 79
二、CAC 及其附属机构 ... 80
三、CAC 与 WHO、FAO 的关系 ... 83
第四节 了解食品法典 ... 85
一、食品法典简介 ... 85
二、法典标准的制定程序 ... 88
三、食品法典的主要科学基础 ... 91
四、食品法典的发展趋势 ... 94
五、中国在 CAC 的工作开展状况 ... 94
本章案例 ... 96
讨论题 ... 97

第四章 国际标准化组织 ... 98

第一节　组织简介 …………………………………………………………… 98
　一、发展历史、宗旨、目标和出版物 ………………………………………… 98
　二、组织结构 ………………………………………………………………… 99
　三、采用国际标准的好处 …………………………………………………… 100
　四、中国与ISO及其标准 …………………………………………………… 101
第二节　ISO标准的制定 …………………………………………………… 102
　一、技术委员会和分技术委员会的工作 …………………………………… 102
　二、ISO标准的制定程序 …………………………………………………… 103
　三、ISO标准的制定原则 …………………………………………………… 104
第三节　与食品安全紧密相关的ISO标准 ………………………………… 105
　一、ISO 9000质量管理体系系列标准 ……………………………………… 105
　二、ISO 14000环境管理系列标准 ………………………………………… 113
　三、ISO 22000食品安全管理系列标准 …………………………………… 119
讨论题 …………………………………………………………………………… 125

第三篇　发达国家/地区食品安全法律法规与标准 …………………… 127

第五章　美国食品安全法律法规概论 ………………………………………… 128
第一节　美国食品安全法律法规体系的发展与现状 ……………………… 128
　一、美国食品安全法律法规的起源 ………………………………………… 128
　二、美国食品法律法规的发展 ……………………………………………… 128
　三、美国现行食品法律法规体系 …………………………………………… 130
　四、美国食品监管机构 ……………………………………………………… 131
第二节　美国食品法律法规简介 …………………………………………… 134
　一、美国食品与药品监督管理局（FDA）颁布的法规 …………………… 134
　二、美国农业部颁布的法规 ………………………………………………… 137
　三、美国环境保护署颁布的法规 …………………………………………… 138
　四、其他部门颁布的法规 …………………………………………………… 139
第三节　美国食品安全标准体系 …………………………………………… 139
　一、美国现行食品安全标准体系 …………………………………………… 139
　二、美国食品安全标准的制定与修订 ……………………………………… 140
第四节　美国食品法规实际执行情况（含案例） ………………………… 141
　一、美国食品市场准入法规 ………………………………………………… 141
　二、美国食品企业规范 ……………………………………………………… 143
　三、美国近年食品安全事件分析 …………………………………………… 146
讨论题 …………………………………………………………………………… 147

第六章　欧盟食品安全法律法规与标准 ……………………………………… 148
第一节　欧盟食品法规体系的发展与现状 ………………………………… 148
　一、欧盟食品法律法规的起源 ……………………………………………… 149
　二、欧盟食品法律法规的发展 ……………………………………………… 149
第二节　欧盟食品安全法律法规简介 ……………………………………… 151
　一、欧盟食品安全法规 ……………………………………………………… 151
　二、欧盟食品安全法规结构分析 …………………………………………… 153

  三、欧盟食品安全技术性贸易措施体系的特点及其启示 ………………………… 154
 第三节 欧盟食品安全标准简介 ………………………………………………………… 155
  一、欧盟食品安全标准发展历程 ………………………………………………… 155
  二、欧盟食品安全标准体系 ……………………………………………………… 156
  三、欧盟食品安全标准制修订程序 ……………………………………………… 158
  四、欧盟食品安全标准特点分析 ………………………………………………… 158
 第四节 欧盟食品安全监管机构 ………………………………………………………… 159
 第五节 欧盟关于食品安全的重要制度 ………………………………………………… 161
  一、"农田到餐桌"全程监控制度 ……………………………………………… 162
  二、危害分析与关键控制点制度 ………………………………………………… 162
  三、食品与饲料快速预警系统 …………………………………………………… 162
  四、可追溯制度 …………………………………………………………………… 163
  五、食品或饲料从业者承担责任制度 …………………………………………… 163
 本章案例 …………………………………………………………………………………… 163

第七章 日本食品安全法律法规与标准 ……………………………………………… 166
 第一节 日本食品安全法律法规体系的发展与现状 …………………………………… 166
  一、日本食品安全法律法规发展进程 …………………………………………… 166
  二、日本食品法律法规现状 ……………………………………………………… 168
 第二节 日本食品安全法律法规简介 …………………………………………………… 171
  一、食品卫生法 …………………………………………………………………… 171
  二、食品安全基本法 ……………………………………………………………… 172
  三、农林产品标准化与正确标签法 ……………………………………………… 173
  四、农药取缔法 …………………………………………………………………… 173
 第三节 日本食品安全标准体系简介 …………………………………………………… 174
  一、标准制定机构 ………………………………………………………………… 174
  二、食品标准的构成 ……………………………………………………………… 175
  三、食品安全标准的制定 ………………………………………………………… 176
  四、食品安全标准的认证与监督 ………………………………………………… 177
  五、肯定列表制度 ………………………………………………………………… 178
  六、日本食品安全标准的特点 …………………………………………………… 180
 第四节 日本食品法规执行情况（含案例） …………………………………………… 181
  一、市场准入机制 ………………………………………………………………… 181
  二、日本食品企业规范 …………………………………………………………… 184
  三、食品安全危机应急机制 ……………………………………………………… 187
  四、日本食品符合性标准 ………………………………………………………… 189
 讨论题 ……………………………………………………………………………………… 190

第四篇 中国食品安全法律法规与标准 ………………………………………………… 191

第八章 中国食品安全法律法规体系 ………………………………………………… 192
 第一节 中国食品安全法律法规的起源与发展 ………………………………………… 192
  一、《食品安全法》之前的时期 ………………………………………………… 192
  二、《食品安全法》实施以后至今 ……………………………………………… 193

三、现行食品安全法律法规体系的主要特点…………………………………………… 194
　第二节　中国现行食品安全法律法规体系……………………………………………… 195
　　一、现行主要食品安全法律简介…………………………………………………………… 195
　　二、现行主要食品安全法规简介…………………………………………………………… 207
　　三、现行食品安全法律法规在管理上的主要创新……………………………………… 212
　第三节　中国食品安全监管机构与职能………………………………………………… 214
　本章案例…………………………………………………………………………………………… 215
　讨论题……………………………………………………………………………………………… 219

第九章　中国食品安全标准体系………………………………………………………………… 220
　第一节　中国食品安全标准体系的发展………………………………………………… 220
　　一、我国食品标准发展简史………………………………………………………………… 220
　　二、我国食品标准分类……………………………………………………………………… 221
　　三、食品安全标准方面的成就……………………………………………………………… 222
　　四、农业标准化与农产品质量安全标准体系…………………………………………… 224
　第二节　中国食品安全相关标准介绍…………………………………………………… 226
　　一、食品基础标准…………………………………………………………………………… 226
　　二、食品流通标准…………………………………………………………………………… 228
　　三、食品安全国家标准介绍………………………………………………………………… 230
　　四、无公害农产品、绿色与有机食品标准………………………………………………… 254
　本章案例…………………………………………………………………………………………… 259
　讨论题……………………………………………………………………………………………… 263

参考文献及推荐读物和推荐网站………………………………………………………………… 263

第一篇

食品安全法律法规与标准基础知识

学习目标

- 掌握标准和标准化的基本知识。
- 了解标准分类和标准体系。
- 熟悉标准的结构、编写和标准的制定。
- 掌握食品安全标准的基础知识。

第一章 食品安全基础标准

第一节 标准与标准化

一、标准与标准化的概念

标准与标准化是与标准相关的基础知识中最基本的概念，是人们在生产实践中对标准化活动有关范畴、本质特征的概括。研究标准与标准化的概念，对于标准化学科的建设和发展以及开展标准化的活动都有重要意义。标准是标准化管理的重要依据，是企业依法组织食品生产、销售与服务的主要技术依据，也是监督检查部门对食品生产企业、销售企业或生产供应的食品进行合格评定的重要依据。确保食品质量安全的有效途径之一就是实行从农田到餐桌的全过程标准化管理。食品标准化水平代表一个国家在食品安全、食品质量方面的保护水平，也体现了一个国家在国际食品贸易中的保护水平。因此，掌握标准与标准化的基本概念，了解国内外标准化发展的动态和趋势，对于确保食品质量安全和国际竞争均有十分重要的意义。

（一）标准（standard）

结合国家标准 GB/T 20000.1—2014 给出的最新定义，我们对"标准"的概念归纳了以下几点分析和理解。

1. 标准的属性

ISO/IEC 将其定义为"规范性文件"，WTO/TBT 将其定义为"非强制性的""提供规则、指南或特性的文件"。这其中虽有微妙的差别，但比"技术规定"的范围宽得多。通过 GB/T 20000.1—2014 给出的定义，我们可以将标准简单理解成一种文件，但标准不是一般意义的文件，它是一种约束、指导人们行为的特殊的规范性文件。

在国际上，标准通常是自愿性的，尤其在 WTO/TBT 中，将标准定义为自愿性文件，技术法规才是强制性文件，也就是说标准只有被技术法规引用才具有强制性。既然标准是自愿的，就不是法律、法规；当国家法律赋予它法律效力之后，才应视同为法规。而 ISO/IEC 第 2 号指南定义的标准可以是强制性的，也可以是自愿性的，我国的标准主要与此定义的概念一致。由于我国的管理、法规体制与国际的差异，我国的强制性标准也发挥了某些技术法规的作用。

2. 标准产生的基础

科学、技术和经验的综合成果是标准产生的基础和依据。标准这一规范性文件是一种技术类文件，它具有科技含量，是在分析、比较、选择并加以综合最新技术水平后制定的；标准又是对人们实践经验的归纳、总结、整理并规范化的结果，是在某一截止时间前，社会所积累的实践经验及规范化的成果。从这个角度讲，制定标准的过程就是对科学、技术和经验加以消化、提炼和概括的过程，由此奠定了标准科学性的基础。

3. 标准制定的出发点

"获得最佳秩序""促进最佳共同效益"是制定标准的出发点。这里所说的"最佳秩序"，指的是通过制定和实施标准，使标准化对象的有序化程度达到最佳状态；这里所说的"最佳共同效益"，指的是相关方的共同效益，而不是仅仅追求某一方的效益，这是作为"公共资源"的国际标准、国家标准所必须做到的。当然，最佳是不易做到的，这里的"最佳"有两重含义：一是努力方向、奋斗目标，即在现有条件下尽最大努力争取做到的；二是要有整体观念，局部服从整体，追求整体最佳。

4. 标准制定的原则和过程

制定标准的原则是协商一致。协商一致是指普遍同意，即对于实质性问题，有关重要方面没有坚持反对意见，并且按程序对有关各方的观点进行了研究且对所有争议进行了协调，各方面取得了较为一致的意见。简言之，协商一致是指有关各界的重要一方对标准中的实质性问题普遍接受，没有坚持反对意见，但并不是说所有各方全无异议。

制定标准需要按一定的规范化程序进行，并且最终要由公认机构批准发布。这里的公认机构一般指标准机构。标准机构是在国家、行业、区域或国际层面上承认的，由能代表各方利益的组织或个人参与的，以制定标准、通过或批准标准、公开发布标准为主要职能的标准化管理机构，包括但不限于：法律规定的标准化机构，如政府标准化行政主管部门、行业标准化行政主管部门、地方政府标准化行政主管部门等；标准化组织或团体（包括国际组织和区域组织），如 ISO、IEC、食品法典委员会（CAC）、国际计量局（BIPM）、欧洲标准化委员会（CEN）、泛美技术标准委员会（COPANT）等；从事标准化工作的协会、学会或产业联盟等，如美国谷物化学家协会（AACC）、美国公职分析化学家协会（AOAC）等。

5. 标准必备的特点

标准必须具备"共同使用和重复使用"的特点。因而标准的对象是"共同使用的和重复使用的活动或其结果"。

"共同使用"是指相关利益的各方都要用。例如国际标准是供全球相关领域使用的标准，国家标准是供一个国家版图范围内的相关领域使用的标准，而企业标准除了企业集团内部或自身使用外，还要供相关监督管理部门在监督检查时使用。

"重复使用"，这里的"重复"是指同一事物反复多次出现的性质。事物具有重复出现的特性，才能重复使用标准，才有制定标准的必要。对重复事物制定标准就是总结以往的经验，选择最佳方案，作为今后实践的目标和依据。标准化过程就是人类实践经验不断积累与不断深化的过程。这样既可最大限度地减少不必要的重复劳动，又能扩大"最佳方案"的重复利用次数和范围。

（二）标准化（standardization）

1. 标准化的属性

标准化是"制定共同使用和重复使用条款的活动"。定义中所说的"条款"是指规范性文件内容的表述方式。标准化活动所建立的规范具有共同使用和重复使用的特征。

标准化是一种活动过程，而不是一个孤立的事物，主要是制定标准、实施标准进而修订标准的过程。这个过程也不是一次就能完结，而是一个不断循环、螺旋式上升的运动过程。每完成一个循环，标准的水平就提高一步，标准与社会发展的需求就更加紧密。

标准化作为一门学科时，是研究标准化过程中的规律和方法；标准化作为一项工作时，就是根据客观情况的变化，不断地促进这种循环过程的进行和发展。而标准是标准化活动的产物。标准化的目的和作用，都是要通过制定和实施具体的标准来体现的。所以，标准化活动不能脱离制定、修订和实施标准的任何一个过程，这是标准化的基本任务和主要内容。

2. 标准化的对象

标准化的对象是"现实问题或潜在问题"。"现实问题或潜在问题"可以理解为产品、过程或服务的质量问题。质量是指"一组固有特性满足要求的程度"。质量定义中的"要求"指明示和隐含的需求或期望，可以视为与标准化定义中的"现实或潜在"相互对应；而质量定义中的"特性"与标准化定义中的"适用性"可以视为相互对应。可以看出，标准化的主要对象就是指产品、过程或服务的质量。

3. 标准化的目的和作用

标准化的目的是"为在一定的范围内获得最佳秩序"，这既是制定标准的出发点，也是标准化的最终目的。除此之外，标准化还可以有一个或多个特定目的，以使产品、过程或服务具有适用性。这些目的可以包括品种控制、适用性、兼容性、互换性、健康、安全、环境保护、产品防护、相互理解、经济效能、贸易等。标准化的主要作用，除了达到预期目的改进产品、过程或服务的适用性之外，还包括防止贸易壁垒、促进技术合作等。

二、标准与标准化的基本特征

（一）标准的基本特征

1. 科学性

标准的基础和依据是科学技术和实践经验。制定以及修订标准时，必须将一定时期内科学研究的成就、技术进步的新成果同实践中积累的先进经验相结合，在综合分析、归纳、试验、验证的基础上形成标准的内容。所以，标准是以科学、技术、实践经验的综合成果为基础的，即标准并不是由制定者随心所欲决定的，而是根据一定的科学技术理论并经过科学试验制定出来的，它反映了某一时期科学技术发展水平的高低。

2. 统一性

标准的本质反映的是需求的扩大和统一。统一是标准的本质，简化、优化是统一的过程，秩序化是统一的效果。标准要求对一定的事或物（标准化对象）作出明确统一的规定，不允许有任何含糊不清的解释。标准不仅有"质"的规定，还要有"量"的规定，不仅对内容要有规定，有时对形式和其生效的范围也要作出规定。

统一有两类：一类是绝对的统一，它不允许有灵活性，例如，各种编码、代号、标志、名称、单位、运动方向（开关的转换方向、电机轴的旋转方向、交通规则）等；另一类是相对的统一，它的出发点或总趋势是统一，但统一中还有灵活，根据情况区别对待，例如，产品的质量标准便是对该产品的质量所进行的统一，不仅质量指标允许有灵活性（如分级规定、指标的上下限范围等），而且允许有自由竞争的内容，不能一律强求统一。

3. 时效性

标准的时效性是指标准是有有效期的。标准的有效期，即自标准实施之日起，至标准复审重新确认、修订或废止的时间,又称为标龄。

标准颁布以后,并不是永久有效的。标准是科学技术和实践经验的结晶,随着时间的推移,科学技术和实践经验将会不断地进步和发展,同时,随着人们物质和文化生活水平的不断提高,消费者的要求也会提高,这样原来标准规定的要求就可能大大落后于标准化对象已经达到的实际水平,也落后于消费者的使用要求,这时标准的适用性大幅降低,甚至丧失,就需要重新修订。所以,标准都有一定的时效性。我国在《国家标准管理办法》中规定国家标准实施5年内要进行复审,即国家标准有效期一般为5年,而企业标准的有效期为3年。

4. 强制性

标准是一种规范性文件,是一种约束、指导人们行为的准则和依据。标准的本质就是"统一",这一点赋予了标准严肃性、强制性和约束性。目前,我国的国家标准有强制性标准和推荐性标准之分。推荐性标准虽然属于自愿性标准,但并不影响该类标准具有强制性的特征,因为这只是标准实施的体制问题。推荐性标准并不强求生产者和用户一定要采用,企业采用推荐性标准的自愿性和积极性一方面来自市场需要和顾客要求,另一方面来自企业发展和竞争的需要。但是,企业一旦采用了某推荐性标准作为产品的标准,或与顾客商定将某推荐性标准作为合同条款,那么该推荐性标准就具有了相应的约束力。虽然标准的强制性方式不一,但其目的都是为了促进标准的贯彻执行。因此,就标准的本质来说是带有强制性的。

(二) 标准化的基本特征

1. 经济性

标准化的目的是"为了获得最佳秩序"。求得最佳的全面的经济效果和社会效益是获得最佳秩序的基础。谋求最佳的经济效果,是考虑获取最佳秩序的主要出发点。并且标准化的经济效果应该是"全面的",而不是"局部的""片面的",不是只考虑某一方面的经济效果,或某一个部门、某一个企业的经济效果,而是应该兼顾考虑全社会的经济效果。在考虑标准化的效果时,企业的经济效果在一些行业是主要的,如电子行业、食品加工行业、纺织行业等;但在涉及民生、安全以及可持续发展等方面标准化的效果时,如国防的标准化、环境保护的标准化、安全卫生的标准化等,则应该优先考虑社会效益。

2. 科学性

标准化以科学技术的研究成果和生产实践的经验总结为基础。科学技术研究成果需要科学实验的验证与分析,科学技术水平奠定了当前实验的验证与分析基础;科学研究的深入与发展会不断提高人们对事物的认识层次,促进标准化活动的进一步发展。因此,标准化活动对科学研究具有强烈的依赖性。而生产实践经验的总结来自实践,又反过来指导实践,标准化既奠定当前生产活动的基础,还必将促进未来的发展。可见,标准化活动具有严格的科学性。

3. 民主性

标准化活动是为了所有有关方面的利益,在所有有关方面的协作下进行的"有秩序的特定活动"。各方面的不同利益是客观存在的,但认识上的分歧也是普遍存在的。为了更好地协调各方面的利益,就必须进行协商与相互协作。只有在所有有关方面的协作下进行,才能有效地改进产品、过程或服务的适用性,这是标准化工作的基本要求,也充分体现了标准化活动的民主性。

三、标准、标准化和法律法规之间的关系

1. 标准与标准化之间的关系

标准与标准化具有密切的关系。标准是对一定范围内的重复性事物和概念所做的规定,

是科学、技术和实践经验的总结,其表现形式为规范性文件。而标准化是为在一定的范围内获得最佳秩序,对实际的或潜在的问题制定共同的和重复使用的规则的活动,即制定、发布及实施标准的过程。可以说标准化是确定标准的过程。因此,标准和标准化之间存在的关系是因果关系,标准是因,标准化是果。标准是标准化的基础,标准化是标准的普遍化。

制定标准是建立性的工作,标准化是实施性的工作。标准建立的水平关系到标准化的效果,先进、适用的标准将产生有益和积极的标准化效果,空泛的标准将会导致社会资源的浪费,错误的标准将会带来广泛危害。标准的制定是收敛性的工作,标准的实施是发散性的工作。好的标准一定是来自研究制定工作,即基于对标准制定对象的深入研究、验证、实践检验,汇集专家集体智慧,收敛优化关系,使标准内容具有高的知识权威性和信任度,而不仅仅是文字表达的"起草"工作。标准的制定工作只停留在单纯的"起草"方式上,将会编写成一个缺乏灵魂(科学、技术、知识、经验)的标准,形成文字化的格式躯壳。标准化的形成首先是要使标准能广泛获得,要扩散标准的发行范围,使标准全面地实施。

2. 标准与法律法规之间的关系

市场经济运行包含了市场主体和市场客体。市场主体指运作市场的自然人和法人,他们是市场行为的发起者、组织者和操作者。市场客体指在市场上被运作的事物,即商品,这不但包括各种实体的商品,还有为经营这些商品所做的劳务,劳务既包括以体力形式支出的劳务,也包括以咨询、法律事务或会计事务等形式支出的劳务,这些也是商品。

主体和客体间的相互运作需要管理,而进行这种管理的规则就是法律、法规。管理市场主体的是法律和法规,因此说市场行为主体由国家制定的法律和法规来规范。而市场行为客体是商品,主要靠技术标准来规范。

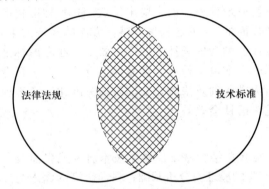

图 1-1 法律法规和技术标准之间的关系

法律法规和技术标准是使市场经济有序运行的两种必备手段,两者之间的关系并非割裂、互不相交和互无联系的。它们在一定范围和领域中相互渗透、交叉、支持和依存。两者的关系见图 1-1。

法律和法规是由国家立法机关以及政府制定的,而技术标准是由经国家授权的标准化机构或组织制定的。图 1-1 中法律法规与技术标准相交的阴影部分,既有法律法规的内容,也有技术标准的内容,是由政府主管部门与标准化机构共同制定的。这有的是由政府制定管理条款,涉及技术指标的内容委托标准化机构统一制定,再由政府在管理条款中引用;有的是在制定管理条款时也请标准化机构制定相应的技术条款。

我国的法律法规中还没有技术法规这种形式。但《中华人民共和国标准化法》(以下简称《标准化法》)和《中华人民共和国进出口商品检验法》已分别规定了强制性标准的形式和使用了国家技术规范的强制性要求的概念,这两者在一起可对外称为技术法规。

四、标准化的目的

正如前文对标准化目的的叙述,获得最佳秩序是标准化的总目的,但标准化还有一个或多个特定目的,以使产品、过程或服务具有适用性。这些目的可以包括品种控制、适用性、兼容性、互换性、健康、安全、环境保护、产品防护、相互理解、经济效能、贸易等。它们之间可以相互重叠。这里主要对一些特定目的做简要的说明。

品种控制（variety control）：为满足主导需要，对产品、过程或服务的规格或类型数量最佳的选择。品种控制通常指减少品种。

适用性（fitness for purpose）：产品、过程或服务在具体条件下适合规定用途的能力。

兼容性（compatibility）：在特定条件下，诸多产品、过程或服务一起使用时，各自满足相应要求，彼此间不引起不可接受的相互干扰的适应能力。

互换性（interchangeability）：某一产品、过程或服务能用来代替另一种产品、过程或服务并满足同样要求的能力。功能方面的互换性称为"功能互换性"，量度方面的互换性称为"尺寸互换性"。

安全（safety）：免除了不可接受的损害风险的状态。通常着眼于实现，包括诸如人类行为等非技术因素在内的若干因素的最佳平衡，把损害到人员和物品的可避免风险消除到可接受的程度。

环境保护（protection of the environment）：保护环境，使之免受由产品、过程的操作或服务的提供所造成的不可接受的损害。

产品防护（product protection）：保护产品，使之在使用、运输或贮存过程中免受气候或其他不利条件造成的损害。

五、标准化的作用

1. 标准化是现代化大生产的必要条件

现代化大生产是以先进的科学技术和生产的高度社会化为特征。前者表现为生产过程的速度加快、质量提高、生产的连续性和节奏性等要求增强；后者表现为社会分工越来越细，各部门生产之间的经济联系日益密切。为了使社会再生产过程顺利进行，并能获得较好的经济效益，科学化的管理和统一的标准是必不可少的。

随着科学技术的发展，生产的社会化程度越来越高，生产规模越来越大，技术要求越来越严格，分工越来越细，生产协作也越来越广泛。许多产品加工和工程建设往往涉及几十个、几百个，甚至上千个企业，协作点遍布全国乃至世界各地。这种社会化的大生产，必定要在技术上以高度的统一与广泛的协调为前提，才能确保质量水平和目标的实现。要实现这种统一与协调，就必须制定和执行一系列统一的标准，使得各个生产部门和生产环节在技术上有机地联系起来，保证生产有条不紊地进行。

2. 标准化是实现现代化科学管理的基础

如科学管理的创始人泰勒曾说："正像当年工业革命中引进机器一样，标准化引进科学管理必将结出丰硕之果。"他的预言早已被历史所证实。各种技术标准和管理标准都是企业进行技术、生产、质量、物资、设备等管理的基本依据。各种标准中统一的符号、代号、术语、编号制度、标准化管理程序和生产流程，以及统一化的报表格式，是实现现代化、自动化管理的基础。

为了保证企业整体管理系统功能的发挥，需要在企业内部各子系统之间，通过制定各种技术标准、管理标准建立生产技术上的统一。尤其是通过管理业务标准化，把各管理子系统的业务活动内容、相互间的业务衔接关系、各自承担的责任、工作的程序等用标准的形式加以确定，使管理工作规范化、程序化、科学化。

企业开展标准化活动的主要内容是建立、完善和实施标准体系，制定、发布企业标准，组织实施企业标准体系内的国家标准、行业标准、地方标准和企业标准，并对标准体系的实施进行监督、评定并分析改进。标准化使企业管理系统与企业外部约束条件相协调，不仅有利于企业解决原材料、元器件、配套产品、外购件等的供应问题，而且可以使企业具有适应市场变化的应变能力，并为企业实行精益生产方式、供应链管理等先进管理模式创造条件。

3. 标准化是不断提高产品质量和安全性的重要保证

标准化活动不仅促进企业内部采取一系列的保证产品质量的技术和管理措施，而且使企业在生产的过程中对所有生产原料、零部件、生产设备、工艺操作、检测手段、组织机构形式都按照标准化要求进行，从根本上保证生产质量。如食品质量标准，在其制定的过程中充分考虑了食品可能存在的有害因素和潜在的不安全因素，通过规定食品的微生物指标、理化指标、检验方法、保质期等一系列技术要求，保证食品具有安全性。

4. 标准化是推广应用科技成果和新技术的桥梁

标准化的发展历史证明，标准是科研、生产和应用三者之间的一个重要桥梁。一项科技成果，包括新产品、新工艺、新材料和新技术开始只能在小范围内进行示范推广与应用，只有中试成功并经过技术鉴定，制定标准后，才能进行有效的大面积的推广与应用。一个企业要根据企业的发展，把标准化工作纳入企业的总体规划中，有计划、有目的地发展企业的技术优势、管理优势和产品优势，从而促进企业的发展和经济效益的提高。

5. 标准化是国家对企业产品进行有效管理的依据

国务院有关行政管理部门和各级人民政府，为了保证国民经济的快速稳定持续发展，必须加强对各种产品质量的监督管理，维护消费者、生产者和企业的合法权益，不断打击假冒伪劣产品，维护社会的安定团结。食品是关系到人民生命安全的必需品，国家对此行业的管理离不开食品标准。

6. 标准化可以消除贸易壁垒，促进国际贸易的发展

要使产品在国际市场上具有竞争能力，增加出口贸易额，就必须不断地提高产品质量。要提高产品质量，就离不开标准化工作。世界上各个国家几乎都有产品的质量认证等质量监督管理制度，其实质就是对产品进行具体的标准化管理。如在经济比较发达的国家，家用电器产品上如果没有安全认证标志就很难在市场上销售，有些产品如果没有合格认证标志也是难以大规模进入市场的。只有产品进行了质量认证才能得到世界上多数国家的承认，从而消除贸易壁垒。

六、标准化活动的基本原则

1. 超前预防的原则

标准化的对象不仅要在依存主体的实际问题中选取，而且更应从潜在问题中选取，以预防该对象非标准化造成的损失。标准的制定是以科学技术与实验的成果为基础的，对于复杂问题，如安全、卫生和环境等方面的问题，在制定标准时必须进行综合分析考虑，以避免不必要的人身财产安全问题和经济损失。

2. 协商一致的原则

标准化的成果应建立在相关各方协商一致的基础上。标准化活动要得到社会的接受和执行，就要坚持标准化民主性，经过各标准使用方进行充分的协商讨论，最终形成一致的标准，才能将标准在实际生产和工作中顺利地贯彻实施。如许多国际先进标准对农产品质量的要求很严格，但有的标准与我国的农业生产实际情况不相符合，因此，许多国际标准没有被我国等同采用。

3. 统一有度的原则

在一定范围、一定时期和一定条件下，对标准化对象的特性和特征应做出统一规定，以实现标准化的目的。这一原则是标准化的技术核心，是标准中技术指标的量化体现。技术指标反映标准水平，要根据科学技术的发展水平和产品、管理等方面的实际情况来确定技术指标，必须坚持统一有度的原则。

4. 动变有序的原则

标准应依据其所处环境的变化，相应的新科技成果的出现，按规定的程序适时地进行修订，才能保证标准的先进性和适用性。一项标准制定完成之后，绝不是一成不变的。随着科学技术的不断进步、生产工艺与生产技术的不断改进、人民生活水平及生活质量的不断提高，要适时地对标准进行修订，以适应其发展需要，否则就会因滞后而丧失生命力。同时标准的制定与修订有规定的程序，要按规定的时间、规定的程序进行修订和批准，不允许朝令夕改。

5. 互相兼容的原则

在制定标准时，必须坚持互相兼容的原则，尽可能使不同的产品、过程或服务实现互换和兼容，以扩大标准化的经济效益和社会效益。在标准中要统一计量单位和制图符号，对一个活动或同一类的产品在核心技术上应制定统一的技术要求，达到资源共享的目的。如食品加工机械与设备及其零配件等应统一规格，以应用于不同的生产企业；农药残留最大限量的规定值应统一，以适用于各种食品。

6. 系列优化的原则

标准化的对象应优先考虑其所依存主体系统能获得最佳的经济效益。在标准制定中，尤其是系列标准的制定中，如通用检测方法标准、不同档次的产品标准和管理标准、工作标准等一定要坚持系列优化的原则，减少重复，避免人力、物力、财力和资源的浪费，提高经济效益和社会效益。如食品中微生物的测定方法就是一个比较通用的方法，不同种类的食品都可以引用该方法，也便于测定结果的相互比较，保证产品质量。

7. 阶梯发展的原则

标准化活动过程是一个阶梯状的上升发展过程，是与科学技术的发展和人们经验的积累同步前进的。科学技术的发展与进步、人们认识水平的提高和经验的不断积累，对标准化的发展有明显的促进作用。通过修订标准来不断满足社会生活的要求，标准水平就像人们攀登阶梯一样不断发展。

8. 滞阻即废的原则

当标准制约或阻碍依存主体的发展时，应进行更正、修订或废止。任何标准都有二重性。当科学技术和科学管理水平提高到一定阶段后，现行的标准由于制定时的科技水平和认识水平的限制，已经成为阻碍生产力发展和社会进步的因素，就要立即更正、修订或废止，重新制定新标准，以适应社会经济发展的需要。

第二节　标准分类与标准体系

一、中国标准的分类

综合我国标准分类的现行做法，对标准种类进行如下大致的划分。

1. 根据标准制定的主体分类

《中华人民共和国标准化法》将标准划分为五种，即国家标准、行业标准、地方标准、企业标准和团体标准，这是按照标准制定的主体来划分的。

（1）国家标准

国家标准是指由国家标准机构通过并公开发布的标准。对我国而言，国家标准是指由国务院标准化行政主管部门组织制定，并对全国国民经济和技术发展有重大意义，需要在全国范围内统一的标准。国家标准由全国专业标准化技术委员会负责起草、审查，并由国务院有关行政主管部门统一审批、编号和发布。

世界各国的国家标准有自己不同的分类方法，其中比较普遍使用的方法是根据专业划分标准种类，我国国家标准的种类就是采用了根据专业划分的方法。

（2）行业标准

行业标准是指由行业机构通过并公开发布的标准。工业发达国家的行业协会属于民间组织，它们制定的标准种类繁多、数量庞大，通常称为行业协会标准。我国的行业标准是指由国家有关行业行政主管部门公开发布的标准。根据我国现行《标准化法》的规定，对没有国家标准而又需要在全国某个行业范围内统一的技术要求，可以制定行业标准。行业标准的发布部门必须由国务院标准化行政主管部门审查确定。凡批准可以发布行业标准的行业，由国务院标准化行政主管部门公布行业标准代号、行业标准的归口部门及其所管理的行业标准范围。

行业标准由行业标准归口部门审批、编号和发布。行业标准不得与有关国家标准相抵触。有关行业标准之间应该保持协调、统一，不得重复。行业标准在相应的国家标准实施后，即行废止。

（3）地方标准

地方标准是指在国家的某个地区通过并公开发布的标准。对我国而言，地方标准是针对没有国家标准和行业标准，而又需要在省、自治区、直辖市范围内统一技术要求所制定的标准。我国地方标准由省、自治区、直辖市标准化行政主管部门统一编制计划、组织制定、审批、编号和发布。地方标准发布后，省、自治区、直辖市标准化行政主管部门应分别向国务院标准化行政主管部门和有关行政主管部门备案。在相应国家标准或行业标准发布后，该项地方标准即行废止。

（4）企业标准

企业标准是由企业制定并由企业法人代表或其授权人批准、发布的标准。企业标准由企业法人代表授权的部门统一管理。企业标准与国家标准有着本质的区别，首先，企业标准是企业独占的无形资产；其次，企业标准如何制定，在遵守法律的前提下，完全由企业自己决定；第三，企业标准采取什么形式、规定什么内容，以及标准制定的时机等，完全依据企业本身的需要和市场及客户的要求，由企业自己决定。企业标准是企业组织生产、经营活动的依据。企业标准虽然只在企业内部适用，但在地域上可能影响多个国家。企业标准大多是不公开的。然而，作为组织生产和第一方合格评定依据的企业产品标准发布后，企业应该将企业标准报当地标准化行政主管部门和有关行政主管部门备案。

（5）团体标准

团体标准是由依法成立的社会团体协调相关方制定，满足市场和创新需要，由社会团体成员约定采用的标准。根据我国现行《标准化法》的规定，没有国家标准、行业标准和地方标准的，可以制定团体标准；鼓励制定具有国际领先水平的团体标准。社会团体发布团体标准后三十日内，应当在团体标准信息平台上自我声明公开团体标准。团体标准应当定期复审，复审周期一般不超过3年，团体标准复审后应当提出继续有效、修订或者废止的结论。

2. 根据标准实施的约束力分类

我国根据标准实施的约束力，将标准分为强制性标准和推荐性标准两大类。

（1）强制性标准

我国《标准化法》规定：保障人体健康、人身财产安全的标准和法律、行政法规规定强制执行的标准属于强制性标准，强制性国家标准的代号是"GB"。强制性标准的强制性是指标准应用方式的强制性，即利用国家法制强制实施。这种强制性不是标准固有的，而是国家法律法规所赋予的。按照国际规则，标准不应该具有强制性，我国加入WTO以后，国际上已经基本认可我国的强制性标准就是技术法规。强制性标准具有法律属性，在一定范围内通过法律、行政法规等强制手段加以实施。强制性标准一经发布，凡从事科研、生产、经营的单位和个人，都必须严格执行，不符合强制性标准要求的产品，禁止生产、销售和进口。

（2）推荐性标准

强制性标准以外的标准是推荐性标准，是指由标准化机构发布的，由生产、使用等方面自愿采用的标准，又称为非强制性标准或自愿性标准。推荐性国家标准的代号是"GB/T"。推荐性标准是倡导性、指导性、自愿性的标准。通常，国家和行业主管部门积极向企业推荐采用这类标准，企业则完全按自愿原则自主决定是否采用。有些情况下，国家和行业主管部门会制定某种优惠措施鼓励企业采用这类标准。

企业采用推荐性标准的自愿性和积极性一方面来自市场需要和顾客要求，另一方面来自企业发展和竞争的需要。企业一旦采用了某推荐性标准作为产品出厂标准，或与顾客商定将某推荐性标准作为合同条款，那么该推荐性标准就具有了相应的约束力。

3. 根据标准化对象的基本属性分类

按标准化对象的基本属性，标准分为技术标准、管理标准和工作标准。

（1）技术标准

技术标准是指对标准化领域中需要协调统一的技术事项所制定的标准。技术标准的形式可以是标准、技术规范、规程等文件，以及标准样品实物。

技术标准是标准体系的主体，量大、面广、种类繁多，主要有以下内容：

① 基础标准

基础标准是具有广泛的适用范围或包含一个特定领域的通用条款的标准。基础标准可直接应用，也可作为其他标准的基础。例如：标准化工作导则；通用技术语言标准；量和单位标准；数值与数据标准；公差、配合、精度、互换性、系列化标准；健康、健全、卫生、环境保护方面的通用技术要求标准；信息技术、人类工效学、价值工程和工业工程等通用技术方法标准；通用的技术导则等。

② 产品标准

产品标准是规定产品应满足的要求以确保其适用性的标准，其主要作用是规定产品的质量要求，包括性能要求、适应性要求、使用技术条件、检验方法、包装及运输要求等。一个完整的产品标准在内容上应包括产品分类（型号、尺寸、参数）、质量特性及技术要求、试验方法及合格判定准则、产品标志、包装、运输、贮存、使用等方面的要求。为了使产品满足不同的使用目的或适应不同经济水平的需要，产品标准中可以规定产品的分等分级。

③ 设计标准

设计标准是指为保证与提高产品设计质量而制定的技术标准。设计的质量从根本上决定产品的质量。设计标准通过规定设计的过程、程序、方法、技术手段，保证设计的质量。

④ 工艺标准

工艺标准是指依据产品标准要求，对产品实现过程中原材料、零部件、元器件进行加工、制造、装配的方法，以及有关技术要求的标准，其主要作用在于规定正确的产品生产、加工、装配方法，使用适宜的设备和工艺装备，使生产过程固定、稳定，以生产出符合规定要求的产品。

⑤ 检验和试验标准

检验是指通过观察和判断，适当结合测量、试验所进行的符合性评价。检验的目的是判断是否合格。针对不同的检验对象，检验标准分为进货检验标准、工序检验标准、产品检验标准、设备安装交付验收标准、工程竣工验收标准等。

⑥ 信息标识、包装、搬运、贮存、安装、交付、维修、服务标准

⑦ 设备和工艺装备标准

该类标准是指对产品制造过程中所使用的通用设备、专用工艺装备、工具及其他生产器具的要求制定的技术标准，其作用主要是保证设备的加工精度，以满足产品质量要求，维护设备使之保持良好状态，以满足生产要求。

⑧ 基础设施和能源标准

这类标准是指对生产经营活动和产品质量特性起重要作用的基础设施，包括生产厂房、供电、供热、供水、供压缩空气、产品运输及贮存设施等制定的技术标准。其主要作用是保证生产技术条件、环境和能源满足产品生产的质量要求。

⑨ 医药卫生和职业健康标准

医药卫生与人类健康直接相关，这方面的标准是标准化的重点内容，主要有药品、医疗器械、环境卫生、劳动卫生、食品卫生、营养卫生、卫生检疫、药品生产以及各种疾病诊断标准等。

职业健康标准是指为消除、限制或预防职业活动中危害人身健康的因素而制定的标准，其目的和作用是保护劳动者的健康，预防职业病。

⑩ 安全标准

安全标准是指为消除、限制或预防产品生产、运输、贮存、使用或服务提供中潜在的危险因素，避免人身伤害和财产损失而制定的标准。

⑪ 环境标准

环境按范围不同，可分为社会环境与企业环境。社会环境标准总的可分为基础标准、环境质量标准、污染物排放标准和分析测试方法标准等；企业环境标准分为工作场所环境标准和企业周围环境标准。环境标准的目的和作用是保证产品质量，保护工作场所内工作人员的职业健康安全，以及履行企业的社会责任。

（2）管理标准

管理标准是指对标准化领域中需要协调统一的管理事项所制定的标准。制定管理标准的目的是为了保证技术标准的贯彻执行，保证产品质量，提高经济效益，合理地组织、指挥生产和正确处理生产、交换、分配之间的互相关系，使各项管理工作合理化、规范化和高效化。管理标准总的可分为：管理基础标准、技术管理标准、经济管理标准、行政管理标准等，这其中的每一类又可细分为更具体的内容。

企业中的管理标准种类和数量都很多，其中与管理现代化，特别是与企业信息化建设关系最密切的标准，主要有：

① 管理体系标准

管理体系标准通常是指 ISO 9000 质量管理体系标准、ISO 14000 环境管理体系标准、ISO

45000职业健康安全管理体系标准、ISO 22000食品安全管理体系标准，以及其他管理体系标准。

②管理程序标准

管理程序标准通常是在管理体系标准的框架结构下，对具体管理事物（事项）的过程、流程、活动、顺序、环节、路径、方法的规定，是对管理体系标准的具体展开。

③定额标准

定额标准指在一定时间、一定条件下，对生产某种产品或进行某项工作消耗的劳动、物化劳动、成本或费用所规定的数量限额标准。定额标准是进行生产管理和经济核算的基础。

④期量标准

期量标准是生产管理中关于期限和数量方面的标准。在生产期限方面，主要有流水线节拍、生产周期、生产间隔期、生产提前期等标准；在生产数量方面，主要有批量、在制品定额等标准。

（3）工作标准

工作标准是为实现整个工作过程的协调，提高工作质量和工作效率，对工作岗位所制定的标准。通常，企业中的工作岗位可分为生产岗位（操作岗位）和管理岗位，相应的工作标准也分为管理工作标准和作业标准。

① 管理工作标准

主要规定工作岗位的工作内容、工作职责和权限，本岗位与组织内部其他岗位纵向和横向的联系，本岗位与外部的联系，岗位工作人员的能力和资格要求等。

② 作业标准

作业标准的核心内容是规定作业程序的方法。在有的企业里，这类标准常以作业指导书或操作规程的形式存在。

4. 根据标准信息载体分类

按标准信息载体，标准分为标准文件和标准样品。标准文件的作用主要是提出要求或做出规定，作为某一领域的共同准则；标准样品的作用主要是提供一种确定了标准值的参照物，作为质量检验、鉴定的对比依据，测量设备检定、校准的依据，以及作为判断测试数据准确性和精确度的依据。

（1）标准文件

不同形式的文件：标准文件有不同的形式，包括标准、技术规范、规程，以及技术报告、指南等。

不同介质的文件：标准文件有纸介质的文件和电子介质的文件。

（2）标准样品

标准样品是具有足够均匀的一种或多种化学的、物理的、生物学的、工程技术的或感官的等性能特征，经过技术鉴定，并附有说明有关性能数据证书的一批样品。

标准样品作为实物形式的标准，按其权威性和适用范围分为内部标准样品和有证标准样品。

内部标准样品：内部标准样品是在企业、事业单位或其他组织内部使用的标准样品，其性质是一种实物形式的企业内控标准。例如，涂料生产企业用于控制每批产品色差的涂料标样就是一种内部标准样品。内部标准样品可以由组织自行研制，也可以从外部购买。

有证标准样品：有证标准样品是具有一种或多种性能特征，经过技术鉴定附有说明上述性能特征的证书，并经国家标准化管理机构批准的标准样品。有证标准样品的特点是经过国家标准化管理机构批准并给予证书，并由经过审核和准许的组织生产和销售。有证标准样品既广泛用于企业内部质量控制和产品出厂检验，又大量用于社会上或国际贸易中的质量检验、鉴定，测量设备检定、校准，以及环境监测等方面。

5. 根据标准的要求程度分类

根据标准中技术内容的要求程度进行分类，可以将标准分为规范、规程和指南。这 3 类标准中技术内容的要求程度逐渐降低，标准中所使用的条款及表现形式也有差别。

（1）规范

规范是指规定产品、过程或服务需要满足的要求的文件。"规范"所规定的是各类标准化对象需要满足的要求。在适宜的情况下，规范最好指明可以判定其要求是否得到满足的程序，也就是说规范中应该有由要求型条款组成的"要求"，其中所提出的要求，一旦声明符合标准是需要严格判定的。因此，规范中需要同时指出判定符合要求的程序。

（2）规程

规程是指为设备、构件或产品的设计、制造、安装、维护或使用而推荐惯例或程序的文件。规程与规范有许多方面的区别，如：规程的标准化对象较规范来说更加具体，规程的标准化对象是设备、构件或产品；规程的内容是"推荐"惯例或程序，规范是"规定"技术要求；规程中的惯例或程序推荐的是"过程"，而规范规定的是"结果"；规程中大部分条款是由推荐型条款组成，规范必定有"要求"。因此，无论从内容还是从力度上看，"规程"和"规范"之间都存在着明显的差异。

（3）指南

指南是指给出某一主题的一般性、原则性、方向性的信息、指导或建议的文件。指南的标准化对象较为广泛，但具体到每一个特定的指南，其标准化对象则集中到某一个主题的特定方面，这些特定方面是有共性的，即一般性、原则性或方向性。指南的具体内容限定在信息、指导或建议等方面，而不会涉及要求或程序。可见，"指南"的内容与"规范"有着本质的区别。

6. 根据标准的公开程度分类

根据标准的公开程度可以将标准分为可公开获得的标准和不可公开获得的其他标准。

（1）可公开获得的标准

可公开获得的标准是指国家标准、行业标准和地方标准。这些标准公开出版、发行不受限制，任何人都可以购买并使用。随着科学技术的发展，对于不断涌现的新技术、新产品、新工艺背后的知识产品的保护力度也在加强。期望在可公开获得的标准中获取新技术、新工艺的可能性越来越小，这是因为有些新技术、新产品、新工艺属于知识产权保护的范围，不宜作为可公开获得标准的标准化对象。

（2）不可公开获得的其他标准

除了可公开获得的标准以外，企业标准、公司标准、集团标准、产业联盟标准等都属于不可公开获得的其他标准。凡是在可公开获得的标准中属于不宜作为标准化对象的，需要知识产权保护的内容，都可以作为其他标准的标准化对象。因此，含有自主知识产权的新技术、新产品、新工艺可作为企业标准的标准化对象或成为企业标准的内容。

二、国外标准的分类

本小节所谓的国外标准不是指某个国家的标准，而是指国际间共同使用的标准，即国际标准和国际区域性标准。

1. 国际标准

（1）国际标准的定义

国际标准是指由国际标准化组织（ISO）、国际电工委员会（IEC）和国际电信联盟（ITU）制定的标准，以及国际标准化组织确认并公布的其他国际组织（详见表 1-1）制定的标准。即国际标准包括两大部分：第一部分是三大国际标准化机构制定的标准，分别称为 ISO 标准、IEC 标准和 ITU 标准；第二部分是其他国际组织制定的标准。

表 1-1　39 个国际标准化机构名称

英文缩写	中文名称	英文缩写	中文名称
BIPM	国际计量局	IGU	国际煤气工业联合会
BISFN	国际人造纤维标准化局	IIR	国际制冷学会
CAC	国际食品法典委员会	ILO	国际劳工组织
CCSDS	国际空间数据系统咨询委员会	IMO	国际海事组织
CIB	国际建筑研究与文献委员会	ISTA	国际种子检验协会
CIE	国际照明委员会	ITU	国际电信联盟
CIMAC	国际内燃机委员会	IUPAC	国际理论与应用化学联合会
FDI	国际牙科联合会	IWTO	国际毛纺组织
FID	国际信息与文献联合会	OIE	世界动物卫生组织
IAEA	国际原子能机构	OIML	国际法制计量组织
IATA	国际航空运输协会	OIV	国际葡萄与葡萄酒组织
ICAO	国际民用航空组织	RILEM	国际材料与结构研究实验联合会
ICC	国际谷类加工食品科学技术协会	UIC	国际铁路联盟
ICID	国际排灌研究委员会	UN/CEFACT	联合国贸易便利化与电子业务中心
ICRP	国际辐射防护委员会	UNESCO	联合国教科文组织
ICRU	国际辐射单位和计量委员会	WCO	国际海关组织
IDF	国际乳品联合会	WHO	世界卫生组织
IETF	国际互联网工程任务组	WIPO	世界知识产权组织
IFLA	国际图书馆协会联合会	WMO	世界气象组织
IFOAM	国际有机农业联盟		

所谓"国际标准化组织确认并公布的其他国际组织制定的标准"有两方面含义。第一，可以制定国际标准的"其他国际组织"必须经过 ISO 认可并公布。截止至 2011 年，ISO 通过其网站公布认可的"其他国际组织"共有 39 个。第二，并非这 39 个组织制定的标准都是国际标准，只有经过 ISO 确认并列入 ISO 国际标准年度目录中的标准才是国际标准。

（2）国际标准的种类

按制定标准的组织划分：ISO 标准、IEC 标准、ITU 标准；其他国际组织的标准，如 CAC（食品法典委员会）标准、OIML（国际法制计量组织）标准等。

按标准设计的专业划分：其中，IEC 标准分为八大类（①基础标准，②原材料标准，③一般安全、安装和操作标准，④测量、控制和一般测试标准，⑤电力产生和利用标准，⑥电力传输和分配标准，⑦电信和电子元件及组件标准，⑧电信、电子系统和设备及信息技术标准）；ISO 标准分为九大类（①通用、基础和科学标准，②卫生、安全和环境标准，③工程技术标准，④电子、信息技术和电信标准，⑤货物运输和分配标准，⑥农业和食品技术标准，⑦材料技术标准，⑧建筑标准，⑨特种技术标准）。

（3）事实上的国际标准

除上述正式的国际标准以外，一些国际组织、专业组织和跨国公司制定的标准在国际经济技术活动中客观上起着国际标准的作用，人们将其称为"事实上的国际标准"。这些标准在形式、名义上不是国际标准，但在事实上起着国际标准的作用。

例如，欧洲的 OKO-TEX100 标准是各国普遍承认的生态纺织品标准，在国际贸易中作为产品检验和授予"生态纺织品"标志的依据。美国率先提出的食品危害分析和关键控制点（HACCP）标准已发展成为国际食品行业普遍采用的食品安全管理标准，作为食品企业质量安全体系认证的依据。英国标准协会（BSI）、挪威船级社（DNV）等 13 个组织提出的职业健康安全管理体系（OHSAS）标准，作为企业职业健康安全体系认证的依据。

目前国际上权威性行业（或专业）组织的标准主要有：美国材料与试验协会（ASTM）标准、美国石油协会（API）标准、美国保险商实验室（UL）标准、美国机械工程师协会（ASME）标准、英国石油协会（IP）标准、英国劳氏船级社（LR）的《船舶入级规范和条例》、德国电气工程师协会（VDE）标准等。

跨国公司或国外先进企业标准若能成为"事实上的国际标准"，一定是能在某个领域引领世界潮流的产品标准、技术标准或管理标准，其标准水平的先进性得到国际公认和普遍采用，如微软公司的计算机操作系统软件标准、施乐公司的复印机标准等。

2. 区域标准

区域标准是指由区域标准化组织或区域标准组织通过并公开发布的标准。

区域标准的种类通常按制定区域标准的组织进行划分。目前有影响的区域标准主要有：欧洲标准化委员会（CEN）标准，欧洲电工标准化委员会（CENELEC）标准，欧洲电信标准学会（ETSI）标准，欧洲广播联盟（EBU）标准，欧亚标准计量认证委员会（EASC）标准，太平洋地区标准会议（PASC）标准，亚太经济合作组织/贸易与投资委员会/标准一致化分委员会（APEC/CTI/SCSC）标准，东盟标准与质量咨询委员会（ACCSQ）标准，泛美标准委员会（COPANT）标准，非洲地区标准化组织（ARSO）标准，阿拉伯标准化与计量组织（ASMO）标准等。区域标准既可能对国际标准化产生有益的促进作用，也可能成为影响国际统一协调的消极因素。

三、标准体系

在对标准化工作的基本概念有了一个初步认识之后，对于食品专业的学生，无论将来从事何种与食品相关的工作，都有必要了解和掌握制成标准化活动的标准体系的概念及基本架构。

1. 标准体系的概念与特征

（1）标准体系的概念

标准体系是指一定范围内的标准按其内在联系形成的科学的有机整体。"一定范围"是指标准所覆盖的范围。国家标准体系的范围是整个国家；企业标准体系的范围则是企业范围。"内在联系"是指上下层次的联系，共性与个性的联系和左右之间的联系，即相互统一协调、衔接配套的联系。"科学的有机整体"是指为实现某一特定目的而形成的整体，它并不是简单的叠加，而是根据标准的内在联系和基本要素，组成具有一定集中程度的整体结构。

标准体系是一定时期整个国民经济体制、经济结构、科技水平、资源条件、生产社会化程度的综合反映。它体现了人们对客观规律的认识，又反映了人们的意志与愿望，是一个人造系统。正如一家企业围绕生产某种产品，需要经过设计、制造等各个阶段，在设计阶段要进行设计计算、制图，要确定产品型号、参数、技术要求等；在制造阶段需要原材料、工艺装备、设备、动力等；产品制成后还要包装、运输、贮存等。此外，为了进行有效的生产，还需要进行一系列管理活动。所有这些事物和过程都是互相联系、互相影响、互相制约的。那么，以它们为对象所制定的标准也必然是互相联系、互相制约的。这样，在这家企业内部所有这些标准就构成了一个独立的、完整的有机整体，成为该企业的标准体系。所以标准体系是一个整体，它不仅包括标准化领域内诸多互相关联、互相协调、互为依存的标准，还需要对所有标准进行类别划分和标准层次的划定。

（2）标准体系的特征

既然标准体系是一个由标准组成的系统,它就具有系统的一切特征。标准体系具有六个特征,即集合性、目标性、可分解性、相关性、整体性、环境适应性。

(1) 集合性

标准体系是由两个以上的可以相互区别的单元有机地结合起来完成某一功能的综合体,随着现代社会的发展,标准体系的集合性日益明显,任何一个孤立标准几乎很难独自发挥效应。

(2) 目标性

标准体系实质上是标准的逻辑组合,是为使标准化对象具备一定的功能和特征而进行的组合。从这个层面上讲,体系内各个标准都是为了一个共同的功能形成的,而非各子系统功能的简单叠加。

(3) 可分解性

为保证标准体系的有效性,这就要求体系的可分解性。标准在大多数情况下只是某一技术水准、管理水平和经验的反映,具有一定的先进性。但随着各方面情况的发展,标准对象的变化、技术或者管理水平的提升都要求制定或修订相关标准,这就要求对标准进行分解,以对标准进行维护,包括修改、修订、废止等操作。

(4) 相关性

标准体系内各单元相互联系而又相互作用,相互制约而又相互依赖,它们之间任何一个发生变化,其他有关单元都要作相应地调整和改变。

(5) 整体性

标准体系是构建标准体系的一个主要出发点。在一个标准体系中,标准的效应除了直接产生于各个标准自身之外,还需要从构成该标准体系的标准集合之间的相互作用中得到。构成标准体系的各标准,并不是独立的要素,标准之间相互联系、相互作用、相互约束、相互补充,从而构成一个完整统一体。

(6) 环境适应性

标准体系存在于一定的经济体制和社会政治环境之中,它必然要受经济体制和社会政治环境的影响、制约,因此,它必须适应其周围的经济体制和社会政治环境。

2. 标准体系表

标准体系表是指一定范围标准体系内的标准按一定的形式排列起来的图表。标准体系表是标准体系的一种表示形式,即用图或表的形式把一个标准体系内的标准按一定形式排列起来,表示该标准体系的概况、总体结构和各标准间的内在联系。

标准体系表是一种指导性技术文件,它可以指导标准制定、修订计划的编制,指导对现有标准体系的健全和改造。通过标准体系表,可以使标准体系的组成由重复、混乱走向科学、合理和简化,从而有利于加强对标准工作本身的管理。

标准体系表的结构是标准体系固有的内在结构的形象表示。标准体系同别的系统一样,其内部结构是一个空间结构,具有纵向的层次关系和横向的门类关系,同时还具有时间的序列关系。因此,作为该体系反映的标准体系表,其结构也具有这样三种关系。

第三节 标准的结构与编写

GB/T 1.1—2009《标准化工作导则 第 1 部分:标准的结构和编写》是非等效采用ISO/IEC 导则第 2 部分:2004《国际标准的结构和起草规则》,代替 GB/T 1.1—2000 和

GB/T 1.2—2002，是一项导则性的基础标准，是编写我国各类标准的指南。

一、标准的结构

标准的结构即是标准中的部分、章、条、段、表、图、附录的排列顺序。标准的结构是一个标准的骨架，是标准内容的外在表现形式。

1. 按内容划分

（1）划分的原则

由于标准之间的差异较大，较难建立一个普遍接受的内容划分规则。

通常，一个标准化对象应编制成一项标准并作为整体出版，特殊情况下，可编制成若干个单独的标准或在同一个标准顺序号下将一项标准分成若干个单独的部分。标准分成部分后，需要时，每一部分可以单独修订。

（2）部分的划分

GB/T 1.1—2009 更加强调部分的作用，并规定了划分部分时可使用的两种方式。通常针对下述两种情况，可将一项标准划分成部分。

① 划分出的各部分能单独使用

标准化对象具有独立的几个特定方面，这种情况下，可针对这些方面分别制定出标准的几个部分。每个部分涉及对象的一个特定方面，并且能够独立使用。

② 划分出的各部分不能单独使用

标准化对象具有通用和特殊两个方面，通用方面应作为标准的第 1 部分；特殊方面应作为标准的其他各部分。由于这些特殊方面可能修改或补充通用方面，这种情况下它们都不能单独使用。涉及具体产品时，仅有通用要求，没有特殊要求不完整；反之，仅有特殊要求，没有通用要求也不完整。

这种方式所形成的标准，其中一个部分可引用另一个部分的内容。为此，可采用下列两种方法：

a. 如果引用部分中特定的要素，则引用文件应注日期。

b. 如果引用整个部分，是将这种按"通用-特殊"原则划分的部分之间的相互引用看成一个标准的内部引用，还是将每个部分作为单独标准对待，这要看具体情况而定。

ⅰ. 在保证所有部分中相应的改变能同步进行时，引用文件允许不注日期。一般情况下，只有某项标准的所有部分由同一个工作组负责起草，或者由同一个技术委员会或归口单位管理时，才能使各部分中相应改变同步进行。

需要注意的是，这里将同一标准的各个部分之间的相互引用当作一个标准的内部引用，即"引用整个部分时，在保证所有部分中相应的改变能同步进行时，引用文件允许不注日期"。而如果是标准和标准之间的相互引用，即使能保证所有标准中相应的改变同步进行，也不允许标准和标准之间的不注日期引用。

ⅱ. 如果做不到相应的改变同步进行，即使是引用整个部分，引用文件也不允许不注日期，只有从标准本身的角度考虑，可接受所引用条文将来所有的变化时，规范性引用文件才可不注日期。

起草标准的每一个部分时，应按照起草单独标准所应遵守的规则。

（3）单独标准的内容划分

一项标准，无论其涉及什么标准化对象、范围如何、叙述内容多少，都是由各种要素构成的。可从以下三个方面对标准的要素进行分类。

① 根据要素的性质划分

这种划分可将标准的要素划分为"规范性要素"和"资料性要素"。

a. 规范性要素。要声明符合标准而应遵守的条款的要素。也就是说当声明某一产品、过程或服务符合某一项标准时，并不需要符合标准中的所有内容，而只要符合标准中的规范性要素的条款，即可认为符合该项标准。要遵守某一标准，就要遵守该标准中的所有规范性要素中所规定的内容。

b. 资料性要素。标识标准、介绍标准、提供标准的附加信息的要素。也就是说在声明符合标准时无须遵守的要素。这些要素在标准中存在的目的，并不是要让标准使用者遵照执行，而只是提供一些附加资料。对标准中的要素进行此类划分的目的就是区分出标准中的要素是应遵守的要素，还是不必遵守的、只是为符合标准而提供帮助的要素。

② 根据要素在标准中的位置划分

如果不但要按照要素的性质（即规范性或资料性），而且还要按照这些要素在标准中所处的位置来划分，我们可将标准中的要素进一步分为以下几类：

a. 资料性概述要素。标识标准、介绍其内容、背景、制定情况以及该标准与其他标准的关系的要素。具体到标准中就是标准的"封面、目次、前言、引言"等要素。

b. 资料性补充要素。提供附加信息，以帮助理解或使用标准的要素。具体到标准中就是标准的"资料性附录、参考文献、索引"等要素。

c. 规范性一般要素。这是位于标准正文中的前几个要素，也就是标准的"名称、范围、规范性引用文件"等要素。这些要素构成了标准的规范性一般要素。

d. 规范性技术要素。这是标准的核心部分，也是标准的主要技术内容，如"术语和定义、符号和缩略语、要求……、规范性附录"要素。

③ 根据要素的必备或可选状态来划分

由要素在标准中是否必须具备这一状态来划分，可将标准中的所有要素划分为以下两类：

a. 必备要素。在标准中必须存在的要素。标准中的必备要素有封面、前言、名称、范围。

b. 可选要素。在标准中不是必须存在的要素，其存在与否视标准条款的具体需求而定。即在某些标准中可能存在，在另外的标准中可能不存在的要素。例如，在某一标准中可能具有规范性引用文件这一章，而在另一个标准中，由于没有规范性地引用其他文件，所以标准中就没有这一章。因此，"规范性引用文件"这一要素是可选要素。标准中除了封面、前言、名称、范围这4个要素之外，其他要素都是可选要素。

（4）标准中要素的典型编排

资料性附录中不可以有规范性要素，也就是说，不应有"要声明符合标准而应遵守的条款"。但是如果规范性要素构成了可选的条款，例如，规范性要素中的一个可选的试验方法可以写进资料性附录中，在一般情况下，要声明符合标准不必遵守该试验方法，所以它是资料性附录。但在特定情况下，需要使用该可选的试验方法时，则按照所规定的条款进行试验。所以该可选的试验方法放在"资料性附录"中，却又由"条款"组成。

在起草一项标准时，标准中不一定包含附图中所列的所有规范性技术要素。如一项标准可能没有术语和定义、符号和缩略语、规范性附录等要素中某一个要素，也可能这些要素都没有。一项标准可能包含附图中以外的其他规范性技术要素，例如在一项标准的规范性技术要素中包含：设计程序、几何形状、尺寸、颜色、应用等要素。所以说，规范性技术要素的内容及其顺序由所制定的具体标准而定。另外，一项标准还可以包含图注、表注、图的脚注和表的脚注。

术语标准在内容的划分上也有不同的要求。一般按照概念的层级进行分类编排，有两种形式：一是把一项标准分为若干条目来表达；二是将一项标准划分为几个部分来表达。

2. 按层次划分

(1) 部分

部分是一项标准被分别起草、批准发布的系列文件之一。部分是一项标准内部的一个"层次"。一项标准的不同部分具有同一个标准顺序号,它们共同构成了一项标准。部分应使用阿拉伯数字从1开始编号,编号应位于标准顺序号之后,与标准顺序号之间用下脚点相隔。例如:××××.1、××××.2等。

(2) 章

章是标准内容划分的基本单元,是标准或部分中划分出的第一层次。标准正文中的各章构成了标准的规范性要素。每一章都应使用阿拉伯数字从1开始编号。在每项标准或每个部分中,章的编号从"范围"开始一直连续到附录之前。每一章都应有章标题,并置于编号之后。

(3) 条

条是章的细分。凡是章以下有编号的层次均称为"条"。第一层次的条可分为第二层次的条,第二层次的条还可分为第三层次的条,需要时,一直可分到第五层次。条的编号使用阿拉伯数字加下脚点的形式,编号在其所属的章内或上一层次的条内进行,例如第6章内的条的编号:第一层次的条编为6.1、6.2……,第二层次的条编为6.1.1、6.1.2……,一直可编到第五层次,即6.1.1.1.1.1、6.1.1.1.1.2……

一个层次中有两个或两个以上的条时才可设条,例如,第10章中,如果没有10.2,就不应设10.1,应避免对无标题条再分条。

第一层次的条宜给出条标题,并应置于编号之后。第二层次的条可同样处理。某一章或条中,其下一个层次上的各条,有无标题应统一,例如,第10章的下一层次,10.1有标题,则10.2、10.3等也应有标题。

(4) 段

段是章或条的细分。段不编号。为了不在引用时产生混淆,应避免在章标题或条标题与下一层次条之间设段。

(5) 列项

列项应由一段后跟冒号的文字引出。在列项的各项之前应使用列项符号("破折号"或"圆点"),在一项标准的同一层次的列项中,使用破折号还是圆点应统一。列项中的项如果需要识别,应使用字母编号(后带半圆括号的小写拉丁字母)在各项之前进行标示。在字母编号的列项中,如果某一项需要进一步细分成需要识别的若干分项,则应使用数字编号(后带半圆括号的阿拉伯数字)在各分项之前进行标示。

在列项的各项中,可将其中的关键术语或短语标为黑体,以标明各项所涉及的主题。这类术语或短语不应列入目次;如果有必要列入目次,则不应使用列项的形式,而应采用条的形式,将相应的术语或短语作为条标题。

(6) 附录

附录是标准层次的表现形式之一。附录按其性质分为规范性附录和资料性附录。每个附录均应在正文或前言的相关条文中明确提及。附录的顺序应按在条文(从前言算起)中提及它的先后次序编排。

每个附录的前三行内容提供了识别附录的信息。第一行为附录的编号,例如:"附录A""附录B""附录C"等。第二行为附录的性质,即"(规范性附录)"或"(资料性附录)"。第三行为附录标题。

每个附录中章、图、表和数学公式的编号均应重新从1开始,编号前应加上附录编号中表明顺序的大写字母,字母后跟下脚点。例如:附录A中的章用"A.1""A.2"等表示;

图用"图A.1""图A.2"等表示。

规范性附录的作用是给出标准正文的附加或补充条款。资料性附录的作用是给出有助于理解或使用标准的附加信息。

二、资料性概述要素的编写

资料性概述要素包括标准的封面、目次、前言和引言四个要素。其中标准的封面用来标识标准,给出标准名称、编号、分类号等基本信息;标准目次给出标准的结构框架或检索标准中有关内容的信息;标准的前言说明标准的制定情况以及该标准与其他标准的关系等信息;标准的引言给出促使编制该标准的原因以及有关标准技术内容的特殊信息或说明。

标准的资料性概述要素中,封面和前言是必备要素,是每一项标准都应具备的;而目次和引言是可选要素,应根据标准的具体情况决定是否有这两个要素。

(一)封面

封面为必备要素,它应给出标示标准的信息,包括:标准的名称、英文译名、层次(国家标准为"中华人民共和国国家标准"字样)、标志、编号、国际标准分类号(ICS号)、中国标准文献分类号、备案号(不适用于国家标准)、发布日期、实施日期、发布部门等。

如果标准代替了某个或几个标准,封面应给出被代替标准的编号;如果标准与国际文件的一致性程度为等同、修改或非等效,还应在封面上给出一致性程度标识。

(二)目次

目次为可选要素。为了显示标准的结构,方便查阅,设置目次是必要的。目次所列的各项内容和顺序如下:

① 前言;
② 引言;
③ 章;
④ 带有标题的条(需要时列出);
⑤ 附录;
⑥ 附录中的章(需要时列出);
⑦ 附录中的带有标题的条(需要时列出);
⑧ 参考文献;
⑨ 索引;
⑩ 图(需要时列出);
⑪ 表(需要时列出)。

目次不应列出"术语和定义"一章中的术语。

(三)前言

前言为必备要素,不应包含要求和推荐,也不应包含公式、图和表。前言应视情况依次给出下列内容。

① 标准结构的说明。对于系列标准或分部分标准,在第一项标准或标准的第1部分中说明标准的预计结构;在系列标准的每一项标准或分部分标准的每一部分中列出所有已经发布或计划发布的其他标准或其他部分的名称。

② 标准编制所依据的起草规则,提及GB/T 1.1。

③ 标准代替的全部或部分其他文件的说明。给出被代替的标准（含修改单）或其他文件的编号和名称，列出与前一版本相比的主要技术变化。

④ 与国际文件、国外文件关系的说明。以国外文件为基础形成的标准，可在前言中陈述与相应文件的关系。与国际文件的一致性程度为等同、修改或非等效的标准，应按照GB/T 20000.2 的有关规定陈述与对应国际文件的关系。

⑤ 有关专利的说明。凡可能涉及专利的标准，如果尚未识别出涉及专利，则应说明相关内容。

⑥ 标准的提出信息（可省略）或归口信息。如果标准由全国专业标准化技术委员会提出或归口，则应在相应技术委员会名称之后给出其国内代号，并加圆括号。使用下述适用的表述形式：
——"本标准由全国××××标准化技术委员会（SAC/TC×××）提出。"
——"本标准由××××提出。"
——"本标准由全国××××标准化技术委员会（SAC/TC×××）归口。"
——"本标准由×××××归口。"

⑦ 标准的起草单位和主要起草人，使用以下表述形式：
——"本标准起草单位：……。"
——"本标准主要起草人：……。"

⑧ 标准所代替标准的历次版本发布情况。

针对不同的文件，应将以上列项中的"本标准……"改为"GB/T ×××××的本部分……""本部分……"或"本指导性技术文件……"。

（四）引言

引言为可选要素。如果需要，则给出标准技术内容的特殊信息或说明，以及编制该标准的原因。引言不应包含要求。

引言不应编号。当引言的内容需要分条时，应仅对条编号，编为 0.1、0.2 等。如果引言中有图、表、公式或脚注，则应从引言开始使用阿拉伯数字 1 编号。引言位于前言之后。引用国际标准时，国际标准的引言应和正文一样对待，即将国际标准的引言转化为国家标准的引言。

三、规范性一般要素的编写

（一）标准名称

标准名称为必备要素，应置于范围之前。标准名称应简练并明确表示出标准的主题，使之与其他标准相区分。标准名称不应涉及不必要的细节。必要的补充说明应在范围中给出。

标准名称应由几个尽可能短的要素组成，其顺序由一般到特殊。通常，所使用的要素不多于下述三种：

① 引导要素（可选）：表示标准所属的领域（可使用该标准的归口标准化技术委员会的名称）。

② 主体要素（必备）：表示上述领域内标准所涉及的主要对象。

③ 补充要素（可选）：表示上述主要对象的特定方面，或给出区分该标准（或该部分）与其他标准（或其他部分）的细节。

（二）范围

范围为必备要素，应置于标准正文的起始位置。范围应明确界定标准化对象和所涉及的各个方面，由此指明标准或其特定部分的适用界限。必要时，可指出标准不适用的界限。

如果标准分成若干个部分，则每个部分的范围只应界定该部分的标准化对象和所涉及的相关方面。

范围的陈述应简洁，以便能作内容提要使用。范围不应包含要求。

范围要用陈述的形式来表达。陈述应使用下列表述形式：

"本标准规定了……的尺寸。"

"本标准规定了……的方法。"

"本标准规定了……的特征。"

"本标准确立了……的系统。"

"本标准确立了……的一般原则。"

"本标准给出了……的指南。"

"本标准界定了……的术语。"

给出上述标准的陈述之后，还应给出标准适用性的陈述。如有必要还要给出标准不适用的范围。在这种情况下，标准的适用性陈述应由下述引导语引出：

"本标准适用于……"

"本标准适用于……，也适用于……"

"本标准适用于……，……也可参照（参考）使用。"

"本标准适用于……，不适用于……"

针对不同的文件，应将上述列项中的"本标准……"改为"GB/T ×××××的本部分……""本部分……"或"本指导性技术文件……"。

（三）规范性引用文件

规范性引用文件是一个可选要素，如果标准中有规范性引用文件，则应给出一个所引用文件（这些文件一经引用便成为标准应用时不可缺少的文件）一览表，一览表由相应的引导语引出。

所谓"规范性引用"是指标准中引用了文件或文件的条款后，这些文件或条款即构成了标准整体不可分割的一部分，所引用的文件或文件条款与本标准的规范性要素具有同等的效力。也就是说，要想符合标准，既要遵守标准中的规范性内容，又要遵守标准中引用的其他文件或文件条款的内容。

在标准条款中提及规范性引用文件时，其用语应表述为"……应符合……的要求""……应按照……的规定执行"，而不能用"……参见……的规定"。

规范性引用文件不应包含：不能公开获得的文件、资料性引用文件，以及标准编制过程中参考过的文件。这些文件根据需要可列入参考文献。

（1）引用文件方式

引用的方式明确区分为"注日期引用"和"不注日期引用"。

① 注日期引用文件。凡注日期引用文件，意味着只使用所注日期的版本，其以后被修订的新版本，甚至修改单中的内容均不适用。对于注日期的引用文件，在规范性引用文件一章所列的一览表中应给出文件的年号及完整的文件名称。

② 不注日期引用文件。不注日期引用文件意味着所引用的文件无论如何更新，其最新版本都适用于引用它的标准。在标准中，引用完整的文件或可以接受被引用文件将来所有的改变时，可采用不注日期引用。对于不注日期的引用文件，在规范性引用文件一章所列的一览表中不应给出文件的年号。

（2）引用一项标准的所有部分

不注日期引用一项标准的所有部分时，应在标准顺序号后标明"（所有部分）"及其标准名称中的相同部分，即引导要素和主体要素。

如果是注日期引用一项标准的所有部分，在这些部分是同一年发布的情况下，可列出标准顺序号、起始部分的编号、年号以及标准的通用名称，即引用要素和主体要素。

（3）引导语

在编写规范性引用文件一章时，要注意在列出所引用的文件之前，应有一段固定的引导语引出，即"下列文件中的条款通过本标准的引用而成为本标准的条款。凡是注日期的引用文件，其随后所有的修改单（不包括勘误的内容）或修订版均不适用于本标准，然而，鼓励根据本标准达成协议的各方研究是否可使用这些文件的最新版本。凡是不注日期的引用文件，其最新版本（包括所有的修改单）适用于本标准。"

在引导语之后，要列出所有规范性引用文件，这些文件的排列顺序是：国家标准、行业标准、地方标准、国内有关文件、ISO 标准、IEC 标准、ISO 或 IEC 有关文件、其他国际标准或有关文件。国家标准、ISO 标准、IEC 标准按标准的顺序号由小到大依次排列；行业标准、地方标准、其他国际标准先按标准代号的拉丁字母和（或）阿拉伯数字的顺序排列，再按标准的顺序号由小到大排列。当引用的我国标准与国际标准有对应关系时，应在引用我国标准名称后面标出与国际标准的一致性程度标识。

四、规范性技术要素的编写

（一）技术要素的选择

1. 目的性原则

标准中规范性技术要素的确定取决于编制标准的目的，最重要的目的是保证有关产品、过程或服务的适用性。一项标准或系列标准还可涉及或分别侧重其他目的，例如：促进相互理解和交流，保障健康，保证安全，保护环境或促进资源合理利用，控制接口，实现互换性、兼容性或相互配合以及品种控制等。

在标准中，通常不指明选择各项要求的目的（尽管在引言中可阐明标准和某些要求的目的）。然而，最重要的是在工作的最初阶段（不迟于征求意见稿）确定这些目的，以便决定标准所包含的要求。

在编制标准时应优先考虑涉及健康和安全的要求（GB/T 20000.4、GB/T 20002.1 和 GB/T 16499）以及环境的要求（GB/T 20000.5 和 IEC 指南 106）。

2. 性能原则

只要可能，要求应由性能特性来表达，而不用设计和描述特性来表达，这种方法给技术发展留有最大的余地。如果采用性能特性的表述方式，要注意保证性能要求中不疏漏重要的特征。

3. 可证实性原则

不论标准的目的如何，标准中应只列入那些能被证实的要求。标准中的要求应定量并使用明确的数值表示，不应仅使用定性的表述，如"足够坚固"或"适当的强度"等。

（二）术语和定义

术语和定义为可选要素，它仅给出为理解标准中某些术语所必需的定义。术语宜按照概念层级进行分类和编排，分类的结果和排列顺序应由术语的条目编号来明确，应给每个术语一个条目编号。

对某概念建立有关术语和定义以前,应查找在其他标准中是否已经为该概念建立了术语和定义。如果已经建立,宜引用定义该概念的标准,不必重复定义;如果没有建立,则"术语和定义"一章中只应定义标准中所使用的并且是属于标准的范围所覆盖的概念,以及有助于理解这些定义的附加概念;如果标准中使用了属于标准范围之外的术语,可在标准中说明其含义,而不宜在"术语和定义"一章中给出该术语及其定义。

如果确有必要重复某术语已经标准化的定义,则应标明该定义出自的标准。如果不得不改写已经标准化的定义,则应加注说明。

定义既不应包含要求,也不应写成要求的形式。定义的表述宜能在上下文中代替其术语。附加的信息应以示例或注的形式给出。适用于量的单位的信息应在注中给出。

术语条目应包括:条目编号、术语、英文对应词、定义。根据需要可增加:符号、概念的其他表述方式(例如公式、图等)、示例、注等。

术语条目应由下述适当的引导语引出:

① 仅仅标准中界定的术语和定义适用时,使用:"下列术语和定义适用于本文件。"

② 其他文件界定的术语和定义也适用时(例如,在一项分部分的标准中,第 1 部分中界定的术语和定义适用于几个或所有部分),使用:"……界定的以及下列术语和定义适用于本文件。"

③ 仅仅其他文件界定的术语和定义适用时,使用:"……界定的术语和定义适用于本文件。"

(三)符号、代号和缩略语

符号、代号和缩略语为可选要素,它给出为理解标准所必需的符号、代号和缩略语清单。

除非为了反映技术准则需要以特定次序列出,所有符号、代号和缩略语宜按以下次序以字母顺序列出:

① 大写拉丁字母置于小写拉丁字母之前(A、a、B、b 等);

② 无角标的字母置于有角标的字母之前,有字母角标的字母置于有数字角标的字母之前(B、b、C_m、C_2、c、d、d_{ext}、d_{int}、d_1 等);

③ 希腊字母置于拉丁字母之后(Z、z、A、α、B、β、…、Λ、λ 等);

④ 其他特殊符号和文字。

为了方便,该要素可与要素"术语和定义"合并。可将术语和定义、符号、代号、缩略语以及量的单位放在一个复合标题之下。

(四)要求

要求要素是规范性技术要素中的核心内容之一。要求是指标准中表达应遵守的规定的条款,按实施标准的约束力可分为必达要求和任选要求。标准的种类不同,标准的对象不同,其具体包含的内容也有较大的差异。在产品质量标准中,要求一般作为一章列出,根据产品的实际情况再分为条;而在其他标准中可以分为一章或若干章,然后再分别列出具体的特性内容。该要素的内容,决定了该标准的标准化对象应达到的质量水平以及实施后的经济效益和社会效益。

1. 要求要素的内容

一是直接或以引用的方式给出标准涉及的产品、过程或服务等方面的所有特性;二是可量化特性所要求的极限值;三是对每个要求可引用测定或检验特性值的试验方法和测量方法，或者直接规定试验方法和测量方法。

2. 选择技术内容的原则

在选择产品标准各项技术内容时，应遵循以下原则。

（1）目的性原则

任何产品都有许多特性，在产品标准中规定的技术内容，应根据制定标准的目的有针对性地进行选择。制定产品标准的目的可概括为保证产品的适用性，促进相互了解；保证卫生、安全和环境保护；保证接口和互换性，实现产品品种简单化等。

（2）性能特性原则

选择产品的技术要求时，应根据产品的性能特性参数而不是根据图样或可描述的特征来规定要求，给技术的发展以最大自由度。性能特性应包括那些适合于世界范围公认的特性。由于气候、环境、法规、经济、社会条件、贸易形式的差异，若有必要，应给出几种可供选择的方案。

产品标准通常不包括对产品生产过程的具体要求，常常作为终产品检验的依据。但是，随着现代科学技术的发展，人们对食品生产采取全程质量控制的要求越来越高，在一些产品生产中也需要检查工艺参数等。

（3）可检验性原则

产品标准中应规定能被检验的技术要求。标准中的技术要求，应该用意义明确的数值来表示，不应使用诸如"膨松""比较坚硬"和"容易破碎"等形容词。如果没有一种试验方法或测量方法能在较短的时间内检验产品的稳定性、可靠性合格与否，则不应规定这些要求。虽然企业做出的保证能用，但不能代替上述的要求。在产品标准中，企业的保证条件不应列入产品标准的范围之内，因为保证条件是一个商业合同性的概念，而不是产品技术要求的概念。

3. 技术要求的具体内容

技术要求的内容应反映产品达到的质量水平，也是企业组织产品生产和供用户选择产品的主要依据，所以应着重规定产品的性能，包括产品的功能、可靠性、安全卫生等技术指标要求。应充分考虑产品的使用要求和基本性能以及健康、安全、环境保护等因素。需要分等分级而又能分等分级的质量要求，应根据适用性及不同需要做出科学合理的规定。产品的技术要求也可划分不同层次给予陈述。对企业产品标准而言，一般鼓励所列技术指标要求高于现行的同类产品国家标准、行业标准规定的技术指标要求，但是在特定的条件下或根据产品的使用范围要求，也可以制定低于有关标准的企业标准。

（1）环境适应性

应根据产品在运输、贮存和使用中可能遇到的实际环境条件规定产品的适应性，如温度、湿度、贮藏、运输条件等。

（2）使用性能

应根据产品具体情况，选择直接反映产品适用性能的技术指标或者间接反映使用性能的可靠代用指标。

（3）理化指标

理化指标对于食品是非常重要的，许多食品的质量好坏都必须用理化指标来加以区分，一般常用的有化学营养成分、纯度、杂质、微生物、有害有毒物质、黏度、色度、水分含量等产品质量指标。微生物指标和有害有毒成分必须执行国家强制性标准，并按产品特性规定其相应极限值。

（4）原材料要求

对原材料的要求一般不列入产品标准中，为了保证产品质量和安全要求必须指定原材料，且原材料有现行的标准时，应该引用标准，规定使用性能不低于有关标准规定的原材料。如果没有现行标准则可以在规范性附录中对原材料的性能特性做出具体规定。

（5）工艺要求

工艺要求一般不列入产品标准中，为了保证产品质量和安全要求必须规定工艺要求时，则应规定该产品的生产工艺。

（6）其他要求

根据需要，可以规定必须列入产品标准的其他要求。分类的某些要求需要检验时，应作为"技术要求"的内容明确规定。

4. 技术指标量值的选择

定量表示的技术要求，应在标准中规定其标称值（或额定值），必要时可同时给出其允许偏差或极限值。

极限值反映产品应达到的实际质量水平，应根据产品预定功能和用户的要求以及国家有关标准或法律法规的要求，以取得最佳的经济效益和社会效益。极限值根据产品的需要可以通过给定下限值和（或）上限值，或者用给出标称值（或额定值）及其偏差等方式来表达。极限值的有效位数应全部给出，书写的位数表示的精确度应能保证产品的应有性能和质量水平，它也规定了为实际产品检验而得到的测量值或者计算值应该具有的相应的精确度。

"要求"这一章的条款编排顺序，要求尽可能地与试验方法或者检验规则一章中检验项目的先后顺序协调一致，以便于引用和对照。当与要求对应的试验方法内容较为简单时，允许将"试验方法"要素并入"要求"要素中。章的标题为"要求与试验方法"。

（五）分类和标记

分类和标记是标准中的可选要素。为了便于用户正确识别并选择适用的产品、过程和服务，在一定范围内对其建立统一的分类和标记是很重要的。在产品标准中，分类和标记可称为分类和命名。

产品分类可作为产品标准的一部分，也可以制定单独的标准。产品根据不同特性要求可按品种、形号、规格等进行分类。

产品分类时，应做到以下几点。

① 优先采用国际上通行的品种、形号和规格。

② 应根据使用与生产的需要，合理规定必要的产品品种、形号和规格。

③ 系列产品注意正确选型，并尽可能采用优先数系或模数制确定系列范围与疏密程度等。

④ 分类部分的某些要求属于需要检验的技术要求时，可在技术要求部分中重做规定。

产品标记是指在一定范围内（如国际、区域、国家）适用的"标准化项目"的标记，这种标记方法提供了一种标准化的标记模式。标准化项目是指具体项目（如材料或制成品）或者抽象概念（如过程或体系、试验方法）。

（六）标志、标签和包装

标志、标签和包装是标准中的可选要素。产品标准技术内容中一般将这一章称为"标志、包装、运输与贮存"。编写这一部分的主要目的是为了在贮存和运输过程中保证产品不受危害和损失以及不发生混淆。

1. 产品标签

产品标签包括的基本内容如下：

① 产品名称与商标。
② 产品型号或标记。
③ 执行的产品标准编号。
④ 生产日期或批号。
⑤ 产品主要参数或成分及含量。
⑥ 质量等级标志。
⑦ 使用说明。
⑧ 商品条码。
⑨ 产品产地、生产企业名称、详细地址、邮政编码及电话号码。
⑩ 其他需要标志的事项，如质量体系认证合格标志、绿色食品标志、有机食品标志等。

对于食品来说，必须执行 GB 7718—2011《食品安全国家标准 预包装食品标签通则》中的规定。

2. 包装

为了防止产品受到损失，防止危害人类与环境安全，一切需要包装的产品均应在标准中对包装做出具体的规定或引用有关的包装标准。

产品包装应实用、方便、成本低、有利于环境保护，其基本内容包括以下几个方面：

① 包装技术和方法。说明产品采用何种包装（盒装、箱装、罐装、瓶装等），以及防晒、防潮等。
② 包装材料和要求。说明采用何种性能的包装材料。
③ 对内装物的要求。说明规定内装物的摆放位置和摆放方法等。
④ 包装试验方法。必要时应指明与包装或包装材料有关的试验方法。
⑤ 包装检验规则。指明对包装进行各项检验的规则。必要时，包装部分可规定产品随带文件，如产品质量合格证、产品使用说明书等其他技术资料。

3. 运输

在运输方面有特殊要求的产品，标准中应规定运输要求。运输要求一般包括以下内容：

① 运输方式。应指明采用何种运输方式及其状况。
② 运输条件。主要规定运输时的要求，如遮盖、冷藏、密封等。
③ 运输过程中的注意事项。主要是对装、卸、运方面的特殊要求等。

4. 贮存

对食品等产品在贮存方面应做出规定，如贮存条件、场所、堆放方式、保质期等。

（七）规范性附录

规范性附录是标准中的可选要素，要根据标准的具体条款来确定是否设置这类附录。在规范性附录中所给出的是"附加条款"，在使用标准时，这些条款应被同时使用。因为，规范性附录是构成标准整体不可分割的部分。在规范性附录中对标准中的条款可进一步地细化和补充。这样做可使标准的结构更加合理，层次更加清楚，主题更加突出。

附录的性质首先由提出附录的条文来确定。标准中规定"附录应在条文中提及",条文中没有提及的附录就没有存在的必要。

在前言的特定部分的最后应给出附录性质的陈述。在目次中应列出附录编号,在圆括号中标明附录的性质。在附录正文编号下,在圆括号中明确标明附录的性质。

五、资料性补充要素的编写

(一) 资料性附录

在资料性附录中给出对理解、使用标准起辅助作用的附加信息。资料性附录中所给出的是附加信息,不应包含要声明符合标准而应遵守的条款。因此,资料性附录中通常只提供以下情况或信息:

① 标准中重要规定的依据和对专门技术问题的介绍。
② 标准中某些条文的参考资料。
③ 正确使用标准的说明等。

在具体标准中应从下面三个方面对附录的性质加以明确:

① 条文中提及时的措辞方式。
② 目次中标明。
③ 附录正文编号下标明。

(二) 参考文献

参考文献为可选要素。如果有参考文献,则应置于最后一个附录之后。文献清单中每个参考文献前应在方括号中给出序号。文献清单中所列的文献(含在线文献)以及文献的排列顺序等均应符合相关规定。然而,如列出国际标准、国外标准和其他文献无须给出中文译名。

(三) 索引

索引为可选要素。如果有索引,则应作为标准的最后一个要素。

六、标准的代号和编号

(一) 国家标准的代号和编号

国家标准的代号由大写汉语拼音字母构成,强制性国家标准代号为"GB",推荐性国家标准的代号为"GB/T"。

国家标准的编号由国家标准的代号、标准发布顺序号和标准发布年代号(四位数)组成,示例如下。

强制性国家标准:

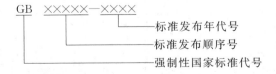

推荐性国家标准:

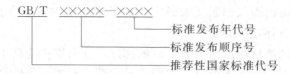

国家实物标准（样品）：

由国家标准化行政主管部门统一编号，编号方法为国家实物标准代号（为汉字拼音大写字母"GSB"）加《标准文献分类法》中的一级类目、二级类目的代号及二级类目范围内的顺序号、四位数年代号相结合的办法，如：

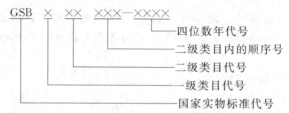

（二）行业标准的代号和编号

1. 行业标准的代号

由国务院各有关行政主管部门提出其所管理的行业标准范围的申请报告，国务院标准化行政主管部门审查确定并正式公布该行业标准代号。已正式公布的行业代号见表1-2。

表1-2 行业标准代号

序号	行业标准名称	行业标准代号	序号	行业标准名称	行业标准代号
1	教育	JY	30	金融系统	JR
2	医药	YY	31	劳动和劳动安全	LD
3	煤炭	MT	32	民工民品	WJ
4	新闻出版	CY	33	核工业	EJ
5	测绘	CH	34	土地管理	TD
6	档案	DA	35	稀土	XB
7	海洋	HY	36	环境保护	HJ
8	烟草	YC	37	文化	WH
9	民政	MZ	38	体育	TY
10	地质安全	DZ	39	物资管理	WB
11	公共安全	GA	40	城镇建设	CJ
12	汽车	QC	41	建筑工业	JG
13	建材	JC	42	农业	NY
14	石油化工	SH	43	水产	SC
15	化工	HG	44	水利	SL
16	石油天然气	SY	45	电力	DL
17	纺织	FZ	46	航空	HB
18	有色冶金	YS	47	航天	QJ
19	黑色冶金	YB	48	旅游	LB
20	电子	SJ	49	商业	SB
21	广播电影电视	GY	50	商检	SN
22	铁路运输	TB	51	包装	BB
23	民用航空	MH	52	气象	QX
24	林业	LY	53	卫生	WS
25	交通	JT	54	地震	DB
26	机械	JB	55	外经贸	WM
27	轻工	QB	56	海关	HS
28	船舶	CB	57	邮政	YZ
29	通信	YD			

2. 行业标准的编号

行业标准的编号由行业标准代号、标准发布顺序号及标准发布年代号（四位数）组成，示例如下：

强制性行业标准编号

推荐性行业标准编号

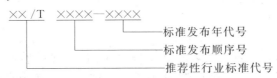

（三）地方标准的代号和编号

1. 地方标准的代号

由汉字"地方标准"大写拼音字母"DB"加上省、自治区、直辖市行政区划代码（见表1-3）的前两位数字，再加上斜线组成强制性地方标准代号；再加"T"组成推荐性地方标准代号，如：

强制性地方标准：DB××/

推荐性地方标准：DB××/T

表1-3 省、自治区、直辖市行政区划代码

名称	代码	名称	代码
北京市	110000	湖北省	420000
天津市	120000	湖南省	430000
河北省	130000	广东省	440000
山西省	140000	广西壮族自治区	450000
内蒙古自治区	150000	海南省	460000
辽宁省	210000	四川省	510000
吉林省	220000	贵州省	520000
黑龙江省	230000	云南省	530000
上海市	310000	西藏自治区	540000
江苏省	320000	重庆市	550000
浙江省	330000	陕西省	610000
安徽省	340000	甘肃省	620000
福建省	350000	青海省	630000
江西省	360000	宁夏回族自治区	640000
山东省	370000	新疆维吾尔自治区	650000
河南省	410000	台湾地区	710000

2. 地方标准的编号

地方标准的编号由地方标准代号、地方标准发布顺序号和标准发布年代号（四位数）三部分组成。示例如下：

强制性地方标准：

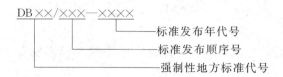

推荐性地方标准：

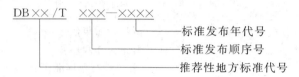

(四) 企业标准的代号和编号

1. 企业标准的代号

企业标准的代号由汉字"企"大写拼音字母"Q"加斜线再加企业代号组成，企业代号可用大写拼音字母或阿拉伯数字或两者兼用所组成。企业代号按中央所属企业和地方企业分别由国务院有关行政主管部门或省、自治区、直辖市政府标准化行政主管部门会同同级标准化行政主管部门加以规定。示例：Q/×××。

企业标准一经制定颁布，即对整个企业具有约束性，是企业法规性文件，没有强制性企业标准和推荐性企业标准之分。

2. 企业标准的编号

企业标准的编号由企业标准代号、标准发布顺序号和标准发布年代号（四位数）组成。示例如下：

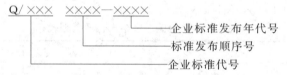

第四节　标准的制定

制定标准是标准化工作的重要任务，影响面大、政策性强，不仅需要大量的技术工作，而且需要大量的组织和协调工作。标准是社会广泛参与的产物，在市场经济条件下，严格按照统一规定的程序开展标准制定工作，是保障标准编制质量，提高标准技术水平，缩短标准制定周期，实现标准制定过程公平、公正、协调、有序的基础和前提。

一、制定标准的一般程序

标准的制定是指对需要制定为标准的项目编制制定计划，组织草拟、审批、编号、批准发布、出版等活动。制定标准是一项涉及面广，技术性、政策性很强的工作，必须以科学的态度，按照规定的程序进行。

（一）中国国家标准、行业标准和地方标准的制定程序

标准是技术法规，它的产生有着严格的程序管理。我国国家标准制定程序阶段划分为9

个阶段，即预阶段、立项阶段、起草阶段、征求意见阶段、审查阶段、批准阶段、出版阶段、复审阶段、废止阶段。同时为适应经济的快速发展，缩短制定周期，除正常的标准制定程序外，还可采用快速程序。

1. 预阶段

（1）阶段任务

对将要立项的新工作项目进行研究和论证，提出新工作项目建议。

（2）产生文件

将新工作项目按强制性国家标准项目建议书、推荐性国家标准项目建议书、国家标准化指导性技术文件项目建议书等类别填写，应附标准草案或标准大纲。标准草案应给出主要章条及各章条所规定的主要技术内容；标准大纲应给出标准名称和基本结构，涵盖技术要素、涉及章条的标题。每项技术标准的制定，都是按一定的标准化工作计划进行的。技术委员会根据需要，对将要立项的新工作项目进行研究及必要的论证，并在此基础上提出新工作项目建议，包括标准草案或标准大纲，至少包含拟起草的标准的名称和范围，制定该标准的依据、目的、意义及主要工作内容，国内外相应标准及有关科学技术成就的简要说明，工作步骤及计划进度，工作分工，制定过程中可能出现的问题和解决措施，经费预算等。

2. 立项阶段

（1）阶段任务

提出新工作项目。对新工作项目建议进行审查、汇总、协调、论证、征求意见，下达计划。

（2）产生文件

标准制修订年度计划或增补计划。主管部门对有关单位提出的新工作项目建议进行审查、汇总、协调、论证、征求意见、确定，直至列入标准制修订计划并下达给负责起草单位。对项目建议进行必要性、可行性分析和充分论证是确定立项的前提条件。在分析制定标准的必要性时通常要考虑：该项目是否能够促进贸易，保护消费者权益，保证接口、互换性、兼容性或相互配合，改善安全健康，保护环境；标准的可行性和适时性；其实施结果是否促进竞争或新技术的发展；是否增加使用者的选择性。此外，还要分析该项目与现行有关标准、计划项目、修订标准项目及采用国际标准项目是否重复，以及它们涉及的特性和水平；考虑是否可能将现成的较完善的文件经过少量修改或不经修改而接受成为一项标准等等。

3. 起草阶段

（1）阶段任务

提出标准征求意见稿。组织标准起草工作直至完成标准草案征求意见稿。

（2）产生文件

标准、标准编制说明，以及其他文件。负责起草单位接到下达的立项计划后，应尽快组织有关专家成立起草工作组，通过调查研究，起草标准的征求意见稿。

4. 征求意见阶段

（1）阶段任务

提出标准。对标准草案征求意见稿征求意见，根据返回意见完成意见汇总并作出相关处理意见，形成标准。

（2）产生文件

标准、标准编制说明、标准意见汇总处理表，以及其他文件。征求意见应广泛。还可以对一些主要问题组织专题讨论，直接听取意见。起草工作组对反馈意见要认真收集整理、分析研究、归并取舍，完成意见汇总处理表，对征求意见稿及编制说明进行修改，完成标准，并向归口标准化技术委员会或主管部门提出予以审查的建议。

5. 审查阶段

（1）阶段任务

审查标准。对标准草案送审稿组织审查，形成审查结论。审查可采取会议审查或发函审查的方式（适用于内容较为简单、涉及面比较小、无重大分歧意见的项目）。

（2）产生文件

审定会会议纪要，或函审结论及其标准函审单；标准；标准编制说明；标准意见汇总处理表；报批报告；专业标准化技术委员会标准审查单（适用于有相应标准化技术委员会的项目）；其他文件。送审稿的审查，由技术委员会组织进行。对技术经济意义重大、涉及面广、分歧意见较多的技术标准，送审稿应组织会审，其余的函审。审查通过的项目，由负责起草单位根据审查意见，修改形成标准。

6. 批准阶段

（1）阶段任务

提供标准出版稿。主管部门对标准草案报批稿及报批材料进行程序、技术审核；国家标准技术审查机构对标准草案报批稿及报批材料进行技术审查；国务院标准化行政主管部门批准、发布。

（2）产生文件

批准标准目录公告以及标准文本（仅对强制性标准）。主管部门对标准及报批材料进行程序、技术审核，完成必要的协调和完善工作。报批稿经主管部门复核后批准，并统一编号、发布。

7. 出版阶段

（1）阶段任务

提供标准出版物。

（2）产生文件

纸质标准文本或（和）电子文本。标准文本统一由指定的出版机构负责登记、编辑、印刷、出版和发行。

8. 复审阶段

（1）阶段任务

定期复审。对已发布实施近5年或达到5年的标准进行复审，以确定是否确认（继续有效）、修改（通过技术勘误表或修改单）、修订（应提交一个新工作项目建议，列入工作计划）或废止。

（2）产生文件

复审报告以及标准复审结果目录公告。为了保证标准的适用性，在其实施一段时间后，必须根据科学技术的发展和经济建设的需要对标准的内容及其中规定的要求是否仍有适用性或需要改进适用性要求进行审查，这种定期审查称为复审。复审工作由该项标准的主管部门或专业标准化技术委员会组织有关单位进行。

9. 废止阶段

（1）阶段任务

清理确认。对复审后确定为没有存在必要的标准，经主管部门审核同意后，予以废止。
（2）产生文件

标准废止公告。标准废止的依据文件是标准复审结果目录公告。自国家标准行政主管部门发布废止公告之日起，即标志着某些标准被废止。

（二）企业标准的制定

制定企业标准的一般程序如下所示。

1. 调查研究，搜集资料

企业应针对以下方面进行调查研究和搜集资料：
① 标准化对象的国内外水平及本行业本企业的发展趋向。
② 有关的最新科研成果。
③ 生产和实践中积累的技术数据、统计资料。
④ 国际标准、国外先进标准、技术法规和国内相关标准及法规。

2. 起草标准草案（征求意见稿）

对搜集到的资料进行整理、分析、对比、选优，必要时应进行试验验证，然后起草标准草案和标准编制说明。

3. 征求意见，形成标准送审稿

将标准草案分发给企业内有关部门（必要时分发给企业外有关单位，特别是用户，征求意见），对收到的意见逐一分析研究，决定取舍后形成标准送审稿。

4. 审查标准，形成标准报批稿

根据标准的复杂程度、涉及面大小，可分别采取会议审查或者函审的方式。审查、审定通过后，起草单位应根据其具体的建议和意见，编写标准报批稿和报批时需呈交的其他材料。

5. 标准的批准、发布与实施

企业标准由企业法人代表或其授权的主管领导批准，由企业标准化管理部门编号、发布和实施。

6. 标准的备案

企业产品标准应按各省、自治区、直辖市人民政府的标准化行政主管部门规定备案。

7. 企业标准的复审

企业标准应定期进行复审，复审周期一般不超过三年。复审后的企业产品标准必须按有关规定重新进行备案。企业标准的备案不同省、市、自治区有不同的规定。

（三）快速程序

快速程序是指在正常制定程序基础上省略某个阶段或某些阶段的简化程序。为了缩短标准制定周期，以适应企业对市场经济快速反应的需要，对下列情况，制定国家标准时可以采用快速程序：

① 对等同采用、等效采用国际标准或国外先进标准的标准制、修订项目，可直接由立项阶段进入征求意见阶段，即省略起草阶段。
② 对现有国家标准的修订项目或中国其他各级标准的转化项目，可直接由立项阶段进入审查阶段，即省略起草阶段和征求意见阶段。

采用快速程序的项目，应在《国家标准制、修订项目计划》的备注栏内说明理由并注明快速程序代号（FTP）及程序类别和项目类别代号。

二、标准制定的基本原则

标准制定是指标准制定部门对需要制定为标准的项目编制计划，组织草拟、审批、编号、发布和出版等活动，是将科学、技术、管理的成果纳入标准的过程，也是集思广益、体现全局利益的过程。

标准的制定应遵循以下基本原则：
① 贯彻国家的有关方针、政策和法律、法规。
② 以市场为导向，保障安全和人民身体健康，保护环境。
③ 有利于合理开发和利用国家资源，推广科学技术成果。
④ 与相关标准协调配套。
⑤ 积极研究采用国际标准和国外先进标准，促进国际贸易和经济技术合作的发展。
⑥ 坚持公开透明。

三、编写标准的基本要求

标准编写人员在起草标准之前，必须清楚了解制定标准必须遵循的基本原则及有关法规要求，只有这样才能使制定出的标准真正起到应有的作用。

（一）编写标准的目的性

制定标准最直接的目的就是编制出明确且无歧义的条款，并且通过这些条款的使用，改进产品、过程或服务的适用性。为了达到这个目的，编制出的标准应符合下述要求。

1. 标准范围规定的界限完整

标准的"范围"一章划清了标准所适用的界限，在这个界限内，应将所需要的内容在一项标准内规定完整。"范围"不应只规定一部分内容，而另一部分需要的内容没有规定，或将它们规定在其他的标准中。因为这种做法破坏了标准的完整性，不利于标准的实施。假如标准使用者按照标准的范围所划定的界限去查找和使用标准，但由于标准内容不完整而不能完全满足使用者的需要，这无疑是标准制定工作的失误。此处，"需要的内容"是指需要什么，规定什么；需要多少，规定多少，并不是越完整越好，将不需要的内容加以规定，同样也是错误的。

2. 标准内容表述清楚且准确

标准的条文应用词准确、条理清楚、逻辑严谨。"清楚"通常指标准文本的表述要有很强的逻辑性，用词禁忌模棱两可，防止不同的人从不同的角度对标准内容产生不同的理解。标准中的条款通常是给有关专业人员使用的，并不要求不同阶层、不同领域的所有人都能理解。但是，标准中的内容必须使相应的专业人员能够理解，并且应使未参加标准编制的专业人员也能够很好地理解标准中规定的条款。这是因为，对于未参加标准编制的人员来说，虽然他们是相关领域的专业人员，但如果标准的内容表述得不十分清楚，他们也未必能够很容易地理解，有时甚至还可能造成误解。为了使标准使用者易于理解标准的内容，在满足对标准技术内容的完整和准确表达的前提下，标准的语言和表达形式应尽可能简单、明了、易懂，还应注意避免使用口语化、教材化的措辞。"准确"通常指标准中的任何要求都应十分准确，要给相应的验证提供可依据的准则。为了确保标准的正确性，标准编写者应本着认真负责、严谨科学的态度,无论是依据科研成果、生产的产品图纸,还是借鉴国外的经验,都必须经过充分的科学和试验的论证、精确的数学计算,并以现代科学技术的综合成果和先进经验为基础,从标准起草阶段就应力求标准的条文没有技术和科学性的错误。

3. 充分考虑最新技术水平

所谓"充分考虑最新技术水平",并不是要求标准中所规定的各种指标或要求都是最新的、最高的,而是要求所规定的内容应是在对最新技术发展水平进行充分考虑、研究之后确定的。所以,某个领域的某项最新科研成果,哪怕是获得了国家最高科技奖项,也应在充分考虑该领域技术发展的整体最新水平之后才能确定是否应纳入标准所规定的有关内容。

4. 为未来技术发展提供框架

起草标准时,不但要考虑当今的"最新技术水平",还要为未来的技术发展提供框架和发展余地。因为,即使目前标准中的内容是考虑最新技术水平的结果,但是经过一段时间,有时是相对较短的时间,某些技术(例如生产工艺、信息技术等)就有可能落后。这时,如果要符合标准,就得搁置新技术,采用落后技术,这种现象的发生,实际上就是标准中的规定阻碍了技术的发展。所以,起草标准的条款时,要避免发生这种情况。在标准中从性能特性角度提出要求,并且尽量不包括生产工艺的要求;从技术应用的角度(指定技术的应用除外)提出要求时,不提出或尽量不限定技术范围,是避免阻碍技术发展的方法之一。

(二)标准编写的统一性

统一性是指在每项标准或系列标准内,标准的文体和术语应保持一致,这是标准编写及表达方式的最基本要求。统一性强调的是内部的统一,以及一项标准内部或一系列相关标准内部的统一。

① 系列标准的每项标准或同一标准的各个部分,其标准文体和术语应保持一致。对于类似的条款,要用类似的措辞表达;对于相同的条款,要用相同的措辞表达。对于系列标准,其结构及其章、条的编号应尽量相同。

② 在系列标准或同一标准的各部分,甚至扩大到同一个领域中的一个概念应使用相同的术语表达,而且对于已定义的概念应避免使用同义词。每个选用的术语应尽可能只有唯一的含义。

统一性有利于人们对标准的理解、执行,避免同样的内容不同的表达方式使标准使用者产生疑惑,也使标准文本的信息化处理更加方便和准确。

(三)标准编写的规范性

规范性主要指标准编写内容的编写顺序和编排格式,章、条划分及编号,标准中的图表、公式、注等要符合相关标准的规定要求。其具体要求如下:

① 国家标准、行业标准和地方标准的幅面大小、编写格式、章条划分与编号及编写规则应遵守 GB/T 1.1《标准化工作导则 第1部分:标准的结构和编写》的规定。

② 标准化指导性技术文件和同一企业的企业标准的幅面大小、编写格式、章条划分与编号也应参照 GB/T 1.1 的规定执行。

③ 同类标准技术内容的确定、起草、编写规则或指导原则应遵守 GB/T 1.1 的规定,对于特定类别的标准,还应遵守相应类别标准的基础标准的规定。如术语(词汇、术语集)标准应遵守 GB/T 20001.1《标准编写规则 第1部分:术语》的规定,符号(图形符号、标志)标准应遵守 GB/T 20001.2《标准编写规则 第2部分:符号标准》的规定,编码(信息

分类、编码）标准应遵守 GB/T 20001.3《标准编写规则 第3部分：分类标准》的规定，方法（化学分析方法）标准应遵守 GB/T 20001.4《标准编写规则 第4部分：试验方法标准》的规定，管理体系标准应遵守 GB/T 20000.7《标准化工作指南 第7部分：管理体系标准的论证和制定》的规定等。

④ 等同采用国际标准的标准文本，其结构应与被采用的国际标准一致，但标准的具体编排（而不是结构）应遵守 GB/T 1.1 的规定。

（四）标准间的协调性

协调性是指标准要符合国家的政策，要与国家的法令协调，在标准体系内部的上下级标准之间和同级标准之间也要协调一致。标准中的规定不得与有关法令、法规相违背，这是标准协调性的一个重要方面。国家标准体系、行业标准体系乃至企业标准体系都是一个个相互关联、相互协调、相辅相成的统一整体。对于每个标准体系而言，制定的标准是一套成体系的技术文件，协调一致才能保证标准之间的相互衔接，才能发挥出系统的功能。为了达到所有标准整体协调的目的，每项标准的编写都应遵循现有基础标准的有关条款，尤其在涉及标准化原理和方法，标准化术语，术语的原则和方法，量、单位及其符号，符号、代号和缩略语，参考文献的标引，技术制图和简图，技术文件编制等方面的有关内容时，更需要与相应的现行标准相协调；对于特定技术领域，还应考虑涉及极限、配合和表面特征，尺寸公差和测量的不确定度，优先数，统计方法，环境条件和有关试验，安全，电磁兼容，符合性和质量等内容时，应遵守现行基础标准有关条款的规定。对于某个技术领域而言，在制定标准时，除了与上述标准协调外，还要注重与同领域标准的协调，尤其要考虑领域内基础标准的情况，注意采用现行标准中作出的规定。

（五）标准的适用性

此处的适用性特指所制定的标准便于使用的特性。通常包括两个基本方面：第一，标准中的内容应便于直接使用；第二，标准中的内容应易于被其他标准或文件引用。

1. 便于直接使用

任何标准只有最终被使用才能发挥其应有的作用。在制定标准时就应该考虑到标准中的条款是否适合直接使用。因此标准中的每个条款都应是可操作的。标准是技术规定和管理的依据，不同于设计文件、工艺文件、教科书或者学术论文，更不同于文学作品。标准一般只告诉人们应该怎样做和不应该怎样做，必须达到什么要求，不告诉人们为什么要这样做。因此其文字表达应该像法律条文那样逻辑严谨，用词恰当准确、简洁明了，陈述应准确、通俗易懂，便于操作。另外，如果标准中的某些内容拟用于认证，则应将它们编为单独的章、条，或编为标准的单独部分。这样更有利于标准的直接使用。

2. 便于引用

标准的内容不但要便于实施，还要考虑易于被其他标准、法律、法规或规章等引用。GB/T 1.1 对于层次设置、编号等的规定都是出于便于引用的考虑。

（六）标准的一致性

一致性指在采用国际标准时起草的标准应以对应的国际文件为基础并尽可能与国际文件保持一致。起草标准时如有对应的国际文件，首先应考虑以这些国际文件为基础制定我国标准，在此基础上还应尽可能保持与国际文件的一致性。如果所依据的是国际文件（ISO 或

IEC 标准），则应确定与相应国际文件的一致性程度，即等同、修改或非等效。这类标准的起草除了应遵守 GB/T 1.1 的规定外，还应遵守 GB/T 20000.2 的规定。

第五节　我国标准及标准化的管理

一、管理部门及分工

国务院标准化行政主管部门，即国家标准化管理委员会，统一负责管理全国标准化工作，履行下列主要职责。

① 参与起草、修订国家标准化法律、法规的工作；拟定和贯彻执行国家标准化工作的方针、政策；拟定全国标准化管理规章，制定相关制度；组织实施标准化法律、法规和规章、制度。

② 负责制定国家标准化事业发展规划；负责组织、协调和编制国家标准（含国家标准样品）的制定、修订计划。

③ 负责组织国家标准的制定、修订工作；负责国家标准的统一审查、批准、编号和发布。

④ 统一管理制定、修订国家标准的经费和标准研究、标准化专项经费。

⑤ 管理和指导标准化科技工作及有关的宣传、教育、培训工作。

⑥ 负责协调和管理全国标准化技术委员会的有关工作。

⑦ 协调和指导行业、地方标准化工作；负责行业标准和地方标准的备案工作。

⑧ 代表国家参加国际标准化组织（ISO）、国际电工委员会（IEC）和其他国际或区域性标准化组织，负责组织 ISO、IEC 中国国家委员会的工作；负责管理国内各部门、各地区参与国际或区域性标准化组织活动的工作；负责签订并执行标准化国际合作协议，审批和组织实施标准化国际合作与交流项目；负责参与与标准化业务相关的国际活动的审核工作。

⑨ 管理全国组织机构代码和商品条码工作。

⑩ 负责国家标准的宣传、贯彻和推广工作；监督国家标准的贯彻执行情况。

⑪ 管理全国标准化信息工作。

⑫ 在国家市场监督管理总局统一安排和协调下，做好世界贸易组织技术性贸易壁垒协议（WTO/TBT 协议）执行中有关标准的通报和咨询工作。

⑬ 承担国家市场监督管理总局交办的其他工作。

此外，国务院有关行政主管部门和国务院授权的有关行业协会分工管理本部门、本行业的标准化工作，履行下列职责。

① 贯彻国家标准化工作的法律、法规、方针、政策，并制定在本部门、本行业实施的具体办法。

② 制定本部门、本行业的标准化工作规划、计划。

③ 承担国家下达的草拟国家标准的任务，组织制定行业标准。

④ 指导省、自治区、直辖市有关行政主管部门的标准化工作。

⑤ 组织本部门、本行业实施标准。

⑥ 对标准实施情况进行监督检查。

⑦ 经国务院标准化行政主管部门授权，分工管理本行业的产品质量认证工作。

二、标准宣贯与实施

（一）标准的宣贯

宣贯就是宣传贯彻的意思，宣贯是标准实施过程中的一项重要工作。标准宣贯的主要形式有 3 种：①直接贯彻，就是对标准的条文不作任何压缩和补充，原原本本地进行贯彻；②压缩贯彻，即标准贯彻时，对标准的内容进行压缩与部分选用；③补充贯彻，即当标准的内容比较概括、标准中的指标不能满足需要时，对其内容和质量指标补充后再贯彻。

例如技术标准的宣贯，主要包括以下内容：通过提供技术标准文本和有关的宣贯材料，使有关各方知道技术标准，了解技术标准，并能正确地认识和理解其中规定的内容和各项要求，同时做好技术咨询工作，解答各方面提出的问题；通过对各技术标准中各项重要内容及其实施意义的说明，使有关各方提高对实施技术标准意义的认识，取得各方的支持和理解；通过编写新旧技术标准内容对照表、新旧技术标准更替注意事项和参考资料，以及有关实施的一些合理化建议等，使有关各方做好各种准备，保证技术标准的顺利实施。技术标准宣贯的主要形式，除了编写、提供各类宣贯资料外，一般还包括举办不同类型的培训班、组织召开宣贯会等。

（二）标准的实施

标准的实施是指有组织、有计划、有措施地贯彻执行标准的活动，是标准制定部门、使用部门或企业将标准规定的内容贯彻到生产流通等领域中去的过程，它是标准化工作的任务之一，也是标准化工作的目的。

标准的贯彻实施大致上可以分为计划、准备、实施、检查验收、总结 5 个程序。

1. 计划

在实施标准之前，企业、单位应制定出"实施标准的工作计划"或"方案"。计划或方案的主要内容是贯彻标准的方式、内容、步骤、负责人员、起止时间、达到的要求和目标等。

2. 准备

贯彻标准的准备工作一般有 4 个方面，即建立组织机构，明确专人负责；宣传讲解，提高认识；认真做好技术准备工作；充分做好物资供应。

3. 实施

实施标准就是把标准应用于生产实践中去。实施标准有完全实施、引用、选用、补充、配套、提高等方式。

① 完全实施：就是直接采用标准（包括行业基础标准、方法标准、安全标准等），全文照搬，毫无改动地贯彻实施。重要的国家和卫生标准、环境保护标准等强制性标准必须完全实施。

② 引用：凡认为适用于企业的推荐性标准，可以采取直接引用的形式进行贯彻实施，并在产品、包装或其说明上标注该项推荐性标准的标准编号。

③ 选用：选取标准中部分内容实施。

④ 补充：在不违背标准基本原则的前提下，企业可以以企业标准的形式对标准再做出一些必要的补充规定。

⑤ 配套：在贯彻某些标准时，地方或企业可制定这些标准的配套标准以及这些标准的使用方法等指导性技术文件，这些配套标准是为了更全面、更有效地贯彻标准。

⑥ 提高：为稳定地生产优质产品和提高市场竞争能力、出口创汇等，企业在贯彻某一项国家或行业产品标准时，可以以国家标准或国内外先进水平为目标，提高、加强标准中一些性能指标，或者自行制定比该产品标准水平更高的企业产品标准，于生产中实施。

4. 检查验收

检查验收也是贯彻标准中的一个重要环节。检查应包括实施阶段的全过程。通过检查验收，找出标准实施中存在的问题，采取相应措施，继续贯彻实施标准，如此反复进行几次，就可以促进标准的全面贯彻。

5. 总结

总结包括技术上和贯彻方法上的总结及各种文件、资料的归类、整理、立卷归档工作，还应该对标准贯彻中发现的各种问题和意见进行整理、分析、归类工作，然后写出意见和建议，反馈给标准制（修）定部门。

应该注意的是，总结并不意味着标准贯彻的终止，只是完成一次贯彻标准的循环，还应继续进行下次的贯彻循环。总之，在标准的有效期内，应不断地实施，使标准贯彻得越来越全面、越来越深入，直到修订成新标准为止。

三、标准的修订

标准应依据其所处环境的变化，按规定的程序适时修订，才能保证标准的先进性，一个标准制定完成之后，绝不是一成不变的，当标准制约或阻碍依存主体的发展时，应进行更正、修订或废止。当科学技术和科学管理水平提高到一定阶段后，现行的标准由于制定时的科技水平和认识水平的限制，已经成为阻碍生产力发展和社会进步的因素，要立即更正、修订或废止，重新制定新标准，以适应社会经济发展的需要。

为了保持标准的先进性，国家标准化行政主管部门或企业标准的批准和发布者，要定期对使用的标准进行审定或修订，以发挥标准应有的作用。国家标准一般每五年修订一次，企业标准一般每三年修订一次。标准的制定是一个严肃的工作，在制定的过程中必须谨慎从事，充分论证，并要经过大量的实践和实验验证，不允许朝令夕改。例如：在有些情况下，可能因缺乏科学依据而脱离实际，甚至妨碍技术的发展；反之，如果错过时机，某种产品虽已大规模生产，但因缺乏统一的标准，在产品配套或其他方面造成损失或缺陷，再制定标准时，就会对技术标准的制定和实施带来许多困难。因此，一定要加强项目论证，通过调查研究，掌握生产技术的发展动向和社会需求，不失时机地开展工作。随着科学技术的发展，技术标准的作用会有所变化。因此，技术标准实施后，应当根据科学技术的发展和经济建设的需要尤其是市场和消费者要求的变化，适时进行复审，以确认技术标准继续有效或者予以修订、废止。

第六节　食品安全标准基础知识

一、食品安全标准的概念

《中华人民共和国食品安全法》（2018修正）（以下简称《食品安全法》）第十章第一百五十条对食品安全作了规定："食品安全，指食品无毒、无害，符合应当有的营养要求，对人体健康不造成任何急性、亚急性或者慢性危害。"据此，食品安全标准是指为了对食品生产、加工、流通和消费（即"从农田到餐桌"）等食物链全过程影响食品安全和质量的各种要素以及各关键环节进行控制和管理，国务院卫生行政部门依照《中华人民共和国食品安全法》（2018修正）和国务院规定的职责，组织开展食品安全风险监测和风险评估，会同国务院食品安全监督管理部门制定并公布食品安全国家标准。

二、食品安全标准的性质

《中华人民共和国食品安全法》（2018修正）第二十五条规定，食品安全标准是强制执行的标准，并且除食品安全标准外，不得制定其他的食品强制性标准。食品作为一种工业产品具有质量和安全双重属性，安全卫生是食品的最基本要求。食品安全标准不同于食品质量标准，它是保障食品安全与营养的重要技术手段，其根本目的是保障公众身体健康，是食品安全体系建设的重要组成部分，是进行法制化食品监督管理的基本依据。同时，食品生产经营者应当依照法律、法规和食品安全标准从事生产经营活动，建立健全的食品安全管理制度，采取有效管理措施，保证食品安全。食品生产经营者对其生产经营的食品安全负责，对社会和公众负责，承担社会责任。因此，食品安全标准属于强制性技术法规，是维护公众身体健康、保障食品安全的重要措施，是实现食品安全科学管理、强化各环节监管的重要基础，也是规范食品生产经营、促进食品行业健康发展的技术保障。在满足食品安全这一要求的基础上，可以由质量技术监督部门、行业协会或其他生产企业组织制定食品质量标准，就食品的品种、规格、等级、口味、外观、大小、净重等涉及质量的指标进行一致的规定。食品质量标准可根据客户订单要求、市场竞争和满足消费者需求及国际贸易需要等而对具体的食品产品设定。

三、食品安全标准体系

《中华人民共和国食品安全法》（2018修正）第二十六条规定，食品安全标准应当包括下列内容：①食品、食品添加剂、食品相关产品中的致病性微生物、农药残留、兽药残留、生物毒素、重金属等污染物质以及其他危害人体健康物质的限量规定；②食品添加剂的品种、使用范围、用量；③专供婴幼儿和其他特定人群的主辅食品的营养成分要求；④对与卫生、营养等食品安全要求有关的标签、标志、说明书的要求；⑤食品生产经营过程的卫生要求；⑥与食品安全有关的质量要求；⑦与食品安全有关的食品检验方法与规程；⑧其他需要制定为食品安全标准的内容。

食品安全标准覆盖了食品、食品添加剂和食品相关产品范围，基本涵盖了从原料到产品中涉及健康危害的各种安全指标，包括食品产品生产加工过程中原料收购与验收、生产环境、设备设施、工艺条件、安全管理、产品出厂前检验等食物链各个环节的安全要求。

根据食品安全标准的内容，食品安全标准体系应由以下几类标准构成：食品中有毒有害物质限量标准、食品添加剂标准、食品及相关产品质量安全标准、食品安全检验方法标准、食品标签标准、食品良好生产与企业卫生规范以及其他标准，与国际食品法典标准分类基本一致。

目前，我国已初步建立了统一、协调的食品安全国家标准体系，基本符合或接近国际食品法典标准，具体的内容将在本书第四篇食品安全标准相关的成就中介绍。

四、食品安全标准的制定

（一）食品安全国家标准的制定

《食品安全法》第五条规定，食品安全国家标准由国务院卫生行政部门会同国务院食品药品监督管理部门制定、公布，国务院标准化行政部门提供国家标准编号。食品中农药残留、兽药残留的限量规定及其检验方法与规程由国务院卫生行政部门、国务院农业行政部门会同国务院食品药品监督管理部门制定。屠宰畜、禽的检验规程由国务院农业行政部门会同国务院卫生行政部门制定。有关产品同时涉及国际标准及食品安全国家标准规定内容的，应当与食品安全国家标准相一致。

食品安全标准的制定过程涉及不同部门以及不同标准的协调。国务院卫生行政部门和食品药品监督管理部门作为负责食品安全标准制定的部门，应当加强与其他部门在标准制定过程中的沟通和协调。同时，为保证整个国家标准体系的统一协调，其他有关产品国家标准，包括所有强制性和推荐性国家标准，凡是涉及食品安全国家标准规定内容的，都应当与食品安全国家标准保持一致。因此，相关部门在制定有关产品国家标准时，应当加强沟通和协调，避免不同国家标准之间的冲突。

根据《食品安全国家标准管理办法》，制定食品安全国家标准应当以保障公众健康为宗旨，以食品安全风险评估结果为依据，做到科学合理、公开透明、安全可靠。

食品安全国家标准的制定和修订工作包括规划、计划、立项、起草、审查、批准、发布以及修改与复审等。

1. 规划、计划、立项

国务院卫生行政部门会同国务院农业行政、质量监督、工商行政管理和国家食品药品监督管理以及国务院商务、工业和信息化等部门制定食品安全国家标准规划及其实施计划。国务院卫生行政部门根据食品安全国家标准规划及其实施计划和食品安全工作需要制定食品安全国家标准制定和修订计划。国务院有关部门及任何公民、法人和其他组织均可提出制定或者修订食品安全国家标准立项建议。食品安全国家标准审评委员会（以下简称审评委员会）对立项建议进行研究，提出制定食品安全国家标准制定和修订计划的咨询意见。国务院卫生行政部门将审查通过的立项建议纳入食品安全国家标准制定和修订计划。食品安全国家标准规划、实施计划及制定和修订计划在公布前，应向社会公开征求意见。

2. 起草

国务院卫生行政部门采取招标、委托等形式，择优选择具备相应技术能力的单位承担食品安全国家标准起草工作。提倡由研究机构、教育机构、学术团体、行业协会等单位组成标准起草协作组共同起草标准。标准起草组应当由熟悉食品生产、检验、安全，有丰富实践经验和较好文字表达能力的专业人员组成。

起草食品安全国家标准，应当以食品安全风险评估结果和食用农产品质量安全风险评估结果为主要依据，充分考虑我国社会经济发展水平和客观实际的需要，参照相关的国际标准和国际食品安全风险评估结果。标准起草单位和起草负责人在起草过程中，应当深入调查研究，保证标准起草工作的科学性、真实性。标准起草完成后，应书面征求标准使用单位、科研院校、行业和企业、消费者、专家、监管部门等各方面的意见。起草单位应当在委托协议书规定的时限内完成起草和征求意见工作，并将送审材料及时报送审评委员会秘书处。

3. 审查

食品安全国家标准应当经食品安全国家标准审评委员会审查通过。审评委员会主要对食品安全国家标准草案是否科学合理、安全可靠，是否具有实用性和可操作性进行审查，并注意与法律法规以及相关标准的衔接，与我国经济、社会和科学发展水平相适应。

《食品安全国家标准管理办法》规定，食品安全国家标准草案按照以下程序审查：秘书处初步审查；审评委员会专业分委员会会议审查；审评委员会主任会议审议。

秘书处对食品安全国家标准草案的完整性、规范性、与委托协议书的一致性等内容进行初步审查。经初步审查通过的标准，在国家卫生健康委员会网站上公开征求意见。秘书处将收集到的反馈意见送交起草单位，起草单位应对反馈意见进行研究，并对标准送审稿进行完善。

专业分委员会负责对标准的科学性、实用性进行审查。未通过审查的标准，专业分委员会应当向标准起草单位出具书面文件，说明未予通过的理由并提出修改意见。标准起草单位修改后，再次送审。审查通过的标准，由专业分委员会主任委员签署审查意见后，提交审评委员会主任会议审议。

审评委员会主任会议审议决定修改后再审的，秘书处应当根据审评委员会提出的修改意见组织标准起草单位进行修改，然后再次送审。审议通过的标准草案，经审评委员会技术总师签署审议意见，标准起草单位应当在秘书处规定的时间内提交报批需要的全部材料。

秘书处对报批材料进行复核后，报送国家卫生健康委员会卫生监督中心。国家卫生健康委员会卫生监督中心应当按照专业分委员会审查意见和审评委员会主任会议审议意见，对标准报批材料的内容和格式进行审核，提出审核意见并反馈秘书处。审核通过的标准由国家卫生健康委员会卫生监督中心报送国家卫生健康委员会。食品安全国家标准草案按照规定履行向 WTO 的通报程序。

4. 批准和发布

审查通过的标准，由标准化行政主管部门发布。食品安全国家标准自发布之日起 20 个工作日内在国家卫生健康委员会网站上公布，供公众免费查阅。

国家卫生健康委员会负责食品安全国家标准的解释工作。食品安全国家标准的解释以国家卫生健康委员会发文形式公布，与食品安全国家标准具有同等效力。

5. 修改和复审

食品安全国家标准公布后，个别内容需作调整时，以国家卫生健康委员会公告的形式发布食品安全国家标准修改单。食品安全国家标准实施后，审评委员会应当根据科学技术和经济发展的需要适时进行复审，提出继续有效、修订或者废止的建议。标准复审周期一般不超过 5 年。国家卫生健康委员会应当组织审评委员会、省级卫生行政部门和相关单位对标准的实施情况进行跟踪评价，并根据评价结果适时组织修订食品安全国家标准。需要修订的食品安全国家标准，应当及时纳入食品安全国家标准修订立项计划。任何公民、法人和其他组织均可以对标准实施过程中存在的问题提出意见和建议。

（二）食品安全地方标准的制定与备案

国务院卫生行政部门负责对需要在全国范围内统一、强制执行的食品安全要求，制定食品安全国家标准，在全国范围内统一使用。对于没有食品安全国家标准的地方特色食品、地方传统食品，需要在省、自治区、直辖市范围内统一实施的，可以制定食品安全地方标准。

没有食品安全国家标准的情形主要有以下两种：一是需要制定相应的国家标准，但由于技术要求或者制定程序等原因，尚未制定国家标准的。制定食品安全国家标准需要通过各种实验进行相应的风险评估，收集国内外的有关信息，再经过严格的审查、公布程序，这一过程需要一定的时间，有些食品安全国家标准一时制定不出来。在相应的国家标准制定之前，可以通过制定食品安全地方标准来填补该食品的标准空白。二是对一些地方特色食品，流通食用限制在一定区域范围内，尚不需制定国家标准。对于这些尚无必要制定食品安全国家标准、但有必要在一定区域范围内统一食品安全要求的，可以制定食品安全地方标准，在该区域内统一公布适用。如果认为产品的特点不能由相应类别的大类食品安全国家标准所覆盖，则可以先制定食品安全地方标准。

食品安全地方标准包括食品及原料、生产经营过程的卫生要求、与食品安全有关的质量要求、检验方法与规程等食品安全技术要求。食品添加剂、食品相关产品、新资源食品、保健食品不得制定食品安全地方标准。

为规范食品安全地方标准管理，根据《食品安全法》及其实施条例等有关规定，国家卫生健康委员会组织制定了《食品安全地方标准管理办法》。

（三）食品安全企业标准的制定与备案

企业生产的食品没有食品安全国家标准或者地方标准的，应当制定食品安全企业标准（以下简称企业标准），作为组织生产的依据。企业标准包括食品原料（包括主料、配料和使用的食品添加剂）、生产工艺以及与食品安全相关的指标、限量、技术要求。

企业标准应当报省级卫生行政部门备案。为规范企业标准备案，根据《食品安全法》，国家卫生健康委员会组织制定了《食品安全企业标准备案办法》。

本章案例

某品牌水饺检出金黄色葡萄球菌与新速冻食品新国标

2011年10月19日，北京市工商局对外公布，在对北京市流通领域食品抽检中发现18个不合格样本，这18批次问题食品都已被要求停止销售。其中，知名的某品牌三鲜水饺检出金黄色葡萄球菌——这种病原菌，按当时现有食品安全标准是"不得检出"的，所以这批水饺需要下架召回。生产厂家承认了水饺中检出金黄色葡萄球菌的事情，不过宣称"按照即将实行的新国标，就是合格产品。"

北京市工商局的信息显示，批次为"20110628106A"的某品牌三鲜水饺，被检出金黄色葡萄球菌。按照当时现行的《速冻预包装米面食品卫生标准》（GB 19295—2003）相关规定，它是"不得检出物质"。

金黄色葡萄球菌是常见的病原菌，可引起局部化脓感染，也可引起肺炎、伪膜性肠炎、心包炎等，甚至败血症、脓毒症等全身感染。带这种病原菌的食物，在100℃高温下煮3分钟可杀死病原菌。

检出病原菌的某品牌三鲜水饺，是某品牌食品郑州工厂2011年6月生产的，这批次产品共350件（每件20袋）。北京市工商局7月抽检时已发现这批水饺带菌，随后向该品牌食品下达整改通知。北京市工商局选择在10月19日对外公布此事，让企业"感到意外"。

该品牌食品每年销售额约20亿元，其中水饺产品占到40%左右。如果水饺带菌引发信任危机，该品牌食品可能面临灭顶之灾。

该品牌食品副总经理贾某说："按照国家目前的食品安全卫生标准，水饺中确实不得含有金黄色葡萄球菌，对于含菌事件，无论是因为什么样的原因，是我们的工作没有做到位，我们真诚向所有消费者道歉。但是我们也想解释，按照新的即将生效的食品安全国家标准，我们被检出有问题的水饺金黄色葡萄球菌含量是达到标准的。"

贾某口中的"新国标"，是指卫生部2011年9月6日发布的"食品安全国家标准——速冻面米制品"的征求意见稿，其中在"生制品的微生物限量"中规定，金黄色葡萄球菌不再是严禁检出的项目，在每克生制品中检出的金黄色葡萄球菌含量只要在1000～10000个之间，都为合格产品。

郑州速冻食品行业一位资深人士说，绝大部分速冻水饺都含有金黄色葡萄球菌，因为水饺里采用的冷鲜肉含有金黄色葡萄球菌。根据国家现有标准，冷鲜肉制品可含有适量金黄色葡萄球菌，但速冻食品不得含有这一病原菌，所以众多速冻水饺都对它诚惶诚恐，速冻行业为降低卫生标准已奔走3年。

食品行业为降低卫生标准奔走已有先例：卫生部2010年敲定的生乳新国标中，乳蛋白含量从1986年的2.95%降到了2.8%，菌落总数则从2003年的每毫升50万调至200万，两项标准均为历史新低。这份标准出台背后，闪现着一些大型乳企"努力"的身影。

当时现行的国家标准中，速冻水饺"不得检出"金黄色葡萄球菌的规定与国际标准相比，的确是过于严苛了。金黄色葡萄球菌产生毒素是需要大量的细菌的，所以像控制沙门氏菌那样追求"零容忍"是没有必要的。消费者都希望食物"绝对安全"，但是对于"可能危害"的东西"零容忍"并不现实。就金黄色葡萄球菌来说，因为它在自然界，尤其是人体中广泛存在，要实现"零容忍"将会使生产成本大大提高。生产厂家不可能低于成本来销售，而生产成本的增加，最终还是要由消费者来买单。

讨论题

1. 标准与标准化的含义是什么？两者有什么区别和联系？
2. 标准化的活动原则是什么？标准化的作用有哪些？
3. 中国的"强制性标准"和"推荐性标准"有什么区别？
4. 制、修订标准要完成哪些程序？
5. 标准的规范性要素和资料性要素各包括哪些内容？哪些是必要要素？哪些是可选要素？
6. 什么是食品安全标准？它应当包括哪些内容？

第二篇

国际食品法规与标准

学习目标

- 了解世界贸易组织（WTO）及其法规和标准。
- 了解世界卫生组织、联合国粮农组织和食品法典委员会。
- 了解国际标准化组织（ISO）。

第二章 世界贸易组织（WTO）及其法规和标准

第一节 世界贸易组织简介

一、WTO 的历史

（一）国际贸易组织（ITO）概念的提出

国际贸易是指世界各国（或地区）之间按一般商业条件所进行的有形商品（实物商品）和无形商品（劳务、技术）的交换活动。而国际贸易组织（International Trade Organization，简称 ITO）是第二次世界大战结束前后，在美国主导下，国际关系中多边主义合作的一个重要表现。在世界经济和贸易领域，美国积极推动其主导的多边主义机制。1944 年 7 月，布雷顿森林协定签署后，国际货币基金组织（IMF）和国际复兴开发银行（IBRD）即世界银行先后建立起来。而美国人设想的另一个主要国际机构就是处理贸易问题的国际贸易组织。

1946 年初，联合国经社理事会接受了美、英两国政府关于建立国际贸易组织的联合建议，并组成了由 19 国政府代表组成的起草委员会，为联合国贸易与就业大会起草《国际贸易组织宪章》。经过长时间的艰难谈判，该宪章终于在 1948 年 1 月获得通过。但由于英国在宪章谈判中极力抵制美国主导战后国际贸易制度，因而宪章中包含了大量的例外条款和政府控制贸易的内容，偏离了美国的自由市场和非歧视自由化贸易原则，最终美国国会没有批准它，这也导致了其他国家对宪章的放弃。美国试图主导战后贸易制度霸权的努力没有成功，《国际贸易组织宪章》就此流产，建立国际贸易组织的努力未能产生出积极的成果。

不过，国际贸易组织的失败没有终止国际贸易领域的协调和合作。在国际贸易组织预备委员会日内瓦会议期间，美英等国还单独就关税削减问题进行谈判，并且达成了关税与贸易总协定（General Agreement on Tariffs and Trade，简称 GATT）及其临时适用议定书。GATT 的"临时性"设计是为了用内容更广泛的国际贸易组织来取代它。作为谈判过程的副产品，关贸总协定在较小程度上延续着国际贸易组织的贸易多边主义原则。GATT 一直"临时适用"，后来不断演进和发展，直到 1995 年成立世界贸易组织。

（二）关贸总协定

从名称可以看出，GATT 并不是一个正式的国际组织，而是作为一个"临时"适用的协议存在。GATT 自 1948 年正式实施开始,至 1995 年 1 月 1 日 WTO 正式成立的 47 年中,取得了不可小觑的卓越成绩。截止至 1994 年底,GATT 共有缔约方 128 个。GATT 在 40 多年的实践中,其主要原则和规则得到了世界上大多数国家的认可,并在世界贸易领域中被广泛应用。GATT 虽然只是作为临时协议存在,但其一直是管理和协调国际贸易事务的中心。事实上,GATT 在经过多轮多边贸易回合谈判的修改及变更后,已逐渐发展成为全球性的多边贸易机制,其制度下的规则经过不断整合,日益形成一套系统且全面的国际贸易准则。

但是,GATT 的自身属性决定了其有无法克服和修正的缺陷,其自身属性逐渐成为其适应全球化经济发展的枷锁。从法律的角度来看,这包括:其一,祖父条款。祖父条款是一种法律适用规则,即当立法发生变化时,旧法适用于既成事实,新法适用于未来情形。GATT 中的祖父条款出现在《关税与贸易总协定临时适用议定书》的第 1 条(b)款,规定缔约方适用关税与贸易总协定第二部分时,不必与现行的国内法律相抵触。这样规定产生的后果是,GATT 缔约方的国内法,在一定范围内,尽管与 GATT 的相关规定不符,也可以在最大的限度内得到适用。祖父条款的设立减少了 GATT 制定过程中可能产生的政治阻力,是不得已的折中。这样折中的做法加快了 GATT 签订的进程,但是在一定程度上,这是以牺牲公平为代价的。其二,管辖范围狭窄。GATT 主要着眼于货物贸易领域,这与 GATT 产生时世界贸易的实际情况是相符的。但是,近年来,随着世界贸易逐渐从货物贸易向服务贸易等其他领域渗透,以及世界贸易领域内新问题新争议的不断产生,GATT 的管辖范围已不能适应世界贸易的飞速发展。其三,由于 GATT 本身的性质始终只是一个关于国际贸易的多边协定,而不具备国际组织的性质,其条约的效力受到了严重的影响,其执行效力及运转效率都不尽如人意。从本质上讲,GATT 仅仅作为一个全球性的临时协议而存在,不具有独立的法人地位,缺乏保证条约顺利执行的有效机制。其四,GATT 缺乏一套程序详明、适用方便的争端解决机制,在实践中无法起到裁决的作用。

GATT 的上述缺陷使其解决经济全球化问题的能力大大削减,为了适应经济全球化时代的到来,GATT 要么消亡,要么其自身要做出巨大的改变以适应经济全球化的发展趋势,这也是 WTO 产生的决定性因素。

(三) 世界贸易组织的建立

1983 年,当时的 GATT 总干事阿瑟·邓克尔成立了一个七人小组,就国际贸易体系面临的种种问题提出一份报告,即著名的"路特威勒报告"(Leutwiler Report),报告呼吁支持建立一个更加开放的多边贸易体系。1990 年,欧盟和加拿大分别正式提出成立世贸组织的议案,此后,经过多方论证和各方的不懈努力,1994 年 4 月 15 日在摩洛哥的马拉喀什市举行的关贸总协定乌拉圭回合部长会议上,签署了具有历史意义的《建立世界贸易组织的马拉喀什协议》(Marrakech Agreement Establishing the World Trade Organization,WTO Agreement),简称《建立世界贸易组织的协议》,并于 1995 年 1 月 1 日生效。根据该协议成立了更具有全球性的世界贸易组织(World Trade Organization,简称 WTO),以取代关贸总协定。

为了顺利过渡,在 1995 年 GATT 与 WTO 共存一年,此后,WTO 正式取代了功勋卓著又备受争议的 GATT。WTO 由 1994 年的 GATT、《服务贸易总协定》(General Agreement on Trade in Service,the "GATS")、《与贸易有关的知识产权协定》(Agreement on Trade-Related Aspects of Intellectual Property Rights,the "TRIPs")等部分组成,其继承了 GATT 的核心原则及规则。实际上,1994 年的 GATT 就是对 1947 年 GATT 的修订,在原则和规则上,二者间具有明显的承继关系,是 WTO 规则中世界货物贸易的核心规则。如果说对世界贸易大战的防范是制定 1947 年 GATT 的主因,那么 WTO 的建立在很大程度上取决于国际贸易对全球性贸易规则体制的迫切要求。GATT 向 WTO 的过渡实际上是国际贸易全球化趋势的集中体现和必然趋势。

二、WTO 的组织结构

世界贸易组织作为世界上最重要的经济组织之一和唯一的世界性贸易专门组织,目前拥有 164 个成员方,这些成员方的贸易总额占到世界贸易总额的 98% 之多;其 2018 年预算达到了 1.97 亿多瑞士法郎,拥有 625 名专职雇员。为了有效发挥世界贸易组织的功能,实现其宗旨和职能,确保各国给予的资源得到有效利用,就需要一套相应的组织机构来完成其日常任务,以确保组织机构的正常运转,如图 2-1 所示。

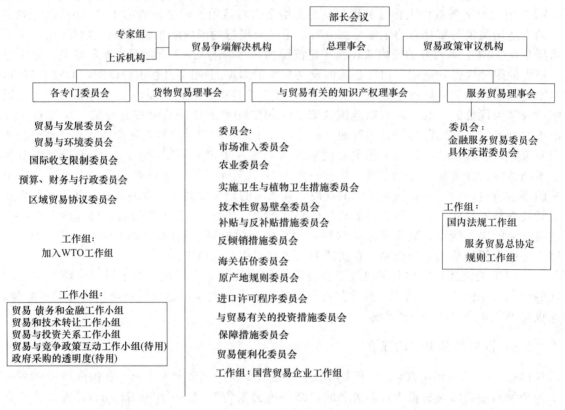

图 2-1 世界贸易组织结构图

(一) 部长级会议

部长级会议是世贸组织的最高决策权力机构,由所有成员国主管外经贸的部长、副部长级官员或其全权代表组成,应至少每两年召开一次会议。部长级会议应履行世贸组织的职能,并为此采取必要的行动。如一成员提出请求,部长级会议有权依照协定和有关多边贸易协定中关于决策的具体要求,对任何多边贸易协定项下的所有事项作出决定。世界贸易组织成立以来已经进行过 11 次部长级会议。

(二) 总理事会及其三种身份

在部长级会议休会期间,其职能由三种形式的总理事会行使:总理事会、贸易争端解决机构、贸易政策审议机构。上述三个机构实际上是同一个，按照《建立世界贸易组织的协议》规定，它们都是总理事会，只不过是根据不同的职权范围召开会议而已。

① 设立由所有成员的代表组成的总理事会，酌情召开会议。在部长级会议休会期间，其职能应由总理事会行使。总理事会还应行使《建立世界贸易组织的协议》指定的职能。总理事会可视情况需要随时开会，自行拟订议事规则及议程。

② 总理事会应酌情召开会议，履行《争端解决谅解》规定的职责。争端解决机构可有自己的主席，并制定其认为履行这些职责所必需的议事规则。

③ 总理事会应酌情召开会议，履行贸易政策审议机制中规定的职责。贸易政策审议机构可有自己的主席，并应制定其认为履行这些职责所必需的议事规则。

总理事会下辖三个理事会和专门委员会，货物贸易理事会、服务贸易理事会、与贸易有关的知识产权理事会分管国际贸易中的三个不同领域，向总理事会报告。总理事会下除了分管三个领域的理事会外，还包括管辖领域更小但依旧由各成员方参与的专门委员会：贸易与发展委员会，贸易与环境委员会，国际收支限制委员会，预算、财务与行政委员会，区域贸易协议委员会和最不发达国家委员会。

(三) 秘书处

秘书处的目标是为成员方的所有世界贸易组织框架下的活动提供高质量的、独立的支持，并专业、公正、诚实地服务于世界贸易组织。它是一个由拥有专业技能、知识、经验的独立人员构成的跨文化的高水平工作团队。世界贸易组织秘书处设立在瑞士日内瓦，其人员由世界贸易组织总干事选派和领导，秘书处人员作为世界贸易组织全职员工，其选拔工作都具有国际性质，不因人员具体国籍而有所倾向，各国也不应对在秘书处工作的本国人员施加影响来干扰秘书处工作的正常进行。

秘书处的主要职能是：研究国际贸易问题；为世界贸易组织各项活动提供服务；培训成员方政府官员；监督各委员会工作及争端解决程序执行；促进成员方贸易谈判；负责定期审议各国贸易政策，敦促成员方进行必要改革。

秘书处下设的机构有：总干事办公室、部长会议司、理事会司、信息与新闻媒介关系司、对外关系司、法律事务司、规则司、市场准入司、农产品与商品司、纺织品司、服务贸易司、知识产权司。

(四) 总干事

总干事是世界贸易组织秘书处的负责人，也被认为是世界贸易组织的行政首脑，总干事由部长级会议直接任命，其权力、职责和任期均由部长会议决定，对部长会议负责。总干事负责领导世界贸易组织秘书处的工作，并通常代表世界贸易组织进行国际活动，被视为世界贸易组织的官方代表。

三、WTO 的宗旨、职能与作用

(一) 宗旨：为了所有成员的利益开展贸易活动

1. 提高生活水平，保证充分就业，大幅度稳步地提高实际收入和有效需求

从根本上而言，WTO 所指的"生活水平"，不应指某一国或某一地区的水平，而应指全世界的生活水平。可以说，WTO 的所有活动都是为了实现这一根本宗旨而开展的。

2. 扩大货物、服务的生产与贸易

WTO 在强调扩大货物生产与货物贸易的基础上，进一步强调扩大服务贸易，并将服务贸易纳入世界贸易组织的法律调整范围内，这是 WTO 相比 GATT 的重大发展之处。

3. 持续发展，合理地利用资源，保护和维护环境

把持续发展的观点引入 WTO 宗旨，具有深远影响。GATT 序言中对世界资源强调的是"充分利用（full use）"，而 WTO 序言中对世界资源强调的是"最合理利用（optimal use）"。可以认为，WTO 的这一表述更具有科学性。也就是说，WTO 并不一味主张对资源的"充分利用"，而是要求考虑资源利用与发展的关系、资源利用与环境保护和维护的关系、资源利用与经济发展水平的关系。世界贸易组织各成员国应当努力促进世界资源的最优利用，并且有责任保护和维护环境，应以符合不同经济发展水平下各成员需要的方式，加强采取各种相应的措施。

4. 保证发展中国家成员贸易、经济的发展

WTO 提出确保发展中国家成员尤其是最不发达国家成员能获得与它们国际贸易额增长需要相适应的经济发展，体现了发展中国家成员在 GATT 中几十年的斗争成果，标志着国际经济新秩序正朝着更加公平合理的方向不断发展。

5. 建立一体化的多边贸易体制

WTO 的建立，标志着一个完整的、更具有活力和永久性的多边贸易体制的诞生，它在监督、协调、管理未来世界经济秩序和贸易格局以及多边贸易法律关系中，将起到十分重要的作用。该新体制不仅将长期游离于自由贸易体制之外的农产品和纺织品贸易纳入体系之中，而且将全球贸易体制的管辖范围扩大到服务贸易、知识产权贸易和国际投资这三个重要领域。

（二）组织职能

1. 负责世界贸易组织多边协议的实施、管理和运作

世界贸易组织的主要职能是负责协定和多边贸易协议的实施、管理和运作，并促进其目标的实现，同时为诸边贸易协议的实施、管理和运作提供框架。多边贸易协议是所有成员都需要承诺的，而诸边贸易协议虽然在世界贸易组织的框架内，但各成员方可有选择地参加。

2. 为谈判提供场所

世界贸易组织为其成员就多边贸易关系进行的谈判和部长会议提供场所，同时提供使谈判结果生效的框架。

3. 解决争端

当世界贸易组织成员发生纠纷时，通过该组织的贸易争端解决机制来解决成员间可能产生的贸易争端，该职能也是世界贸易组织最重要的职能之一。

4. 审议贸易政策

世界贸易组织依靠贸易政策审议机制，审议各成员的贸易政策，主要是对各个成员的全部贸易政策和做法及其对多边贸易体制运行的影响进行定期共同评价和评审。其目的在于促进所有成员遵守多边贸易协议及诸边贸易协议的规则、纪律和承诺，增加透明度。

5. 处理与其他国际经济组织的关系

世界贸易组织与负责货币及金融事务的国际组织如国际货币基金组织和世界银行及其附属机构进行合作，以增强全球经济决策的一致性，保证国际经济政策作为一个整体和谐地发

挥作用。世界贸易组织分别于1996年12月和1997年4月与国际货币基金组织和世界银行签署了合作协议。

6. 对发展中国家和最不发达国家提供技术援助和培训

给予发展中国家的特殊和差别待遇，包含在乌拉圭回合达成的大多数单独协议和安排中，这些规定中的一项内容是向发展中国家和最不发达国家提供技术援助，以便它们能够履行协议所规定的义务。

（三）世界贸易组织的作用

促进世界范围的贸易自由化和经济全球化。通过关税与贸易协定使全世界的关税水平大幅度下降，极大地促进了世界范围的贸易自由化。此外，WTO还在农业、纺织品贸易、安全保障措施、反倾销与反补贴、投资、服务贸易、知识产权以及运作机制等方面作出了有利于贸易发展的规定，这些协定和协议都将改善世界贸易自由化和全球经济一体化，使世界性的分工向广化与深化发展，为国际贸易的发展奠定稳定的基础，使对外贸易在各国经济发展中的作用更为重要。

使传统的贸易政策措施得到改观。世界贸易制度将进入协商管理贸易时代，各国的贸易政策将建立在"双赢"的基础上，"贸易保护"和"贸易制裁"的作用与含义都发生了很大的变化。

使世界市场的竞争方式与竞争手段改变。在世贸组织的推动下，世界市场的竞争由单一式的竞争转变为综合式的竞争、由粗放式的竞争转变为集约式的竞争；并且企业也由金字塔式的组织机构转变为矩阵式的组织机构，以及规模经济转变为规范经济。

（四）WTO的基本原则

WTO基本原则，共九种，是世界贸易组织基准总则，为世界经济与贸易的推动保驾护航。

1. 无歧视待遇原则

也称无差别待遇原则。指一缔约方在实施某种限制或禁止措施时，不得对其他缔约方实施歧视性待遇。任何一方不得给予另一方特别的贸易优惠或加以歧视。该原则涉及关税削减、非关税壁垒消除、进口配额限制、许可证颁发、输出入手续办理、原产地标记、国内税负、出口补贴、与贸易有关的投资措施实施等领域。

2. 最惠国待遇原则

指WTO成员一方给予任何第三方的优惠和豁免，将自动地给予各成员方。该原则涉及一切与进出口有关的关税削减，与进出口有关的规则和程序、国内税费及征收办法、数量限制、销售、贮运、知识产权保护等领域。

3. 国民待遇原则

指缔约方之间相互保证给予另一方的自然人、法人和商船在本国境内享有与本国自然人、法人和商船同等的待遇。该原则适用于与贸易有关的关税减让、国内税费征收、营销活动、政府采购、投资措施、知识产权保护、出入境以及公民法律地位等领域。

4. 透明度原则

指缔约方有效实施的关于影响进出口货物的销售、分配、运输、保险、仓储、检验、展览、加工、混合或使用的法令、条例，与一般援引的司法判决及行政决定，以及一缔约方政府或政府机构与另一缔约方政府或政府机构之间缔结的影响国际贸易政策的现行规定，必须迅速公布。该原则适用于各成员方之间的货物贸易、技术贸易、服务贸易，与贸易有关的投资措施，知识产权保护，以及法律规范和贸易投资政策的公布程序等领域。

5. **贸易自由化原则**

指通过限制和取消一切妨碍和阻止国际贸易开展与进行的所有障碍，包括法律、法规、政策和措施等，促进贸易的自由发展。该原则主要是通过减让关税、取消非关税壁垒来实现的。

6. **市场准入原则**

指一国允许外国的货物、劳务与资本参与国内市场的程度。该原则在WTO现在达成的有关协议中，主要涉及关税减让、纺织品和服装、农产品贸易、热带产品和自然资源产品、服务贸易以及非关税壁垒的消除等领域。

7. **互惠原则**

指两国互相给予对方以贸易上的优惠待遇。该原则的适用随着关贸总协定的历次谈判及其向WTO的演变而逐步扩大，现已涉及纺织品和服装、热带产品、自然资源产品、农产品、服务贸易以及知识产权保护等领域。

8. **对发展中国家和最不发达国家优惠待遇原则**

指如果发展中国家和最不发达国家在实施WTO协议时需要一定的时间和物质准备，可享受一定期限的过渡期优惠待遇。这是关贸总协定和WTO考虑到发展中国家和最不发达国家经济发展水平和经济利益而给予的差别和更加优惠的待遇，是对WTO无差别待遇原则的一种例外。

9. **公正、平等处理贸易争端原则**

指在调解争端时，要以成员方之间在地位对等基础上的协议为前提。调解人通常由总干事来担任。该原则普遍适用。

（五）WTO成员国的权利和义务

世界贸易组织截止到2016年7月29日，共拥有164个成员方以及23个观察员，加入世贸组织后，世贸组织各成员之间应享有的权利和应履行的义务如下：

1. **受的基本权利**

① 在所有成员中享受无条件、多边、永久和稳定的最惠国待遇以及国民待遇；
② 享受其他世贸组织成员开放或扩大货物、服务市场准入的利益；
③ 发展中国家可享受一定范围的普惠制待遇及发展中国家成员的大多数优惠或过渡期安排；
④ 利用世贸组织的争端解决机制，公平、客观、合理地解决与其他国家的经贸摩擦，营造良好的经贸发展环境；
⑤ 参加多边贸易体制的活动，获得国际经贸规则的决策权；
⑥ 享受世贸组织成员利用各项规则、采取例外、保证措施等促进本国经贸发展的权利。

2. **履行的义务**

① 在货物、服务、知识产权等方面，依世贸组织规定，给予其他成员最惠国待遇、国民待遇；
② 依世贸组织相关协议规定，扩大货物、服务的市场准入程度，即具体要求降低关税和规范非关税措施，逐步扩大服务贸易市场开放；
③ 按《知识产权协定》规定进一步规范知识产权保护；

④ 根据世贸组织争端解决机制，与其他成员公正地解决贸易摩擦，不能搞单边报复；
⑤ 增加贸易政策、法规的透明度；
⑥ 按在世界出口中所占比例缴纳一定会费；
⑦ 规范货物贸易中对外资的投资措施。

第二节 WTO协议分类和总体框架结构

一、协议分类

WTO协议按领域和性质可以分为6类。

（一）货物贸易

最初的贸易是从货物开始的。1947～1994年，关贸总协定（GATT）主要就降低关税和其他贸易壁垒进行谈判。GATT文本中规定的贸易基本原则，特别是非歧视原则不仅适用于货物贸易，而且同样被服务贸易总协定、知识产权总协定采用。

在货物贸易领域，WTO现有1个总协定、12个协议和6个备忘录，其中GATT是确定货物贸易基本原则的协定，是货物贸易领域的纲领性文件。其他的协议和备忘录则是针对具体行业和具体事务制定的法律文件。

（二）服务贸易

从GATT成立时开始，交通、旅游、银行、保险、电话、运输、咨询等服务贸易逐渐发展。发明、设计等知识智力方面的贸易也变得重要。现在，货物、服务和知识产权已经成为国际贸易关注的三大领域。目前WTO在服务领域有1个总协定、8个协议和1个备忘录。其中服务贸易总协定（GATS）确定了适用于服务贸易的自由公平贸易原则。8个协议和1个备忘录则是具体服务行业方面的协议和成员就开放服务市场所做的承诺。

（三）知识产权

WTO知识产权总协定是在保险单和发明领域进行贸易和投资时应遵守的规则。这些规则阐明了在贸易中应如何对版权、商标、用于标定产品的地理名称、工业设计、集成电路设计和未披露的信息（如商业秘密）等知识产权进行保护。

（四）争端解决

争端解决谅解协议规定了解决贸易争端的程序。

此程序对于实施WTO规则，确保贸易的顺利进行非常重要。当某些成员认为他们在协议下的权益受到其他成员损害时，可以把此争端提交给WTO。特别任命的专家将根据WTO协议及争端成员所作的承诺对争端作出裁决。

此协议鼓励各国通过磋商解决他们之间的分歧。如果磋商失败，则双方可以按照争端解决程序一步一步地进行，包括专家小组的裁决和对裁决的上诉。

1947～1994年，GATT的整个历史过程中，共收到300例争端案件，但是从WTO成立至1999年3月，就已收到争端案件167例。从提交WTO解决的争端案件数量可以看出

WTO成员对争端解决系统的信心。

(五) 政策复审

贸易政策复审机制的目的是提高透明度,增进被审成员对贸易政策的理解,并对这些贸易政策的影响进行评估。WTO成员还把复审看成是对他们贸易政策的建设性反馈。

所有WTO成员的贸易政策都要被定期审查。审查包括被审成员的报告和WTO秘书处的报告。从WTO成立以来,已对45个成员进行了复审。

(六) 诸边贸易协议

在乌拉圭回合多边贸易谈判结束后,东京回合多边贸易谈判生成的全部协议中有4个协议没有转为多边贸易协议,这4个协议仅限于少数成员签署,被称为"诸边贸易协议"。

二、框架结构

根据WTO公布的资料,WTO把乌拉圭回合多边贸易谈判生成的协议("Final Act")列为第一个协议。把"Agreement Establishing The World Trade Organization(成立WTO协议)"列为第2个协议,而其他58个协议和备忘录等均为此协议的附件。这些协议的总体框架结构如图2-2所示。

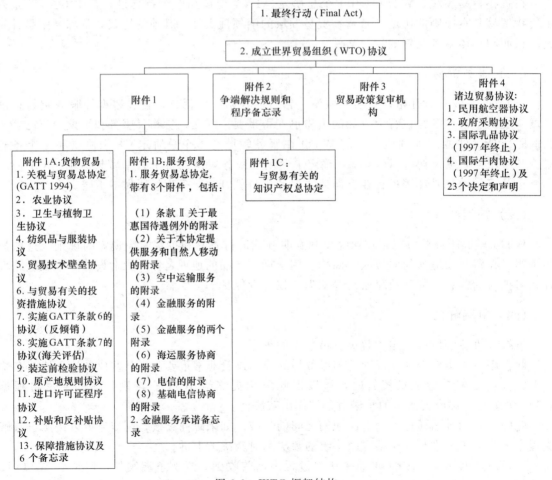

图 2-2　WTO框架结构

第三节 WTO 的技术法规与标准

在国际贸易中,由于各国实施的技术法规和标准各不相同,给生产者和进出口商造成困难,甚至形成了障碍。在这种情况下,各成员普遍认为有必要制定有关规则,以约束大家的贸易行为。因此,WTO 为促进世界贸易自由化,解决国家之间的贸易争端,达成了一系列协议。其中与食品安全相关的协议主要有两个:《技术性贸易壁垒协议》(Agreement on Technical Barriers to Trade,简称《TBT 协议》)和《实施动植物卫生检疫措施协议》(Agreement on the Application of Sanitary and Phytosanitary Measures,简称《SPS 协议》)(图 2-2 中附件 1A 的 3、5)。

一、《TBT 协议》对技术法规、标准、合格评定的定义

技术法规——强制执行的规定产品特性或相应的加工和生产方法的文件(包括可适用的行政或管理规定在内)。技术法规也可以包括专门规定用于产品、加工或生产方法的术语、符号、包装、标志或标签要求。我们国家的技术法规有多种表现形式,有法律法规、强制性标准、部门规章、地方规章、行政性文件等。目前,我们还没有法律上的统一规定,但在入世谈判中,各方都承认我国的强制性标准是技术法规的主要表现形式。

标准——有公认机构批准的、非强制性的、以通用或反复使用为目的的、为产品或相关加工和生产方法提供规则、指南或特性的文件。标准也可以包括专门规定用于产品、加工或生产方法的术语、符号、包装标志或标签要求。《TBT 协议》规定的标准是推荐性的,国际标准化组织(International Organization of standardization ISO)或国际电工委员会(International Electrotechnical commission,IEC)指南定义的标准可以是强制性的,也可以是自愿性的。我们国家的标准分为强制性的和推荐性的两大类。

合格评定程序——直接或间接用来确定是否达到技术法规或标准的相应要求的任何程序。合格评定程序包括取样、测试和检查程序;评估、验证和合格保证程序;注册、认可批准以及它们的综合的程序。大家熟悉的 GB/T 19000-ISO 9000 质量管理体系认证、GB/T 24000-ISO 14000 环境管理体系认证、我国实施的 3C 认证、农产品的认证等都是合格评定的范畴,我国已经成立了国家认证认可监督管理委员会,负责统一监督管理这方面的工作。

二、技术性贸易壁垒协议

(一)产生背景

《TBT 协议》的产生有其深刻的社会和技术背景。随着经济的发展,产品质量问题越来越受到重视。为了保证和审核产品质量,各国都制定了许多技术标准,建立了产品质量认证制度,进而扩展到安全认证。另外,各国在强调发展经济的同时,却对环境保护重视不够,导致生态环境不断恶化,人类的健康和生存受到威胁。为了保护生态环境,各国纷纷采取技术性措施。这些措施的实施对贸易的发展造成了重要影响。

由于技术和经济发展水平不同,各国制定和实施《TBT 协议》的差别亦很大。随着多边贸易谈判的推进,关税贸易壁垒不断削减,非关税贸易壁垒的作用日益增大。许多国家尤其是发达国家凭借其较高的技术和经济水平,利用 WTO 的规则,维护本国利益,制定各种

技术性贸易措施，客观上形成不合理的贸易壁垒。《TBT协议》是非关税贸易壁垒的主要形式之一，具有合理性、隐蔽性、扩散性、专业性、长期性、复杂性、动态性等特点，因此它容易被贸易保护主义者所利用，形成不合理的贸易壁垒。

欧盟的一些成员国较早地认识到技术性壁垒对成员国间贸易产生的不利影响。因此，欧盟于1969年制定了《消除商品贸易中技术性壁垒的一般性纲领》，首次提出了在国际贸易中限制技术性贸易壁垒的贸易规则。

1970年，关贸总协定成立了一个政策工作组，专门研究制定技术标准与质量认证程序方面的问题，并负责拟订防止《TBT协议》的协议草案。经过反复讨论、协商，最终就技术法规、标准和合格评定程序的制定与实施，以及解决争端等问题达成一致，并于1979年4月签署了《关贸总协定贸易技术壁垒协议》，自1980年1月1日起正式实施，简称《GATT/TBT协议》。

（二）目的和宗旨

签订《TBT协议》的目的是在技术壁垒方面为各成员的贸易行为和必须履行的义务进行规范，以减少和消除贸易中的技术壁垒，实现国际贸易的自由化和便利化。

WTO/TBT协议的宗旨是：认识到国际标准和合格评定程序能为提高生产效率和推动国际贸易做出重大贡献，为此，鼓励制定此类标准和合格评定程序，但是希望这些技术法规、标准和合格评定程序（包括包装、标志、标签等）不会给国际贸易制造不必要的障碍；认识到不应妨碍任何国家采取必要手段和措施保护其基本安全利益，保护其出口产品质量，保护人类、动物或植物的生命或健康，保护环境或防止欺骗行为，但不能用这些措施作为对情况相同的国家进行歧视或变相限制国际贸易的手段；认识到国际标准化有利于发达国家向发展中国家转让技术及帮助其克服制定、采用技术法规、标准、合格评定程序方面的困难。

（三）原则

1. 总原则

技术性贸易壁垒协议规定，成员在实行强制性产品标准时，不应对国际贸易造成不必要的障碍，并且，这些标准应以科学资料和证据为基础。该协议认为，如果强制性标准基于国际通行的标准，它就不会对国际贸易造成不必要的障碍。然而，如果由于地理、气候及其他方面的原因，成员不能使自己的强制性规定以国际规定为基础时，他们就有义务以草案形式公布这些规定，让其他成员的生产商有机会提出意见。协议还要求，成员有义务在最终确定标准时考虑这些意见，以保证由其他成员生产和出口的产品的特性得到适当考虑。

2. 基本原则

① 正当目的原则；
② 非歧视性原则；
③ 国民待遇原则；
④ 透明度原则；
⑤ 产品性能原则；
⑥ 影响最小原则；
⑦ 遵守良好行为规则；
⑧ 特殊和差别对待原则；
⑨ 优先适用国际标准原则；

⑩ 例外原则。

(四) 主要内容

1. 技术法规的制定、采用与实施

《TBT协议》在第二条中详细规定了成员方中央政府对技术法规的制定、采用和实施所应遵守的规则。

① 各成员方应按国民待遇原则和非歧视性原则，保证在技术法规方面给予从任一成员方领土进口的产品的优惠待遇不得低于本国类似产品和其他国家类似产品的优惠待遇。

② 各缔约方在制定和实施技术法规时，如对贸易造成的限制是因为出于国家安全需要、防止欺诈行为、保护人类健康或安全、保护动植物生命健康、保护环境的需要，都属于合理的限制措施。

③ 各成员方在制定技术法规时，在已存在有关的国际标准或在国际标准即将完成的情况下，各成员方应使用这些国际标准或其有关部分，作为制定技术法规的基础，除非这些国际标准或有关部分对实现有关目标显得无效或不适当。

④ 在一切适当的情况下，各成员方应按产品的性能要求，而不是按设计特性或说明性质来阐明技术法规。

⑤ 各成员方应确保立即公布已通过的技术法规，并使有关的缔约方获得并熟悉这些法规。除紧急情况外，各缔约方应该在技术法规公布与生效之间留有一段合理的时间，以便其他国家的出口生产者，特别是发展中国家的生产者有足够的时间或生产方法来适应进口方的要求。

此外，对于地方政府制定的技术法规，应比照上述方法，相应地通知、公布。

2. 与技术条例和标准规定的一致性问题

缔约各方中央政府的标准化机构对其他缔约方境内生产的产品进行合格评定（如抽样、测试和检验，评价、证实和合格保证，注册、认可和核准等）过程中，应遵守如下规则：

① 评定程序应遵循国民待遇原则和最惠国待遇原则，并不对国际贸易造成不必要的阻碍。

② 各缔约方应保证及时公布每一项合格评定程序的标准处理期限，或经请求，应该将预计的处理期限告知对方。

③ 各种资料的提供应限于合格评定所必需的范围，并应对具有商业秘密的材料提供与国内厂商相同待遇的保密措施。

④ 各缔约方应保证在合格评定过程中，尽量依据国际标准化组织的法律、规章。如果不存在国际统一标准法规，依据自己制定的技术标准来评定，并公布这样的合格评定程序和依据的标准，以使其他缔约方熟悉。除了紧急的情况之外，各缔约方应在公布合格评定程序与正式生效之间留一段合理的期限，以使其他缔约方，特别是发展中缔约方的生产者有足够的时间修改其产品或生产方法，以适应进口方的要求。

⑤ 在相互磋商的前提下，各缔约方应确保认可其他缔约方有关合格评审机构的评定结果，并接受出口方指定机构作出的合格评定结果。

3. 技术信息通报与技术援助

对于有关技术法规、标准和合格评定程序的信息情报的处理，各缔约方应履行下列规则：

① 每一成员方应根据自己的情况，设立一个或一个以上的咨询点，负责回答其他有关

成员或有关当事人提出的问题，并提供下列文件：中央或地方政府或有权实施技术法规的非政府机构所采用的技术法规、技术标准文件以及技术合格评定程序文件，而且还应把自己参与有关国际标准化机构的活动以及签署的双边或多边的有关技术标准、技术法规以及认定程序的协定或相关信息，及时加以通报。

② 各成员方在接到请求时，应就技术法规的制定，向有关缔约方，尤其是发展中的缔约方提出建议。

③ 各缔约方在接到请求时，应向其他缔约方，尤其是发展中的缔约方，就如下方面提供技术援助：设立国家标准化机构和参加国际标准化机构，建立制定规章的机构或评定符合技术法规的合格评定机构，采用适应某项技术的最佳方法，生产者参与并接受合格评定体系的步骤，为履行国际标准化机构义务而建立组织机构和法律制度等。

4. 对发展中国家成员的特殊和差别待遇

考虑到发展中国家成员的技术水平和发展程度，它们在履行《TBT协议》时，可以享受下列特殊和差别待遇：

① 各成员方在制定和实施技术法规、技术标准时，应适当考虑相关发展中成员方的出口贸易的发展需要，即不应在技术法规和标准方面以过高要求来限制发展中成员方的有关产品出口。

② 发展中成员方可根据其社会经济发展的特定情况制定和实施一些有别于国际标准的技术法规、标准和评定程序。

③ 各成员方应采取合理措施，在发展中成员方提出要求时，确保国际标准化机构在审议对发展中成员方有特殊利益的产品时制定国际标准的可能性，并在可能时制定这些标准。

④ 贸易技术壁垒委员会在收到发展中成员方的请求时，可在一定的时间内，免除该发展中成员方承担《TBT协议》的部分或全部义务。对最不发达的成员方尤其要给予特殊考虑。

此外，《TBT协议》还对监督机构的设置、争端解决等问题做了规定。

三、实施卫生与植物卫生措施协议

《实施卫生与植物卫生措施协议》（Agreement on the Application of Sanitary and Phytosanitary Measures，以下简称《SPS协议》）是在乌拉圭回合中达成的一项新协议，隶属于WTO多边货物贸易协议项下。《SPS协议》也分为正文和附件两部分。正文共14条42项，其核心内容分别规定于第2条（基本权利和义务）、第3条（协调）和第5条（风险评估和适当的卫生与植物卫生保护水平的确定）。附件则由定义（附件A）、卫生与植物卫生法规的透明度、法规的公布（附件B）、控制、检查和批准程序（附件C）构成。从《SPS协议》在WTO规则整体结构配置中所担当的角色和其内容独有的制度安排来看，它突出地反映了WTO各成员国努力追求维护国家主权与实现开放式贸易体制利益之间的平衡。由此，该协议的目标被巧妙地概括为："维护任何政府提供其认为适当健康保护水平的主权，但确保这些权利不为保护主义目的所滥用并不产生对国际贸易的不必要的障碍。"在WTO诸项协议实施期间，《SPS协议》经WTO争端解决机构的适用而得到了充分的展示与检验。

（一）产生背景

随着国际贸易的发展和贸易自由化程度的提高，各国的动植物检疫制度对贸易的影响已越来越大，某些国家尤其是一些发达国家为了保护本国农畜产品市场，多利用非关税壁垒措施来阻止国外尤其是发展中国家农畜产品进入本国市场，其中动植物检疫就是一种隐蔽性很强的技术壁垒措施。由于 GATT 和技术性贸易壁垒协议对动植物卫生检疫措施约束力不够，要求不具体，为此，在乌拉圭回合谈判中，许多国家提议制定了《SPS 协议》，对国际贸易中的动植物检疫提出具体的严格的要求。

（二）《SPS 协议》的目的

《实施卫生与植物卫生措施协定》的基本目的是："为保护国家主权，任何政府有权提供它认为合适的健康保护标准，但是，应保证主权不被为保护主义者的目的而滥用，并且不能导致不必要的国际贸易障碍。"可以认为保护人类、动植物的生命或健康和促进贸易自由化是《SPS 协议》的两大目的。

1. 保护人类、动植物的生命或健康

为了保护人类、动植物的生命或健康，各成员方可以采取某种与《关税与贸易总协定》规定或义务不相符合的措施。换句话说，各成员方有权采取严于国际标准的卫生与植物卫生措施，但在采取这些措施时必须保证采取的措施只是为了保护人类、动物或植物生命或健康。

保护人类、动植物的生命或健康，是贸易与环境相互渗透的结果。"贸易与环境"是当今世界的一个热点。一般认为，贸易与环境的关系是对立的，哪一方面如果得到了发展，都会对另一方面产生伤害。确实，滥捕野生动物、滥伐森林植物导致某些种类动植物濒临危险或灭绝，发达国家的不合理投资导致不发达国家的环境受到污染，诸如此类，是贸易对环境造成的负面影响。各个国家为了保护环境，制定较为严格的产品技术标准、技术规范、卫生标准，成为影响国际贸易的一项重要因素和新的"非关税贸易壁垒"。环境与贸易相互渗透，关系越来越密切。如果不妥善处理，二者就会相互抵消。但是，也有人认为贸易与环境之间的关系错综复杂，我们不可将二者的关系一概而论。应该承认贸易自由化并不必然与环境保护发生冲突，尽管前者在有些情况下会给环境保护产生一定的负面影响；同样环境保护并不一定要通过限制贸易才能达到最佳效果，尽管严格的进出口管制在一定的条件下无疑能实现环境保护的目标。

2. 促进贸易自由化

促进贸易自由化可以认为是《SPS 协议》的经济性目的，是经济全球化的产物。在 20 世纪 80 年代，许多国家称进口国采取卫生与植物卫生措施作为非关税壁垒来限制进口，该措施极易受到滥用，因为进口国可以把有关标准严格限制到出口国不可能达到的程度。例如：一个拥有大规模绵羊产业的国家可能为了阻止牛肉进口，保护其绵羊产业而设置一项以健康为目的的要求。牛肉脂肪含量不得超过 3% 的动植物检疫措施。或者，如果该国也有牛肉工业，并且可能会因此举而遭到违反国民待遇的投诉，它可以转而要求冻牛肉的液滴含量不得超过 1%，亦即解冻后每头牛的肉里所含的液体不得超过 1%，这将是一个极难达到的标准。在对牛肉进行关税约束的情况下，它还可以采用动植物检疫措施去鼓励当地牛肉加工，如规定用于零售的牛肉脂肪含量不得超过 3%，但用来进一步加工的牛肉含脂量却允许高达 20%。滥用的情况还可以发生在动植物检疫措施的执行过程中。即使一国采用的是国际通用的动植物检疫措施，政府机关仍要检验进口货物是否达到其健康要求。日本在 1971 年正式对外开放其苹果市场。然而，由于大多数进口苹果被认为消除虫害和植物疾病不够彻底，可能会给日本纯净的果园带来侵害，因而数十年来日本实际的市场准入一直受到限制。

贸易自由化是各成员方政府的共同目的，而实际上正是各成员方政府的行为限制了贸易自由化。政府干预虽然可解决市场失灵，但是反过来又限制了贸易自由。只要政府干预存

在，贸易自由就是小范围的、局部的，所以《SPS协议》的贸易自由化不是建立在完全自由竞争的市场经济基础上，而只能是各国政府在相互妥协，牺牲各自的部分利益基础上的一个良好愿望。

从《SPS协议》的目的来看，这是出于善良愿望的协议，在实际的经济交往中，各国为保护自己的利益，又必然会采取各种办法，使国际贸易更有利于自己。其中，非关税壁垒的隐蔽性受到各个国家的青睐。采取这种保护措施的结果是在国家之间形成相互报复，最终减少了自由贸易能够给双方带来的利益。

(三) 原则

该协议的规则可总结为：透明度原则、等效原则、协调原则、科学证据原则和预防原则。

1. 透明度原则

透明度原则是指，成员方应公布所制定和实施的贸易措施及其变化情况（如修改、增补和废除等），不公布的不得实施，同时还应将这些贸易措施及其变化情况通知世界贸易组织。成员方所参加的有关影响国际贸易政策的国际协议也在公布和通知之列。根据《SPS协议》关于透明度的要求，各成员在制定影响贸易的法规和标准时应向其他成员通报，接受其他成员的咨询，并考虑其他成员对该项法规或标准提出的意见。为此，要求各成员建立卫生与植物卫生措施通报机构和咨询点。通过建立咨询点回答贸易伙伴提出的有关卫生与植物卫生措施的具体问题并提供相关文件。当一成员所提的规定内容与有关国际标准、准则或建议的内容有实质性的差异时，如果该规定会对其他成员的贸易产生重大影响，则该成员必须向世界贸易组织秘书处通报其规定所覆盖的产品范围，简述其目标以及提出这项规定的理由。

2. 等效原则

等效原则是指进口成员方必须同等地接受其他成员方的卫生与植物卫生措施，即使这些措施不同于进口成员方从事相同产品贸易的措施，或不同于其他成员方从事相同产品贸易使用的措施，但是有关出口成员方必须客观地向有关进口成员方表明其措施达到该进口成员方的卫生与植物卫生措施保护的适当水平。各成员方如遇请求，应进行协商，以便就承认具体的卫生与植物卫生措施的同等效力达成双边或多边协议。

3. 协调原则

协调原则，要求各成员方应将各自的卫生与植物卫生措施建立在现行的国际标准、指导原则或建议的基础上。国际经济协调，简而言之，就是通过协商、协议来进行相互协作，以对国际经济的运行进行调节、调控。它在当今国际经济关系的形成和发展中占有非常突出的地位。凡是与国际标准、指南或建议相一致的卫生与植物卫生措施应被认为是保护人类、动植物健康所必需的，且被推定为符合关税与贸易总协定。据此有人认为，《SPS协议》将为健康、安全标准设置一个底线，通过禁止成员方实施比相关国际标准更高的保护水平，将会导致国际性总体标准的下降。这是对协议的片面理解。根据协议，各成员方可以制定或维持比有关国际标准、指导原则或建议更高水平的卫生与植物卫生措施，但必须具有科学的理由，且不应与本协议的其他规定相违背。各成员方仅在缺乏科学证据支持的情况下才被禁止采取更高水平的保护措施。要求卫生与植物卫生措施必须以科学原则为基础，不仅包括对人类、动植物生命或健康的风险评估，还要考虑到有关国际组织拟定的风险评估技术。在风险评估过程中，所有的科学证据都必须考虑在内，包括有关加工和生产方法、检验、抽样和测试方法、具体疾病和虫害的流行及环境条件等。没有足够的科学证据是不能维持卫生与植物卫生措施的。

事实上，协调原则更可能会使全球卫生与植物卫生保护水平的提高。因为国家之间、国家与地区之间共享信息和技术，有利于科学研究。表面上，较高的保护水平（即缺乏科学支持的保护水平）的措施减少了，但科学知识的整体水平提高了。一个协议的批评者甚至承认，协调原则有助于提高食品安全标准并且将推动国际贸易、环境和劳工制度的一致性。

4. 科学证据原则

科学证据原则，要求成员方采取的卫生和植物卫生措施必须以科学性为基础。也就是说，成员方制定卫生和植物卫生措施的国内或国际标准，必须以科学的风险评估结果为依据。国际标准、准则和其他建议必须以充分的科学分析和根据为基础，包括对所有相关信息进行彻底审查，以确保这些标准能够保证质量和安全；在制定和决定国际标准时，适当地考虑与保护消费者健康和促进公平的食品贸易有关的其他合理因素；安全性风险评估应严格建立在科学基础之上，包含风险评估过程的步骤，并且以透明的方式进行阐明；风险评估与风险管理之间应当保持功能分离，同时确认它们之间的相互作用对于一个实际方法来说是必需的；风险评估应最大可能地利用可获得的定量信息，风险描述应采用易于理解和有用的方式进行表述。

这个原则限制了卫生与植物卫生措施的政治性。政府为了保障供人类、动植物消费产品的安全或者为了保护环境设置了卫生与植物卫生措施。大多数国家的政府都设立了食品和动植物进入其领土所必须达到的最低标准。通常这些标准同等适用于国内外的食品和动植物。起草者感到可接受的风险水平完全是一个政治决定，在国家主权高于一切的前提下，每个成员方都能够凭借绝对的主权决定风险标准。《SPS协议》要求成员方必须对采取的措施进行风险评估，实施的措施必须有足够的科学证据来证明风险确实存在，否则，就认为该措施是不合理的。

5. 预防原则

预防原则，也称为预慎原则或预替原则。其能否成为《SPS协议》的一个原则存在激烈的争论，甚至其是否可以作为一个国际法原则也受到质疑。限于现有的科学水平，人类很难对卫生与植物卫生措施造成危害的可能性作出事先的认知，许多行为在事前很难预料其会不会发生危害，而且危害的发生通常是缓慢的，经过多种因素的复合积累后才逐渐形成或扩大。如果对这种行为不加以预防，一旦危害发生，后果不堪设想。因此对于通常不会发生的危害行为，也应当事先预防。该协议允许成员方在紧急和缺乏足够科学依据的情况下，可以采取临时性的措施，即"预防性"措施。预防原则是风险分析的一个重要组成部分，目前一些国家已利用这一规定作为贸易限制的工具，并有愈演愈烈之势。

（四）主要内容

① 采取"必需的检疫措施"的界定如下：

a. 所采取的检疫措施只能限于保护动植物生命或健康的范围。

b. 应以科学原理（国际标准、准则或建议）为根据，如缺少足够依据则不应实施这些检疫措施。

c. 不应对条件相同或相似的缔约国构成歧视；不应构成国际贸易的变相限制。

② 国际标准、准则或建议是国际间检疫的协调基础。

③ 有害生物风险性分析（PRA）：通过风险评估确定恰当的检疫保护水平，检疫措施应考虑对动植物生命或健康的风险性。要获得生物学方面的科学依据和经济因素。

④ 非疫区及低度流行区的概念。
⑤ 检疫措施的透明度。
⑥ 等同对待。
⑦ 双边磋商和签订协定。
⑧ 对发展中国家的特殊或差别待遇：各成员国在制定检疫措施时应考虑到发展中国家（特别是不发达国家）的特殊需要，给予较长的适应期，并提供技术帮助等。
⑨ 磋商和争端解决：涉及科学或技术问题的争端，由专家组、技术专家咨询组或向有关国际组织咨询进行解决。
⑩ 管理：成立 SPS 委员会，负责执行和推动各缔约国执行《SPS 协议》，发挥磋商和协调作用。

四、《TBT 协议》与《SPS 协议》的联系及区别

(一) 联系

与 WTO 其他某些协议所具有的内容相对独立且自成一体的特点不同，《TBT 协议》与《SPS 协议》在很多方面是一致的。它们都承认 WTO 各成员制定技术性规范并对进口产品适用这些规范的权利；但又都同时通过订立针对这些技术性规范的制定、纪律的实施，以及使用大量相同的规定来规制这种权利。具体条款所体现出的一致性归根到底是由其共同的制度基础以及与此相对应的权利义务内容的同一性所决定的。就共同的制度基础而言，在很大程度上，两个协议都被视为是根据 GATT 第二十条（b）项授权采取的"为保护人类、动植物的生命或健康所必需"的措施的解释。这一点，不论是在《TBT 协议》序言中"不应阻止任何国家在其认为适当的程度内采取必要措施，……保护人类、动物或植物的生命或健康……"的规定，还是《SPS 协议》更为明确地声称"对适用 GATT1994 关于使用卫生与植物卫生措施的规定，特别是第二十条（b）项的规定详述具体规则"，都得到了直接印证。在 WTO 协议的整体框架中，《TBT 协议》《SPS 协议》与《反倾销协议》等 12 个协议（以下简称副协议）一样，虽然与 GATT1994 同属于《WTO 协议》附件 1A "货物贸易多边协议"项下的协议，但它们与 GATT1994 之间构成类似于单行法典中的分则与总则的关系，或相当于同一部门法中的特别法与一般法之间的关系。12 项副协议各自从不同的角度诠释 GATT 的原则性规定，并加以具体化。

正因如此，WTO 关于附件 1A 的总体解释性说明中，为 GATT 条款与各副协议条款发生冲突时确立了特别法优先的法律适用原则。就权利义务内容的同一性而言，《TBT 协议》和《SPS 协议》都确立了各成员确定自身适当保护水平（通过技术性措施的制定与实施来实现）的权利与恪守各项措施不得超出必要的限度，并对国际贸易构成不合理障碍之义务的统一。简而言之，它们共同反映了 WTO 缔约各方在制定协议时所渴求的，维系每一成员为保护自己境内居民而采取技术手段的需要与通过一个开放的贸易体制保证实现其贸易利益之间的平衡的强烈愿望。

如果仅从以上这些共性角度来看，把《SPS 协议》包含于《TBT 协议》中也似无不可，两协议似乎没有分立的必要，但问题并非如此简单。乌拉圭回合中各成员之所以就 SPS 措施单独达成协议，既有《WTO 协议》整体框架各协议彼此衔接、交互作用的设计构想，还有两协议自身不同角度的独有考虑。

两个协定都规定了非歧视的基本义务、提前通报拟议措施的类似规定，以及设立咨询点。

（二）区别

首先，《TBT 协议》早于《SPS 协议》，《SPS 协议》吸收了《TBT 协议》的文本结构。《TBT 协议》与《SPS 协议》均支持各成员实施保护人类、动物、植物的生命或健康所采取的必需措施。《TBT 协议》明确规定了技术法规的制定和实施的根本原则是"不得对国际贸易造成不必要的障碍"，《SPS 协议》则要求"在风险分析的基础上制定必要的保护人类、动植物的措施，以便使其对贸易的影响降到最低，促进动植物及其产品国际贸易的发展"。

其次，两者的根本区别在于各自的管辖范围不一样。《SPS 协议》的适用范围界定清楚，但相对狭窄。协议第一条规定："本协议适用于所有可能直接或间接影响国际贸易的卫生与植物卫生措施。"即只涉及食品安全、动物卫生和植物卫生三个领域。而《TBT 协议》涉及范围更广，除去与上述领域有关的 SPS 措施外，所有产品的技术法规和标准都受《TBT 协议》管辖。由于《SPS 协议》的存在，《TBT 协议》未涉及 SPS 措施问题。例如一项对进口水果进行处理以防止害虫传播的措施会与《SPS 协议》相关，而处理进口水果质量、等级和标签特性的措施则在《TBT 协议》管辖之下。再如进口瓶装水的制瓶材料应该对人无害，且所装水应保证不污染等规定属于《SPS 协议》管辖，而瓶子标准体积大小及形状是否符合超市货架摆放和展示属于《TBT 协议》管辖。

再次，《TBT 协议》所指的国际标准是指 ISO 和 IEC 制定的标准。《SPS 协议》所指国际标准为 CAC（食品法典委员会，Codex Alimentarius Commission）、IPPC（国际植物保护公约，International Plant Protection Convention）和 OIE（世界动物卫生组织，Office International Des Epizooties，2003 年更名为 World Organisation for Animal Health）制定的标准。

此外，两个协议规定成员方不接受国际标准（实际上是指国内标准严于国际标准时的情况）的条件不同。属于《SPS 协议》范畴的必须有科学的依据，属于《TBT 协议》范畴的可以是气候、地理因素或基本的技术问题等原因。

五、TBT/SPS 措施通报及风险预警

（一）通报

1. 通报的含义

根据《TBT 协议》的规定，所谓通报，就是按照 TBT 委员会的规定，使用 TBT 委员会规定的统一格式，按照 TBT 委员会规定的填表要求，使用 WTO 规定的英语、法语或西班牙语等工作语言，由中央政府指定的通报机构，按照规定的程序，经本国常驻 WTO 使团报给 WTO 秘书处的关于本国技术法规、标准和合格评定程序等技术要求的草案的报告。TBT 委员会规定的通报格式分为以下五种：

① 用于技术法规和合格评定程序的通报；
② WTO 成员标准化机构接受《TBT 协议》附件 3 关于制定和采用标准的良好行为规范的通报；
③ 本国与一个或若干 WTO 成员签署的 TBT 项下的多边或双边合作协议的通报；
④ 自愿性标准制定计划的通报；
⑤ 标准化撤出接受《TBT 协议》附件 3 关于制定和采用标准的良好行为规范的通报等。

2. TBT通报的范围

TBT通报的范围涉及本国与产品国际贸易有关的法律草案、法规草案、部门规章草案、地方法规草案等。例如我国国务院各部委局制定的部门规章，各省、自治区、直辖市人民代表大会及其常务委员会制定的地方法规以及各省、自治区、直辖市人民政府和省会所在地人民政府以及国务院批准的较大的市的人民政府制定的地方性规章等。

3. TBT通报的时间

TBT通报的时间是：法规性文件起草阶段结束、正式批准之前、还有可能考虑提出的评议意见并进行修改时。以部门规章为例，部门规章的通报通常应在起草阶段完成以后、讨论该法规文件的部务会召开之前进行。理由是一旦部务会通过，将无法改动该文件，因此也就无法考虑WTO其他成员提出的评议意见。即使通报了，也失去了实现可预见性的作用。

4. TBT通报的条件

TBT通报的条件是：没有国际标准，或虽然有国际标准但所制定的技术法规与国际标准存在实质性差别，并对国际贸易产生重大的影响。这种重大影响包括负面影响，也包括正面影响。

5. 紧急通报的适用条件

TBT通报的种类分为两种：常规通报和紧急通报。常规通报指在WTO秘书处发布该通报后，应给予WTO各成员至少60天评议期的通报。紧急通报指发布该通报的同时，所述法规已经开始生效的通报。在过去的三年中，95%以上的TBT通报系常规通报。紧急通报通常在发生了危及国家安全、人和动植物的生命和安全以及危及环境的情况，国家制定并发布紧急措施时使用。例如发现了威胁乘车人安全的汽车缺陷，国家要对缺陷汽车实行紧急召回时，可以发布紧急通报。

（二）风险预警

1. 风险预警的概念和背景

所谓技术性贸易措施风险预警就是测度国外技术性贸易措施对我国对外贸易和产业发展的影响，尽早预报国外技术性贸易措施的制定、采纳和实施对我国进出口贸易影响的时空范围和危害程度，对相关产业的现实伤害和对其发展影响的程度，以及提出防范措施。

随着世界贸易组织的成立和经济全球化的推进，国际贸易规则正在发生新的变化。在关税措施被弱化、其他非关税措施的应用受到限制的情况下，技术性贸易措施（包括TBT措施和SPS措施）因其合理性、复杂性、隐蔽性和灵活性等特点，在国际贸易中的地位日益突出，数量也日益增多，仅2004年，WTO成员发布的新制定或修订的技术性贸易措施就超过1800项，这意味着在全球范围内平均每天就有6项左右的新措施出台。这些技术性贸易措施在保护本国市场、促进本国经济发展等方面起着越来越重要的作用，逐渐成为国际贸易壁垒中最主要的手段之一。

讨论预警原则似乎应先展示欧盟的法律和主张，因为它较早认定这一原则的存在和价值。出于保护公众健康的需要和防范国际经济贸易对公众健康带来的风险，欧盟大为推崇预警原则。我们可以从欧盟法院的司法实践和立法文件中考证。1998年，在不排除疯牛病传染给人类的风险的前提下，欧盟委员会决定暂时禁止英国向其他欧盟成员国或第三国出口牛畜、牛肉和牛肉制品。英国全国牧场主联盟就欧盟委员会的决定提出质疑，认为此决定违反了相称原则（principle of proportionality）。欧洲法院否定了这一观点，在欧盟法院看来，相称原则要求当存在若干适当措施的选择而且对于所寻求的目的而言求助的措施所引起的损失很可能不是不相称时，求助的措施必须是最小麻烦（to the least onerous）的措施。法院进一步指出，只要对人类健康产生不利影响的风险存在（无论确定与否、程度如何）的情况，公共机构就可以采取保护措施，而不应等到这种风险的事实和严重性已颇为明显时才开始行动。在1999年阿法玛诉欧盟理事会一案中，欧盟初审法院就对从被许可的饲料（目录）中取消抗生素给予临时补救的申请作出裁决。该法院基于欧盟法院的上述观点，驳回了当事人的申请。初审法院特别指出，毫无疑问，比起经济发展来，必须优先考虑保护人类健康的需求。欧洲法院认为，"保护措施"可以在难以确定对人类健康的风险是否存在及不能确定其程度的情况下被采用，难以对风险进行充分评估的科学的不确定是预警原则实施的先决条件之一。法院一方面在科学的不确定性和预警原则之间建立联系；另一方面主张对这些不确定采取预警措施。然而，欧洲法院的论述，并未确定预警原则的内容及范围。法院的判例法并未明确以下两个问题：第一，在何种情况下，该原则得以运用；第二，适用这一原则时应考虑哪些步骤。此外，欧洲法院关于"可以采取保护措施而不应等到威胁的事实及严重性已经十分明显"的意见也并不能令人完全信服。假如风险存在与否及程度大小不能确定，那也无法确定被察觉的风险是否真实。即便真实，也无法确定它是否严重。

2000年初，欧盟委员会就预警原则专门发布通报。同年10月，欧盟理事会通过了《预警原则的理事会决议》。在这些文件中，欧盟指出：预警原则是一个普遍原则，它已经成为一个发展完善的普遍性原则（general principle）。欧盟委员会强调，预警原则并不是风险评估的一部分。风险评估是科学评估的构成，预警原则是风险管理的一部分。风险评估是风险评估者——科学家——必须实施的一种科学评估，而风险管理是风险管理者——决策者——的一种责任。

欧盟关于预警原则的认定主要见于判例和欧盟的《通报》。那么，在欧盟法律体系中，《通报》具有何种效力呢？按照《欧洲共同体条约》第189条的规定，欧盟机构得为完成条约提出的任务，并依照条约规定的决策程序，制定规则（regulation）、发布指令（directive）、作出决定（decision）、给出建议（recommendation）或意见（opinion）。在这些渊源中，规则（或译为"条例"）、指令和决定，只是约束的范围和对象不同。建议或意见表明欧盟对所涉问题的态度或倾向，没有法律约束力。"决议"（resolution）和《通报》（communication）一般也不应是法律的渊源。欧盟法院认为，一项法律的类别取决于它的实质而不是它的名称。欧盟机构的一些决议也是有约束力的决议，《欧洲共同体条约》并未穷尽欧盟的立法。作为非法律文件的《通报》也可能产生一定的法律效力，它是介于具有法律效力和没有法律拘束力之间。

受普通法影响，判例是欧盟法律的组成部分。在欧盟法的某些领域，欧洲法院的判例甚至成为最主要的法律渊源。这样一来，预警原则在欧洲不仅是一种主张，而且确确实实也是其法律上的内容了。

2. 风险预警流程

一个完整的风险预警系统应包括以下部分。

（1）风险信息的收集

风险信息的收集是指从相关渠道收集、获取有关信息，并对信息进行初加工。在这个环节中，重要的是要确保信息的真实性、准确性、有效性和及时性。

因此，必须从有关的正式渠道获取风险信息。获取技术性贸易措施的信息渠道主要为

WTO/TBT-SPS通报、各国政府机构等。应建立一个风险信息收集的固定网络渠道收集有关风险信息，探知可能发生的风险。

（2）风险评估

风险评估是指对所采集到的信息进行风险性质和风险等级的分析判断，为其后的快速反应子系统奠定基础。在探知潜在的风险后，应立即对潜在的风险或问题进行风险分析，以确定风险的类型、时空范围和程度，为采取适宜的措施提供科学依据。

即使将信息采集的渠道控制在一定范围，我们所获取的信息量仍然十分巨大。对这些信息如何去芜存菁，有效地利用有限的人力、物力和财力资源，尽可能达到预想的目的——提供预警信息，规避经贸风险，就要求我们建立风险信息分析子系统，如技术性贸易壁垒风险评价系统等，对信息进行分析和等级评价。

风险分析的重要性在于：如果我们未能对风险予以正确辨识，辨识过轻，可能造成不同程度的社会、经济损失；辨识过重，则可能带来管理损失。

在已知风险的情况下，可以进行快速的风险分析；对于未知风险，需要进行完全的风险分析，包括主要因素、分析程序、分析方法和分析报告。

（3）风险信息发布

风险信息的发布是指多渠道、多方式地选择与综合利用各种载体或媒介来告之相关部门和企业所面临的风险。

在质检系统技术性贸易措施风险预警与快速反应系统中，所得到的风险信息通过红色预警、橙色预警和绿色预警来体现风险的重要性，用以区分危险的程度及涉及面的大小。红色预警是指对我国进出口贸易和产业发展影响较大的境外技术性贸易措施的警报。绿色预警是对国外解除某些限制性技术措施的快报。

（4）针对风险采取适宜的风险管理措施

在风险分析或科学分析基础上，根据风险分析结果，确定与风险等级相适宜的风险管理措施，防止潜在风险的发生。

根据不同的风险等级，及时制定或采取相应的措施，对信息进行风险管理。根据信息的不同风险等级，采取相应的一种或多种措施，甚至包括极端措施的选用，如禁止令、销毁令等，这种情况适用于红色风险。风险管理措施要求在政府、中介组织（如咨询机构、行业协会、商会等）和企业间建立快速反应网络。

（5）风险预警管理措施的监督和反馈

对已采取措施的风险信息，进行跟踪、监控，并将结果作为一类信息反馈至风险信息采集子系统，进入下一轮循环，直至该信息进入相对稳定状态（如"风险已控"）或判定为"无风险信息"。通过对措施的结果进行反馈，进一步调整有关措施，更有效地预防特定风险的发生。由此，风险预警与快速反应形成了一个完整的过程。

具体而言，就是在充分占有信息的基础上，明确贸易对方技术性贸易措施的内容，分析其对相关产业发展影响和对具体产品贸易的限制，进行产业损害和贸易损失评估，做出风险等级的判定，发出不同层级的警示信号，使政府有关部门和相关产业及时做出反应，采取有效应对措施，并对措施的效用进行监控。

（三）我国的通报及预警体系

1. 我国的通报及预警体系现状

主要贸易国家的技术性贸易措施阻碍了我国产品进入国际市场，严重影响了我国产品的出口。近年来的调查表明，国外技术性贸易壁垒对我国出口的影响日益显著，已经涉及我国三分之二以上的出口企业、三分之一以上的出口商品,每年造成的损失约200亿美元,已经远远超过反倾销对我国贸易的影响,成为我国出口贸易的第一大障碍。及时了解和掌握国外技术性贸易壁垒的制定和发展趋势,是打破或跨越国外技术性贸易壁垒,减少对外贸易损失的重要基础。因此,建立我国技术性贸易壁垒风险预警系统已经成为当前我国技术性贸易措施领域迫在眉睫的任务之一,它对于有效应对国外技术性贸易壁垒,减少我国对外贸易损失,成功打破或跨越国外技术性贸易壁垒具有重要意义。

三聚氰胺事件发生后,各级政府迅速投入力量研究并开始逐步建立食品安全风险监测与预警防范体系,这无疑是政府践行科学发展观,变被动监管为主动出击的有效手段。近年来,国家市场监督管理总局、国家卫生健康委员会、农业农村部、海关总署分别就风险监测体系、污染物及食源性疾病监测体系做了进一步完善。目前,国内许多相关部委乃至同一部委内下属不同级别的机构都形成了食品安全信息预警的理念,体现了各部委对食品安全的高度重视。基本现状如下:

(1) 农业农村部(原农业部)

通过无公害农业与食物安全预警系统向全国发布农产品警情,与原国家质检总局共同制定并实施《中华人民共和国动物及动物源食品中残留物质监控计划》及《中华人民共和国动植物源性食品农药残留物质监控计划》,参与在全国范围内对动物及动物源性食品进行农兽药残留监测,并发布农产品警情。

(2) 国家卫生健康委员会(原卫生部)

在全国建立了污染物监测网和食源性疾病监测网,定期发布污染物总体水平可能出现的卫生问题警情报告;通过对指示性食品和危害人体健康的有害物质进行主动监测,了解污染水平,及时发现潜在的和正在发生的食品中生物性污染问题,建立食品污染状况数据库和数据分析系统,利用网络技术平台和相应微机软件,系统分析全国食品污染物的污染水平和动态变化,进行危险性评价。重点开展监测的化学污染物包括:有害重金属、农药和兽药残留、环境污染物以及食品加工过程形成的有害物质,如氯丙醇、丙烯酰胺、亚硝胺、多环芳烃、氨基甲酸乙酯等。

(3) 国家市场监督管理总局(原国家工商总局)

充分利用12315消费者申诉网络,建立了一个食品安全快速反应体系,主要针对辖区内流通环节发生的违反食品安全管理规定的问题,如市场内出售"三无商品"、不合格商品以及禁止上市的商品,市场内经营未达到商品包装和标签规范要求、未落实117号令(《强制性产品认证管理规定》)中有关规定的假冒伪劣商品等,下发食品安全预警警示通知书。

(4) 海关总署(原国家质量监督检验检疫总局的原质量职责整合到现国家市场监督管理总局,原国家质量监督检验检疫总局的出入境检验检疫管理职责整合到现海关总署)

率先建立了口岸预警制度,发布了《进出口食品、化妆品检验检疫风险预警及快速反应管理实施细则》,对进口食品(包括饮料、酒类、糖类)、食品添加剂、食品容器、包装材料、食品用工具及设备进行检验检疫和监督管理;建立出入境食品检验检疫风险预警和快速反应系统,对进出口食品中可能存在的风险或潜在危害采取预防性安全保障和处理措施。

2006年原国家质检总局食品生产监管司为有效应对食品安全问题建立了包括信息处理系统、预警分析系统和快速反应系统在内的预警体系。该体系的主要工作内容是确定某种产品的某个指标为风险指标,然后对其进行监控;其次是要求各地省局将本地区监督抽查数据定期上报并进行分析汇总。

2. 食品安全风险监测与预警首先要达成的共识

（1）风险监测不等于风险预警

近年来，风险监测、风险预警两个时髦的学术名词在各地流行起来，但人们常常混淆风险监测与风险预警两个不同的概念。风险监测不等于风险预警，风险监测是预警的前提，风险预警是风险监测的结果，只有实现了风险预警才能体现监测的意义。但是，我国目前的风险监测常常与预警相互脱离，风险监测的结果常常未发出预警信息，而预警的内容有时也并非系统监测得到的结果。可见，我国的风险监测和预警还未形成有机的整体。

（2）风险预警不等于未卜先知

风险预警的前提是风险监测中发现危害信息，之后在第一时间对信息进行确证、评估，从而发出预警信息，使得可能被危害波及的群体尽早知晓危害发生的原因、时间、地点、可能造成的损失以及控制方法等，使其尽快采取措施，从而将危害导致的负面作用降到最低程度。但风险预警的前提是危害出现，即危害是切实存在的，不等于未卜先知。

（3）风险预警不可能杜绝危害

食品安全预警旨在通过对可能诱发食品安全公共事件的食品中的危害风险因素进行主动监测、识别、分析与评价，在一定范围内发布警示性信息，并通过可持续的解决方案、危害后的重建措施等，最终达到在最大限度上减少危害的目的。建立风险监测与预警体系是我国政府部门为了有效防止风险导致的危害，主动监管的手段之一，但我们必须理解，风险预警只能降低危害，不可能杜绝危害。

3. 构建我国食品安全风险监测与预警体系的重要环节

各级监管部门虽然都投入大量精力用于食品安全的监管，但食品安全事件仍屡禁不止。目前，许多技术机构开始致力于食品风险的监测和评估，但是要想构建行之有效的食品安全风险监测与预警体系，以下四个环节尤为重要。

（1）建立有效的风险信息共享平台

我国食品安全监管由多部门分段管理，新的《食品安全法》则明确了卫生部门统一管理的整体思路，这是构建我国食品安全风险信息共享平台的政策基础。目前，质检总局有一套贯穿全国质检系统的风险监测体系，卫生部门有一套覆盖全国十多个省的污染物、食源性疾病监测系统。但是，食品安全风险监测与预警应结合质检、农业、卫生以及环保在内的风险信息交流平台，而且每一个平台则应系统地收集可能发现安全隐患的信息源。正如婴幼儿配方奶粉中检出三聚氰胺是地方医院的大夫在患者结石中率先发现的，而广州发现豆制品中碱性橙则是质检系统在执法过程中发现的。但是，如何将各部门、各系统发现的问题集中分析，实时预警则是构建我国食品风险信息共享平台首先要解决的问题。在现阶段，将资源有机整合，避免重复建设最直接的方式就是建立跨部门的风险信息共享平台，只有建立了信息共享平台，才能真正做到风险无缝隙传递，才能在最大范围内有效防控风险，减少由危害导致的各项损失。

（2）设置风险预警专业技术哨点

如果说发生的问题没有被发现是因为信息监测有漏洞，可以通过建立信息共享平台来解决，那么发现的问题没有发出预警则有多方面的原因，原因之一则是没有专门从事风险预警的专业技术哨点。目前，我国疾控中心设立了部分疾病监测的哨点，这种模式也应推广到食品安全风险监测与预警上来。食品的安全不仅与环境污染、源头污染有关，同样与食品加工工艺、食品工业的发展密不可分。一般情况下，我们将哨点理解为网络信息的节点，但这里其不仅应是网络信息的节点，更应是专业分析的节点。因为，面对海量信息，如何准确筛选信息不是网络智能化就可以解决的，这需要专业技术人员对信息的分析、确证。从我国近两年发生的食品安全事件来看，每一起事件都有苗头可循，例如2005年辣椒制品中的苏丹红事件，实则2004年欧盟就多次就此问题进行通报；2007年老干妈辣椒酱瓶垫迁移邻苯二甲酸酯也是2006年欧盟就通报过的。特别是2007年宠物食品中境外检出三聚氰胺，反而成了造假者的指导书，最终导致了2008年乳制品三聚氰胺事件，这些危害的扩散，在一定程度上也是由于政府部门缺乏风险预警的专业技术哨点而导致的。

（3）形成食品专家对安全问题的评价体系

在中国要完善风险监测和预警机制，除了专业的技术哨点外，还需要形成专门的食品安全专家对安全问题的评价体系。该评价不同于食品安全风险评估，食品安全风险评估重在毒理性评价和暴露量评估，此处专家对安全问题的评价，则主要是对有疑问的风险信息的筛分和判断。事实上，我们现有的许多评价也是通过专家评价实现的，但该种评价应形成评价体系，对专业评价的方向要规范，对评价结果更应担负相应的责任。特别是评价体系中专家的构成更是涉及多领域、多角度，如食品科学、疫病预防、法律法规、检验检疫、环境卫生等，只有这样才能更客观地评价风险信息，更准确、更适度地做出相应判断，从而主动控制风险，树立政府监管的良好形象。这种评价体系及评价结果更应是公开透明的，只有这样才能确保食品安全的舆论监督，防止新闻炒作误导政府行为。

（4）转变监管理念，杜绝知道比不知道更有风险的怪现象

除上述组织方面的原因外，我国的监管理念也亟待转变，这与政府考核指标欠缺规范有关。部分地方只讲政绩，惧怕出事，才会出现"河南民权县手足口病瞒报事件"。风险预警在许多部门是个雷区，发现危害没有奖励，但若判断失误则只有处罚。正是由于这样，风险预警缺乏实质性的推动力，使得该项防患于未然的工作难以深入进行，缺乏支持力度。在这样的前提下，及时转变食品安全风险监管理念，将风险意识纳入监管理念中非常有必要。同时，政府也应考虑在发现危害、制止危害方面官员所做出的贡献，只有这样才能真正推动风险监测与预警工作向前发展，将风险可能导致的危害控制在最小的范围，真正体现预警的意义。

食品安全风险监测与预警在我国才刚起步，许多经验需要借鉴，但也要适用于我国国情，如何在现有监管体制下，做好风险监测与预警工作还需要政府部门和技术机构的紧密结合，也需要进一步摸索经验，从而为保障我国食品安全构筑坚固的防线。

── 本章案例 ──

美国——影响中国禽肉进口的某些措施案（WTO争端解决DS392）

1. 背景

该案是一个涉及技术法规和标准的争端，而这一争端起源于2004年中美先后爆发的禽流感疫情：2004年1月27日我国暴发H5N1型禽流感（avian influenza，AI），此后有40多个国家（包括美国）中止进口来自中国的家禽及禽肉制品。2004年2月6日，美国特拉华州肯特县爆发H7型禽流感。在美国的疫情暴发4天后，中国宣布中止进口美国家禽及禽肉产品。2004年4月，中美又达成了相互开放家禽产品市场的协议。至2009年3月，中国已经从美国进口了400多万吨家禽产品，而美国并没有按照协议中的承诺取消对中国家禽及其产品的禁令。

2007年12月26日，美国《2008年综合拨款法案》开始实施，该法案包括了《2008年农业拨款法案》。而该法案第733条（即《2008年综合拨款法案》第733条）规定："根据本法所提

供的任何拨款，不得用于制定或执行任何允许向美国进口中国家禽及其产品的规则。"❶ 而在 2009 年 3 月 11 日，时任美国总统奥巴马签署了《2009 年农业拨款法案》（包括了《2009 年综合拨款法案》），其中第 727 条（即《2009 年综合拨款法案》第 727 条）与《2008 年综合拨款法案》第 733 条措辞完全相同。虽然没有明令禁止从中国进口家禽及其制品，但第 727 条使得美国农业部没有财政资金能支持制定关于中国禽肉更进一步的市场准入规则，在事实上阻止了中国向美国出口家禽及其产品。

法案签署当天，中国商务部即做出回应，表示 727 条款是典型的歧视性贸易保护主义做法，严重违反了 WTO 规则，干扰了中美禽肉贸易的正常开展，损害了中国禽肉业界的正当权益。随后中国于 2009 年 4 月 17 日向 WTO 发起该案，WTO 的争端解决机构（DSB）受理了此案。6 月 23 日，中国请求 WTO 成立专家组（Panel）审理美国限制中国禽肉进口措施案。7 月 31 日，DSB 正式设立专家组。9 月 23 日，WTO 总干事组成专家组。

2. 主要问题

美方的《2009 年农业拨款法案》727 条款是这一案件的导火索，其"合规性"问题也是该案的核心问题。

中方主张，727 条款不符合关贸总协定（GATT）第一条第一款所要求的"最惠国待遇"；而美方援引 GATT 第 20 条（b）项❷进行抗辩。但美方援引的 GATT 条款使得 727 条款可能属于《SPS 协议》所规定的 SPS 措施❸（"卫生与植物卫生措施"）。

专家组认为，727 条款虽然不是直接管理卫生和植物卫生问题的措施，但其作为一项拨款措施，是国会控制负责实施 SPS 事项的行政部门的一种方式。因此，该措施属于拨款法案本身，并没有排除其属于 SPS 措施。且美国曾宣称，该措施的政策目标，是为了防止来自中国的禽肉产品所产生的对人类和动物生命健康的危险。727 条款虽然没有在字面上提及，但是实际上符合了 SPS 措施的目的条件。基于以上结论，专家组裁定 727 条款是《SPS 协议》范围内的一项 SPS 措施。

对于美方援引以进行肯定性抗辩的 GATT 第 20 条（b）项，专家组发现，《SPS 协议》的前言明确表示，其目的是详述 GATT 第 20 条（b）项。而"详述"（elaborate）一词，表明了二者的关系。此外，《SPS 协议》中还有众多规定，明确提到了第 20 条（b）项，或者仿照了该项中的用词。例如，第 2 条第 4 款提到，符合《SPS 协议》的措施，就应当推定为符合第 20 条（b）项。再如，二者都提到了"保护人类、动物或植物生命健康所必需"的措施。再如，《SPS 协议》第 2 条第 3 款和第 5 条第 5 款都使用了"任意或不合理歧视的手段，或构成对国际贸易的变相限制"这样的字眼。专家组称，GATT 是一个总协定，具体协定详述其条款的情况并不鲜见。例如，《海关估价协定》详述 GATT 第 7 条，《反倾销协定》和《补贴与反补贴协定》详述 GATT 第 6 条，《保障措施协定》详述 GATT 第 19 条。最后，专家组还发现，《SPS 协议》的谈判历史也表明，其目的之一，就是补充第 20 条（b）项，就 SPS 措施符合第 20 条（b）项做出具体规定。

---

❶ 原文为：None of the funds made available in this Act may be used to establish or implement a rule allowing poultry products to be imported into the United States from the People's Republic of China.

❷ GATT 第 20 条（b）项："在遵守关于此类措施的实施不在情形相同的国家之间构成任意或不合理歧视的手段或构成对国际贸易的变相限制的要求前提下，本协议的任何规定不得解释为阻止任何缔约方采取或实施以下措施：……（b）为保护人类、动物或植物的生命或健康所必需的措施。"

❸ 卫生与植物检疫措施是指用于下列目的的任何措施：①消除虫害、病害、带病有机体或致病有机体的传入、生长或传播所产生的风险，以保护 WTO 成员境内的动物或植物的生命或健康；②消除食品、饮料或饲料中的添加剂、污染物、毒素或致病有机体所产生的风险，以保护 WTO 成员境内的人或动物的生命或健康；③消除动物、植物或动植物产品携带的病害或虫害的传入、生长或传播所产生的风险，以保护成员境内的人的生命或健康；④防止或控制 WTO 成员境内因虫害的传入、生长或传播所产生的其他损害。

因此，专家组认定，在 SPS 措施方面，《SPS 协议》详细解释了 GATT 第 20 条（b）项的内容。既然如此，一个不符合《SPS 协议》的措施却符合第 20 条（b）项，是难以接受的。此外，《SPS 协议》第 2 条第 1 款规定，WTO 成员有权采取保护人类、动物或植物生命健康的措施，但这些措施不得违反《SPS 协议》。专家组得出结论：违反《SPS 协议》的措施，也不符合 GATT 第 20 条（b）项。

3. 结论与处理结果

根据以上的论证结果，专家组裁定：第 727 条不符合《SPS 协议》第 5 条第 1 款和第 2 款，因为它不是以风险评估为基础的；不符合第二条第二款，因为它没有充足的科学证据；不符合第 5 条第 5 款，因为它是任意或不合理的；不符合第 2 条第 3 款，因为不符合第 5 条第 5 款就必然意味着不符合这一条款；不符合第 8 条，因为它给食品安全检疫局（FSIS）的审批持续造成了不必要的延误。而在论证了《SPS 协议》与 GATT 第 20 条（b）项的关系后，专家组认为，由于违反了《SPS 协议》以上诸条款，第 727 条也不能由于 GATT 第 20 条（b）项而成为合法措施。

至于中国最先提出的"最惠国待遇"问题，专家组裁定：美国将给予其他 WTO 成员的利益，立即、无条件地给予来自中国的同类产品，因此第 727 条也违反了 GATT 第 1 条第一款。

2010 年 9 月 29 日，裁定中国胜诉的专家组报告发布。2010 年 10 月 25 日，WTO 争端解决机构采纳了专家组报告。此后美国并未上诉，但在专家组报告发布之前，美国《2009 年农业拨款法案》就已经过期，因此美国下一年的拨款法案中关于中国禽类产品进口的条款如何表述并不在专家组的管理范围内。但美国《2010 年农业拨款法案》中的 743 条款仍然针对 727 条款做出了改动，只要中国的禽肉制品经过了正当的检验检疫，而且中国的检验检疫措施是公开透明的，中国的禽肉食品可以进口到美国。此次中美禽肉争端，是中国通过 WTO 首次成功迫使美国国会修改立法，这也为我国应对歧视性的国际技术法规和标准提供了有益的经验。

4. 思考

就 SPS 措施的内容来说，SPS 和 GATT 的关系是怎样的？这一关系在专家组的判定中起到了怎样的作用？

美国的 727 条款的前身 733 条款是什么时候生效的？中国是什么时候向 WTO 提起诉讼的？从中国提起诉讼到 DSB 采纳专家组报告历时多久？在这期间中国禽类产业仍然不能向美国出口产品从而继续遭受损失，这一系列事实给你怎样的启示？说出你的想法。

美国 2010 年拨款法案生效后中国对美国禽类制品出口额度是否能很快达到较高水平？为什么？

讨论题

1. WTO 各成员国之间的非正式会议对协议的达成起着怎样的作用？
2. WTO 各成员国除了享有一些基本权利，还需要履行哪些义务？
3. WTO 协议分类为哪几类？
4. 技术性贸易壁垒协议的基本原则有哪几项？
5. 《TBT 协议》与《SBS 协议》有着怎样的联系？区别又在哪里？
6. 构建我国食品安全风险监测与预警体系主要由哪几项重要环节？

第三章 世界卫生组织、联合国粮农组织和食品法典委员会

第一节 世界卫生组织简介

世界卫生组织（World Health Organization，简称 WHO）是联合国下属的一个专门机构，只有主权国家才能参加。WHO 为联合国内的卫生问题提供指导并进行协调，对全球卫生事务负责，并拟定出卫生研究议程，制定规范和标准，阐明以证据为基础的政策方案，向各国提供技术支持，以及监测和评估卫生趋势。

一、WHO 的发展历史、宗旨和目标

（一）WHO 的发展历史

1830 年霍乱席卷了欧洲，为了制止霍乱，1851 年国际卫生组织召开会议，意欲制定国际卫生公约，但一直到 1892 年第一个国际卫生公约才被采用，后来 1902 年国际卫生局（即现在的泛美卫生组织）成立。第二次世界大战后，经联合国理事会决定，《世界卫生组织法》由 1946 年 6 月 19 日至 7 月 22 日在纽约召开的国际卫生大会通过，61 个国家代表于 1946 年 7 月 22 日签署，1948 年 4 月 7 日生效。1948 年 4 月 7 日，该法得到 26 个联合国会员国批准后生效，世界卫生组织（WHO）宣告成立。之后，每年的 4 月 7 日便成了全球性的"世界卫生日"。同年 6 月 24 日，WHO 在日内瓦召开的第 1 届世界卫生大会上正式成立，总部设在瑞士日内瓦。

（二）WHO 的宗旨

WHO 的宗旨是使全世界人民获得尽可能最高水平的健康，而其对健康的定义为"身体、精神及社会生活中的完美状态"。WHO 的主要职能包括：促进流行病和地方病的防治；提供和改进公共卫生、疾病医疗和有关事项的教学和训练；推动确定生物制品的国际标准。WHO 制定《2019—2023 年第十三个工作总规划》，勾勒了 WHO 的愿景是世界上所有人都能达到可获得最高健康和福祉水平；确定了 WHO 的使命是增进健康，维护世界安全，为弱势群体服务。

（三）WHO 的目标

WHO 通过核心职能来实现其目标：对与卫生有关的至关重要的事项提供指导，并在需

要联合行动时形成伙伴关系；制定研究议程，促进开发、传播和应用具有价值的知识；制定规范和标准并促进和监测其实施；阐明合乎伦理并以证据为基础的政策方案；提供技术支持，促进变革并发展可持续的机构能力；监测卫生情况并评估卫生趋势。在第65届世卫大会上，确立了到2025年使慢性非传染性疾病导致的过早死亡率降低25%的具体目标。

世卫组织制定的《2019—2023年第十三个工作总规划》的总目标为：确保健康的生活方式，促进各年龄段所有人的福祉。世卫组织将根据此可持续发展目标开展工作。

二、WHO 的结构

WHO 发行了大量指导成员卫生行为的出版物，同时也提出了在执行职能时的规范与准则，便于建立自身的法律框架，其中主要的两部法律法规为《世界卫生组织组织法》和《国际卫生条例》。其主要规定了 WHO 的内部结构，并规范了 WHO 的运行。

WHO 的首长为总干事，由卫生大会根据执行委员会提名任命，组织中共有三个机关，包括世界卫生大会、执行委员会、秘书处。

世界卫生大会（WHA）是 WHO 的最高决策机构，每年于5月在瑞士日内瓦召开会议，并由所有194个成员国派代表团参加。主要任务是审议总干事的工作报告、规划预算、接纳新会员国和讨论其他重要议题。主要职能是决定世卫组织的政策，任命总干事，监督财政政策，以及审查和批准规划预算方案。

执行委员会是 WHO 的最高执行机构，每年举行两次全体会议，负责执行大会的决议、政策和委托的任务，它由34名在卫生专门技术方面卓有资格的委员组成，每位成员均由其所在的成员国选派，由世界卫生大会批准，任期三年，每年改选三分之一。根据 WHO 的君子协定，联合国安理会5个常任理事国是固定的执行委员会成员国，但席位第三年后轮空一年。执委会的主要职能是执行卫生大会的决定和政策，向其提供建议并普遍促进其工作。

秘书处为 WHO 的常设机构，在总部配备约8000名定期任用的卫生和其他专家以及支助工作人员，下设非洲地区办公室（ARHO）、美洲地区办公室（PARO）、欧洲地区办公室（EURO）、东地中海地区办公室（EMRO）、东南亚地区办公室（SEARO）、西太平洋地区办公室（WPRO）6个地区委员会作为办事处。

三、食品安全职能框架规划依据

在过去几十年内，食源性疾病严重危害人们的健康，世界各地经常爆发大规模、长时间的食源性疾病问题，这些问题严重影响了社会的发展，给国家与个人带来了极大的损失。基于对进食不安全食品导致亿万人发病和死亡的关注，WHO 在第53届世界大会中，要求总干事制定监测食源性疾病的全球战略并展开一系列有关食品安全与健康的其他活动。此后，WHO 于2001年2月组织了一个关于食品安全的战略计划会议，经过与会员国的进一步磋商之后，拟定了一项包括本文件所述的监测工作在内的全球食品安全战略。于2002年《WHO 全球食品安全战略》草案中初步亮相，该战略的目标是减轻食源性疾病对健康和社会造成的负担。

在此草案中，WHO 提出目前食品主要存在的安全问题在于：微生物性有害因素、化学性有害因素、食源性疾病监测不到位、新技术开发缓慢、能力建设不足。WHO 宪章中已经规定了 WHO 与食品安全有关的特别职责包括：协助政府部门加强与食品安全有关的卫生服务；促进改善营养、卫生设备和环境卫生；制定食品国际标准；协助在大众中宣传食品安全。同时，草案中 WHO 的中心任务是建立规范和标准，包括国际标准的制定和促进对危险性的评估。而实现这些目标的主要途径为三条主线方针与七项战略措施。

（一）主线方针

围绕减轻食源性疾病对健康和社会造成的负担这一主要目标，WHO 提出了三项行动方针：

① 对以风险为基础的、持续的综合食品安全系统的开发给予宣传和支持；提倡并帮助创建以危险性分析为基础的、可持续的、综合性的食品安全体系。

② 以科学为依据设计整个食品生产链，制定保障整个食品生产过程安全的各项措施，确保能预防对食品中不可接受的微生物和化学品的接触，杜绝食品被有害微生物和化学物质污染。

③ 与其他部门和伙伴合作，评估和管理食源性风险并交流信息。

（二）战略措施

在三项行动方针的支持下，《WHO 全球食品安全战略》提出以下措施对食品安全进行控制，即七项战略措施。

1. 加强食源性疾病监测体系

目前食源性疾病已经成为让人谈虎色变的话题，给人们的日常生活带来了许多危险，从身体健康，到社会经济发展都受到了阻碍，所以此战略草案提出，在创建食品安全基础结构时，要优先考虑食源性疾病监测。全球公共卫生的重要目标是加强公共卫生实验室的建设和提升流行病学现场监测能力，应特别考虑发展中国家的需求。

2. 改进风险评估评价方法

风险评估评价方法由食品法典委员会（CAC）创建，WHO 长期以来一直致力于为 CAC 和各成员国进行食品中一些特殊有害化学物质的评价工作。在这项工作中 WHO 与联合国粮农组织（FAO）合作，一直致力于建立用于食品中有害物质管理的危险性分析方法，现已建立了对化学性有害因素进行危险性分析的良好体系。一旦风险评估过程足够完善，食品卫生就可以从很大程度上得到保障。

3. 创建评价新技术的安全性方法

随着对生物技术研究的深入，其在食品发展方面也有一定应用，使得消费者面临新的挑战和问题；如基因工程等。目前关于生物技术在食品方面的应用的争议很大，WHO 将继续为生物技术食品的安全和营养评价以及其他科学问题提供科技支撑。WHO 也将对扩大评估范围提供援助。

4. 提高 WHO 在食品法典中的公共卫生作用

全球化的快速发展，使得食品在全球的流通加快，一旦有食品污染，则可能会导致全球消费者的健康受到威胁。因此，制定全球性食品安全标准可保护世界各地的消费者免受食源性疾病的危害。由于 WHO 在卫生安全方面有足够的经验，所以在食品法典中需充分考虑 WHO 的作用。

5. 加强风险交流与宣传

WHO 认为，在食源性危害所涉及的各部门之间进行公开、易于理解的关于危险性的交流是非常必要的，这在全球和地方性实施活动中将发挥重要作用。WHO 的危险性交流战略必须包括来自危险性评价、应急反应、快速警报系统和危险感知等方面的信息。这不仅对消费者、企业、生产者的权益交流起到明显的促进作用，而且在提高成员国对 WHO 的信任方面也有很大的帮助。

6. 增进国际国内协作

为保证国内和国际食品供应的安全性,广泛的合作是必要的。WHO必须与其他国际组织合作将食品安全作为其重要的公共卫生职能。例如,积极开展与食品安全有关的各项活动;在各成员国从事食品安全的机构之间建立有效的联系。这种合作的目的是建立可持续的完整的食品安全体系,降低从生产到消费整个食物链的健康风险。

7. 加强发展中国家食品安全能力建设

发展中国家由于自身能力的缺乏,使得实现食品安全目标存在较大的障碍。而WHO设立地区办事处,就是为了更好地达到改善成员国食品安全的目的,目前已经取得了较大的成绩,但仍有许多工作需要改进。

第二节 联合国粮农组织简介

联合国粮食及农业组织(Food and Agriculture Organization of the United Nations, UNFAO,以下简称FAO)是联合国的专门机构之一,是各成员国间讨论粮食和农业问题的国际组织。FAO努力的核心是实现人人粮食安全,以确保人们能够正常获得健康生活所需的、足够的优质食物。在各种相互竞争的复杂环境中,FAO提供一个中立的会议场所和背景知识,使得所有成员之间达成共识。FAO向所有的人和国家提供幕后援助,其帮助的对象大到国家的土地所有制,小到一个社区农作物的单产。

一、FAO的发展历史、宗旨与战略目标

(一) FAO的发展历史

FAO是第二次世界大战后最早成立的国际组织。在1943年,美国前总统罗斯福在美国弗吉尼亚州温泉城举行的会议上提出,由45个国家政府决定创建一个有关粮食及农业的常设组织。1945年10月16日在加拿大魁北克FAO宣告成立。1946年,FAO与联合国签订协议,确定FAO为联合国的专门机构。

FAO建立后各成员国经常针对当前的全球食品安全问题召开会议,商定应对计策,包括1992年召开的国际大会、1994年针对缺粮国发起的食品安全特别计划(SPFS)、1999年针对渔业建立的FAO渔业协定登记以及2006年建立高科技危机管理中心,以应对禽流感等动物卫生与食品安全问题等。FAO在1981年确立了10月16日为"世界粮食日"。

(二) FAO的宗旨

FAO的宗旨是通过加强世界各国和国际社会的行动,提高人民的营养和生活水平,改进粮农产品的生产及分配的效率,改善农村人口的生活状况,从而帮助发展世界经济和保证人类免于饥饿,最终消除饥饿和贫困。

(三) FAO的目标

该组织的职责范围包括农、林、牧、渔生产,科技、政策及经济各方面。它搜集、整理、分析并向世界各国传播有关粮农生产和贸易的信息;向成员国提供技术援助;动员国际

社会进行农业投资，并利用其技术优势执行国际开发和金融机构的农业发展项目；向成员国提供粮农政策和计划的咨询服务；讨论国际粮农领域的重大问题，制定有关国际行为准则和法规，加强成员之间的磋商与合作。

FAO 建立的目标主要包括：帮助人们消除饥饿、粮食不安全和营养不良，真正大幅度减少粮食分布不均现象；提高农业、林业、渔业生产率，确保向可持续转型；减少农村贫困，在保障农村经济增加的同时，还注重其基础设施的完善；采取干预措施，将小农企业联合起来，并与私营企业建立伙伴关系，建立包容、高效的农业和食品体系；从应急到长久两方面，帮助恢复灾后生产生活。

二、FAO 的组成

1. 粮农组织大会

宗旨：确定本组织的政策和批准预算，并且行使章程授予它的其他权利，就与粮食和农业有关的问题向成员国和准成员提出建议，以便它们采取国家行动予以实施；就涉及本组织宗旨的任何事项向任何国际组织提出建议。

2. 粮农组织理事会

理事会在其被授予的权限范围内作为大会闭会期间的执行机构。行使以下职能：世界粮食和农业形势及有关事项；本组织当前和未来的活动，包括其工作计划和预算；本组织的行政事务和财政管理以及章程事项。理事会通常每两年至少举行五次会议。理事会下设 8 个委员会：计划委员会、财政委员会、章程及法律事务委员会、农业委员会、渔业委员会、林业委员会、商品问题委员会和世界粮食安全委员会。

理事会设立一名独立主席，由大会任命，任期两年，可以连任 2 年，现任理事会主席为 Khalid Mehboob 先生。理事会成员由选出的 49 个成员国组成，任期 3 年，有错开任期届满时间的安排，每一成员派一名代表。中国作为理事会成员之一，任期到 2018 年 6 月 30 日为止。

3. 秘书处

粮农组织的执行机构为秘书处，负责执行大会和理事会的有关决议，处理日常相关工作。负责人为总干事，由大会选出，任期 4 年，在大会和理事会的监督下领导秘书处工作。秘书处下设总干事办公厅和 6 个经济技术事务部以及若干职能司局，并在亚洲及太平洋、非洲、拉丁美洲及加勒比地区、近东及北非、欧洲及中亚 5 个区域设有办事处，另设有 10 个分区域办事处，其中包括 6 个伙伴关系和联络处的 85 个建制完善的新国家办事处，并通过多重委任覆盖另外 37 个国家、1 个项目办公室、4 个国家通讯员、6 个国家联络处、2 个信息办公室和 2 个其他代表安排。

作为一个政府间组织，2019 年 4 月，FAO 拥有 194 个成员国，2 个准成员和 1 个成员组织（即欧洲联盟）。各成员国的代表在两年一度的 FAO 大会上审议全球治理政策问题和国际框架，对所开展的工作进行评估，并批准下一个两年度的预算。大会选举理事会成员，任期三年，到期轮换，对计划和预算活动进行监督。大会还选举了总干事，任期四年，可连任一次。现任总干事若泽·格拉济阿诺·达席尔瓦于 2012 年 1 月 1 日履新，任期至 2019 年 7 月 31 日。

截至 2019 年 2 月 14 日，FAO 共聘用 111.561 名员工，32% 的人员在罗马总部，其余人员则在世界各地的办事处工作。194 个成员国中，86% 的代表人员分配数额已经达标，自 2002 年，女性在专业人员类别中的比例从 36% 增长到 43%。

三、FAO 的活动

FAO 的活动主要包括五大领域：
① 使人们能够获得信息并支持向可持续农业转型；
② 加强政治意愿并分享政策专业知识；
③ 为各国提供一个会议场所，强化公共和私营部门的合作，提高小农农业；
④ 将知识送到实地；
⑤ 支持各国预防和减轻风险。

第三节 食品法典委员会简介

国际食品法典委员会（Codex Alimentarius Commission，简称 CAC）是由联合国粮农组织（FAO）和世界卫生组织（WHO）于 1963 年联合设立的政府间国际组织专门负责协调政府间的食品标准，建立一套完整的食品国际标准体系。

一、CAC 的历史及职责

（一）CAC 的创建历史

1950～1960 年期间，FAO/WHO 联合委员会的会议中，多次提出当时的食品法规不完善，在营养、添加剂、牛奶卫生等食品安全方面和标准制定等方面有较多漏洞，使得全球贸易有一定风险，阻碍了全球一体化的健康发展。因此在 1961 年 FAO/WHO 与欧洲经委会、经济合作与发展组织及《欧洲食品法典》理事会（奥地利的区域性欧洲食品法典）讨论设立国际食品标准计划，最终于 6 月，欧洲食品法典理事会正式接受设立食品标准计划方案，并于当年 11 月，粮农组织大会通过成立食品法典委员会的决议。1962 年 FAO/WHO 食品准联合会议的召开，确立了两个组织合作的框架。1963 年世界卫生大会批准了 FAO/WHO 的联合食品标准计划，CAC 为牵头机构，自此，CAC 正式成立。

自 1961 年第 11 届粮农组织大会和 1963 年第 16 届世界卫生大会分别通过了创建 CAC 的决议及《食品法典委员会章程》以来，CAC 在国际层面对食品安全方面做出了重大贡献，1985 年联合国在决议中强调了 CAC 对消费者健康保护的重要作用，因此 CAC 在章程中增加并加强了对消费者保护政策的应用。

截至 2017 年 10 月，食品法典委员会已有 188 个成员，包括 187 个成员国和 1 个成员国组织（欧盟），234 个法典观察员，其中包括 54 个国际政府间组织，164 个非政府组织和 6 个联合国机构，覆盖全球 99.8% 的人口。非食品法典委员会成员的所有 FAO 或 WHO 成员国或准成员可申请以观察员身份参加食品法典委员会及其下属机构的各届会议和专题会议。非 FAO 或 WHO 成员国或准成员的联合国成员，也可申请以观察员身份受邀参加食品法典委员会会议。

在五十多年的历程中，国际食品法典委员会共制定了 356 项标准、准则和操作规范，涉及面覆盖食品添加剂、污染物、食品标签、食品卫生、营养与特殊膳食、检验方法、农药残留、兽药残留等各个领域。

（二）CAC 的职责

建立 CAC 的宗旨是保护消费者健康和便利食品国际贸易。而 CAC 通过制定具有科学基础的食品标准及食品加工规范，协调各国的食品标准立法、指导其建立食品安全体系，以保护消费者和促进食品贸易，为其成员国提供一个交流食品安全和贸易问题的平台。

质量控制是 CAC 工作的核心内容，目前，CAC 已经通过了应用危害分析临界控制点（HACCP）体系的指南，确定了以 HACCP 为指导，而非依赖于最终产品检测的危害评估，建立加强以预防为主的管理体系。CAC 还非常强调 HACCP 与良好操作规范（GMP）联合使用。

CAC 与国际食品贸易关系也十分密切。随着全球化的发展，实施动植物卫生检疫措施协议（SPS）和技术性贸易壁垒协议（TBT）均鼓励采用协调一致的国际食品标准。然而面对不断增长的全球市场，在制定保护消费者、便于普遍采用的统一食品标准方面，CAC 具有明显的优势。因此，在乌拉圭回合多边贸易谈判中，《SPS 协议》引用了法典标准、指南及推荐技术标准，并将此作为促进国际食品贸易的措施。法典标准在乌拉圭回合协议法律框架中，已成为衡量一个国家食品措施和法规是否一致的基准。

CAC 不仅提供了正确的认识论与方法论策略，引导国际食品安全保障体系健康发展，还促进了国际及各国政府对食品安全达成共识。一方面，CAC 通过倡导"科学、营养、健康、优质、安全"的饮食观念，推行"农场到餐桌融合一体"的概念等，使得广大消费者和政府提高关于食品质量与安全问题的认识，同时也使消费者充分了解选择合适的食品对健康的重要性。消费者需要政府采取合适的立法措施，使只有符合质量安全标准的食品才能销售，这样才可以最大限度地降低食源性疾病的危害风险。针对这一情况，CAC 制定了法典标准，并对所有有关问题进行探讨，促使食品安全问题列入各国政府的议事日程。另一方面，CAC 还构建了系统的食品风险分析原理的基本理论框架，为制定食品安全标准提供了认识论和方法论基础。目前 CAC 对食品生产者、加工者的观念以及消费者的意识已产生了巨大影响，并对保护公众健康和维护公平食品贸易做出了不可估量的贡献。

CAC 的具体职能如下：
① 保护消费者健康和确保公平的食品贸易；
② 促进国际政府和非政府组织所承担的所有食品标准工作的协调一致；
③ 通过或借助于适当的组织确定优先重点以及发起或指导草案标准的制定工作；
④ 批准由以上第③条已制定的标准，并与其他机构（以上第②条）已批准的国际标准一起，在由成员国政府接受后，作为世界或区域标准予以发布；
⑤ 根据制定情况，在适当审查后修订已发布的标准。

采用危险性分析的方法对国际食品安全标准、准则或规范制定关键因素。CAC 要求所有分委会介绍各自采用的危险性分析方法，并将其作为制定标准的基础。CAC 制定的标准对发展中国家和发达国家的食品生产商和加工商的利益是同等对待的。

目前 CAC 对食品原料加工和生产中应用生物技术的问题已经开始进行认真的研究，其不断地研究与食品安全和保护消费者预防健康危害有关的新概念和系统，这些议题的研究引导 CAC 未来的工作方向。

二、CAC 及其附属机构

CAC 的组织机构主要包括全体成员国大会、常设秘书处、执行委员会和技术附属机构（截至 2017 年 7 月，包括 10 个综合主题委员会、6 个商品委员会、1 个特设政府间工作组和

6个区域协调委员会)。食品法典委员会的主要运行机构见图 3-1。

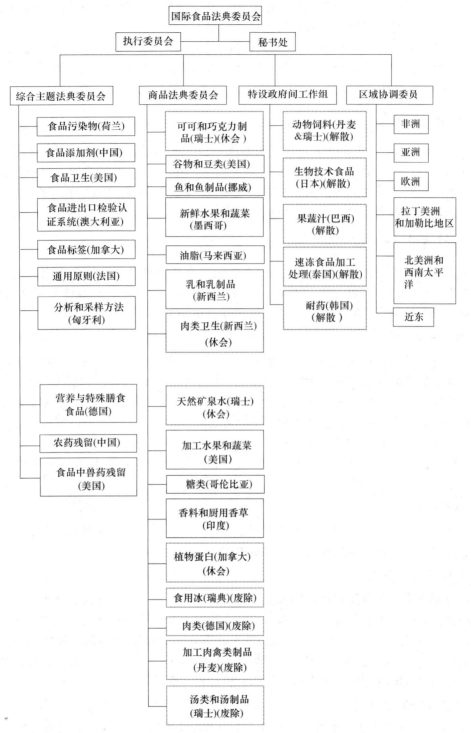

图 3-1 食品法典委员会的主要运行机构

(一) 全体成员国大会

全体成员国大会是 CAC 的主要决策机构,其各下属委员会讨论和制定的所有国际食品法典标准，经 CAC 大会审议后通过。CAC 每两年召开一次全体成员国大会，主要职能是审议并通过国际食品法典标准和其他相关事项。委员会的日常工作由 CAC 总部的一个由 6 名专业人员和 7 名支持人员组成的常设秘书处来承担。

委员会从其成员中选举出一名主席和三名副主席，每两年换届一次。在主席缺席的情况下，由副主席主持委员会的会议，并视委员会工作的需要行使其他职能。当选的官员任期两年，可连任两届。

（二）执行委员会

执行委员会由 CAC 主席和副主席、根据规则指派的六名区域协调员以及另外七名委员组成。这七名委员在 CAC 例会上从 CAC 成员国中选举产生，下列地理区域每个区域产生一名：非洲、亚洲、欧洲、拉丁美洲和加勒比地区、近东、北美洲和西南太平洋地区。任何国家的代表担任执行委员会委员者不得超过一名。

（三）技术附属机构

CAC 的技术附属机构可分为综合主题委员会、商品委员会、区域协调委员会和政府间特设工作组四类，每类委员会下设具体专业委员会。CAC 标准主要由技术附属机构完成，且其承担了对食品法典内的标准草案及相关文件的解释工作。

1. **综合主题委员会**

综合主题委员会负责确定适用于一般食品、特定食品或食品组建的跨领域概念和原则；批准或审查食品商品标准的相关条款；基于专家科学机构的建议，制定有关消费者健康和安全的主要建议。如：食品添加剂法典委员会（CCFA）的职责是规定食品添加剂的最大使用量、功能分类、规格和纯度、食品添加剂分析方法，并提出 FAO/WHO 联合食品添加剂专家委员会（JECFA）优先评价名单等相关内容。每一综合主题委员会都挂靠于某一成员国，该成员国负责维持相对应委员会的经费问题和日常管理工作，且具有提名主席人选的职责等。

2. **商品委员会**

商品委员会负责为特定食品或食品类别制定标准。同综合主题委员会相似，商品委员会也需挂靠于某一成员国，由该成员国对其负责。

3. **区域协调委员会**

区域协调委员会负责处理区域性事务。区域协调委员会包括：非洲、亚洲、欧洲、拉丁美洲和加勒比地区、近东、北美洲和西南太平洋地区 6 个。在获得所在区域多数成员支持的基础上，CAC 为各区域的每个区域任命协调员。其作用是协助和协调区域协调委员会，制定并向 CAC 提交草案性标准、准则等。他们还需要向执行委员会和 CAC 反映在其区域内的成员及得到承认的政府组织和非政府组织对目前讨论事项的意见。

4. **政府间特设工作组**

CAC 成立政府间特设工作组（而非食品法典的委员会），以一种精简委员会组织结构的手段，提高附属机构的运行效率。政府间特设工作组的职权范围在起始时就予以规定，且仅限于某一即期性任务，也就是说特设工作组的期限是预设的，通常不超过 5 年。

截至 2017 年 7 月，已设立的政府间特设工作组包括动物饲料政府间特设工作组（TFAF，丹麦和瑞士）、生物技术食品政府间特设工作组（TFFBT，日本）、果蔬汁政府间特设工作组（TFFJ，巴西）、速冻食品加工处理政府间特设工作组（TFPHQFF，泰国）以及耐药政府间特设工作组（TFAMR，韩国），前4个工作组均已被解散。

目前运转的法典委员会见图3-2。

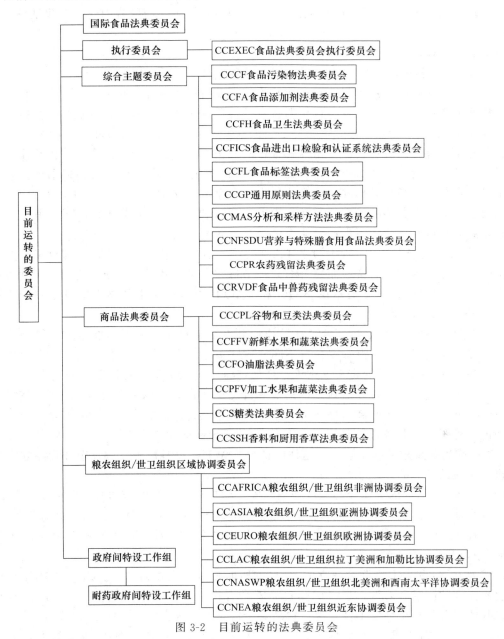

图3-2　目前运转的法典委员会

三、CAC 与 WHO、FAO 的关系

在解决食品安全问题方面，WHO与FAO紧密配合完成了许多工作，而由两者成立的CAC为两者在食品安全保障体系中的核心载体。CAC的主要任务是保护消费者健康，并通过建立详尽的食品编码维护公平的食品贸易，在国际食品安全保障体系中起着辅助的引导、控制与协调等桥梁作用。FAO/WHO作为政府间组织的联合国系统专门机构，在食品安全保障体系中有着不可替代的重要作用，这不仅可以通过食品贸易全球化而衍生的质量、安全

与公平使命得以确认,而且其职能和作用还可以通过CAC的组织机制得到直接体现。

从纵向发展角度来看,CAC来源于FAO与WHO,是在两者的基础上进一步发展与提升的。然而,从横向的具体职责方面的来看,WHO、FAO、CAC均具有独立的国际法律人格,尽管均属于联合国专门机构,它们分别依照特别协定,与联合国建立法律基础,但并不影响其独立性。

三者的关系体现在如下几方面:

① 各自有自身的组织法(章程)。组织法作为其建立和存在的法律基础,规定其宗旨、原则、组织结构、职能、活动程序与法律行为能力及特权和豁免等重要问题。它们由各自并不完全相同的成员组成,且三方各自根据自身的性质制定适合自身管理的法律法规框架。

② 各自有完善的组织结构。WHO有世界卫生大会、执行委员会和秘书处三个主要机构,秘书处下又有专门负责食品安全国际合作的机构——食品安全、人畜共患疾病和食源性疾病局,此外还下设六个区域委员会。FAO主要机构包括大会、理事会和秘书处,在秘书处下又设有食品质量与食品标准局,具体负责履行食品安全方面的职责。此外FAO还设有五个区域委员会和在各国的代表处。而作为由WHO和FAO联合设立的CAC,其主要机构包括食品法典执行委员会和下设的专业委员会及协调委员会。

③ 有着独立的经费来源。WHO和FAO的收入包括两个组成部分,一部分来自成员按照规定的比例摊派缴纳的会费,而另一部分则来自联合国及其机构、非政府组织、地方政府及私人的捐助。CAC的开支则是在WHO和FAO的财政基础上从预算中设定一个比例由WHO和FAO共同承担。

④ 负责的侧重点存在差异。尽管都是和食品安全息息相关的国际性组织,但是这些组织的职能覆盖面、工作侧重点却存在着不同。WHO的宗旨是"使全世界人民获得尽可能高的健康水平。"从这一宽泛的定义上来说,任何与全球公共健康的保障和促进有关的活动都属于WHO的职能范围。而随着科学的进步和社会的发展,全球公共健康的界限逐渐模糊,能够对公共健康造成影响的部门目前至少包括传染病控制、烟草控制、食品安全、药品与疫苗的获得、跨国医疗服务、转基因产品和传统医药知识的保护等等。因此食品安全并不是WHO唯一或者是最重要的主题,在这样的情况下WHO是难以独立胜任全球食品安全法律法规机制建立的任务的。

同样,因为FAO的工作重心仍放在粮食安全问题上,食品安全的监管保护职能在FAO中也是衍生性的。而且,从物质基础的角度来看,FAO的能力和WHO相比更加薄弱一些,从财务上看,FAO的经济来源远少于WHO;从雇员数量上看,WHO有8000多名工作人员,而FAO仅有3600名左右。

而作为FAO和WHO联合建立的CAC的职能相对来说较为专一。CAC的职能是负责国际食品标准的制定和协调,但是国际食品安全合作的内容不仅仅是食品标准的制定和协调,在其他如食品安全突发事件处理、食品安全信息交流等方面,CAC未曾涉足。

⑤ FAO和WHO联合成立专家委员会和磋商委员会。FAO/WHO成立的主要专家机构包括:FAO/WHO食品添加剂联合专家委员会(JECFA)、FAO/WHO农药残留联席会议(JMPR)、FAO/WHO微生物风险评估联席专家会议(JEMRA)、FAO/WHO营养问题联合专家会议(JEMNU)。但上述这些机构只为CAC制定法典标准时提供科学建议,CAC仍保持着自身的独立性。也就是说,尽管这些专家机构的结论对CAC工作的科学可信度有重大帮助,但CAC(及CAC的附属机构)并不参与FAO和WHO的专家会议。

除此之外,CAC对FAO及WHO的所有成员国及准成员开放,接纳其为成员。对委员会工作特别关注的非委员会成员,也可以受邀作为观察员参加会议。

第四节 了解食品法典

一、食品法典简介

"食品法典"一词源于拉丁语"Codex Alimentarius",其是为在国际食品和农产品贸易中为消费者提供更高水平的保护,并促进更公平的交易活动而制定的一系列食品标准和相关的规定。虽然食品法典委员会是在 20 世纪 60 年代成立的,但"食品法典"早在古代就有了雏形,随着国际食品贸易的发展,为更好地保护消费者权益和消除国际贸易壁垒,食品法典作为一个国际性的食品安全标准体系逐渐形成、发展。

(一) 食品法典的起源和发展

针对食品的法律法规最早可以追溯到古代。考古研究发现,早期历史上的统治者就已经开始注意制定规章以保护消费者免受不诚实食品销售的侵害。在古亚西利亚人的浮雕中就有对粮食准确称量和度量标准的描述;古埃及的书卷中亦有规定某种食品标识的记载;古雅典人也开始对啤酒和葡萄酒的纯度和质量进行检查;古罗马人已有食品控制体系和保护消费者免受欺骗的措施。在中世纪的欧洲,一些国家颁布了一大批与鸡蛋、香肠、奶酪、啤酒、葡萄酒有关的标准和产品说明,即当时的《奥地利食品法典》。虽然这一法典缺乏法律的强制性,但在当时已被法院用作判定待定食品特性标准的参考,成为历史上第一部具有现代意义的食品法典,如今食品法典名称就是源于奥地利的这一法典。

到了 20 世纪初期,各国纷纷建立自己国家的相关食品法规,而不同国家制定的食品法规和标准的差异不可避免地导致了当时的国际贸易障碍,为解决各国间的食品标准不统一问题,食品贸易商纷纷成立了贸易协会来解决出现的贸易争端,同时经过共同协商来统一食品标准以推动食品的贸易。例如,成立于 1903 年的国际乳业联合会(IDF)为后来的食品法典委员会在乳及乳制品方面标准的建立奠定了基础。

20 世纪 40 年代后期 FAO 和 WHO 成立以后,人们更加关注国际上对食品规章的制定。特别是 20 世纪 50 年代以后,随着食品科学与技术的迅速发展、各种分析仪器和分析方法的出现,人们对有关食品特性的知识、食品质量问题以及与此有关的健康危害的认识也在迅速增加,各国政府面临着保护本国消费者免受劣质和有害食品危害的压力,纷纷采取相应的对策。如:1949 年,阿根廷提出了拉丁美洲区域性的食品法典;1954—1958 年,奥地利积极谋求创立区域性的食品法典及欧洲食品法典。在 1950 年的 FAO/WHO 的一次关于营养的专家委员会报告中这样提到:"不同国家的食品规章通常是相互冲突和矛盾的,国与国之间的立法机构在保存、命名和接受食品标准方面存在着很大的差别,而且在制定规章时也很少考虑营养原则。"

1953 年的世界卫生大会声明:化学品的广泛使用造成了新的公众健康问题。同时建议 FAO 和 WHO 开展相关的研究。FAO 和 WHO 在 1955 年召开了第一次 FAO/WHO 联合食品添加剂会议,大会期间成立了一个食品添加剂联合专家委员会(JECFA),该委员会负责对食品中的添加剂、污染物和兽药残留制定标准和准则,并提出指导性的建议。在 FAO 和 WHO 进一步增加对食品相关问题的参与的同时,由国际非政府组织建立的多个委员会也开始对食品的标准方面进行工作,这就是 CAC 的前身。

(二) 食品法典的构成

《食品法典》是一套保护消费者健康和确保公平食品贸易的国际食品标准、操作规范和准则。

截至2016年3月,国际食品法典委员会现行有效的法典标准及相关文本有341条,被统一列在食品法典委员会网站的法典标准清单中。食品法典标准体系中的标准可分为通用标准和商品标准两大类。通用标准是由一般专题分委员会制定的各种通用的技术标准、准则和操作规范,包括食品添加剂的使用、污染物限量、食品的农药与兽药残留、食品卫生(食品微生物污染及其控制)、食品进出口检验和认证系统以及食品标签等。商品标准则是由各商品分委员会制定的,也是食品法典中数量最大的具体标准,主要规定了食品非安全性的质量要求,如该标准的适用范围、产品的描述、重要组成成分、使用的添加剂、污染物最高限量、卫生要求、重量和容量以及标签的制定。

若按标准的具体内容分,可将CAC标准分为商品标准(CODEX STAN)、最大残留限量标准(CAC/MRL)、推荐操作规范(CAC/RCP)、指南文件(CAC/GL)和分类标准(CAC/MISC)五大类,各类标准数见表3-1。

表3-1 CAC标准的分布情况 (2017年)

标准类型	标准范围	标准数量
商品标准(CODEX STAN)	规定一项食品非安全性的质量要求	221
最大残留限量标准(CAC/MRL)	有具体限量指标值的标准,不包括与限量有关但没有限量值的标准	4
推荐操作规范(CAC/RCP)	涉及具体的商品技术或卫生操作规范	53
指南文件(CAC/GL)	某类食品的指导性、原则性标准	78
分类标准(CAC/MISC)	包括食品和饲料、添加剂分类、术语和定义等	4

1. 商品标准

CAC到2017年7月共制定了221项商品标准。CAC商品食品法典中包含的主要商品如下:

① 谷物、豆类(豆类作物)及衍生产品,包括植物蛋白;
② 油脂和油类及相关产品;
③ 鱼及鱼制品;
④ 新鲜水果和蔬菜类;
⑤ 加工和速冻水果及蔬菜类;
⑥ 果汁;
⑦ 肉类及肉类产品(清汤和浓汤);
⑧ 乳及乳制品;
⑨ 食糖、可可制品和巧克力及其他杂项产品。

商品标准的特点如下:

① 商品标准覆盖面广,涉及国际食品贸易中重要的大宗商品,且注重与国际上食品贸易的交流协作。
② 商品标准是食品法典标准体系中的主要内容,占标准总数的2/3。
③ 标准注重内容从简,摒除了冗杂的内容。如对于已经给出最大农药残留限量、兽药残留限量的商品,在该种食品的商品标准中只对该标准进行引用,不再出现具体的限量

指标。

2. 最大残留限量标准

截至 2017 年 7 月，最大残留限量 4 项，包括 4130 多项食品添加剂最大限量标准（涉及 224 种食品添加剂或食品添加剂组合）、5231 项农药残留最大限量标准（涉及 303 种农药）、623 项食品中兽药残留最大限量标准（涉及 63 种兽药或兽药组合）和 106 项食品污染物最大限量标准（涉及 18 种污染物）。

3. 推荐操作规范

食品法典为保障食品的良好品质、安全及卫生建立了良好的国际推荐操作规范。这是一种全方位立体式控制整个食品质量的体系，包括良好操作规范、良好实验室规范和卫生操作规范等。截至 2017 年 7 月，共制定了 53 项国际推荐操作规范（不包括一般准则和指南）。

4. 指南文件

截至 2017 年 7 月，食品法典已制定了涉及各种咨询、管理和程序等的一般准则 78 项。这类标准涵盖了食品卫生、食品标签及包装、食品添加剂、污染物、取样和分析方法、食品进出口检验和认证体系、特殊膳食和营养食品、食品加工、贮藏规范等多个方面。

5. 分类标准

分类标准主要是食品、饲料及与食品质量与安全方面相关的分类及定义标准，包括婴幼儿喂养声明、食品与饲料分类标准、术语和定义词汇表（食品中的兽药残留）、食品法典规范、食品添加剂名单。

（三）食品法典的主要内容

食品法典各项标准的编排如下：

第 1A 卷　一般要求

第 1B 卷　食品卫生的要求

第 2A 卷　食品中农药残留的分析和采样方法

第 2B 卷　食品中农药最大残留量的限量标准

第 3 卷　食品中兽药残留

第 4 卷　特殊营养食品（包括婴幼儿食品）

第 5A 卷　加工和速冻水果和蔬菜

第 5B 卷　新鲜水果和蔬菜

第 6 卷　果汁及相关产品

第 7 卷　谷物、豆类及其制品以及植物蛋白

第 8 卷　油脂及其制品

第 9 卷　鱼及鱼制品

第 10 卷　肉及肉制品，包括浓汤和清汤

第 11 卷　糖、可可制品、巧克力及其制品

第 12 卷　乳及乳制品

第 13 卷　推荐的分析方法

各卷包括了一般原则、一般标准、定义、法典、商品标准、分析方法和推荐性技术标准等内容，每卷所列内容都可按照一定顺序排列进行查阅参考。各卷标准分别用英文、法文、西班牙文、阿拉伯语等六种语言出版，详细内容读者可参阅食品法典官方网站相关页面。

(四) 食品法典的一般原则

1. 食品法典的宗旨

食品法典是一部协调一致的国际食品标准大全,旨在保护消费者的健康,促进食品的公平贸易。食品法典也包括法典规范形式的咨询性规定、指南和其他有助于实现食品法典宗旨的推荐性措施等指导性条款。发行食品法典是为了指导和加快对食品定义和要求的说明和建立,以帮助其协调一致和促进国际贸易。

2. 食品法典的范围

食品法典以统一的形式提出并汇集了国际上已运用的全部食品标准,包括已在市场上销售的加工、半加工食品或食品原料的标准;有关食品卫生、食品添加剂、农药和兽药残留、污染物、标签及说明、采样与分析方法以及进出口检验和认证等方面的通用条款及标准。

3. 食品法典的性质

法典标准及相关文本包括对食品的各种要求,其目的是为了保证消费者获得完全、健康、不掺假的食品,并且保证食品的标签及描述正确。所有食品的法典标准都应根据法典商品标准格式制定,并酌情包含其所列内容。

4. 法典商品标准的采纳

一个国家可依据其领土管辖范围内销售食品的现行法令和管理程序,以"完全采纳""部分采纳"和"自由销售"3种方式采纳法典标准。食品法典汇集了各项法典标准、各成员国或国际组织的采纳意见以及其他各项通知等。这里以通用标准为例介绍各国采纳标准的情况。

① 完全采纳:通用标准的完全采纳是指,相关国家保证在其领土范围内,通用标准所涉及的产品符合所有通用标准的相关要求。这表明国家的任何关于消费者健康或其他食品标准的现行法令和管理程序均不能阻碍符合标准卫生产品的销售。

② 部分采纳:部分采纳是指,相关国家保证在其领土范围内,通用标准所涉及的产品不完全符合所有通用标准的相关要求,采纳通用标准但在采纳声明中详细规定的差异除外。该国在采纳标准时在采纳声明中要包括存在这些差异的原因,同时也必须说明其是否期望能完全采纳标准,如期望完全采纳则需给出达到该目标的期限。

③ 自由销售:自由销售声明是指,相关国家保证符合法典通用标准的产品在其领土管辖范围内以相关的法典商品标准所包括的方式进行自由销售。

5. 食品法典的实行效力

值得注意的是,食品法典不能代替各国法规,在《SPS协议》第三条第三款中提到:"如果存在科学理由,或一成员依照第五条第一~八款的有关规定确定动植物卫生的保护水平是适当的,则各成员可采用或维持比根据有关国际标准、指南或建议制定的措施所可能达到的保护水平更高的SPS措施。尽管有以上规定,但所产生的卫生与植物卫生保护水平与根据国际标准、指南或建议制定的措施所实现的保护水平不同的措施,均不得与本协议中任何其他规定相抵触。"该条款赋予成员国可采用一个不根据国际标准的卫生保护水平,也就是确定更高水平保护的自主权。各个国家政府可根据各国实际情况总结法典标准和国内有关法规间的实质性差异,对如何积极采用法典标准做出决断。

二、法典标准的制定程序

CAC的主要职责就是编制食品标准以及出版食品法典。委员会运作的法律基础和必须遵循的程序可参见《食品法典委员会程序手册》。和所有其他委员会的工作一样，标准的准备、修订、调试和更新都需要遵循一定的程序，做到合理、公开、严谨且与时俱进但也包含一个快速通道可在一年内设定紧急标准。相较于20世纪70、80年代制定的标准而言，如今需要简洁明了、实用性强的标准来结合贸易全球化的步伐，对商品尤其如此。CAC深入洞悉这些变化，一直致力于将许多陈旧、详细的标准整合为新的、较通用的标准，为开发创新型食品、加强保护消费者、推动国际贸易的发展提供科学合理的依据。

食品法典从一开始就是以科学为基础的，各方专家学者参与了对法典每一个细节的讨论，以保证其标准能够经得起严格和科学的推敲。在FAO和WHO的大力支持下，CAC的工作为食品科学研究工作提出需要解决的焦点问题，委员会自身已成为一个交流食品科学信息的重要的国际媒体。CAC在标准制定时遵循以下原则：

① 保护消费者健康；
② 促进公正国际食品贸易；
③ 以科学危险性评价（定性与定量）为基础；
④ 考虑其他合理因素，如经济、不同地区和国家的发展情况等。

CAC标准的制定程序包括3个阶段，即战略规划阶段、严格审核阶段和制定批准阶段。具体某一标准的制定主要由CAC附属的相关分委员会负责。

（一）战略规划阶段

CAC在其职权范围内制定一项标准前，首先要考虑在战略规划中确定的重点、执行委员会进行的严格审查结果，还要考虑在合理时期内完成这项工作的前景。战略规划一般为期6年，每2年进行修改更新。

（二）严格审核阶段

在批准制定之前，标准的建议文本应以书面文件的形式详尽说明该标准的宗旨、适用范围、其重要性和及时性、主要涉及的方面、参照工作重点对制定的标准进行评价、确定在制定标准过程中需要获得的外部支持（如专家科学咨询、外部机构所提供的技术投入等）、完成这项标准的拟议时间安排等。如果执行委员会通过对这些文件及标准文本的审查，经过CAC批准，可进入标准制定程序。

（三）制定批准阶段

CAC按照严格、公开和透明的程序开展法典标准的制修订工作，一般可分为8个步骤，具体可参见图3-3。若采用统一快速程序只需经过5个步骤即可。

步骤1：标准发起阶段。食品法典委员会针对"确定工作重点和建立CAC附属机构的准则"，决定制定某一项国际法典标准，并指定由哪一个附属机构或其他组织来承担此项工作。大会的附属机构也可做出制定某项国际法典标准的决定，但必须得到大会或执行委员会的批准。该附属机构做出该决定时应考虑优先工作重点、CAC正在进行的具体相关计划及在一定期限内完成工作的可能性。

步骤2：标准起草阶段。秘书处安排起草一个拟议标准草案，在制定农药或兽药残留最高限量时，秘书处要分发从粮农组织食品及环境农药残留量专家小组与世卫组织农药残留量核心评估小组的联席会议或从粮农组织/世卫组织食品添加剂联合专家委员会那里获得的对残留量最高限量的建议。还应提供关于粮农组织和世卫组织开展的危险性评估工作的其他任何相关信息。在制定奶和乳制品标准或奶酪的单项标准时，秘书处要分发国际乳业联合会提出的建议。

步骤3：征求意见阶段。"标准草案建议稿"发放至各成员国和观察员征求意见，包括建议稿可能对经济利益相关方产生的影响。

步骤4：草案修改阶段。秘书处将收集到的讨论意见送交至有权审议该意见和标准的附属机构，进行修改工作。

步骤5：标准草案生成阶段。标准草案建议稿由秘书处递交给CAC或执行委员会，目的是将标准草案建议稿采纳为标准草案。在此阶段，成员国可根据本国的经济利益向委员会或执行委员会提出标准草案的建议稿修改意见，在进一步采取任何决议时都可将这些意见给予充分考虑。

步骤6：标准草案审议阶段。由秘书处将草案送交所有成员国及观察员，以便这些成员国和观察员对各方面进行讨论，包括标准草案对他们的经济利益可能产生的影响。秘书处应说明收取讨论意见的限期，并应在大会前至少1个月把标准草案交给各国政府，使他们能够有宽裕时间讨论草案并提出意见。

步骤7：标准草案修改阶段。秘书处将收集到的讨论意见送交附属机构，这些机构有权考虑这些意见和修改标准的建议草案。

步骤8：标准草案通过阶段。秘书处将标准草案及从各成员国和观察员收到的修改草案书面建议递交给CAC作为法典标准采纳。大会或其附属机构有权决定某一标准草案退回至本程序的任何一步，以便做进一步的工作。大会也可以决定某一草案停留在第8步。此外还有加速制定程序❶。

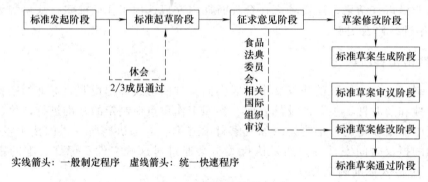

实线箭头：一般制定程序　　虚线箭头：统一快速程序

图3-3　标准制定程序

委员会及其附属机构处理修订法典标准和相关文本的事宜，以确保法典标准能够反映当代科学知识的进展。修订标准的程序与最初制定标准的程序相同，一般而言，一项标准的制修订工作需要3~5年，最短一年，最长甚至需要十几年的时间，这主要取决于协调各成员国在某些关键问题上分歧的时间长短。应当强调的是，大多数国际食品法典标准并不是从零起步的，一般均建立在各国已有标准的基础之上。在起草过程中，发达国家由于本身的法律法规体系健全、科学依据充足等因素，往往担任了牵头起草的角色，直接将本国现有的管理模式和技术指标引入到国际法典中来，对法典文本产生直接影响。可喜的是，随着CAC对发展中国家参与法典工作的日益重视以及发展中国家自身努力和积极参与，越来越多的发展

---

❶ 加速制定程序：委员会或执行委员会在委员会会议休会期间，根据与会成员国超过2/3的投票通过和"建立工作优先标准"，确定可通过统一快速程序完成标准的制定。由秘书处安排建议标准起草的准备工作，提议的标准草案上交至委员会和相关国际组织进行各方面评论，收集的评论意见由秘书处转交至委员会下属机构或其他相关组织对草案进行修改，最后由秘书处提交给委员会作为法典标准采纳。

中国家已经开始承担组织和牵头标准制定的工作。

三、食品法典的主要科学基础

食品法典作为国际层面的政府间协调标准，虽然"在制定和确定食品标准时，食品法典要酌情考虑和保护消费者健康及促进公平食品贸易有关的其他合理因素"，但食品法典的标准、准则和其他建议，应以可靠的科学分析和证据为基础，包括全面审核相关信息，使得标准能确保供应食品的质量和安全。其科学地位离不开为 CAC 提供风险评估支持的 3 个国际专家组织：FAO/WHO 食品添加剂联合专家委员会（JECFA）、FAO/WHO 农药残留联席会议（JMPR）、FAO/WHO 联合微生物风险评估专家联席会议（JEMRA）。除此之外，还有正在组建的 FAO/WHO 营养问题联合专家会议（JEMNU）以及针对特别问题召集的各类临时专家咨询组织（如 FAO/WHO 三聚氰胺问题的专家咨询会议等）。

（一）FAO/WHO 食品添加剂专家联合委员会

1. 简介

FAO/WHO 食品添加剂专家联合委员会（JECFA）是由 FAO 和 WHO 共同管理的国际专家科学委员会。JECFA 成立于 1955 年，它由各国该领域的权威专家组成，主要用于评价食品添加剂的安全性。JECFA 每年举行两次会议，对食品添加剂、污染物、天然毒素和兽药残留进行风险评估，并向 FAO、WHO 及这两个组织的成员国提供科学建议。CAC 根据 FAO/WHO 联合食品标准计划开展国际食品标准和准则制定工作，具体工作流程见图 3-4。

截至 2013 年，JECFA 已经对超过 1500 类食品添加剂、近 40 种污染物和天然毒物以及约 90 种兽药残留进行了有效评价。与此同时，JECFA 还进行了与目前风险评估理念相一致的食品安全评估，将毒理学分析、微生物学、生物技术、暴露评价、食品化学以及分析化学等学科最新研究技术应用于风险评估中，以期建立一个全面的安全评价中心。

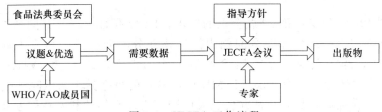

图 3-4 JECFA 工作流程

2. 主要任务

JECFA 作为一个独立的科学委员会，其主要任务是对食品添加剂、污染物、天然毒素和兽药残留进行风险评估，并向 FAO/WHO、CAC 及其成员组织提供意见。CAC 的附属机构在发展国际食品标准时对 JECFA 提出科学建议请求，JECFA 对需要进行安全性评价的物质进行毒理学评价，并根据有效的毒理学数据以及其他毒理学资料，建立食品添加剂以及兽药残留的每日允许摄入量（ADI）指导值、污染物及天然毒素可耐受摄入量（如临时最高每日可容忍摄入量或者暂定每周可容忍摄入量）指导值。对于特定的动物组织，诸如牛奶、鸡蛋等最大残留限量（MRL）的建立必须将兽药的使用考虑在内。安全性评价完成后，JECFA 将相关评价信息反馈至相应的委员会，如食品添加剂和污染物法典委员会（CCFAC）。最终由 JECFA 会议评价审议，作为 CCFAC 制定食品添加剂的使用标准、规格标准以及检验方法的重要依据。同时其评价结果也可作为世界上各国政府、研究机构和食品企业的科学依据，为各国政府和食品管理机构制定食品添加剂限量标准提供重要的参考价值。

(二) FAO/WHO农药残留联席会议 (JMPR)

1. 简介

FAO/WHO农药残留联席会议（JMPR）成立于1963年，由FAO专家组和WHO专家组组成，是受FAO/WHO联合管理的专家委员会，但独立于CAC及其附属机构。JMPR每年召开FAO专家组和WHO专家组年度会议，对具体食品或一组食品中的农药残留进行风险评估，提出最大残留限量（MRL）、每日允许摄入量（ADI）和急性参考剂量（ARfD）建议，以保证含有残留农药的食品的安全性。

2. 主要任务

JMPR的主要任务是开展农药残留评估工作，提出国际统一的与农药残留有关的建议，并提供给国际食品法典农药残留委员会（CCPR）审议。其中FAO专家组主要负责农药残留量以及分析工作的审核（如代谢数据、环境因素以及建立模式等），同时也对根据良好农业操作规范使用的农药进行最大残留限量进行评估。而WHO专家组主要负责评估农药毒理学资料，包括评估农药经口毒性、经皮毒性、吸入毒性、遗传毒性、神经毒性或致癌性等急、慢性毒理学资料，以估算农药的每日允许摄入量（ADI）和急性参考剂量（ARfD）❶。农药残留及毒理学资料评估完成后，FAO和WHO专家组通过风险评估模型和方法，确定推荐的残留限量建议值是否可信，之后将MRL建议值提交给CCPR和CAC进行审议，审议通过后确定为法典标准。迄今为止，约有230种农药已被评估。

(三) FAO/WHO微生物风险评估专家联席会议 (JEMRA)

1. 简介

为能够达到1997年CAC第22届会议的要求，FAO联合WHO共同开展了一系列专家咨询以及相关活动用以确定食品安全问题中微生物部分的问题，尤其关注微生物风险分析（MRA）。2000年，为满足对微生物风险评估工作的需要，FAO和WHO组建了FAO/WHO微生物风险评估专家联席会议（JEMRA），其目的是把微生物风险评估作为实用工具加以充分利用，旨在提高食品安全性并使发展中国家得以平等的和发达国家获得JEMRA提供的决策信息及应该采取的行动。JEMRA的主要工作包括：①建立科学的信息风险评价；②完成指南文件；③数据搜集及生成；④在风险管理模式的指导下进行风险评价；⑤信息及技术转让。

2. 风险分析

食品安全已然成为当代至关重要的问题。在许多国家，食品安全问题已占居与政治工作不相伯仲的重要地位。因此，对于食品安全的风险评估的重要性不言而喻。与过去相比，现在消费者具有较强的食品质量与安全的意识，由食源性病原菌带来的巨大风险与危机严重打击了消费者的购买信心，同时也成为阻碍食品行业发展的因素之一。加之新的生产加工、运

---

❶ 急性参考剂量（ARfD）是一个重要的毒理学阈值，主要用来评价外来化学物短时间急性暴露造成的健康损害。其定义是：食品或饮水中某种物质，其在较短时间内（通常指在一餐或一天内）被吸收后不致引起目前已知的任何可观察到的健康损害的剂量。

输、贮存模式（比如国际贸易增加了运输过程中受污染的概率）以及营销方式的出现，无形之中使得食品在食品链中的各个环节的不安全因素增加，寻找一个能够综合解决食品安全问题的新方法成了万众瞩目的焦点。然而，这种新途径在真正的实施过程中并非易事，因为它不仅对专家要求较高，同时也需要整合、齐聚不同背景不同领域的专业性人才，方能全面地完成该工作。自 1995 年，SPS 开始生效以来，风险分析的重要性日益凸显。1991 年，FAO/WHO 召集的一个关于食品标准、食品中化学物质以及食品贸易的联合会议在意大利罗马举行。会议强调了诸如 JMPR、JECFA 等科学组织基于可靠科学以及风险分析原则进行评估的重要性，同时 JMRP、JECFA 等组织表明 FAO 和 WHO 将会采取相应措施逐步提升风险分析原则的重要性。FAO 和 WHO 随后召集了一系列的专家磋商，确定了风险分析的三个组成部分：风险评估、风险管理以及风险交流。风险评估是一种系统地组织科学技术信息及其不确定度的方法，它要求对相关信息进行评价。风险管理是根据风险评估的结果对备选政策进行权衡，并且在需要时选择和实施适当的控制选择。风险评估只基于科学实验和技术，评价的结果适用于各个国家；风险管理会受到不同政治、文化、经济、地域等因素的影响，由政府制定适合各自地区相应的风险管理政策，如地方性卫生标准等。风险交流是在评估人员、风险管理人员、消费者和其他有关的团体之间就与风险有关的信息和意见进行相互交流的过程，有助于解决各方存在的意见分歧，有助于更好地理解和接受风险管理的决定。三者之间的关系见图 3-5，风险评估的主要步骤见图 3-6。

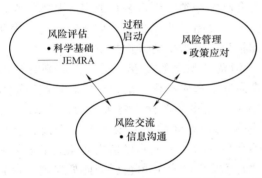

图 3-5　风险评估、风险交流以及风险管理的联系

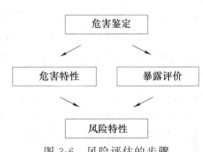

图 3-6　风险评估的步骤

3. 工作任务

JEMRA 的一个主要作用就是能够建立一个清晰的关于 MRA 方面的科学模型进而对食源性病原菌进行科学合理的风险评估。上述工作主要包括以下内容：对现有的风险进行评估；对现有的数据和风险评估方法进行审查，对比该方法的优势与劣势并确定该方法的使用范围；提供事例；对正在进行的数据和信息进行验证。JEMRA 的工作主要集中在病原体组合商品的风险评价中，这一工作主要满足以下两类主体的需求：①帮助食品卫生法典委员会为食品国际贸易建立相关标准、指南以及推荐量；②帮助 FAO 以及 WHO 的相关成员组织克服食品中微生物危害等问题并且从更高水平上达到保护消费者安全的目的。

建立指导指南：该指南汇集了全球食品、医药、生物工程等相关领域专家的智慧，主要用于帮助风险评价、风险管理人员以及其他对此感兴趣的人员了解风险评价步骤背后的原则以及科学依据。

数据的获取及生成：科学数据对于风险评价来说十分重要，但由于数据具有多变性，因此许多"有效"数据可能并不适用于风险评价。JEMRA 旨在验证能够用于 MRA 数据的形式以及特性。这样对数据来源的验证、一般信息以及数据差异包括进一步研究导向的发布将成为 JEMRA 每天必须进行的工作。人们在风险评价过程中不断积累经验,为后期风险评价数据的选择和相关指导的建立奠定了科学理论基础。

技术转让:JEMRA 的所有信息(包括信息会议、研讨会等)将会被公布在其对应的官网上,做到资源共享、信息透明。

四、食品法典的发展趋势

随着经济一体化和食品贸易全球化步伐的加快,我们每顿饭中所吃的食品来自世界各地——产自亚洲的大米、北美阿拉斯加的鲑鱼、南美的牛肉、非洲的蔬菜和水果……食品法典通过制定内容广泛的规定和守则,为确保消费者的健康编织起了一张安全网络。

20 世纪 60 年代初,各国在控制食品质量和安全的立法方面一直存在着很大的差异,许多法律在制定时往往缺乏健全的科学基础,也忽视了基本的营养原则,而由此产生的混乱、变数、不严谨和不一致在世界各国之间形成了巨大的贸易壁垒。为减少这些障碍、将科学引入保护消费者的服务,并且为世界的食品供应打造一个安全网,食品法典进入了人们的视线。在过去的几十年中,食品法典委员会制定了一系列内容广泛的标准——从加工、半加工食品到原料、香料和干果,从新鲜的牛奶和肉类到特殊膳食用品,总共制定了 200 多项食品标准和 100 多项有关食品生产和加工实践的指南及守则。此外,食品法典委员会还对那些"看不见"的危害进行了讨论,为食品添加剂、污染物、农药和兽药残留的最大残留水平制定了数以千计的标准。食品法典标准如今已成为食品安全领域无可替代的国际基本标准,它们是国际公认的涉及食物链所有环节最有效的标准。食品法典能帮助人们改善获得健康和营养食物的途径,并制定标准,为直接依赖农业和粮食系统为生的人们提供指导。

然而,随着食品相关领域科学技术的发展、消费者观念的改变、食品控制新方法的出现、政府观念的改变、食品工业职责的变化和食品安全和质量概念的改变等,这些新形势将对国际食品安全提出新的挑战。可以预见,会有越来越多的新标准将被制定。CAC 需要跟上当前运输、通信和科技高速发展的步伐,这种发展趋势会对食品安全产生直接和重大影响。另一个值得注意的问题是食品法典虽然已为食品链的各个不同级别之间建立了至关重要的联系,但其自身在很大程度上仍然扮演一个"看不见"的幕后角色。因此如何确保食品法典得到食品行业之外的消费者接受和认可也是一个有待解决的问题。此外,食品法典在日后的编撰中将更加关注食品安全领域的问题,因为人类的食物链日益复杂,一旦爆发食品安全问题,规模甚大,甚至波及面会延伸到其他国家和地区,这也是全球共同关注的一个热点问题。

最后,传统的委员会结构正在发生重大变化,发展中国家作为规范委员会和工作组的东道国将更多地参与到食品法典委员会的工作中去,这是一个令人振奋的趋势。

五、中国在 CAC 的工作开展状况

中华人民共和国于 1984 年正式成为 CAC 成员国,1986 年成立了中国食品法典委员会。中国法典委员会的联络点设在农业部,负责联系 CAC 总部和我国的各项活动,接收来自罗马 CAC 总部的信息,并搜集反馈意见给 CAC 总部。1994 年中国成立了 CAC 协调小组,由卫生部、国家质量技术监督局、国家出入境检验检疫局、外经贸部、国家石油和化学工业局、国家轻工局、国家内贸局、国家粮食储备局及全国供销总社组成。2012 年国家食品安全风险评估中心成立,取代了卫生部成为中国食品法典委员会秘书处,负责中国食品法典国内协调。秘书处的工作职责主要包括:组织参与国际食品法典委员会及下属分委员会开展的各项食品法典活动、组织审议国际食品法典标准草案及其他会议议题、承办委员会工作会

议、食品法典的信息交流等。

自中国加入CAC后,参与会议及其他相关的活动主要经历了三个阶段。第一阶段为加入CAC初期(1984~1988年),主要是了解CAC组织情况,参加会议并研究CAC提出的有关问题,提交我国关于法典草案的审议意见;第二个阶段为一般性的参与(1989~1998年),了解并参与标准的制定,召开了HACCP、危险性等级分析和GMP等各类研讨会,并通过国内协调小组开展与CAC的联系、协调工作,筹办了第9届亚洲协调委员会(CCASIA)(1994)和第32届食品添加剂和污染物会议(CCFAC)(2000),多次组团,代表中国政府参加了CAC大会和各类法典会议,加强了与FAO、WHO以及其他成员国的联系;第三个阶段为积极参与(1999年至今),我国CAC协调小组和成员单位纷纷在各自领域内加强了食品法典工作,如组建了法典专家组、研究国际食品法典标准并组织制定标准、召开HACCP等专业研讨会,加强了与FAO、WHO及其成员国的联系。

尤其是近10年,中国参与CAC工作的广度和深度都达到历史新高。2006年7月,我国在瑞士日内瓦举行的第29届CAC大会上主动申请作为农药残留委员会和食品添加剂委员会主席国并获得批准,成为这两个委员会新任主席国,自此,我国食品法典工作增加了组织这两个法典委员会的各项会议等活动。

1. **农药残留法典委员会**

自2007年起,我国已经成功举办了9届农药残留法典委员会会议。2015年4月13日,国际食品法典农药残留委员会(CCPR)第47届年会在北京隆重开幕。会议共设13项议题,审议了食品和饲料中500余项最大残留限量标准,讨论了特色作物中农药最大残留限量制定指南,修订了食品和动物饲料分类,制定了农药优先评估列表。来自55个国家和地区,10个国际组织、政府间组织、国际非政府组织等的282名代表参加会议。

我国自担任CCPR的主持国以来,密切关注CAC农药残留的进展,利用大会交流的机会维护我国农产品贸易利益,取得了显著的成效。在CCPR第39、40届大会上,我国代表团对取消茶叶中硫丹残留限量、谷物中三唑磷残留限量的提议提出反对意见,要求将法典限量再保持4年时间,得到大会主席的支持并成为大会决定,这样每年可避免我国茶叶出口和国内三唑磷生产企业的巨额损失。第41届CCPR会议中,我国重点关注了水稻中的乙酰甲胺磷、茶叶中氯氰菊酯和持久性有机污染物(POPs)。经过我国代表团的努力将乙酰甲胺磷列入FAO/WHO农药残留联席会议(JMPR)优先评估名单,为下一步CAC制定水稻中乙酰甲胺磷的限量标准奠定了基础。同时将茶叶中氯氰菊酯的残留限量标准保留4年,对我国扩大茶叶出口、维护贸易利益具有重要意义。将持久性有机污染物(POPs)《斯德哥尔摩公约》中农药的再残留限量保留在CAC农药残留限量标准体系中,为我国部分农产品出口赢得了时间。

2. **食品添加剂法典委员会**

自2007年起,我国已经成功举办了9届食品添加剂法典委员会会议,2015年3月23日,第47届食品添加剂法典委员会会议在陕西省西安市召开。国际食品添加剂法典委员会主席陈君石院士主持会议。本次会议重点讨论食品添加剂法典通用标准(GSFA)、食品添加剂编码系统(INS)、食品添加剂质量规格标准、次级食品添加剂等议题。来自51个成员国和1个成员组织(欧盟)及31个国际组织的260余名代表参加了会议。

我国自担任CCFA的主持国以来,对食品添加剂领域法典标准的发展做出了显著贡献。CCFA在2007年之前制定的4条法典标准(除辐照食品法典标准)均在2012年后做了修正或修订;此外,中国推动了《食品添加剂质量规格名单》(CAC/MISC6—2015)、《香料使用准则》（CAC/GL66—2008）及《用作加工助剂物质的准则》（CAC/GL75—2010）3条法典标准的制定和实施。同时，中国也在建设食品工业用加工助剂数据库，逐渐完善食品添加剂相关工作的各项内容。随着科技的飞速发展，食品添加剂的种类和数量也在逐渐增多，中国作为主持国制定和修订食品添加剂的法典标准，与时俱进，保障了消费者健康，促进了国际食品贸易的公平。

2011年，我国成为代表亚洲区域的执行委员会成员，2013年连任，任期至2015年。这标志着发展中国家在国际性食品安全标准制定和建设中发挥了越来越大的作用，同时也推动了我国食品质量与安全法律法规的建设。2011年中国牵头《预防和降低大米中砷污染操作规范》的制定，得到了法典成员的普遍关注和广泛参与，该项标准将作为国际食品法典控制食品污染物的重要规范之一。自2012年起，中国作为执行委员会成员，代表亚洲参与了2014～2019年国际食品法典战略规划，在促进发展中国家参与法典工作、提高法典标准的科学水平等方面提出了很多意见和建议。2014年6月4日，国家卫生计生委办公厅以国卫办食品函〔2014〕489号印发《中国食品法典委员会工作规则》（简称《规划》）。颁布此《规则》的目的为进一步完善参与国际食品法典委员会工作的程序、规则、工作分工和保障措施，规范中国食品法典委员会的工作。

---- 本章案例 ----

茶叶出口历受欧盟设置技术壁垒的阻碍

2000年7月欧盟实施茶叶最大限量标准中受检农药品种多达60余种，其中有10种是对我国茶叶必检的，且有的残留限量为过去标准的1%，导致我国茶叶出口量连续大幅度下降，至2002年降幅达60%之多。2003年4月欧盟又发布了"茶叶农残——实施新规则（ETC18/03）"，最大残留限量标准156项，常见必检的农药残留49种。为此，近几年来，我国对茶叶品质、卫生质量标准和相应的检测分析方法进行了大量研究，制定了《无公害食品茶叶》标准，其水平接近FAO、日本和欧盟标准，A级绿色食品茶叶的标准已高于国际和欧盟标准，AA级绿色食品茶叶和有机茶叶的农药残留限量标准均为LOD级（即为仪器对农药的检测极限）。

农药残留限量问题已成为近年来各国关注的焦点，也是CAC历次大会的讨论重点。目前，食品法典农药残留限量标准涉及188种农药在333种食品上的4106项农药残留限量标准值，标准数量比去年增加286项。在2013年第45届CCPR大会上，审议通过了37种农药在168种（类）食品（包括农产品及加工食品、动物产品及加工食品、动物饲料）上的555项农药残留限量标准值，其中新增397项，废除147项，终止制修订12项。

我国自2006年担任CCPR主席国以来，一直密切关注CAC农药残留的进展，利用大会交流的机会维护我国农产品贸易利益，并取得了显著的成效。在CCPR第39、40届大会上，我国代表团对取消茶叶中硫丹残留限量、谷物中三唑磷残留限量的提议在提出了保留限量科学数据依据的基础上提出反对意见，要求将法典限量再保持4年时间，得到大会主席的支持并成为大会决定，这样每年可避免我国茶叶出口和国内三唑磷生产企业的巨额损失。在第41届CCPR会议中，重点关注了水稻中的乙酰甲胺磷、茶叶中的氯氰菊酯和持久性有机污染物（POPs）。经过我国代表团的努力，将乙酰甲胺磷列入FAO/WHO农药残留联席会议（JMPR）优先评估名单，为下一步CAC制定水稻中乙酰甲胺磷的限量标准奠定了基础。将茶叶中的氯氰菊酯的残留限量标准保留4年，对扩大我国的茶叶出口、维护贸易利益具有重要意义。将持久性有机污染物（POPs）《斯德哥尔摩公约》中农药的再残留限量保留在CAC农药残留限量标准体系中，为我国部分农产品出口赢得了时间。

思考：

我国加入 CAC 后我国食品安全标准的发展进程有什么优势？

结合案例和你所知道的知识，试分析解决我国出口食品质量安全问题的途径有哪些？

讨论题

1. WHO 中有关食品安全职能框架规划的主要依据是什么？
2. FAO 的主要工作目标及职能是什么？
3. 试简述 WHO、FAO 与 CAC 之间的关系。
4. 食品法典的一般原则有哪些？
5. 食品法典标准制定程序包括哪几个阶段？法典制修订工作的步骤有哪些？
6. 食品法典的主要科学基础是什么？它们对食品法典科学地位的奠定分别起了什么作用？

第四章 国际标准化组织

第一节 组 织 简 介

国际标准化组织（International Organization for Standardization）简称 ISO，是世界上最大的非政府性标准化专门机构，亦是全球最大的国际标准制定和发行机构。ISO 的前身是国家标准化协会国际联合会（International Federation of the National Standardizing Associations，ISA）和联合国标准协调委员会（United Nations Standards Coordinating Committee，UNSCC）。

二战结束后，国际上迫切需要一个崭新的战后统一国际化标准组织。1946 年 10 月 14 日，25 个国家标准化机构的代表齐聚伦敦，参加了国际标准化未来发展趋势研讨会，决定成立新的国际标准化机构，并定名为 ISO。大会上还确立了瑞士日内瓦作为 ISO 的总部，起草了 ISO 的第一个章程和议事规则，并认可通过了该章程草案。1947 年 2 月 23 日，国际标准化组织正式成立。

一、发展历史、宗旨、目标和出版物

ISO 一词源于希腊语"isos"，意为"平等""相等"。由相等推及至标准，ISO 的含义与标准化组织形成的目的有异曲同工之妙。自 ISO 成立之后，机构的内部建设和标准制定迅速发展起来。1951 年，ISO 出版了 ISO/R 1：1951 工业长度测量用标准参考温度，这标志着 ISO 的第一个标准诞生。在此之后的 60 多年里，ISO 先后发表超过 20000 个标准，标准覆盖面涉及人类生产生活的各个环节。1960 年，ISO 对 SI 国际单位制进行标准化，至此世界各国在工业工程上使用的物理量单位得到了统一和规范。ISO 的主要成员国是发展中国家，为了更好地推动发展中国家标准化发展进程，ISO 于 1961 成立了发展中国家事务委员会（DEVCO），主要负责研究发展中国家对标准化要求的需求，加强与发展中国家的联系并协助其开展标准化研究活动。

随着标准化进程的加速发展，技术民族化趋势逐渐被削弱，而国际标准化日益凸显。特别是进入 20 世纪 70 年代，随着中国、澳大利亚、日本等国家开始积极投身于 ISO 的各项工作，ISO 的国际影响力进一步扩大，逐渐成为一个"名副其实"的国际化组织。1987 年，ISO 颁布了第一个质量管理标准 ISO 9000，如今 ISO 9000 系列中的部分标准依然是最负盛名和最完善的标准。此后，ISO 又相继颁布了 ISO 14000、ISO 22000 和 ISO 26000 等，促使 ISO 在环境管理、食品安全、社会责任等方面规范了企业行为，使其朝着以人为本、社

会和谐的方向前进。截至 2019 年 4 月，ISO 发布的标准超过 20000 个，其标准覆盖面涉及工业发展的各行各业。

ISO 是一个由国家标准化机构组成的世界范围的非政府性的联合会，根据其章程的规定，成员分为正式成员、通讯成员和注册成员。ISO 成立时只有 25 个成员团体，而截至 2013 年 5 月已发展到 163 个成员国，中国既是发起国又是首批成员国，由国家质量监督检验检疫总局负责参加 ISO 的各项活动。

ISO 的宗旨是促进世界范围内标准化工作的发展，以利于国际物资交流和互助，并扩大科学、技术文化和经济方面的工作。ISO 的主要任务是制定、发表和推广国际标准，协调世界范围内的标准化工作，组织各成员国和技术委员会进行信息交流，与其他国际性组织合作研究有关标准化问题。

ISO 的工作涉及除电工标准以外的各个技术领域的标准化活动，此外，它还负责协调世界范围内的标准化工作，组织各成员国和技术委员会进行情报交流，并和其他国际性组织如世界贸易组织和联合国等保持联系和合作，共同研究有关标准化的问题。

ISO 的出版物有：《ISO 国际标准》《ISO 技术报告》《ISO 标准目录》《ISO 通报》《ISO 年刊》《ISO 联络机构》《国际标准关键词索引》。

ISO 的标准文件包括了标准、公用规范、技术规范等。为适应经济、技术的高速发展，ISO 标准文件形成了一个家族。内容如表 4-1 所示。

表 4-1 ISO 标准文件❶

标准文件类型	说　　明
ISO 标准	由 ISO 中央秘书处出版，是 ISO 中最具权威的标准文件
ISO 公用规范（PAS）	在工作组内达成一致的标准文件，具有与 ISO 标准等同的权威性
ISO 技术规范（TS）	在 ISO 技术委员会内达成的标准文件，6 年后或转为国际标准或作废
ISO 技术报告（TR）	提供通常与标准文件类型不同的信息
行业技术协议（ITA）	由 ISO 指定成员制定，弥补尚无技术机构或专家领域的标准化空缺
国际专题讨论会协议（IWA）	由指定的 ISO 成员团体管理支持的专题讨论会制定的技术文件
指南（GUIDE）	提供与目标标准化相关的非标准性问题的导向或建议
技术倾向评定（TTA）	提供新兴领域发展动向

二、组织结构

ISO 的组织机构包括全体大会、理事会、中央秘书处、技术管理局（委员会）、政策发展委员会、常务委员会等，如图 4-1 所示。

全体大会是 ISO 的最高权力机构，每年 9 月召开一次会议。列席会议的有各成员国代表和 ISO 的高级官员，商讨年度报告中涉及的项目活动情况、ISO 战略计划和财政情况等。理事会是 ISO 常务领导机构，负责 ISO 的日常运行，决定中央秘书处每年的预算。理事会下设政策委员会（PDC）、常务委员会、技术管理局（TMB）、特别咨询组以及其他若干专门委员会。中央秘书处负责 ISO 日常行政事务，包括 ISO 技术工作的计划、协调，对各技术组织的工作进行指导，编辑出版 ISO 标准文件及各种出版物，并代表 ISO 与其他国际机构和组织联系。

TMB 是 ISO 最核心的部门。TMB 的下属机构有标准样品委员会（REMCO）、技术咨询组（TAG）和技术委员会（TC）。REMCO 负责研究国际标准中采用标准样品事宜，TAG 主要针对国际标准、技术规定、技术规范和技术报告中的不足向 TMB 提出建议，但

---

❶ 具体见：http://www.iso.org/iso/home/about.htm。

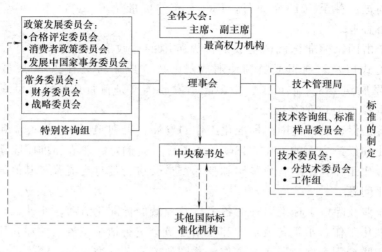

图 4-1 ISO 组织机构

不参与标准的起草和制定。ISO 按专业性质设立技术委员会（TC），各技术委员会根据工作需要可设立若干分技术委员会（SC）和工作小组（WG），WG 由世界范围内某一领域的专家学者组成，共同商讨某一标准的制修订工作。

ISO 的组织构架合理，各机构分工明确又相互关联，并且注重与其他国际组织的沟通协作，这也为 ISO 的发展与壮大奠定了坚实的基础。

三、采用国际标准的好处

国际标准化有利于统一产品技术规格、提高各国工业生产效率、打破国际贸易壁垒等。另外，国际标准化已作为产品优质、安全、健康的标签，使得世界各国的消费者在国际标准的保障下提高对所购买产品的信任度。以下就企业、社会和政府三个层面介绍采用国际标准的益处。

1. 对企业

对各国企业或组织来说，国际化标准是提高产品质量的战略工具和向导，ISO 为现代企业解决了众多企业内急需解决的问题，确保企业高效运行，提高产品生产率，开拓新市场等。其主要的优势有：

① 节约成本：采用国际标准有助于优化产业运行机制，提高企业劳动生产率，降低企业成本。

② 提高客户满意度：采用国际标准有助于提高产品质量，从而提高客户满意度，增加企业收益。

③ 开拓新市场：采用国际标准有助于消除贸易壁垒，打开国际市场，为产品在世界顺利流通创造优良条件。

④ 增加市场份额：采用国际标准有助于提高产品生产率和市场竞争优势。

⑤ 环境友好：采用国际标准有助于降低生产过程中对环境的负面影响，降低能耗，达到环境友好型企业目标。

2. 对社会

为确保 ISO 国际标准的惠及面尽可能广阔，ISO 成立了消费者政策委员会（COPOLCO），以调动消费者参与制定标准的积极性。迄今为止，ISO 出版的标准已覆盖了我们生产生活的各个方面。采用国际标准的产品是安全、可靠、品质优良的,增强了消费者对产品的购买和使用信心。例如,ISO 体系中包括的道路安全标准、玩具安全标准和安全医疗包装标准等,使得我们生存的这个世界更加安全。再比如,ISO 对空气、水、土壤质量、气体和辐射排放量等都做出了相应的标准,不仅规范了企业的生产操作,而且对保护环境和公众健康亦起到了关键作用。

3. 对政府

ISO 标准是在借鉴国际专业知识和经验的基础上制定的,是世界各国专家智慧的结晶,因此各国政府可将 ISO 标准纳入政府监管的法律法规中,一为政府监管提供科学理论依据,二为政府打开国际市场,消除贸易壁垒,促进国与国之间商品、服务和技术的流通。

四、中国与 ISO 及其标准

中国是 ISO 的 25 个始创成员国之一,也是最初的 5 个常任理事国之一。1978 年 9 月中国重新以中国标准化协会名义加入 ISO。1985 年由中国国家标准局取代中国标准化协会参加 ISO 工作,1989 年又变更为中国国家技术监督局参加。2001 年机构改革至今,以国家标准化管理委员会的名义参加 ISO 的相关工作。

进入 21 世纪,中国加入世贸组织,这在给中国创造更多机遇的同时,也使中国面临了诸多挑战,如国内民族企业面临更加激烈的市场竞争、中国经济发展受世界经济影响的不确定性增加、各国为保证进口产品的安全所设置的贸易壁垒依然存在等。中国在面对诸多挑战时积极应对,以期通过在国际标准化工作中发挥积极作用,在促进 ISO 发展的同时也为中国应对经济全球化的挑战提供解决思路。

2005 年 12 月,应中国国家标准化管理委员会的邀请,ISO 秘书长阿兰·布莱登一行访问中国,并开展了一系列有关国家标准委与 ISO 发展的活动。此次会晤是 ISO 高层领导人第一次与我国标准化机构的正式会晤,说明我国在国际标准化活动中的参与工作卓有成效并已引起 ISO 的高度关注。2008 年 10 月 16 日,第 31 届国际标准化组织(ISO)全体大会做出了一项重要改革,即吸收中国正式成为 ISO 常任理事国,这极大地提高了我国在 ISO 核心决策层的影响力和话语权,也是我国自 1978 年加入 ISO 以来首次进入 ISO 高层的常任席位。

加入 ISO 后,我国主要承担了 ISO 各技术委员会(TC)、分委员会(SC)主席和秘书处、工作组(WG)的召集人及中高级管理机构成员等角色,为更好地履行中国在 ISO 常任理事国的职责,我国成立了 ISO 常任理事国中国工作委员会,负责上述相关事宜。迄今为止,中国已参与 715 个技术委员会标准的制定与审核工作,40 个分技术委员秘书处设在中国,此外,中国作为 P 成员积极参与 CASCO、COPOLCO 和 DEVCO 的相关工作。2011 年 8 月 31 日,ISO 公布了新一届技术管理局成员结果,我国成功连任 TMB 成员,这不仅是对我国在以往 ISO 工作中的肯定,更巩固了中国在 ISO 的常任理事国地位。2013 年,张晓刚当选 ISO 主席,这是 ISO 自 1947 年成立以来,中国首次担任 ISO 这一国际组织的最高领导职务,这是我国标准化事业发展具有里程碑意义的一次重要突破。

由于各国国情的差异,我国采用国际标准也有自身的原则,主要有四项原则:①密切结合我国国情,有利于促进生产力发展;②有利于完善我国标准体系,促进我国标准水平的不断提高,努力达到和超过世界先进水平;③要合理安排采用的顺序,注意国际上的通行需要,还要考虑综合标准化的要求;④采用国外先进标准要根据标准的内容区别对待。

第二节　ISO 标准的制定

推行国际标准认证是加入世贸组织后新形势的需要，认证的实施有助于国际贸易原则的统一协调，是国际市场的必备条件之一。不采用的国家与组织将由此受到消极影响，被排斥在国际贸易市场之外，因此应加快国际标准向国家标准、行业标准的转换工作，减少或消除新的贸易技术壁垒。国际标准在各行各业都得到了重视，掌握技术标准成了组织发展的核心要素之一。

一个 ISO 标准需要 ISO 所有的成员达成共识才可以被发布作为标准，其使用范围可以是仅仅针对成员国，也可以是包含合作国等。然而 ISO 标准是由谁制定？怎样制定？制定的标准是什么？

一、技术委员会和分技术委员会的工作

ISO 标准是由技术委员会（TC）和分技术委员会（SC）制定，技术委员会是由工业相关人士、无政府人士、政府相关人员和其他利益相关者组成的。技术委员会根据不同的专业领域划分，每一个技术委员会都会负责不同的项目。目前，ISO 共有近 250 个技术委员会，2200 多个分技术委员会。总的来说，技术委员会的职责是根据自己负责的特定专业领域，从事国家标准的起草和技术审查等标准化工作。技术委员会是一个非法人的技术组织，秉承科学合理、公开公正、规范透明、独立自主的宗旨开展工作。

在标准建立时，一旦确定新标准有建立的必要性，技术委员会就开始协商、制定标准草案，ISO 成员通过投票、评论的方式确定草案是否可公布成为标准。如果通过则成为定稿，如果不被认可则追溯到委员会进一步编辑。

技术委员会的具体工作职责如下：

① 分析相关的专业领域的标准化需求，研究提出本专业领域的国家标准发展规划、标准体系、国家标准制修订计划项目和组建分技术委员会的建议。

② 按国家标准制修订计划组织并负责本专业领域国家标准的起草和技术审查工作。

③ 对所组织起草和审查的国家标准的技术内容和质量负责。

④ 负责本专业领域国家标准的复审工作，提出国家标准继续有效、修订或者废止的建议。

⑤ 参与强制性国家标准的对外通报、咨询和国外技术法规的跟踪及评议工作。

⑥ 受国家标准委的委托，负责国家标准起草人员的培训，开展本专业领域内国家标准的宣讲、解释工作。

⑦ 对本专业领域国家标准的实施情况进行调查研究，对存在的问题及时向国家标准委提出处理意见，并向国务院有关行政主管部门、具有行业管理职能的行业协会、集团公司及时通报有关情况。

⑧ 根据国家标准委的有关规定，承担本专业领域的国际标准化工作。

⑨ 建立和管理国家标准立项、起草、征求意见、技术审查、报批等相关工作档案。

⑩ 每年至少召开一次全体委员会工作会议。及时向国家标准委、国务院有关行政主管部门、具有行业管理职能的行业协会、集团公司报告工作，每年 1 月 15 日前应当报上年度工作报告和《全国专业标准化技术委员会 20××年度工作报表》。由省、自治区、直辖市人民政府标准化行政主管部门协助管理的技术委员会应当同时向省、自治区、直辖市人民政府标准化行政主管部门报送年度工作报告。

⑪ 负责管理分技术委员会，国家标准委另有规定的，按国家标准委有关规定执行。

⑫ 承担国家标准委、国务院有关行政主管部门、具有行业管理职能的行业协会、集团公司以及省、自治区、直辖市人民政府标准化行政主管部门委托的其他工作。

分技术委员会（SC）作为技术委员会（TC）的一个分支，其按照技术委员会的工作内容执行自己的职责，协助技术委员会完成制定标准的任务。

二、ISO 标准的制定程序

国际标准化的工作是一个严格的程序，在其制定的过程中需要非常谨慎，且需要尽量满足所有成员国的要求，所以在制定的过程中需要严格按照一定的程序进行，在建立国际标准的过程中主要需要注意以下六个主要阶段：

1. 提议阶段

制定标准首先需要确定制定新国际标准的必要性，一个新工作项目的提案（NP）提出后先由相关的 TC 或 SC 的成员通过投票表决提案是否通过，是否需要针对此方向制定相关的标准。

当有大部分的 TC 或 SC 中的 P 成员投票赞同，或者有至少 5 名 P 成员承诺参加这项工程则此提案被通过。一般在此阶段，项目负责人也需确定。

2. 准备阶段

在这一过程中，项目的负责人和 P 成员指定的专家一起准备工作草案（WD）当草案中所采用的技术被所有专家认同，则此草案可认定为成熟草案。而后将草案交给合作的工作小组讨论，再进一步修改为最终的草案。

3. 征求意见阶段（委员会阶段）

当第一委员会的草案被确定，ISO 的秘书处就会将其注册，然后将其分发给各成员国，如果有需要则由 TC 或 SC 的 P 成员投票通过。委员会的提案需要由成员国对技术含量方面的内容达成共识。一旦达成共识，草案就初步完成，文献将被视为草案国际标准（DIS）。

4. 询问阶段

DIS 文件将会由 ISO 的秘书处发送给所有 ISO 的成员，以方便成员国投票，此过程为三个月。如果有三分之二的主要 TC 或 SC 的 P 成员国赞同，且不超过四分之一的成员反对，则 DIS 文件将被确定为最终草案国际标准（FDIS）。如果没有达到通过的条件，文章则需要返回到最初的 TC 或者 SC 进行进一步的研究，制定出一份新的草案后再进行投票提意见，直至达成共识。

5. 批准阶段

FDIS 由秘书处发送给所有 ISO 成员，成员国需要给出一个肯定或否定的意见，这个过程为两个月，但此过程中已不再接受编辑性或者技术性的修改意见。此投票结果将确定该草案是否可以作为国际标准出版。如果有三分之二的 TC 或 SC 的 P 成员国赞同，且不超过四分之一的成员反对，则此草案被通过。如果草案无法通过则再返回到最初的 TC 或 SC 处对技术方面进行重新考虑，以达到反对成员的要求。（如果 DIS 被认可，委员会的负责人可以选择跳过询问阶段，直接进入出版的过程。且在"快速程序❶"中，准备阶段和委员会阶段

---

❶ 当一项标准建立项目在一开始建立的时候就有比较成熟的理论，比如有其他组织开发的标准作支撑，则在标准的制定过程中可以省去某些阶段，这种 ISO 标准制定的过程则被称为"快速程序"。所谓快速程序，就是草案直接以 DIS 的形式呈现给成员国（第四阶段），或者草案被一个由 ISO 委员会认可的国际标准化机构认可，则可以作为 FDIS 呈现给成员国（第五阶段）。

可以省去）

6. 发表阶段

一旦 FDIS 被认可，最终的文献中只可以更改一些必要的细小的编辑性错误。最终的文献发给 ISO 秘书处，由其进行标准的印刷和分布。

当一个 ISO 标准被制定出台后，其需要被所有的成员国考察至少五年，最后由绝大多数的 TC 或者 SC 的 P 成员决定 ISO 标准是被认同、修正还是撤回。

具体程序如图 4-2 所示。

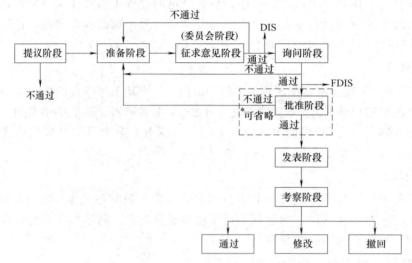

图 4-2 ISO 标准制定程序

三、ISO 标准的制定原则

由于 ISO 标准是国际间的一项标准，需要考虑到各国国情不同，所以难度比制定国家标准更大，对于 ISO 标准的制定需要更谨慎。因此 ISO 标准在制定的过程中必须依照一定的原则才便于有序地进行。ISO 标准制定的最基本的四大原则如下：

1. 响应市场要求

ISO 并没有确定多长周期内需要建立一个新标准，但是 ISO 会根据工业或者其他利益相关者如消费群体的需求做出响应。比如一些工业部门或者群体可以向国内 ISO 成员提出对某一方面标准的需求，这些需求被反馈到 ISO 处，ISO 会组织专家对提出的需求进行评估，看是否有必要建立相关标准，并选择最合适的技术解决提出的需求。

2. 根据全球专家的意见制定标准

ISO 标准是由来自世界各国的科学家们组成的团队（TC）制定的，所以最后的结论具有权威性，而且还结合了各国的实情，能更全面、贴切地建立适合各国国情的标准。而且科学家们制定的标准的内容也很全面，其中包含了许多方面，包括适用范围、关键定义、目录等，尽可能地减少了标准在使用过程中的争议。

3. 多方利益相关者参与制定

ISO 标准是由 TC 制定的，且每种标准都是由 TC 中相关专家制定的。虽然专家们的知识相同，但是他们的知识背景各不相同，代表的利益方也各不相同，比如有消费者协会的、有学术界的、有非政府人员、也有政府人员等，所以所有专家的意见综合后，对结果的认定较为合理公正，对各利益方都比较公平。

4. 基于舆论导向进行制定

ISO 标准的制定关注了所有利益相关者的意见与论点，最后的草案通过也需要所有成员国的参与，所有人都有对标准的制定提出意见的权利，而标准的制定者也必须针对提出的意见对标准进行相应的修改。所以舆论也是 ISO 标准制定的一个重要导向。

除了以上四项基本的原则外，ISO 标准在制定过程中还需要根据具体的工业方向制定相关的原则。ISO 标准的制定也需要根据实际需要进行合适的调整。

第三节 与食品安全紧密相关的 ISO 标准

俗话说得好"民以食为天，食以安为先"，食品安全不仅关系到广大人民的生命健康，还关系到国民经济的发展和社会稳定。近年来，食品行业面临着各种挑战，不断爆发的食品安全问题给食品行业的发展蒙上了阴影。如比利时"二噁英"、日本"雪印"牛奶污染事件、英国"疯牛病"等，而我国也在三聚氰胺事件之后更加重视食品安全问题。

通过对食品安全问题的分析，不难发现，许多问题都是由于企业自身的管理不当而引起的，如何操作、如何监管没有一个明确的方向。而 ISO 系列标准体系则是由 ISO 在总结过去质量检验和对质量管理结果统计的基础上，制定的一系列质量保证模式。标准作为规范组织企业的公知技术，对重复性事物和概念能够起到统一的作用，是规范和推动食品工业发展的重要技术基础。

ISO 系列标准自从颁布以来，在全世界一百多个国家、地区或集团和无数企业中推行，成了许多国家的标准和许多行业的标准，包括在食品行业。

了解 ISO 系列标准，以此为指导原则进行食品行业的质量管理，推行 ISO 系列标准的认证，以使得自身获得进入国际市场的通行证是形势所趋。本章节即将介绍与食品行业密切相关的三个标准，即 ISO 9000、ISO 14000、ISO 22000，这三者分别在食品生产的质量、环境、安全方面进行了管理与指导，为食品生产过程提供了合理的指导。通过对这三个标准的介绍，旨在让读者在学习过程中对 ISO 标准体系有一个系统的了解，也为食品生产企业食品质量安全体系的建设提供一定的参考。

一、ISO 9000 质量管理体系系列标准

随着世界经济一体化的快速发展，全球贸易的竞争也逐渐加剧，消费者对质量的要求也越来越严格，特别是这些年消费者越来越注重饮食健康，对于食品质量的要求也越来越高。组织的管理者也早就敏感地嗅到顾客的需求，期望通过高质量的产品和贴心的服务来拉近与顾客的距离。在利益与市场的驱动下，组织者需要建立一个健全的质量管理体系，使得利益最大化，因此各国为了适应经济发展的需求，各自制定了质量管理制度。然而由于各国采用的质量术语和概念不同，更存在着国情的差异，导致各国制定的制度很难在国际间得到认可，在一定程度上影响了国际贸易。针对这一状况，ISO 指定 ISO/TC176（ISO 质量管理和质量保证技术委员会）花费近十年的时间，对各国质量管理理论的精华进行总结、概括，于 1987 年 3 月发布了 ISO 9000 质量管理和质量保证标准体系。

ISO 9000 即产品质量认证，是商品经济发展的产物，随着商品经济的不断扩大和日益国际化，为提高产品信誉，减少重复检验，削弱和消除贸易技术壁垒，维护生产者、经销

者、用户和消费者各方权益做出了巨大贡献。ISO 9000 的出现产生了第三方认证，这种认证不受产销双方经济利益支配，以公正、科学的工作逐步树立了权威和信誉，现已成为各国对产品和企业进行质量评价和监督的通行做法。

ISO 9000 质量管理体系自诞生以来，每 5~8 年对其适用性和适宜性进行一次评审，经过不断地改进和完善，到目前为止已有五个版本，即 1987 版、1994 版、2000 版、2008 版和 2015 版。在二十几年的发展中，ISO 9000 国际管理标准和指导方针赢得了全球的认同，为建立高效的质量管理系统奠定了基础。

（一）系列组成

ISO 9000 族标准是一个质量管理标准，其制定的目的在于指导各类企业在质量管理方面采用正确的管理手段，以满足在全球范围内顾客对产品质量的要求。ISO 9000 的总体结构如表 4-2 所示。

表 4-2　截至 2018 年 ISO 9000 系列标准总体结构❶

核心标准	其他标准	技术规范	小册子
ISO 9000:2015 ISO 9001:2015 ISO 9004:2018 ISO 19011:2018	ISO 10002:2018 ISO 10019:2005	ISO 10005:2018 ISO 10006:2017 ISO 10007:2017 ISO 10013:2001 ISO 10014:2006 ISO 10017:2003 ISO 10018:2012	《质量管理原则》 《选择和使用指南》 《小型企业的应用》

ISO 9001 标准为 ISO 9000 核心标准的主体标准。

对于一个企业，其可能会在存在合同或者没有合同的体系环境中，由此 ISO 9000 系列标准提出了两类质量体系标准——ISO 9004，对所有组织的质量管理提供指南；ISO 9001 族标准用于合同环境下的外部质量保证。但 ISO 9004 不能作为认证的依据，其只是为准备建立和实施质量体系的企业提供指南，为企业持续改进质量体系提供指南。

ISO 9000 作为一个指导性的标准，对 ISO 9001 和 ISO 9004 标准的应用，质量保证模式标准的选择，选择程序、文件、合同等基本名词和内容做了阐述。

目前最新的 2015 版 ISO 9000 是 ISO 9000 族国际标准的基础标准，该标准描述了质量体系的基本原理，并且规定了质量管理体系中的基本术语。

（二）ISO 9000 简介

在现代企业的管理中，ISO 9001 质量管理体系是企业普遍采用的管理体系，作为 ISO 9000 族标准的核心标准，其主要内容如表 4-3 所示。

---

❶ 4 个核心标准如下：

ISO 9000：2015《质量管理体系——基础和术语》，表述质量管理体系基础知识，并规定质量管理体系术语。

ISO 9001：2015《质量管理体系——要求》，规定质量管理体系要求，用于证实组织具有稳定提供满足顾客要求和适用法规要求的产品和服务的能力，目的在于增强顾客满意度。

ISO 9004：2018《质量管理体系方法——实现高效管理》，提供考虑质量管理体系的有效性和效率两方面的指南。该标准的目的是促进组织业绩改进和使顾客及其他相关方满意。

ISO 19011：2018《质量管理体系——内部和外部管理体系审核指南》，将质量管理体系审核和环境管理体系审核相结合，是所有管理体系的审核指导性标准。ISO 19011 标准为审核指南。该标准为实行客观的评价，以确定满足审核准则程度所进行的系统的、独立的并形成文件的过程。

具体见：http://www.iso.org/iso/home/standards/management-standards/iso_9000.htm。

表 4-3　ISO 9001 标准内容

序号	内容	序号	内容
1	范围	8.2.1	顾客沟通
2	规范性引用文件	8.2.2	产品和服务要求的确定
3	术语和定义	8.2.3	产品和服务要求的评审
4	组织环境	8.2.4	产品和服务要求的更改
4.1	理解组织及其环境	8.3	产品和服务的设计和开发
4.2	理解相关方的需求和期望	8.3.1	总则
4.3	确定质量管理体系范围	8.3.2	设计和开发的策划
4.4	质量管理体系及其过程	8.3.3	设计和开发的输入
5	领导作用	8.3.4	设计和开发的控制
5.1	领导作用和承诺	8.3.5	设计和开发的输出
5.1.1	总则	8.3.6	设计和开发的更改
5.1.2	以顾客为关注焦点	8.4	外部提供的过程、产品和服务的控制
5.2	方针	8.4.1	总则
5.2.1	制定质量方针	8.4.2	控制类型和程度
5.2.2	沟通质量方针	8.4.3	提供给外部供方的信息
5.3	组织的岗位、职责和权限	8.5	生产和服务提供
6	策划	8.5.1	生产和服务提供的控制
6.1	应对风险和机遇的措施	8.5.2	标识和可追溯性
6.2	质量目标及其实现的策划	8.5.3	顾客和外部供方的财产
6.3	变更的策划	8.5.4	防护
7	支持	8.5.5	交付后活动
7.1	资源	8.5.6	更改控制
7.1.1	总则	8.6	产品和服务的放行
7.1.2	人员	8.7	不合格输出的控制
7.1.3	基础设施	9	绩效评价
7.1.4	过程运行环境	9.1	监视、测量、分析和评价
7.1.5	监视和测量资源	9.1.1	总则
7.1.6	组织的知识	9.1.2	顾客满意
7.2	能力	9.1.3	分析与评价
7.3	意识	9.2	内部审核
7.4	沟通	9.3	管理评审
7.5	成文信息	9.3.1	总则
7.5.1	总则	9.3.2	管理评审输入
7.5.2	创建和更新	9.3.3	管理评审输出
7.5.3	成文信息的控制	10	改进
8	运行	10.1	总则
8.1	运行的策划和控制	10.2	不合格和纠正措施
8.2	产品和服务的要求	10.3	持续改进

1. ISO 9000 族国际标准的基本内容

ISO 9000 族标准是 ISO 发布的 12000 多个标准中最畅销、最普遍的产品，其主要功能主要包括：组织内部的质量管理；用于第二方评价、认定或注册；用于第三方质量管理体系认证或注册；为规范管理引用，作为强制性要求；用作建立行业的质量管理体系要求的基础；提高产品的竞争力。

ISO 9000 从机构、程序、过程、改进❶四个方面的管理来保障产品或服务等方面的

---

❶ 机构——标准的组织管理机构和明确的职责权限。
　程序——应拟订各项规章制度、技术标准、规范、内部监督制度、质量手册、质量控制程序等。程序和规定要文件化、档案化。
　过程——整个生产、服务过程的组织工作应严格按照程序规定执行，并具有标识性、监督性、可追溯性。
　改进——定期总结、评价质量体系，持续不断地进行完善改进，使质量管理层次上升。

质量。

为使组织有效运行，必须识别和管理众多内部相互关联的活动，ISO 9000 族标准要求一个组织必须应用过程方法来管理，这是各个组织在建立和实施质量管理体系中所必须遵循的。

通过使用资源和管理，将输入转化为输出预期结果的一项或一组相互关联或相互作用的一组活动，可以视为一个过程。组织质量管理体系所需的过程之间的相互关系十分复杂，通常一个过程的输出可直接形成下一个过程的输入，这些过程相互联系，如图 4-3 所示的网络图展示了这些过程的复杂联系。如在食品方面，除了食品加工过程十分冗杂，包含了很多过程，容易出现质量问题外，在原料的采集，包装袋的选取，杀菌，产品的存放、运输等过程都容易出现质量问题。为使组织有效运行，必须识别和管理众多内部相互关联的活动。为产生期望的结果，由过程组成的系统在组织内的应用，连同这些过程的识别和相互作用，以及对这些过程的管理，可称为"过程方法"。过程方法的目的是提高自身价值，其优点是对过程系统中单个过程之间的联系以及过程的结合和相互作用进行连续的控制。

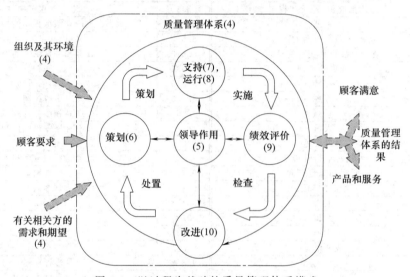

图 4-3 以过程为基础的质量管理体系模式

注：括号中的数字表示该标准的相应章节。

过程改进的基本方法为戴明循环（PDCA 环）。首先明确问题，根据调查结果确定目标，进行行动策划；其次根据实际执行情况，进行改善并实现上一步提出的目标；然后根据结果进行总结分析，明确效果，找出问题；最后对总结检查的结果进行处理，对成功的经验加以肯定并适当推广、标准化，对失败的教训加以总结，未解决的问题放到下一个 PDCA 循环里，如此维持→改善→维持循环以期待达到客户能够满意的程度。

过程方法的目的是提高自身价值，其优点是对过程系统中单个过程之间的联系以及过程的结合和相互作用进行连续的控制。在一般的产品生产过程中，生产的结果是有形的产品，所以对结果的控制可以有两种情况：一种情况是直接对生产结果产品进行控制即末端控制，一般采用的是检验的方法，把不合格品剔除；另一种情况是对生产过程进行控制，减小不合格品产生的可能性。然而末端控制会使得资源浪费，使得成本上升，经济效益下降。因此，通过过程控制更为合理可靠。

ISO 90001 的制定除了涉及质量管理体系及过程、管理职责、领导作用、资源管理支持、产品实现运行、测量分析、绩效评价和改进措施外，还为我们规划了一个质量体系风险策划系统，主要包含在该标准的 5、7、8 章节中，具体如图 4-4 所示。

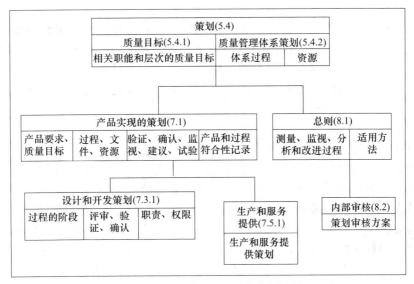

图 4-4　质量体系风险策划系统图
注：括号中的数字表示该标准的相应章节。

2. ISO 9000 的八项原则

ISO 9000 质量管理体系的基本理念是八项质量管理原则，其包括：

（1）以顾客为关注焦点

组织是依赖顾客而生存的，只有了解顾客的需求，才有可能满足顾客的期望，甚至超越顾客的期望。日前，牛奶的质量问题在中国成了谈虎色变的话题，而贝因美大打质量牌，立刻收获了中国的市场。所以组织在制定方针、目标，设定组织结构、工作流程，划分职能时应以顾客的需求为焦点。

（2）领导作用

一个组织只有自身的宗旨、方向和内部环境统一，带动员工充分参与实现组织目标，才能保证整体的一致性和协调性。而领导者带动和统一着组织的宗旨和方向，决定和控制着组织发展的前程，对组织能否在激烈的市场竞争中处于领先地位起着至关重要的作用。所以在活动的过程当中，应注重领导者的领导作用。

（3）全员积极参与

组织的质量管理是由组织内部各类人员共同参与完成的，因此人员在质量管理的过程中处于主导地位，只有全员充分参与，才能使他们的才干为组织带来巨大的收益。如在食品生产过程中，只有每个员工都严格遵守个人卫生制度，才能尽可能地保障食品的安全。

（4）过程方法

将每一项活动都作为一个过程来管理，在确保了每个过程的质量后，再进行整体的控制，这样可以更高效地达到期许的结果。

将活动作为相互关联、功能连贯的过程组成的体系来理解和管理时，可更加有效和高效地得到一致的、可预知的结果。理解体系是如何产生结果的，能够使组织尽可能地完善其体系并优化其绩效。

（5）管理的系统方法

管理的系统和过程都是密切相关的，因此针对设定的目标，识别、理解并管理一个由相互关联过程组成的体系，有助于提高组织的有效性和效率。

（6）持续改进

对于一个企业，它的产品和服务不会达到最好，只有更好，只有组织持续改进、积极寻找改进的契机，才有可能更好地满足顾客的需求，使顾客满意。且顾客的需求也是会不断变化的，因此持续改进整体业绩是一个组织永恒的目标。例如日本在食品生产过程中从注重食品卫生到安全到现在的健康，其针对各阶段的目标都持续改进，使得其在食品质量方面有很大的进步。

（7）基于事实的决策方法——循证决策

决策的制订需要建立在调查、研究和分析的基础上，只有建立在事实数据和信息基础上制定的目标才是最合适的目标，针对合适的目标再从实际考虑，得到的方案才是合理的解决方案。所以对数据和信息的逻辑分析或直觉判断，是有效决策的基础。

（8）与供方互利的关系管理

为了持续成功，组织需要管理与相关方（如供方）的关系。组织在产品实现过程中，需要从供方采购一定数量的产品，购买的产品的质量对组织最终的产品质量一定存在着一定的影响。比如厂商从生产者处购买大米、牛奶等时，如果将价格压得太低，生产者迫于利益所需，就会向原料中掺杂石头、清水等，使得厂商的产品质量大打折扣。因此，为了得到期望数量与质量的产品，组织必须与供方达成互利共赢的伙伴关系，从而提高双方的价值能力。

3. ISO 9000 的特点

ISO 9000 族标准涉及的范围广泛，其强调对各部门的职责权限进行明确划分、计划和协调，从而使企业能有效地、有秩序地开展各项活动，保证工作顺利进行。

最主要的是 ISO 9001：2015 标准制定中，注重在发生失效前及时纠正、采取风险评估应对措施来预防（如图 4-5 所示），而不是发生事故后改善，这就消除产生不合格产品的潜在原因，防止不合格的再发生，从而降低成本。除此之外，标准中强调不断的审核及监督，达到对企业的管理及运作不断地修正及改良的目的。而全体员工的参与及培训也被重视，确保员工的素质满足工作的要求，并使每个员工有较强的质量意识。

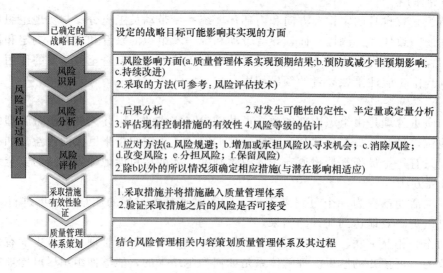

图 4-5 纠正措施风险评估应对的过程

ISO 9001 标准还为企业提供了一种具有科学性的质量管理和质量保证方法和手段，可提高内部管理水平。在 ISO 9000 族标准的更改的过程中对最初的弊端进行了改革，克服了许多旧版本的不足，2015 版 ISO 9000 族标准有以下特点：

① 通用性强。标准适用于不同产品类别、不同规模和各种类型的组织，包括食品行业，并可根据实际需要删减，在确保不影响企业责任的前提下不使用某些质量管理体系要求。

② 遵循八项原则，理念统一。与组织目前普遍进行的管理实践更适应，进一步体现了"以顾客为关注焦点""过程方法""持续改进"等现代管理原则。

③ 文字简明，结构简明。ISO 9001：2015 版中要求必须建立并形成文件式的只有六个程序：文件控制、记录控制、内部审核、不合格品控制、纠正措施、预防措施；3 个点：质量方针、质量目标和质量管理体系范围，相对于旧版大大减少了文件化的要求。

④ "过程方法"管理模式。ISO 9000 标准提倡采用过程的方法来识别和建立体系，以过程为基础进行质量管理，强调了过程的联系和相互作用，逻辑性更强，相关性更好，由于过程化后更具有连续性，更适合所有行业实现产品运作。且 ISO 9001 都以图示方法说明方法模式，更便于理解。

⑤ "以顾客为关注焦点"。ISO 9001 标准强调除了保障产品质量外，更注重顾客的满意度，秉承着"以顾客为关注焦点"的原则，进行质量管理。

⑥ 强调"领导"的重要性。"领导是关键"是所有成功企业的共同经验，一个企业只有总方向相同，才可以全员向统一方向发展，这样可以避免资源的浪费。强调管理层的介入，明确制订质量方针及目标，并通过定期的管理评审达到了解公司的内部体系运作情况，及时采取措施，确保体系处于良好的运作状态的目的。

⑦ 建立在 PDCA 循环的基础上。这样促进企业持续地改进，持续改进是 ISO 9000 的一个重要特点，只有不断改进，才能保证管理体制符合全球的发展状况，才能促进企业更好地适应经济全球化。

⑧ 增加了"基于风险的思维"。ISO 9001：2015 标准的核心和精髓已经上升到了"预防"，即"预先防错""预先防范（风险）"，以减少非预期的影响；其核心关键词是"先"。可选的风险应对措施包括风险规避、风险降低、风险接受等。也就是说，判断一个组织 ISO 9001 质量管理体系成功与否的标志就是"预防"是否到位。

（三）采用 ISO 9000 的意义

ISO 9000 族标准的颁布，打破了 ISO 以往孤立地制定个别技术标准的格局，它不仅把国际标准化活动同国际贸易紧密地结合起来，引起产业界对标准的重视，而且把系统理论引进了标准化，从而极大地提高了标准的科学性和社会地位，这是世界标准化发展史上的创举。ISO 9000 是 ISO 系列标准中应用最多的标准，其在国际、国内都已经有非常普遍的运用。

国际上，美国、新加坡和马来西亚等国家的政府部门，均运用 ISO 9001 的原理和方法改善内部管理，并获得了可喜的成功。美国前总统克林顿竞选总统时，把"在政府中实施 ISO 9001 提高联邦和州政府的行政效能"作为竞选承诺之一，任总统后，克林顿责成副总统戈尔在联邦政府内开展了声势浩大的质量改进运动，并在白宫率先推行 ISO 9001；新加坡政府从 1996 年开始启动政府机关实施 ISO 9001 计划，从制度上建设廉洁高效的政府；马来西亚政府于 1996 年启动实施 ISO 9001 计划，由总理亲自领导，行政现代化管理规划局（MAMPIJ）具体组织实施。

我国政府部门从 20 世纪末开始导入 ISO 9001，最初在检验检疫局、政府采购中心、税务局等易于采用定量方法进行绩效评估的政府部门使用，后来逐渐扩展到公安、法院、检察院、海关、水利等各类政府部门。目前，北京市海淀区、浙江省宁波市和广东省江门市已经成功地在整个政府系统中运用 ISO 9001。ISO 9001 在我国政府部的应用为推动服务型政府的建设、促进公务员服务观念转变和服务意识增强、加速行政管理向科学化与民主化方向发展、规范政府部门管理制度和服务流程均起到了积极的作用。

推行 ISO 9000 的意义在于以下几点：

1. 可以强化品质管理，提高企业效益

ISO 9001 品质体系认证的认证机构都是经过国家认可机构认可的权威机构，对企业的品质体系的审核是非常严格的。在企业内部，对经过严格审核的国际标准化的品质体系进行品质管理，可以真正达到法治化、科学化的要求，极大地提高工作效率和产品合格率，迅速提高企业的经济效益和社会效益。在企业外部，当顾客得知供方按照国际标准实行管理，拿到了 ISO 9001 品质体系认证证书，并且有认证机构的严格审核和定期监督，就可以确信该企业能够稳定地提供合格产品或服务，从而放心地与企业订立供销合同，扩大了企业的市场占有率。可以说，企业遵循 ISO 9001 标准在这两方面的收效都是立竿见影的。

2. 消除了国际贸易的壁垒

许多国家为了保护自身的利益，设置了种种贸易壁垒，包括关税壁垒和非关税壁垒。其中非关税壁垒主要是技术壁垒，技术壁垒中又主要是产品品质认证和 ISO 9001 品质体系认证的壁垒。特别是，在"世界贸易组织"内，各成员国之间相互排除了关税壁垒，只能设置技术壁垒，所以，获得认证是消除贸易壁垒的主要途径。我国"入世"以后，失去了区分国内贸易和国际贸易的严格界限，所有贸易都有可能遭遇上述技术壁垒，应该引起企业界的高度重视，及早防范。

3. 节省了第二方审核的精力和费用

在现代贸易实践中，第二方审核早就成为惯例，但逐渐发现其存在很大的弊端：一个组织通常要为许多顾客供货，第二方审核无疑会给组织带来沉重的负担；另外，顾客也需支付相当的费用，同时还要考虑派出或雇佣人员的经验和水平问题，否则，花了费用也达不到预期的目的，唯有 ISO 9001 认证可以排除这样的弊端。因为作为第一方申请了第三方的 ISO 9001 认证并获得了认证证书以后，众多第二方就不必再对第一方进行审核，这样，不管是对第一方还是对第二方都可以节省很多精力或费用。另外，如果企业在获得了 ISO 9001 认证之后，再申请 UL、CE 等产品品质认证，还可以免除认证机构对企业的质量管理体系进行重复认证的开支。

4. 组织有效规避了不合理的产品责任

各国在执行产品品质法后，由于对于产品的品质的投诉越来越多，如何判定产品品质责任的问题日趋严重。一旦产品被投诉，法院则会对组织进行包括机床等内容的全面监测，一旦发现任何一个细小的，也许与产品品质无关的问题，也判定为组织的责任。但如果厂方能够提供 ISO 9001 质量体系认证证书，则可避免负不合理的责任。

5. 促使组织自我完善

国际贸易竞争的手段主要是价格竞争和品质竞争。由于低价销售的方法不仅使利润锐减，如果构成倾销，还会受到贸易制裁，所以，价格竞争的手段越来越不可取。ISO 9000 族标准督促组织在发展的过程中不断地充实自我，不断改善以符合顾客变化着的需求，则可不断地提高自身的产品品质。实行 ISO 9001 国际标准化的品质管理，可以稳定地提高产品品质，使组织在产品品质竞争中永远立于不败之地。

6. 利于经济全球化的发展和国际间的技术交流

按国际惯例，合作双方在产品品质方面要有共同语言、统一的认识等。ISO 9001 为双方提供了一个互信的平台，有利于双方快速地达成协议。

7. 进一步增强了与其他管理体系标准的兼容性

ISO 9001 质量管理体系由于其适用范围较广，可适用于所有行业，特别是服务行业，所以对于食品行业来说，得到 ISO 9001 的认证是企业发展的一个必要的途径。但由于 ISO 9001 质量管理体系过于庞大，没有针对食品行业进行具体的分析，其还有不全面的地方，比如没有强调环境控制、忽略了危害分析过程等，而 ISO 14001 是主要针对环境方面的标准，ISO 22000 是主要针对食品行业的标准。但这并不意味着 ISO 9001 在食品行业没有意义，相反，ISO 9001 标准中的内容对食品行业的发展也起到了至关重要的作用，给食品行业的发展指明了大方向，只有达到了 ISO 9001 的要求，才有可能更细致地向更好的方向发展，所以得到 ISO 9001 的认证是所有食品企业生存的必要条件。

目前，我国国家质量技术监督局已将 2011 版 ISO 9000 族标准等同采用为中国的国家标准，其标准编号分别为：

GB/T 19000—2016《质量管理体系　基础和术语》

GB/T 19001—2016《质量管理体系　要求》

GB/T 19004—2011《追求组织的持续成功　质量管理方法》

二、ISO 14000 环境管理系列标准

全球经济贸易迅猛发展，一味地寻求经济上的突破给环境造成了巨大的压力，人类对自然的开发利用使得环境问题不仅影响到人类的发展，还威胁到了人类的生存，资源问题、人口问题、生态破坏、环境污染已经成为全社会共同关注的焦点。在生产过程中产生环境破坏的企业遭到了环保人士的抵抗，因此企业不得不将环境保护纳入策划范围内。这也就迫使各国相继制定有关标准来约束企业的行为。针对这一状况，ISO 也积极响应可持续发展的号召，于 1993 年 6 月成立 ISO/TC 207 环境管理技术委员会以展开环境管理国际标准的制定工作，并于 1996 年发布了 ISO 14000 环境管理系列标准，而后在实践的基础上进行了修订，即形成了目前使用的 ISO 14001：2015。

ISO 14000 族标准是顺应国际环境保护的发展，依据国际经济贸易发展的需要而制定的。该系列标准融合了世界上许多发达国家在环境管理方面的经验，是一种完整的、操作性很强的体系标准，包括为制定、实施、实现、评审和保持环境方针所需的组织结构、策划活动、职责、惯例、程序、过程和资源。在 ISO 14000 系列标准中，以 ISO 14001 标准最重要，其从政府、社会、采购方的角度对组织的环境管理体系提出了共同要求，以有效地预防和控制污染并提高资源与能源的利用效率。全世界已有 100 多个国家实施了此标准，数百万家企业通过了 ISO 14001 标准的认证。

（一）系列组成

ISO 14000 是一个系列的环境管理标准，它包括了环境管理体系、环境审核、环境标志、生命周期分析等国际环境管理领域内的许多焦点问题，旨在指导各类组织（企业、公司）取得和表现正确的环境行为，使之与社会经济发展相适应，改善生态环境。ISO 14000 系列标准共预留 100 个标准号。该系列标准共分七个系列，其编号为 ISO 14001～14100，如表 4-4 所示。

表 4-4　ISO 14000 系列标准❶

类别	名　　称	标　准　号
SC1	环境管理体系（EMS）	14001～14009
SC2	环境审核（EA）	14010～14019
SC3	环境标志（EL）	14020～14029
SC4	环境行为评价（EPE）	14030～14039
SC5	生命周期评估（LCA）	14040～14049
SC6	术语和定义（T&D）	14050～14059
WG1	产品标准中的环境指标	14060

其中 ISO 14001 是环境管理体系标准的主干标准，它是企业建立和实施环境管理体系并通过认证的依据。ISO 14000 系列标准的用户是全球商业、工业、政府、非营利性组织和其他用户。ISO 14000 建立的目的是规范企业和社会团体等所有组织的环境行为，节省资源，减少环境污染，改善环境质量，促进经济持续、健康发展。与 ISO 9000 系列标准一样，ISO 14000 对消除非关税贸易壁垒即"绿色壁垒"，促进世界贸易具有重大作用。

ISO 14001 的重点在于管理而不是针对技术的设定，即允许组织拥有自己的环境条例。ISO 14004 是对企业运行系统技术的指导纲要，即 ISO 14001 是建立 EMS 的指导方针，ISO 14004 是具体的说明和建议。

尽管 ISO 14001 标准承诺持续提高和遵从合适的法律法规，但没有建立绝对的环境绩效的要求。一些从事相似经营活动的公司，可根据不同的环境构建不同的环境管理体系，只需符合 ISO 14001 即可。到目前为止，ISO 14000 系列标准中的许多标准已经等同转化为我国的国家标准，如表 4-5 所示。

表 4-5　我国相应标准

ISO 14000 系列标准	GB/T 24000 系列标准
ISO 14001:2015《环境管理体系 规范及使用指南》	GB/T 24001—2016
ISO 14004:2016《环境管理体系 原则、体系和支持技术通用指南》	GB/T 24004—2017
ISO 14010:2016《环境审核指南 通用原则》（作废）	GB/T 24010—1996（作废）
ISO 14011:2016《环境审核指南 审核程序环境 管理体系审核》（作废）	GB/T 24011—1996（作废）
ISO 14012:2016《环境审核指南 环境审核员资格要求》（作废）	GB/T 24012—1996（作废）
ISO 14020:2000《环境管理 环境标志和声明 通用原则》	GB/T 24020—2000
ISO 14021:2016《环境管理 环境标志和声明 自我环境声明Ⅱ型环境标志》	GB/T 24021—2001
ISO 14024:2018《环境管理 环境标志和声明 Ⅰ型环境标志原则和程序》	GB/T 24024—2001
ISO 14031:2013《环境管理 环境表现评价指南》	GB/T 24031—2001
ISO 14040:2006《环境管理 生命周期评价原则与框架》	GB/T 24040—2008
ISO 14041《环境管理 生命周期评价 目的与范围的确定和清单分析》（作废）	GB/T 24041—2000（作废）
ISO 14050:2012《环境管理术语》	GB/T 24050—2004

---

❶ 4 个核心标准如下：

ISO 14001:2015《环境管理体系 规范及使用指南》，提出了建立环境管理体系，针对组织的活动、产品和服务，规定了组织建立、实施和保持环境管理体系的基本模式和要求，是 ISO 14000 族标准中唯一的规范性标准。

ISO 14004:2016《环境管理体系 原则、体系和支持技术通用指南 实施通用指南》，简述了环境管理体系（EMS）要素，对实施或加强一个体系提供可行的建议，为组织建立和实施环境质量管理体系提供指南。

ISO 14006:2011《环境管理体系 综合生态设计指南》，按照 ISO 14001 指导 EMS 与其他生态管理系统整合。

ISO 19011:2011《质量管理体系 内部和外部管理体系审核指南》，如前所述。

具体见：http://www.iso.org/iso/home/standards/management-standards/iso14000.htm。

(二) ISO 14000 简介

ISO 9000 的注册对于贸易领域十分必要。类似地，注册 ISO 14000 管理体系也成为各地区、行业贸易的要求。而 ISO 14001 标准可应用到所有类型和规模的公司，并考虑到各种地理、文化和社会因素，其内容主要包括以下几方面：

1. ISO 14000 的基本内容

ISO 14000 系列标准有两种功能：评价组织；评价产品。其中评价组织的体系有环境管理体系、环境行为评价和环境审核；评价产品的体系有生命周期评价、环境标志和产品标准中的环境因素。具体功能包括：评估组织的行为对环境造成的影响及对负面影响的调控；帮助组织制订环境方针，指导组织进行环境管理；确定适用于组织的环境法律、法规要求；协调环境与社会、经济需求的关系；规定对环境管理体系的要求；提高产品的竞争力。

ISO 14000 族标准的中心是环境管理体系（Environmental Management System，EMS）。根据 ISO 14001 中的定义，环境管理体系是一个组织内全面管理体系的组成部分，它包括为制订、实施、实现、评审和保持环境方针所需的组织机构、规划活动、机构职责、惯例、程序、过程和资源，还包括组织的环境方针、目标和指标等管理方面的内容。环境管理体系是一项内部管理工具，用来帮助组织实现自身设定的环境水平，并加以改善。

与 ISO 9000 相似，ISO 14000 也遵循着领导作用、全员参与、实施过程控制、持续改进等原则。相比而言一个组织在开始阶段采取一定的措施，使得环境绩效达到某个设定的高度还是比较容易的，但若管理者缺乏持续改进意识，在后续的管理提升方面过于懈怠，会使得自身停滞不前，管理模式无法跟上环境的变化。而过程控制是一项最合理的管理控制方法，因此，领导者带领全员通过过程控制，对环境管理进行持续改进是一个十分有效的途径。组织的环境管理体系标准建立的关键也是 PDCA 循环，具体如图 4-6 所示。

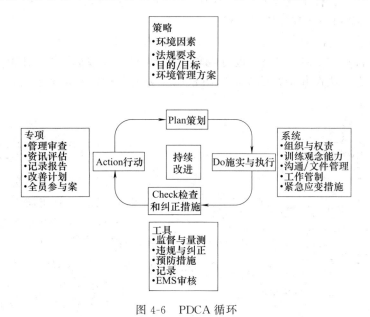

图 4-6　PDCA 循环

2. ISO 14001 的核心内容

ISO 14001 作为 ISO 14000 的核心标准，其中主要包含五大部分，17 个要素 10 个章节，遵循高阶架构。

图 4-7 所示为 ISO 14001：2015 指出的环境管理体系模型，即 EMS 的五个核心内容，ISO 14001 的实施流程则是按这 5 个内容执行。

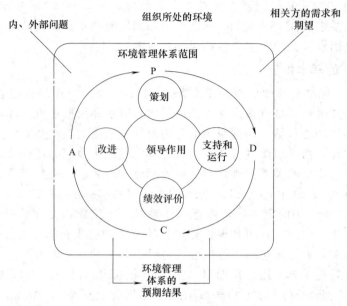

图 4-7　ISO 14001：2015 环境管理体系模型

（1）环境方针

一个组织对污染预防和持续改进　并遵守法律法规及其他要求的承诺，且方针中需要应用非专业语言，以便于能够使大众理解。该方针应针对所有员工与公众，且将所有重要的产品和服务都考虑进去，提供建立和评审环境目标和指标的框架。EMS 提供的是初始的基础和方向，所以比 ISO 9000 方针更加严格。

（2）规划

组织在实施自身的 EMS 前应先进行规划，规划中应分析确认当地可能存在的环境影响因素，然后在考虑了法律和指标的基础上再根据实际情况确定基本环境目标，从而规定路线方针及采用的方法。

（3）实施与运行

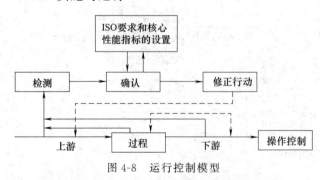

图 4-8　运行控制模型

为了系统能够有效地运行，组织应提供为实现其环境方针、目标和指标所需的财力、物力、人力和保障机制，在这之前还需要对相关人员在能力和意识等方面进行培训。除此之外，还需要注意信息的交流、文件的管理和运行模式的控制等。图 4-8 所示为运行控制模型。

（4）检查与纠正措施

EMS 需要有一个有计划、周期性的审核，应定期测量、监测和评价其环境绩效，这样才有利于企业管理的改善。因此，识别关键过程的特点是十分必要的。

（5）管理评审

一个组织应以改进总体环境绩效为目标，评审并不断改进其环境管理体系。

这五个基本部分包含了环境管理体系的建立过程和建立后有计划地评审及持续改进的循环，以保证组织内部环境管理体系的不断完善和提高。将环境管理体系视为一个组织框架，它需要不断监测和定期评审，以适应变化着的内外部因素，有效引导组织的环境活动。组织的每一个成员都应承担环境改进的职责。

而与 ISO 9000 相比，ISO 14000 在管理体系方面提出的新的要求主要有以下方面：

① 目标管理：明确提出建立文件化的目标和指标，并使其与方针相符合，与组织内部的每一个职能相联系。这就意味着方针、目标、职责必须要融为一体，通过指标的层层分解，落实到组织内的每一个人和每一项工作。

② 全面管理：ISO 14000 要求建立的体系要覆盖组织的所有部门、人员、过程和活动，而 ISO 9000 要求的质量体系则只涉及与指定体系范围内产品有关的过程和对质量管理体系绩效有影响的人员。

③ 信息沟通：ISO 14000 要求建立和实施对有关信息和相关方要求的接收、归档与答复的程序，包括与相关方的对话、联络，以及对他们所关注的问题的考虑。这种要求有利于组织内部的信息沟通，使一个封闭的管理体系变为一个开放的管理体系，使它与社会（包括顾客和其他所有相关方）建立和保持良好的信息交流关系。

④ 持续改进：ISO 14000 对管理体系的持续改进提出了严格的要求，ISO 9000 提出了持续改进的思想和方法，但没有要求对持续改进做出承诺，它所做出的承诺是持续地保持其质量体系符合 ISO 9001 的要求。

⑤ 法规要求：ISO 14000 在多方面体现了管理体系必须符合当地法规的要求，特别在环境方针上要承诺遵守有关环境法规，在环境策划时要充分考虑法规的要求，要制定专门的法规遵守及评定程序过程等。ISO 9000 只是在产品设计方面指出法规要求是设计输入的一部分，环境管理体系对法规的高度重视，体现了环境法规在环境管理方面的重要作用，同时也表示任何组织建立管理体系必须要充分考虑国家或地方法规的要求。

3. ISO 14000 的特点

ISO 14000 虽然是在 ISO 9000 的基础上建立的，但是其在很大程度上又与 ISO 9000 不同。建立环境管理体系强调以污染预防为主，强调与法律、法规和标准的符合性，强调满足相关方的需求，强调全过程控制，有针对性地改善组织的环境行为，以期达到对环境的持续改进，切实做到经济发展与环境保护同步进行，走可持续发展的道路。所以 ISO 14000 的特点可以概括为以下几个方面：

① 广泛的适用性：ISO 14000 族标准在很多方面都延续了 ISO 9000 族标准的成功经验。ISO 14000 族标准适用于各种规模、类型及各种背景下的组织，任何组织都可按标准要求建立并实施环境管理体系。广泛性还体现在应用的领域，其还可以用来对环境进行评价，及对组织产品的生命周期的环境因素进行评价。

② 灵活性：ISO 14000 族标准只需要组织按 EMS 遵守环境法律法规，坚持污染预防、环境保护及持续改进并作出承诺，而对环境行为没有设定具体标准。标准还允许组织量力而行，从实际出发。标准的这种灵活性既可充分调动组织的积极性，又能达到改善环境的目的。

③ 全过程预防与持续性改进：ISO 14000 族标准的主导思想是"预防为主"。在环境管理体系框架中指出，组织在制订环境方针时需要承诺保护环境（包括污染预防），将其具体化和落实，且全程持续改进。

④ 兼容性：ISO 14000 族标准是在 ISO 9000 族标准之后开始制定的，在 ISO 14000 标准的引言中指出，"本标准与 ISO 9000 系列质量体系标准遵循共同的体系原则高阶架构，组

织可选取一个与 ISO 9000 系列相符的现行管理体系，作为其环境体系的基础。"ISO 14001: 2015 版标准更明确了其修订的重点是增强与 ISO 9001 的兼容性。

⑤ 全员参与：ISO 14000 族标准的基本思想是引导建立环境管理的自我约束机制，建立的环境管理体系中，约束的对象包括从领导到员工到大众的所有人员，需要每个参与者都主动、自觉地参与到环境保护中来。

⑥ 持续改进原则：ISO 14000 族标准的灵魂是持续改进。ISO 14000 族标准支持环境保护和污染预防，但无论是环境保护或者预防都是一个长期的过程，而且是一个不断变化的过程，所以只有通过坚持不懈的改进，才能实现组织自身对环境方针的承诺与环境改善的目的。

⑦ 自愿性：ISO 14000 族标准不是一项强制性标准，而是企业自愿采用的标准。实施 ISO 14000 标准，并不增加或改变组织的法律责任，组织可根据自身特点自愿采用这套标准。

（三）采用 ISO 14000 的意义

一个组织的经营管理服务与组织自身发展的需要，在许多情况下，环境保护和企业发展又是相互矛盾的，有些组织为了自身的生存和发展而忽略了环境管理工作，而保护环境又是满足社会环境保护和持续发展的需要。全球环境状况在不断恶化，保护、改善环境迫在眉睫，随着公众的环境意识逐渐提高，政府也大力加强环境保护的法律建设。企业也必须将环境的管理纳入自身管理的总章程中。

ISO 14000 族标准是发达国家环境管理经验的结晶，为组织提供了一个完善的环境管理体系，在世界各国得到了广泛的推广和应用，实行 ISO 14000 的意义主要表现在以下几方面：

1. 对企业

虽然 ISO 14000 的实施是企业自愿的，但却是势在必行的，实行 ISO 14000 使组织有很大的优势：

① 利于组织降低成本：ISO 14000 指导企业从过程中减少成本，节能降耗，同时也促进了污染的防治。

② 降低环境风险、法律风险：ISO 14000 的环境保护体系建立的指导中考虑了法律因素，引导组织在建立自身的体系时规避法律风险，并改善了组织的环境行为。

③ 提高企业的管理水平和员工的环境意识：ISO 14000 强调的是全员参与，只有环境保护的理念渗透到每一个员工处，才能真正实现环境的优化。

④ 提高企业的社会形象和竞争能力：随着环境污染的严重，消费者也越来越重视企业在生产过程中造成的环境污染，企业采用 ISO 14000 能取得消费者的信赖，有利于企业的长远发展。

⑤ 利于企业取得绿色通行证，参与到国际市场竞争中去。

2. 对社会

ISO 14000 族标准对环境保护工作起到了积极的推动作用，主要表现在以下几方面：

① 有利于环境与经济的和谐发展：实施 ISO 14000 不仅利于组织自身节能减排，降低成本，还能减少污染物的排放，减少污染事件发生。

② 有利于政府对企业环境保护的管理：目前许多环境问题都是由于管理不善，企业实行 ISO 14000 后，自身的环境管理水平有了一定程度的提高，这样便于政府规范企业的环

保护行为。

③ 有利于提高全民的环境保护意识：环境保护是全社会的责任，只有全员共同参与才能真正做到美化环境，一旦企业实行 ISO 14000，则意味着所有员工都接受了环境保护意识的培训，则会有更多的人意识到环境保护的重要性。

3. 在全球

ISO 14000 是全球性的标准，在许多国家都被应用，这样就使得 ISO 14000 的应用在全球都具有一定的影响，主要表现在以下几方面：

① 保护人类生存和发展的需求：在全球范围内通过实施 ISO 14000，可以规范全球组织的环境行为，在很大程度上减少了人类活动对环境的影响，从而维护了人类的生存和发展。

② 减少了国际贸易的步骤：在国际贸易的过程中避免了重复的检验、认证、注册、标志等过程。

③ 消除国际贸易的壁垒：消除了国际交易中相互间的矛盾，规范了各组织的环境管理制度，从而实现了自由贸易。

在我国施行 ISO 14000 的主要是出口导向型的企业，这些企业由于国际化程度较其他企业较高，因此对环境问题较敏感，由此可以看出施行 ISO 14000 已经成了必然趋势。根据我国的实际情况，结合我国对质量体系认证的经验来看，需要逐渐加大力度，稳妥地实施 ISO 14000。

三、ISO 22000 食品安全管理系列标准

20 世纪末期以来，由疯牛病、禽流感、口蹄疫、二噁英、苏丹红等引起的重大食品安全问题纷纷引起了世界各国的关注。食品供应链本身就是一个复杂的系统，由于在食品供应链的任何环节都可能引入食品安全危害，因此只有在全体食品供应链上建立有效的沟通，才能充分地预防和控制食品安全危害。

此外，各国政府也开始将关注焦点聚焦到：从他国进口的食品对消费者的健康安全是否存在威胁，是否威胁动植物的健康和安全。但由于各国的法规、标准种类繁多且不统一，导致食品生产加工企业难以应对，阻碍食品国际贸易的顺利进行。因此，基于 HACCP 原理开发一个国际标准成为各国食品行业的共同期盼。

在丹麦标准协会的倡导下，2001 年 ISO 同意制定食品安全管理体系标准。经过为期 4 年多的潜心准备，ISO 于 2005 年 9 月 1 日发布了由 ISO/TC 34/农产食品技术委员会分技术委员会制定的 ISO 22000：2005《食品安全管理体系 对整个食品供应链的要求》族标准，ISO 22000 应运而生。其是以 HACCP（危害分析及关键控制点）、GMP（良好操作规范）和 SSOP（卫生标准操作规范）的基础上，同时聚合了 ISO 9001：2000 的部分要求形成的，旨在确保全球的食品供应安全。

（一）ISO 22000 族系列组成

ISO 22000：2005 是 ISO 22000 族标准中的第一份文件，该系列还包括：ISO/TS 22004：2005《食品安全管理体系 ISO 22000 应用指南》、ISO 22005：2007《饲料与食品供应链中的可追溯性——系统设计和实施的一般原则与基本要求》、ISO/TS 22002-1：2009《食品安全的前提方案 第 1 部分 食品生产》、ISO/TS 22002-3：2011《食品安全的前提方案 第 3 部分 耕作》、ISO/TS 22003：2007《食品安全管理体系 食品安全管理体系认证与审核机构要求》。

ISO/TS 22004：2005《食品安全管理体系 ISO 22000 应用指南》——已于 2005 年 11 月出版，旨在为 ISO 22000：2005 更好地实施提供一个通用指南。

ISO 22005：2007《饲料与食品供应链中的可追溯性——系统设计和实施的一般原则与基本要求》——该标准适用于饲料与食品供应链生产操作中的各个环节，是帮助生产组织或企业达到生产要求、标准的技术工具。

ISO/TS 22002-1：2009《食品安全的前提方案 第1部分 食品生产》——该规范结合ISO 22000：2005对食品安全前提方案的建立、实施和运行过程提出具体要求，以在控制食品安全危害时发挥预防作用。值得一提的是，该标准附加了其他与食品生产操作相关的内容，如产品的返工、产品召回程序、仓储、产品信息和消费者意识以及食品防御、生物恐怖主义。

ISO/TS 22002-3：2011《食品安全的前提方案 第3部分 耕作》——该规范为食品安全前提方案的设计、实施和建立文档提出具体要求和指南，旨在保持生产环节的环境卫生和确保食品供应链中控制食品安全危害因素。由于耕作受到耕作面积、作物类型、生产方式、地理及生态环境的影响，不同作物的前提方案的特性亦不相同。因此ISO/TS 22002-3：2011主要关注前提方案的管理（需求的评估、解决方案的选择和文档的记录）。

ISO/TS 22003：2007《食品安全管理体系 食品安全管理体系认证与审核机构要求》——对提供食品安全管理体系审核和认证机构的要求，对ISO 22000认证机构的合格评定提供一致的指南。

目前ISO 22000：2018已出版，其系列的一些标准也有所更新，如：ISO/TS 22004：2014《食品安全管理体系 ISO 22000应用指南》已于2014年9月出版，旨在提供有关ISO 22000应用的建议指南。❶

ISO/TS 22003：2013《食品安全管理体系 ISO 22000应用指南》已于2013年12月出版，定义了适用于符合ISO 22000要求的食品安全管理体系的审核和认证的规则，还为客户提供了有关供应商认证方式的必要信息。

（二）ISO 22000简介

1. ISO 22000的基本内容

ISO 22000标准体系是适用于整个食品供应链的食品安全管理体系框架，它将食品安全管理体系从侧重对HACCP、GMP、SSOP等技术方面的要求，扩展到了整个食品供应链，并且作为一个体系对食品安全进行管理，增加了运用的灵活性。基本框架如表4-6所示。

① 适用范围：该标准覆盖了食品链中包括餐饮的全过程，即种植、养殖、初级加工、生产制造、分销，一直到消费者使用。同时也包括与食品链中主营生产经营组织相关的其他组织，如生产设备制造商，包装材料商，食品添加剂和辅料生产商，杀虫剂、肥料和兽药的生产者等。具体食品供应链及各阶段的沟通情况如图4-9所示。

② 关键原则：该标准规定了食品安全管理体系的要求以及包含的关键原则为交互式沟通、体系管理、过程控制、HACCP原理和前提方案。

③ 核心内容：该体系的核心内容是危害分析，要求在对食品链中可能引入危害的食品安全因素进行分析控制的同时，灵活、全面地与实施的前提方案（PRPs）相结合，在明确食品链中各环节组织的地位和作用的前提下，将危害分析所识别的食品安全危害根据可能产生的后果进行分类，通过包含于HACCP计划和操作性前提方案中的控制措施组合来控制。

---

❶ 具体见：http://www.iso.org/iso/home/standards/management-standards/iso22000.htm。

表 4-6　ISO 22000 基本框架

序号	内容	序号	内容
1	范围	6.4	工作环境
2	规范性引用文件	7	安全产品的策划和实现
3	术语与定义	7.1	总则
4	食品安全管理体系	7.2	前提方案(PRPs)
4.1	总要求	7.3	实施危害分析的预备步骤
4.2	文件要求	7.4	危害分析
5	管理职责	7.5	操作性前提方案(PRPs)的建立
5.1	管理承诺	7.6	HACCP 计划的建立
5.2	食品安全方针	7.7	预备信息的更新、规定前提方案和 HACCP 计划文件的更新
5.3	食品安全管理体系策划		
5.4	职责和权限	7.8	验证策划
5.5	食品安全小组组长	7.9	可追溯性系统
5.6	沟通	7.10	不符合控制
5.7	应急准备和响应	8	食品安全管理体系的确认、验收和改进
5.8	管理评审	8.1	总则
6	资源管理	8.2	控制措施组合的确认
6.1	资源提供	8.3	监视和测量的控制
6.2	人力资源	8.4	食品安全管理体系的验证
6.3	基础设施	8.5	改进

④ 应用方法：组织在采用该标准时，可以通过将该标准制定成为审核准则，促进该标准的实施。各组织也可以自由地选择必要的方式和方法来满足该标准的要求。

⑤ 对于小型或较落后组织的应用：由于该标准重点关注的是食品加工、工艺、卫生、原料、仓储、运输、销售等方面，各组织建立和实施该标准需要非常专业的知识，故小型或较落后的组织需要借助外界的力量，如外聘专家或向行业协会寻求技术力量支撑来完成。

2. ISO 22000 的特点

（1）适用范围广

ISO 22000：2005 的所有要求都是通用的。也就是说无论组织的规模大小、类型和其生产的产品种类，是直接介入食品链的一个或多个环节还是间接介入食品链，只要该组织期望建

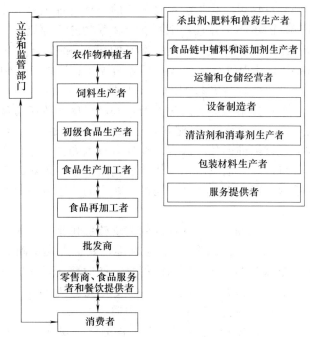

图 4-9　食品供应链及各阶段的沟通情况

立并在食品链上运行有效的食品安全管理体系就可采用该标准的要求。这些组织包括：饲料生产者，农作物种植者，辅料生产者，食品生产制造者，零售商，餐饮服务与经营者，提供清洁、运输、贮存和分销服务的组织，以及间接介入食品链的组织，如设备、清洁剂、包装材料以及其他与食品接触材料的供应商。

（2）结构框架与 ISO 9001、ISO 14001 趋同

从框架上看 ISO 22000 与 ISO 9001、ISO 14001 基本相同（截至本书截稿时，ISO 9001 与 ISO 14001 标准已发布 2015 版，ISO 22000 根据 ISO 9001：2015 框架正在转版中，但尚未发布）。ISO 9001、ISO14001 标准在国际上已被广泛采纳，为使食品组织或企业能够最大限度地利用现有的管理资源，在质量、环境和食品安全管理上获得预期的效果，ISO 22000 在制定时承袭了 ISO 9001 的框架体系，在标准条款的编排形式上与以上两个标准趋同，这有利于组织在进行质量管理体系的衔接时找到接口。此外，ISO 22000 标准既可独立使用，又可与 ISO 9001、ISO 14001 结合起来，构建一个完整的食品安全管理体系。

（3）ISO 22000 与 ISO 9001、ISO 14001 兼容

首先，从基本思想上看 ISO 22000 与 ISO 9001、ISO 14001 相一致，它们都是预防性体系，都注重过程而非结果，在系统分析的基础上，确定合理的过程，强调管理者全面承诺和全员参与的思想，对生产过程进行有效控制，从而确保生产出的产品质量、保证卫生安全。其次，从构建管理体系方法上看，ISO 22000 和 ISO 9001、ISO 14001 的结构相协调，都遵循 PDCA（Plan—Do—Check—Action）建立管理体系运行模式，采用产品标识制度、体系内审和管理评审、监视和测量、纠正和预防措施、不合格产品控制并实施文件化管理体系。一般来说，已获得 ISO 9001 认证的公司，将其扩展到 ISO 22000 认证是比较容易的。如果组织已建立质量管理体系或食品安全管理体系，则依据 ISO 14000 建立环境体系时，只要对现有的体系进行修改，达到 ISO 14000 标准的要求就不必另立新的要求。

（4）继承 HACCP 的基本原理

HACCP（危害分析和关键控制点）是一种有效地控制危害的预防性体系，是用于食品受到来自物理、化学、生物危害的一种管理工具。ISO 22000 继承了 HACCP 的七个原理作为标准的核心，并且将 HACCP 体系的基本原则与 CAC 制定的实施步骤相结合，同时要求食品组织根据自己在食品链中的位置和安全危害程度确定具体"前提方案"，以便和 HACCP 计划进行组合，从而将 HACCP 计划拓展到整个食品链。

（5）前提方案与 HACCP 相协调

前提方案可分为两种类型：基础设施和维护方案，以及操作性前提方案。完整的前提方案如图 4-10 所示。前提方案与 HACCP 计划相结合的方式对食品链中可能产生的危害进行控制是该标准的核心内容。在现有技术和社会条件下，单一地使用上述任何一种方式对食品链中可能存在的风险都可能造成判断偏差。若将两者有机结合，可通过包含危害分析、操作性前提方案和 HACCP 计划控制在内的一系列逻辑严谨的控制手段来达到消费者对食品安全的要求。

（6）为 HACCP 在国际间的交流提供平台

ISO 22000 是国际性自愿标准，其可进一步确立 HACCP 在食品安全体系中的地位，统一了全球对 HACCP 体系的解释，同时将 ISO 倡导的先进管理理念融入其中，以帮助食品链中的组织能更好地使用 HACCP 原则，为 HACCP 在国际间的交流提供了一个平台。

（7）贯穿食品链的交互式沟通

ISO 22000 标准强调交互式沟通的重要性，为确保在食品链的各个环节中所涉及的食品危害均被识别和控制，必须在食品链中进行沟通。这表明组织必须与其食品供应链中的上游

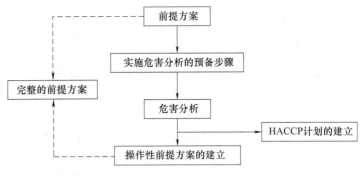

图 4-10　完整的前提方案

和下游组织进行沟通。而对于组织内可能存在的食品危害进行分析确认时，往往因为该方面的工作专业性较强，许多组织仅仅依靠自身的能力不能完成，这就必须借助社会力量完成，比如外聘专家、寻求行业协会的帮助等。

（8）为组织内审、认证和第三方认证提供审核依据

ISO 22000 标准既是描述食品安全管理体系要求的使用指导标准，又可为组织内部的审核、自我声明和第三方认证提供审核标准。同时，该标准还将帮助企业预防和处理危机。

（三）ISO 22000 的意义

随着社会的不断发展和进步，食品安全问题成了全球人民日益关心的问题。从外界摄取的食物质量的好坏不仅关系到人类的健康、生活品质，甚至还在一定程度上影响社会的进步。食品安全问题不仅仅是消费者与生产者之间的双方利益矛盾，更是食品生产、制造、运输和销售组织、消费者以及各级政府监管部门之间共同关注的问题。整个食品供应链从上游到下游的任何一个环节都可能引入食品安全危害，且由于食品本身和加工过程的复杂性，从"农田到餐桌"这条食品链上的食品安全隐患众多，因此，只有通过食品链的所有参与者共同努力，有效沟通，防患于未然，才能及时地预防和控制食品安全危害。ISO 22000 作为一个预防性标准，彻底改变了从前终端产品检验的质量控制模式，占据当今食品质量安全体系的核心地位，并且其具有重要意义，具体表现在以下几方面：

① 有利于 HACCP 的实施：ISO 22000 确保了食品供应链的安全，降低了世界各国组织或食品企业实施 HACCP 的门槛以便在生产过程中而非在生产中断时对产品进行有效控制，提高产品质量，这也是 ISO 22000 对各国企业最大的益处。

② 统一冗杂的各国标准：无论是发达国家还是发展中国家，不可避免的食源性疾病促使各国纷纷制定各自的标准，但由于各国标准众多，要求各异，给食品链环节中各级组织造成了很大的麻烦。ISO 22000 是一套简明扼要、系统规范的国际标准，无形中降低了各国的组织管理、生产及销售成本。

③ 为良好操作规范提供模板：ISO 是一个达成国际共识的标准，其基于世界各国标准，在食品供应链的各个环节对良好操作规范提出了完善、系统的质量管理要求。

④ 是 ISO 9001 在食品安全领域的衍生和完善：ISO 9001 质量管理体系涉及了工业发展的各个部门，其并没有对食品领域进行具体的归纳总结。ISO 22000：2005 食品安全管理体系吸纳了 ISO 9000 质量管理体系的管理、体系、框架和过程方法，在 ISO 9000 质量管理体系的基础上，对从农田到餐桌的整个食品链进行控制；同时以 HACCP 计划为手段，充分发

挥 HACCP 体系有效控制食品安全质量的优势，在满足质量要求的同时，确保食品卫生与安全。

⑤ 与其他管理体系相融合，提高管理质量：ISO 22000 可以单独使用，也可以同其他管理体系结合使用，它的设计与 ISO 9001：2000 标准充分兼容，对已获得 ISO 9001 认证的公司来说，将其扩展到 ISO 22000 认证是比较容易的，这样不仅起到了扩展市场的作用，又可大大降低企业的管理成本。

⑥ 提供简洁、完善的认证体系：符合 ISO 22000 标准的食品管理体系可以被认证，这为食品生产商面对冗杂的不同地方标准时提供了简洁、完善的认证体系。

⑦ 消除国际贸易壁垒，促进公平竞争：ISO 22000 可被用于贯穿整条食品供应链的所有组织，构建一个理想的质量管理体系框架，从而和生产高效经济的产品目标相匹配。该标准已成为企业与国际接轨，进入国际市场的通行证，同时也将成为世界各国进行国际贸易时的技术壁垒标准。

因此 ISO 22000 体系不仅是对各国食品安全法律法规的总结和归纳，还为食品组织预防控制食品安全问题提供了国际性统一参考。ISO 22000 为 ISO 9001 质量管理体系、ISO 14001 环境管理体系提供了接口，为组织内部构建一套重点突出、连贯且完整的食品安全管理体系提供了系统化的思路。此外，ISO 22000 还是一种风险管理工具，能使实施者合理地识别将要发生的危害，并制订一套全面有效的计划来防止和控制危害的发生。

（四）ISO 22000 对我国的影响

尽管 ISO 22000 是一个自愿性标准，但由于该标准整合了各国现行的食品安全管理标准和法规，已成为一个统一的国际标准。我国将 ISO 22000：2005 转化为了国标，于 2006 年 3 月 1 日发布了 GB/T 22000—2006《食品安全管理体系 食品链中各类组织的要求》，并于 2006 年 7 月 1 日起实施，旨在便于食品链中的组织证实其有能力控制食品安全危害，确保其提供给人类消费的食品是安全的。2007 年 3 月 1 日，国家认监委发布《食品安全管理体系认证实施规则》（以下简称《规则》），并于 2010 年 1 月 26 日进行修订，同年 3 月 1 日正式实施。该规则规定认证机构从事食品安全管理体系认证的程序和管理的基本要求。今后，凡是具备食品安全管理体系认证资格的机构可依据《食品安全管理体系 食品链中各类组织的要求》（GB/T 22000—2006）对相关组织进行认证。我国企业采用 ISO 22000 并得到其认证有以下几点好处：

① 可以与贸易伙伴进行有组织的、有针对性的沟通；
② 在组织内部及食物链中实现资源利用最优化；
③ 加强过程控制及管理，减少终端产品检验步骤，更加有效和动态地进行食品安全风险控制；
④ 所有控制措施都将进行风险分析，对必备方案进行系统化管理；
⑤ 通过减少冗杂的系统审计节约资源与成本；
⑥ 有利于打破国际贸易壁垒，有利于我国企业与国际对接。

鉴于 ISO 22000 国际标准是一个可供认证和注册的可审核标准，从事食品安全管理体系认证活动的认证机构可进行试点，试点范围包括食品罐头、水产品、肉及肉制品、果蔬汁、速冻果蔬、速冻方便食品和餐饮业。截至 2010 年 12 月底，已有 138 个国家或经济体获得了超过 18360 个 ISO 22000：2005 的认证，与 2009 年相比同比增长了 34%。中国取得的认证及增长率均占第一位。

讨论题

1. 简述推行 ISO 标准的优势及 ISO 在中国的推行过程中的主要事项。
2. 简述 ISO 标准制定的原则及过程。
3. ISO 9000 中过程改进的基本方法是什么？此方法的目的是什么？如何将其灵活应用于质量管理体系当中？
4. 试简述 ISO 9000 体系的基本理念。
5. ISO 14000 的核心内容是什么？
6. 试概括 ISO 9000、ISO 14000 与 ISO 22000 的相似点与不同点。
7. ISO 的宗旨是什么？采用国际标准具有哪些好处？
8. ISO 22000 的关键原则和核心内容分别是什么？其包含哪些特点？
9. 简述我国采用 ISO 22000 的好处。

第二篇　国际食品法规与标准

第三篇

发达国家/地区食品安全法律法规与标准

学习目标

- 1. 了解美国食品安全法律法规与标准。
- 2. 了解欧盟食品安全法律法规与标准。
- 3. 了解日本食品安全法律法规与标准。

第五章 美国食品安全法律法规概论

第一节 美国食品安全法律法规体系的发展与现状

一、美国食品安全法律法规的起源

美国与大多数英联邦国家都继承了英国法律的普通法传统。比如，美国法院承袭了"遵循先例"原则。在独立战争时实行的一小部分重要的英国成文法几乎一字不差地被美国各州分别照搬。很多法律人士都会承认的是欺诈法和伊丽莎白第 13 号成文法这两个例子。这些英国法律的现代美国版本仍然时常被现时的法律文书所引用。

美国早期与食品安全有关的法规是从英国继承下来的。这是由于在 1783 年 9 月 3 日之前，美国是英国的殖民地之一，所实施的与食品安全相关的法规是英国 1202 年颁布的第一部食品法——《面包法》，该法规定严禁在面包里掺入豌豆或蚕豆粉造假。

二、美国食品法律法规的发展

（一）1906 年前的联邦法规

在美国独立之后的近 70 年，美国资本主义经济尚未大规模发展，与食品有关的商业贸易多限于各州境内，因此各州根据本地生产者和消费者的需要而制定了各种各样的法律。至 19 世纪中叶，美国一方面完成了领土扩张，形成东北部传统工业区、西部农业区的专业化经济布局，各州间需要互补和加强商品交流，促使联邦需要对食品安全问题进行全国范围内的统一监管；另一方面，在第一次工业革命浪潮的推动下，美国的食品工业也得到了迅猛发展，在巨额利润的驱使下，食品市场出现了制伪、掺假、掺毒、欺诈等现象。据说当时牛奶掺水、咖啡掺炭的现象在纽约十分普遍，更有甚者，做出牛奶加甲醛、肉类浸硫酸、黄油掺硼砂等严重损害消费者健康的恶劣行为。

1880 年，美国农业部首席化学家彼得·科利尔在对掺假食品进行调查后，建议制定一部全国性的食品和药品法，但该议案当时并未被通过。随后的 25 年中，国会提出 100 多个关于食品和药品的议案，虽然大多未被通过，但陆续也有单项法律获得通过，如 1897 年通过了《茶叶进口法》，1902 年通过了《生物制品控制法》。国会还拨专款给政府化学局，研究防腐剂和色素对人类健康的影响。这些研究引起人们对食品掺假问题的广泛关注，公众对通过一部联邦食品和药品法的支持率显著上升。

(二) 1906年后的食品法规

政治力量的角逐、科学技术的进步、企业界的力量、社会舆论的压力在推动联邦政府对食品管制方面发挥了重要作用。进步主义的呼声越来越高,迫使国会采取了行动。1899年,国会开始对食品"掺假"问题进行调查。1902年,国会两院联合成立一个附属委员会专门负责对"掺假"食品、药品以及虚假广告进行听证。通过一系列的听证会,有越来越多的国会议员认识到了"掺假"食品对公众健康的危害。终于在1906年6月30日,国会通过了《食品和药品法》,并于1907年1月1日正式实施,同时还通过了《肉类检查法》,建立了以化学家威利博士(Dr. Wiley)为首,由11名专家学者组成的班子,形成美国食品与药品监督管理局(Federal Drug and Food Administration,FDA)的雏形。同时,按《农业拨款法》将食品、药品和杀虫剂管理局简称为食品和药品管理局。这标志着美国食品安全监管走上了法制化道路,极大地遏制了食品生产经营领域的违法行为。

《食品和药品法》中有一个所谓的"特殊名称附带条款"(distinctive name provison),这一条款对传统食品制造商的监管过于宽松,为其后期的投机行为留有余地。例如,生产果酱的企业,在制造果酱时只用很少量的劣质水果,然后加入大量的人造果胶和草籽,附以漂亮的包装,再以巧妙的广告打动消费者。一方面,消费者不能通过食品标签或者外观来判断其质量,故无法通过"优胜劣汰"的市场机制淘汰这些产品;另一方面,这些食品符合《食品和药品法》,FDA无法对其采取强制取缔措施。1920年后,这类美其名曰"BRED-SPREAD"的低劣食品充斥美国市场。为增强法律的权威性、加强管理力度,1933年,刚诞生不久的FDA开始考虑促进国会通过一部新的法律以取代《食品和药品法》。

在各方的不懈努力下,国会制定并于1938年通过了《联邦食品、药品和化妆品法》(FFDCA)。该法案将管理范围扩大到化妆品和医疗器械领域,并对食品安全监管体制作出了较大的调整,主要表现在扩大了FDA在食品安全监管方面的权力。这为美国现代食品安全监管体制的建立奠定了基础。

《联邦食品、药品和化妆品法》颁布以后,有关部门加强了对食品安全的监管。此后出台的与食品安全有关的法律都以该法所确立的基本框架为前提,对该法的部分条款进行修改或补充,以应对食品安全领域不断出现的新问题。

1949年,国会创建了一个特别委员会来调查由食品中(合成)化学物质的使用不断增加而引起的危害。1952年6月发行的委员会报告总结中认为法律不足以确保对公共健康的保护,并推荐新的立法,最终形成了三个修正案。1954年《农药残留修正案》对农药的使用作了规定,明确对在原始农产品中的杀虫剂残留设定安全性限度的程序。1958年《食品添加剂修正案》明确禁止批准任何可能导致人或动物癌症的食品添加剂的使用。1960年《色素添加剂修正案》建立了食品添加剂和着色剂的安全使用标准,标志美国食品进入了安全评估时代。

第二次工业革命推动美国化工业迅速崛起,各种化学农药的大肆使用对人类赖以生存的环境造成了严重破坏。1962年,美国生物学家莱切尔·卡逊出版了《寂静的春天》一书,严肃地指出人类不加选择地滥用杀虫剂和除草剂等化学合成制剂直接威胁人类健康和生存,这一结论引起了全国轰动及世界舆论的关注。在激烈争议中,该书得到了当时的美国总统约翰·肯尼迪的重视,并授意总统科学顾问委员会(PSAC)对杀虫剂问题展开专门调查,卡逊关于杀虫剂潜在危险的警告被确认,最终于1970年促成美国国会通过《国家环境政策法》,并成立了美国环境保护署(Environmental Protection Agency,EPA),使环境保护不仅有法可依，也有了执行这一使命的实体。随后，DDT药物于1972年在美国禁用，这标志着美国环境保护工作步入了法制化的阶段。

随着科技的进步以及人们环保、饮食健康意识的增强，美国于1996年颁布了《食品质量保护法》(FQPA)，要求对通过膳食和非膳食途径摄入的农药残留对人体造成的健康风险进行全面评估，这标志着美国环保局调节农药的方式从根本上发生了改变。"9.11"事件发生后，出于对来自生物恐怖主义威胁的担心，美国国会于2002年通过了《公共健康安全与生物恐怖主义预防应对法》。该法案授权美国食品与药品管理局针对国际或意外事件造成的污染和其他与食品相关的公共卫生突发事件造成的威胁采取行动以维护美国食品供应安全，将保障食品安全提高到国家安全的战略高度，提出实行从农场到餐桌的风险管理，对食品安全实行强制性管理。

在造假掺伪、化学污染都得到了较为有效的控制后，生物危害又以不同的形式袭扰着大众的饭桌。根据WHO引用美国的统计资料，每年有7种食源性病原体（空肠弯曲菌、产气荚膜梭状芽孢杆菌、O157与H7大肠杆菌、单核细胞增多性李斯特菌、沙门氏菌、金黄色葡萄球菌和弓形体虫）造成美国330万~1230万人患病、约3900人死亡，每年的经济损失达65亿~349亿美元。2006年9月，美国"毒菠菜事件"导致美国26个州200余人感染大肠杆菌，其中3人死亡；2009年1月暴发的"花生酱事件"更是震惊全美，造成9人死亡。这些重大食品安全事件使美国公众对国家食品安全监管制度以及FDA保障食品安全的能力提出严重质疑。美国总统奥巴马评论说，美国的食品安全体系不但过时，而且严重危害公共健康，必须彻底进行改革。"花生酱事件"后参众两院议员分别提交了有关加强食品安全的议案，最终形成"美国2009食品安全加强法案（HR2749）"，并经多次修改及参众两院审议后，美国总统奥巴马于2011年1月4日签署了《FDA食品安全现代化法案》，使该法案成为第111届国会第353号法律（Public Law No：111-353）。该法是70多年来美国对《联邦食品、药品和化妆品法》的重大修订，授予美国负责大部分食品与药品安全监管的机构美国食品和药物管理局更大的监管权力，可就食品供应领域制定综合性的、以科学为基础的预防性控制措施，加强其对美国本土生产的食品及进口食品的安全监管，以预防食品安全事故的发生，防患于未然。2015年9月17日和2016年4月6日，FDA通过官网又相继发布了《FDA食品安全现代化法案》的重要配套法规《食品现行良好操作规范和危害分析及基于风险的预防控制》和《人类和动物食品卫生运输法规》，其目的是采用现代化的、预防性的、基于风险的方法构建食品安全管理体系，推进FDA保护食品从农田到餐桌的过程安全无害的工作。

三、美国现行食品法律法规体系

美国政府的三个分支机构——立法、司法和执法，在确保美国食品安全的工作中各司其职。国会发布法令确保食品供应的安全，从而在国家水平上建立起对公众的保护。各执法部门和机构通过颁布法规负责法令的实施。

因此，美国关于食品的法律法规包括两方面内容：一是议会通过的法案，称为法令，如《美国法典》第7卷农业、第9卷动物与动物产品和第21卷食品与药品，《行政管理程序法令》、《联邦咨询委员会法令》和《新闻自由法令》等；二是由权力机构根据议会的授权制定的规则和命令，如《联邦食品、药物和化妆品法》《联邦肉类检验法》等，这些法规在"联邦登记"（Federal Register, FR）中颁布，公众可查询到这些法规的电子版材料。联邦法庭体系在立法过程中按照规定的权利和义务，在确保立法机构满足法律及程序的要求等方面起重要作用。独立的陪审团对执法机构的活动记录进行细化。当法庭怀疑执法机构未随行其法律职责或其活动没有合理的基础时,可对执法机构的活动进行调查和限制。

美国食品安全法律法规体系特点鲜明。立法过程透明、开放,并以风险分析作为食品安全决策和立法的基础,这有助于提高食品安全法律法规体系的科学性和执行的有效性。

(一)立法过程透明、开放

在制定新法规或修订已有的法规时,立法机构通常发表一个条例提案作为先期通知。在条例提案中会指出存在的问题,并提出机构建议的解决方案和备选的方案。所有重要的公众评论都要在最后法规中予以强调,在最终法规发表之前,要为公众首先提供开展讨论和发表评论的机会。当遇到特别复杂的问题,需要立法机构之外专家的建议时,立法机构根据需要召开公众会议或咨询委员会会议。公众会议是将有关人员通过非正式信息途径召集到一起,这些会议的目的是收集公众对特定问题的看法,或收集公众对立法机构特定计划的观点。而咨询委员会会议结构形式更正式一些。公众会议和咨询委员会会议在联邦登记(FR)中发布,涉及商业机密时除外。如果个人或机构对立法机构的决策有异议,可以向法庭提出申诉。

(二)以风险分析作为美国食品安全决策和立法的基础

风险分析不但能为食品安全监管者提供使其作出有效决策所需的消息和依据,为其立法工作提供强有力的科学依据,还可根据风险评估的结果,确定并实施合适的措施来控制风险,并与利益相关方就风险及所采取的措施进行交流,大大提高食品安全监管水平。政府机构内专家的合作或向其他科学家咨询,为法规制定者提供技术和科学方面的推荐方案,通过与国际组织(如CAC、WHO、FAO等)的合作,解决技术问题、紧急问题、食品安全问题等,强调食品中风险因素的早期预警。

美国国会颁布的食品安全法令对执法机构广泛授权,法令的唯一目的就是为达到特定的目标,得到授权的行政机构可依据法令发布特定的法规,采取特定的措施,进行特定的指导。当必须强调新的技术、产品和健康风险时,执法机构有充分的灵活性对法规进行修改和补充,而不需要制定新的法令。这种灵活的工作方式使行政管理部门能够更好地发挥其监管作用。

四、美国食品监管机构

美国的食品安全监管是建立在联邦制基础上的多部门联合监管模式。

美国之所以选择多部门监管模式,主要根源在于美国建国之初确定的国家治理原则,即立法、执法和司法三权分立原则,这一原则被运用到食品安全监管领域。为了便于多部门各行其责,同时又有利于对特定食品实行功能上的集中监管,在具体划分各监管部门职能时,又严格按照食物的种类进行划分。依照以上原则,美国建立了由总统食品安全顾问委员会负责综合协调,卫生部、农业部、环境署等多个部门分别负责监管的综合性食品安全监管体系。

美国将食品安全体系又分为联邦、州和地区三级,形成相互独立、相互合作的食品安全监管网。美国联邦食品安全监管机构实行垂直管理,避免各个监管环节之间的脱漏或重复,真正意义上实现了全过程、无间隙监管。州和地区监管机构的职责是配合联邦机构执行各种法规,检查辖区内的食品生产和销售点。

美国联邦及各州政府总共设立了20多个食品安全监管机构,但政府部门之间的职责相对明确,各部门依照法律授权各司其职。主要食品安全监管机构有美国联邦卫生与人类服务部（DHHS）所属的食品与药品监督管理局（FDA）、美国农业部（USDA）所属的食品安全检验局（FSIS）、动植物卫生检验局（APHIS）以及联邦环境保护署（EPA），其组织构架如图5-1所示，各机构的具体职责如下：

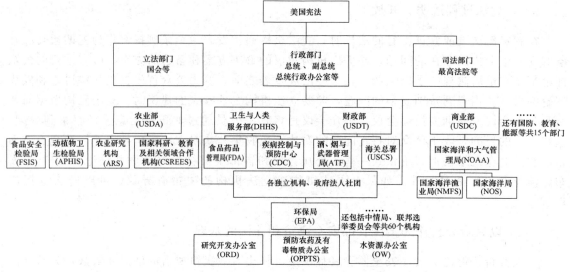

图 5-1　美国食品安全主要监管机构组织构架图

（一）美国联邦卫生与人类服务部（DHHS）

疾病控制与预防中心（CDC）负责与地方、州和其他联邦官员一起调查由食品引起的疾病的来源，并监视食品传染疾病的发病率和趋势；管理全国食品传染疾病监视系统，设计和部署食品传染疾病快速电子报告系统；进行研究以防止食品传染疾病，发展能使州和地方各级机构快速识别食品传染病原体的先进技术，培训地方和州的食品安全监管人员。

DHHS下属的FDA负责美国州际贸易及进口食品，包括带壳的蛋类食品（不包括肉类和家禽）、瓶装水以及酒精含量低于7%的饮料的监督管理。FDA负责FSIS职能之外的所有食品的安全管制，约占美国食品消费量的80%。FDA下设的主要食品安全监管机构有以下三个：

① 食品安全与应用营养中心（CFSAN）：FDA对食品的监管职责是通过CFSAN来实施的，目的是保证美国食品供应能够安全、卫生、有益，标签、标示真实，保证化妆品的安全和正确标识，保护公众健康。

② 兽药中心（FDA/CVM）：主要管理动物食品的添加剂及药品的生产和销售。这些动物既包括用于人类消费的食用动物也包括作为人类伴侣的宠物。

③ 毒理学研究中心（FDA/NCTR）：作为研究机构，NCTR通过开展基础研究，为FDA的各中心提供所需的科学支持。NCTR以动物作为研究对象来开展毒理学试验，并根据研究结果推断相关毒素对人类的影响。

（二）美国农业部（USDA）

USDA下属的动植物卫生检验局（APHIS）负责监督和处理可能发生在农业方面的生物恐怖活动，如外来物种入侵、外来动植物疫病传入、野生动物及家畜疾病监控等，从而保护公共健康和保障美国农业及自然资源的安全。

食品安全检验局（FSIS）是USDA负责公众健康的机构，保证国内生产和进口消费的肉类、禽肉及蛋类产品供给安全、有益，标签、标示真实，包装适当。

农业科学研究院（ARS）是 USDA 的主要研究机构，负责一系列影响美国人民日常生活的食品安全研究项目，推广相关科学知识，并向 APHIS 及 FSIS 提供技术支持。

州际研究、教育和推广合作局（CSREES）是 USDA 的主要集资研究机构。该机构可以为从事食品安全等相关研究的学校、政府机构、专业组织及业界团体提供竞争性的集资。

经济研究所（ERS）是 USDA 经济信息来源和经济研究的主要机构。其研究可以为农业、食品、自然资源及乡村发展提供相关信息，提高政府科学决策水平。

农业营销局（AMS）旨在维护市场环境的稳定，保障农牧民及消费者的利益。该机构主要通过为农产品质量提供定级和认证服务，保证国民能有选择性地享受高品质的食品供给。

谷物检验、批发及畜牧场管理局（GIPSA）负责管理家畜、肉（猪、牛、羊、禽）类、谷物、油籽及相关农产品贸易。GIPSA 可以就农产品制定官方定级和检验标准，对检测方法进行统一，从而维护公平竞争的市场营销体系。

海外农业局（FAS）负责帮助美国产品进入国际市场，促进美国产品获得新的海外市场准入或提高其在国际市场的竞争力，同时也支持农业国际贸易的发展。

首席经济师办公室/风险分析及成本收益分析办公室（OCE/ORACBA）主要负责政策指导和技术支持，组织协调农业部起草法规的成本收益分析工作，并保证 USDA 出台的政策符合美国相关的法规要求。

（三）美国联邦环境保护署（EPA）

EPA 主要负责农药登记、注册；制定安全饮用水标准，并监测饮用水的质量，研究预防饮用水污染的途径；评估新杀虫剂的安全性，制定食品中农药残留限量等法律法规；教育公众安全使用杀虫剂等。

EPA 下属的预防农药及有毒物质办公室（OPPTS）职责广泛，旨在保护当前及今后公共健康和环境免受有毒有害化学药品的污染，设定食物中农药及其他有毒有害物质的残留限量等。

研究开发办公室（ORD）是 EPA 主要的科研机构，其研究项目围绕风险分析或风险管理来进行，为环保局正确履行保障人类健康、保护自然环境的职能提供科学依据。

水资源办公室（OW）旨在保证水质安全，以供人类安全饮用、鱼类及贝类安全生存和适于游泳，从而保障人类健康。该办公室负责制定相关管理规定，确定相关研究项目，开展风险分析。

（四）其他监管部门

除了以上主要监管部门外，美国商务部和财政部也设置有食品安全监管机构。其中商务部（DOC）国家海洋和大气管理局（NOAA）下属的国家海洋渔业局（NMFS）负责推荐性海产品检验项目，主要是与海产品的食品安全相关的事宜，包括对海产品及加工设备的检验、实验室检测、风险分析、风险管理、风险传播及产品质量等级的确定等。财政部酒、烟与武器管理局负责含酒精（含量高于 7%）的饮料的监管，包括执行与含酒精饮料生产和流通有关的食品安全法律法规，有时与 FDA 合作调查含酒精产品掺假案件。财政部海关总署与联邦管制机构合作，确保所有货物在进入美国时都符合美国法规条例的要求。

在食品安全监管中，为了加强各部门间的协作，成立了专门的协作机构促进联邦各部门间以及联邦管理机构与州及地方相关机构间的协调、交流和合作。具体有：风险评估联盟（RAC）负责从事食品安全风险评估的联邦政府机构间的相互协作，通过这种交流和合作，共同开展食品领域的风险分析工作；技术支持工作组（TSWG）为多个机构参与的工作小组，负责开展预防和打击生物恐怖活动的机构间的合作；食源性疾病反应协作组（FORCG）目的在于提高联邦、州及地方机构对发生跨州界食源性疾病做出反应的处理能力，FORCG将联邦、州及地方相关政府机构纳入到了全国性的食源性疾病综合反应体系。

美国联邦食品安全监管机构与州及地方政府的相关机构既相互独立，又相互合作。在食品质量安全监督工作上，联邦政府不依赖各州政府，他们在全美国设立多个检验中心或实验室，并向全国各地派驻大量的调查员。对于仅在州内销售或不在国内销售的产品（出口产品），可由州监督员实施检验，检验标准可以采用联邦标准或等效标准。

第二节　美国食品法律法规简介

一、美国食品与药品监督管理局（FDA）颁布的法规

（一）联邦食品、药品和化妆品法（FFDCA）

1938年FFDCA法案拓宽了1906年法案所涉及的监管范围，它致力于确保食品的安全性、卫生性以及生产卫生、包装和标签的可信性。此项法案对假冒伪劣产品做出了定义，并制定了相应法规。FDA有权没收违法产品，并对违法人予以罚款甚至监禁处罚。1938年FFDCA法案中涉及食品分析的重要部分是食品定义和鉴定标准。

（二）FFDCA法案的修改与补充

1938年FFDCA法案经过多次修改，其权威性也逐渐加强。1954年增加了杀虫剂修订案，专门对上市的新鲜水果、蔬菜及其他农产品中农药的残留量做出了限定。在FDA授权下，环境保护局（EPA）负责实施这部修订案。

作为1938年法案的补充，1958年又通过了食品添加剂修订案，这部法案为确保食用添加剂的安全性而制定，其中最有争议的是该法案的修正案Delaney条款，它绝对禁止FDA允许致癌物质作为食品添加剂。

1960年通过的色素添加剂修正案中定义了色素添加剂，并对已注册色素与未注册色素做了规定，批准注册色素或免除注册色素添加剂的使用。此外，它授予FDA规定特殊用途色素添加剂及其使用量的权利。色素添加剂修正案也包括Delaney条款。

（三）FDA食品安全现代化法案

2011年1月4日，美国总统奥巴马签署了《FDA食品安全现代化法案》，将FDA推到了预防食品安全的最前线，使得FDA对食品安全的管理领域扩大至80%（不包括由美国农业部管理的肉类和家禽产品）。新法授权FDA就食品供应领域制定综合性的、以科学为基础的预防性控制措施，如问题食品强制召回权，以及扩大FDA在食品产销及使用记录方面的权力等。根据该法，食品企业必须落实FDA制定的强制性预防措施，并且要执行强制性的农产品安全标准。在农产品安全领域，FDA将起草一套规则，就水果及蔬菜的安全生产和收获制定最低标准的科学标准。与此同时，还就涉及食品生产的土地改良、工人的健康及卫生、食品包装、温度控制、水利用等其他问题制定统一操作规范。对于食品企业来说，他

们将必须制定书面的预防性安全控制方案，该方案必须涉及对相关安全控制措施落实情况的监督，同时，该方案还必须明确必要时该食品企业可以采取的整改行动。

具体来说该法在以下五个主要方面进一步加强了监管、对相关监管机构的权力进行了重新整合，并且在一些领域进行了制度创新。

① 食品安全预防控制方面。该法首次明确FDA在食品供应方面拥有广泛的、预防性控制措施，并有权进行立法。

② 对食品生产企业的检查和执法方面。该法认为对食品生产、加工、包装、贮存设施进行检查是让食品生产企业对其生产的食品安全卫生承担起责任的重要途径，因此，该法明确规定FDA对所有食品生产企业设施进行检查的频率应当不断提高。包括对出口美国的食品生产、加工企业的检查。对国内存在高风险的食品加工、生产企业，新法实施后要求FDA将至少每5年要进行1次检查；对国内不认为存在高风险的食品生产、加工企业，在新法颁布实施后，至少每7年要进行1次检查；对于出口美国的外国食品生产、加工企业，新法规定FDA局长必须在新法实施后1年内视察不少于600家的外国食品生产、加工企业，并且在此后5年时间内，每一年视察的外国食品生产、加工企业总数至少是前一年的2倍以上。在过去，FDA极少对一些食品生产、加工企业及农场进行检查，最多每10年对一些食品生产、加工企业进行巡视，而更多食品加工厂则是从来没有被巡视过。此外，新法规定FDA在对这些企业进行检查、运用监测资源时要注意以监测风险为工作基础，在进行检查时尽量采用创新的手段。

③ 进口食品安全方面。向美国出口食品的国家多达150个，根据新法，FDA拥有确保进口食品达到美国标准、并确保对美国消费者来说是安全的权力。首先，该法第一次规定，食品进口商必须确保他们的外国食品供应商拥有足够的预防性控制措施来保证食品安全。其次，FDA将授权第三方稽查机构或人士来证实外国食品生产企业的设备达到美国的食品安全标准。再次，对于存在高风险的食品，FDA有权要求相关进口食品在进入美国境内时具备可信赖的第三方认可证明。此外，为对外国食品出口企业进行检查，法律还配套了一些另外的资源。最后，对于那些拒绝接受美国检查的外国食品出口企业，FDA有权拒绝其出口到美国的食品进入美国国境。

④ 及时应对问题食品方面。该法首次规定，FDA对所有问题食品都有权进行强制召回。不过，FDA期望，仅在食品生产企业很大程度上没有按规定遵守自愿召回问题食品时，才会动用这种强制召回权力。

⑤ 加强国内外食品安全监管机构的合作方面。该法对目前美国联邦各州、地方、领地、部落地区食品安全监管机构之间及其与外国食品安全监管之间合作的重要性给予了前所未有的重视，重视这种国内各相关机构及国外相关机构之间合作的目的只有一个：确保公共健康目标的实现。例如，该法第二篇第209章就明确要求FDA加强对联邦各州、地方、领地及部落地区食品安全官员的技能培训。

2014年9月，FDA发布了关于《食品安全现代化法案》（FSMA）的4项新的修订法案。这4项修订包括：修改了直接应用于农业生产的水的微生物标准；修改了关于未经处理的水的分级细节；修改了中间作物中堆肥的要求；修改了"农场"的定义以及相关的农场食品的定义。数月前，FDA因为FSMA中的相关规则引发了消费者协会的争议，遭到了起诉，此次4项修订基本上和起诉的内容有关。修改后的法案细节更加准确，同时也听取了农场主们的意见，此次法案修改后有75天的评议时间，若无异议即成为正式法案。

《食品安全现代化法案》自2011年1月4日由奥巴马总统签署生效以来，FDA一直致力于制定7个配套的执行法规，2016年5月31日前将全部生效。FDA在制定配套法规时创新了食品安全监管模式，如《生食果蔬安全生产法规》就是一部新的法规，要求生食果蔬在种植、收获、贮存过程中关注对致病微生物的控制。在新法案框架下，FDA 在 2016 年开始尝试制定了新的更加有力的微生物监控计划，新方案更体现了预防为主的理念。

（四）人类食品预防控制最新规定

2015 年 9 月 17 日，美国食品药品管理局通过官网发布了《食品现行良好操作规范和危害分析及基于风险的预防控制》最终法规。该法规是《FDA 食品安全现代化法案》的重要配套法规之一，其目的是采用现代化的、预防性的、基于风险控制的方法构建食品安全管理体系，《人类食品预防控制最新规定》的主要内容包括总则、危害分析和基于风险的预防控制、对部分企业的更改要求、建立并保持记录的要求、供应链计划五个部分。

（五）人类和动物食品卫生运输法规

2016 年 4 月 6 日，FDA 发布的《人类和动物食品卫生运输法规》是《FDA 食品安全现代化法案》的另一个重要配套法规，通过确立食品运输的卫生标准（如规范、条件、培训和记录），确保在运输期间人类和动物食品的安全，推进 FDA 保护食品从农田到餐桌的过程安全无害的工作。该法规以 2005 年《食品卫生运输法》中设想的防护措施为基础，旨在避免在运输期间带来的食品安全风险。主要适用于美国境内通过机动车或铁路车辆或船只或飞机运输食品的托运人、收货人、装运人和承运人，不论食品是否被用于或进入洲际贸易。

（六）1990 营养标签与教育法案（NLEA）

NLEA 规定 FDA 管辖的多数食品必须有营养标签，并对标签上有关健康和营养的说明提出了明确且详细的规定。NLEA 强调饮食与健康的重要性，要求产品必须向消费者提供详细可信的产品标签，以帮助消费者正确选择食品。

2001 年，在五年调查的基础上，埃里克出版了《快餐王国》一书，该书提出美国有四分之一的儿童以及 40% 青少年每天都吃快餐食品。更为严重的还有因此导致的疾病隐患：13 岁前肥胖的儿童中，超过 90% 将会在长大后超重。一个 10 岁的小孩，如果被诊断患有糖尿病或者多尿症，那么他将减少至少 17 年的寿命。这本书一出版就引起了美国社会的轰动。由于经过氢化处理的植物油不易变质、贮存时间更长，且可以反复煎炸使用，因此许多大型快餐餐厅都使用这类植物油，然而如果加热时间过长，将产生大量的反式脂肪，反式脂肪容易诱发心脏病。2004 年，应美国公共利益科学中心（CSPI）的请求，美国食品及药品管理局（FDA）修正了该法案，新法案规定了新的反式脂肪酸营养成分声明，并对该类物质现有的饱和脂肪酸和胆固醇成分声明、低脂肪和超低脂肪以及含有可能导致胆固醇升高的油脂声明做出进一步规定，并明确了反式脂肪酸的成分及不合格标准。

（七）1994 饮食健康与教育法案（DSHEA）

该法修改了 FFDCA 中有关饮食补充成分的定义及规定。DSHEA 将饮食补充成分定义为"饮食成分"，确定了标注与要求的标准，并设立政府机构进行管理。用饮食成分代替食品添加剂，FFDCA 法案的 Delaney 条款对此项就无权限定了。饮食补充物（dietary supplements）的有关控制与规定从传统食品中分离了出来。

（八）食品过敏原标识和消费者保护法（FALCPA）

在美国 2% 的成年人和大约 5% 的婴儿和幼童因食品过敏而受苦。由于对食品的过敏反应，每年大约有 3 万消费者需要急救室的治疗，并约有 150 名美国人死亡，因此，美国 2004 年颁布了《食品过敏原标识和消费者保护法》，该法案对孩子尤其有帮助，他们必须学会识别必须避免的物质的存在。

(九) 其他 FDA 法规

除上述法规外，FDA 还规定了许多管理制度、指导方针、执行标准，以补充 1938 年 FFDCA 法案。这些法规涵盖 GMP 法规、食品标签法规、产品回收指导方针及营养质量指导方针。其中食品标签法规包括营养标签的要求与指导方针、营养成分含量、健康声明和营养说明等专门要求。

FDA 同时还管理其他与食品有关的法规。1966 年包装与标签法规规定，应该以明确的方式在标签上标明食品的净重与其他信息。1944 年 FDA 强制实施公共卫生服务法 (PHSA)。基于经济与公众健康考虑，美国制定了《奶制品进口法》以便管理美国奶制品与冰激淋的进口。此外，1967 年 FDA 还实施了肉制品监督法与禽制品监督法中有关修正法案。

食品与药品法规协会收集出版了大量与食品与药品有关的联邦法律、指导方针和法规方面的资料。《食品化学报道》杂志社出版了《FDA 食品实施手册》，该书汇编了 FDA 对有关食品加工者的管理指南。为了确保消费者食用产品的安全性，食品加工者和法规机构肩负了重大责任。目前，FDA 大力强调生产质量管理规范（GMP）法规以及危害分析和关键控制点（HACCP）体系。HACCP 是食品加工企业内部为减少食源性疾病而采取的重要措施。FDA、USDA、EPA 和疾病控制中心（CDC）均已认可并推荐实施 HACCP 体系。

二、美国农业部颁布的法规

(一) 肉类与禽类监督程序 (MPIP)

MPIP 由美国农业部（USDA）贯彻实施，主要对某些家禽和畜类的屠宰以及肉禽制品的加工进行监督。这种监督涉及国内外所有肉类和畜禽产品，以防止假冒伪劣产品在国内市场流通和销售。MPIP 负责审查向美国出口肉禽制品的外国检查机构和包装厂家，但是进口产品需在海关重新接受检查。

1906 年实施的《联邦肉制品检查法》(FMIA)（该法案于 1967 年重新审定），1957 年实施的《禽制品检查法》(PPIA)，1946 年实施的《农业商贸法》(AMA)，1958 年实施的《人道屠宰法》(HAS) 及 1930 年实施的《进口肉制品法》赋予 MPIP 巨大权力。MPIP 和企业职员常将肉禽制品检查手册作为解释和利用法规的辅助手段。USDA 下属的食品安全检查局（FSIS）制定了许多肉制品的鉴定标准，这些标准通常规定了产品中肉、脂肪和水的百分含量，并要求采用 AOAC（美国分析化学家协会）的方法进行检测。

(二) 肉和禽类及其制品 HACCP 最终法规

1996 年，USDA 下属的 FSIS 宣布了许多新法规，以期提高肉禽制品的安全性。其中最重要的改变是对屠宰和加工厂提出实施 HACCP 体系的要求。1996 年 7 月 25 日 USDA 的 FSIS 对国内外肉禽加工企业颁布了《减少致病菌、危害分析和关键控制点体系最终法规》(9CFR Part 304、308、310、320、327、381、416、417)，即"肉和禽类及其制品 HACCP 最终法规"。内容涉及肉类检验中的微生物检测，肉类检验报告和记录保存的要求，进口产品、禽类和禽类制品的微生物检测，卫生，危害分析和关键控制点体系等。为使法规得以更有效地实施，USDA/FSIS 又为该法规增补了从 A 至 G 的七个附录，分别是附录 A 在接受联邦检查的肉禽企业中制定卫生标准操作程序；附录 B 卫生标准操作程序的模式；附录 C HACCP 计划制定指南；附录 D 危害和预防措施指南；附录 E FSIS 从生肉和禽类制品中分离和鉴定沙门氏菌抽样指南和程序；附录 F 牛、猪屠宰企业加工控制验证的大肠杆菌检测指南，附录 G 禽屠宰企业加工控制验证的大肠杆菌检测指南。

（三）美国谷物标准法

USDA 下属谷物检查、包装、贮存管理局（GIPSA）的职能之一是执行联邦谷物检查程序，其目的是强制执行 1976 年修订的美国谷物标准法。其中包括大麦、燕麦、小麦、黑麦、亚麻籽、高粱、大豆、黑小麦等谷物的指令性国家分级标准。虽然 USDA 制定的食品等级标准是非强制性的，但是由于产品的质量会直接影响其价格，因此食品加工者与销售者都广泛采用这些标准。按照 1946 年农产品贸易法及其他有关法规，USDA 已公布了 300 多种食品的等级标准。这些标准涉及各种肉类、禽制品、乳制品、水果、蔬菜、谷类、蛋、家兔、果酱、米、土豆和豌豆等。

三、美国环境保护署颁布的法规

（一）联邦杀虫剂、杀菌剂、除草剂修正法案（FIFRA）

FIFRA 规定特定的作物杀虫剂在食品中的最高残留限量（容许量），以保证人们在工作中使用或接触杀虫剂、食品清洁剂和消毒杀菌剂时的安全性，避免环境中的其他化学物质以及空气和水中的细菌污染物等可能威胁食品供给安全性的物质造成危害。

美国环境保护署（EPA）负责规定食品或谷物中可以允许检测出的杀虫剂残留量。一般来说，根据注册资料、消费方式、年龄组、运动方式、化合物的化学性质、毒性数据、植物与动物的生理状况、毒理数据和危险性，评估确定容许量。当 EPA 确定容许量后，FDA 对食品，大多数是农产品进行采样并分析以实施这些法规。USDA 负责家禽和畜类产品的采样分析。

（二）食品质量保护法（FQPA）

为缓解公众越来越强烈的呼声所带来的政治压力及满足美国对国内膳食和非膳食途径摄入农药残留对人体健康造成的风险进行全面摸底的迫切需求，1996 年 8 月 3 日美国国会一致通过了《食品质量保护法》。该法对应用于所有食品的全部杀虫剂制定了一个单一的、以健康为基础的标准，为婴儿和儿童提供了特殊的保护。对安全性较高的杀虫剂进行快速批准，要求定期对杀虫剂的注册和容许量进行重新评估，以确保杀虫剂注册的数据不过时。考虑到儿童具有特殊敏感性，1996 年《食品质量保护法》要求彻底检测允许残留量对儿童是否安全，这意味着为了消除有关数据对儿童的不确定性，需要将安全因子增加 10 倍。此外，1996 年《食品质量保护法》（FQPA）还规定每 10 年必须对现有容许量进行重新核查，以保证健康安全。风险评估这一应用于商业范畴的技术模式推广到农产品安全领域，渗透到 FQPA 的方方面面，成为该法中要求得以科学体现和贯彻实施的最主要的技术支撑。

（三）安全饮用水法案（SDWA）

1974 年 EPA 负责实施安全饮用水法案以保证美国饮用水的安全性，并贯彻国家饮用水标准。EPA 负责检测饮用水中潜在污染物并确定其在饮用水中的最大允许量。EPA 主要负责制定标准,各州负责具体实施。这些标准用于监督公共供水体系和饮用水资源。即为已经制定了主、次饮用水法规,前者是强制性的,而后者则具有选择性。最高污染物水平(MCL)的标准主要规定了饮用水中无机化学物质、有机化学物质、浊度、放射性及微生物等指标的含量。

四、其他部门颁布的法规

水产品:FDA 在联邦水平上制定了有关水产品的各项法规。在农业市场计划(1946)及渔业和野生生物计划(1956)的影响下,商业部(USDC)下属的国家海洋和大气管理局(NOAA)和 FDA 之间建立了理解备忘录(MOU)。作为 MOU 的一部分,NOAA 确保其代理商的加工过程和产品符合 FDCA 以及 NOAA 规定的各项要求。NOAA 制定了海洋食品检查程序,以确保美国国内销售的海洋食品的质量与安全性,并通过 50 CFR 260~267 非强制性分级、标准化及检查程序对出口海产品进行质量监督。NOAA 海产品检查程序拓宽了适用于渔业制品加工业各个方面的非强制性的 HACCP 衍生程序。1992 年为加工者制定的程序,现已包括渔船、食品服务设施及零售机构。该项 NOAA 的 HACCP 衍生程序,除涉及 21CFR123 对基本食品安全性危害的控制等要求外,还涉及卫生、标签和质量因素。

烟酒类:1938 年 FFDCA 法将啤酒、葡萄酒、白酒及其他酒精饮料列为食品。而它们的质量、标准、加工及其他有关事项却由美国司法部下属的烟酒、火器与爆炸物管理局根据联邦酒精管理法进行管理,大多数酒精饮料的标签及组成也由该局管理,FDA 也有权管理其他酒精饮料及烹调酒。此外,FDA 还有权处理酒精饮料的生产卫生、废弃物及酒精饮料中有害物等问题。

关税:向美国出口食品、饮料及有关可食用产品的国家多达一百五十个,在对进口商品合理征税、保证公民消费安全性及经济合法性的检查过程中,美国海关总署(USCS)起了关键作用。美国海关在发挥上述职能时得到 FDA 与 USDA 的支持。CFR(Code of Fdedral Regulation)第 19 节颁布了 USCS 制定的各项主要法规。美国依照美国统一关税计划(TSUSA)将所有进口商品按征税或免税予以分类。

广告促销:美国联邦贸易委员会(FTC)是最有影响力的联邦机构之一,它负责管理美国各种食品的广告或促销活动,FTC 的主要职能是保证商业与贸易的公平与自由竞争。1914 年《联邦贸易法》授权 FTC 保护消费者及商人的利益,打击商业贸易中的反竞争行为、不公平竞争及欺诈行为。1966 年 FTC 制定了《包装与标签法》,对商品的包装安全与标签的合理性进行规制。但包装与标签的管理由 FTC、FDA 及其他监管部门分工进行。目前,FTC 与 FDA 在各自承担的义务上早已达成协议,FTC 负责管理食品广告,FDA 负责管理食品标签。食品分级、鉴定标准与标签由多个上述联邦机构管理。包装与标签法的实施有利于缩小广告与产品之间的差别,更容易控制欺骗性广告或减少广告对消费者的误导。

第三节 美国食品安全标准体系

一、美国现行食品安全标准体系

美国的食品安全技术协调体系由技术法规和标准两部分组成,如图 5-2 所示。从内容上看，技术法规是强制遵守的、规定与食品安全相关的产品特性或者加工和生产方法的文件。而食品安全标准出于通用或者反复使用的目的，由公认机构批准的、非强制性遵守的、规定产品或者相关的食品加工和生产方法的规则、指南或者特征的文件。通常，政府相关机构在制定技术法规时引用已经制定的标准，作为对技术法规要求的具体规定，这些被参照的标准就被联邦政府、州或地方法律赋予强制性执行的属性。这些标准是在技术法规的框架要求的指导下制定的，必须符合相应的技术法规的规定和要求。

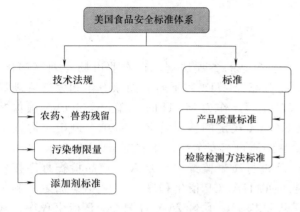

图 5-2　美国食品标准总体框架

美国的标准化发展得较早，早在19世纪早期，就形成了一些在世界上颇具影响力的标准化机构和专业标准化团体。二战后，美国经济实力得到加强，巩固了其标准化体系，同时标准化体系的强化又促进了产品的竞争力的提升，促使美国产品在国际市场竞争中取得了成功。由于这些在市场竞争中发展起来的分散标准化体系满足了市场的需要，同时促进生产商发展在技术及安全上被社会接受的产品，所以联邦政府认为没有必要再发展集中的政府运行的标准化体系，从而形成了复杂分散的、结构上多元化的标准化体系和名目繁多的标准。为保证整个标准体系的完整性，联邦政府授权美国国家标准学会（ANSI）负责协调分散的标准体系及众多的标准化团体，并且指定它为唯一的批准发布美国国家标准的机构。而政府部门则以普通会员身份在相关的领域参与民间团体的标准化活动，作为相关方参与标准的制定，需要时以购买者的身份采购标准。截至2018年1月，已有超过11500个美国国家标准得到批准，主要是检验检测方法标准和被技术法规引用后的肉类、水果、乳制品等产品的质量分级标准两大类，这些标准约占标准总数的90%。

二、美国食品安全标准的制定与修订

美国食品安全技术法规的制定以科学为依据，以风险分析为基础，贯彻以预防为主的原则，对"从农田到餐桌"全过程的食品安全进行监控和管理。按照制定部门分，美国农业部负责禽肉和肉制品食品安全技术法规的制定和发布，食品药品管理局负责其他食品安全技术法规的制定等。同时一些部门也会联合制定技术法规，如1998年，美国农业部、食品与药品管理局和疾病控制与防治中心联合颁布的GAP（良好农业规范）指南文件《减少新鲜水果和蔬菜食品微生物危害指南》，内容包括水果蔬菜的生产、收获、装运和加工过程中的安全控制，以确保进口的及国内生产的水果和蔬菜的安全。这些由部门制定的技术法规要由国会的相关专业委员会和国家管理与预算办公室（OMP）统一协调，然后由相应的政府机构或部门制定并颁布实施。所有现行的联邦技术法规（全国范围适用）全部收录在《美国联邦法规法典》当中。这些技术法规主要涉及微生物限量、农药残留限量、污染物限量及食品添加剂的使用等与人体健康有关的食品安全要求和规定，其内容非常详细，涉及食品安全的各个环节、各种危害因素等。除联邦技术法规外，美国每个州都有自己的技术法规，联邦政府、各州以及地方政府在用法律管理食品和食品加工时，承担着互为补充、内部独立的职责。

第四节　美国食品法规实际执行情况（含案例）

一、美国食品市场准入法规

美国食品质量安全市场准入管理主要遵循的原则有以下两点：①只有安全、健康的产品才可进入市场；②制造商、分销商、进口商及其相关者必须遵守规定，以责任自负为指导原则。因此，政府的首要目标是阻止潜在的不安全食品以及掺假食品进入消费领域。

美国在"9·11"恐怖袭击事件之后，于2002年6月美国国会通过并由总统批准发布了《公众健康安全与生物恐怖主义防范应对法》，以加强进口货物的安全监管。随后，美国食品和药品监督管理局（FDA）相继出台了相关法规草案。

FDA于2003年10月10日发布了《进口食品提前通报法规》和《食品企业注册的最终法规》，《进口食品提前通报法规》要求进口食品、饲料到达前5日内由电子方式接收并确认申报相关的信息。《食品企业注册的最终法规》要求国内外从事食品生产、加工、包装、贮藏供美国人和动物消费的食品企业必须向FDA注册。依据此最终法规，所有被涉及的企业必须于2003年12月12日之前进行注册。企业可以通过网络在线注册，也可以通过填写注册表或用含有相关注册信息的CD-ROM提交注册。当潜在的或实际的生物恐怖事件和食源性疾病暴发时，企业的注册信息将有助于FDA确定事件的起因，并可迅速通知受影响的企业。

FDA要求食品生产者都应当遵守良好生产规范（GMP），还针对特定的食品制定了相应类别的标准。例如对低酸的罐装食品，对水果汁及蔬菜汁和水产品等直接入口的高风险性食品生产企业，强制要求企业建立和实施HACCP体系。FDA对食品相关产品（食品添加剂、色素、食品接触物）主要实施市场准入的监管制度。主要有四种方式：对食品添加剂和色素实施强制审批，对部分色素强制认证，对食品接触物的强制公告及对GRAS的自愿公告。一般有机合成的添加剂、色素需经FDA批准才能生产，生产的每一批的样品必须提交FDA检查纯度规格。对于添加到食品、药品、化妆品中的着色剂需强制执行"着色剂认证制度"，按照该制度的要求，色素生产商须向FDA着色剂认证部门（CCB）提供每批色素的代表性样本，之后FDA认证部门会对样本进行分析，确保它们符合美国联邦法规（21章第74款）的规定。GRAS是generally recognized as safe的缩写，由于其在特定使用条件下的安全性得到普遍认可，因此向FDA通报的决定是自愿行为，即GRAS物质不需向FDA通报或得到其批准就可合法销售。

FDA只对进口婴儿配方食品、酸奶以及蚝等活海鲜实施许可证管理，对进口食品生产企业实施现场监督检查，每年对15～20个国家进行现场检查，所有的进口食品在进入美国时都要在关口接受抽查，未经FDA检查合格的产品海关不得放行。

FSIS对国内肉类、禽类和蛋产品的监管实施驻场检验制度。FSIS对检验检疫职责范围内的生产厂家进行驻厂检验检疫，驻厂兽医和检验员负责检验并签发检验证书。FSIS对肉蛋生产企业实行预先注册管理制度。新建立的肉蛋生产企业必须向FSIS总部提出申请，提交企业名称、地址、产品数量范围及生产加工设计等基础信息，并根据FSIS有关HACCP和降低致病源的相关要求，提供卫生执行标准、卫生标准操作计划和HACCP计划书面文件。FSIS总部文件审核合格后指定前线主管兽医或巡回主管兽医对企业进行实地检查，确认企业能够按其书面计划达到 FSIS 相关要求后，给予该企业注册资格和专有的注册编号，并分配驻厂兽医官、消费者安全检验员，实施宰前宰后检验和相关取样检查工作。任何一家肉蛋生产企业，包括屠宰场和加工厂，只有取得 FSIS 的注册后才能开始生产加工。如果发现企业存在 HACCP 体系不健全、卫生操作执行不当或是致病菌减少计划未达标等较严重的违规情况，立即对该企业作出扣押或停产通知。企业收到通知可有 3 天的改正时间，如愿意进行必要的整改，FSIS 会根据整改的具体情况取消、推迟或再次发出扣押或停产通知，如发现企业有意掺假或有不良操作，FSIS 可以收回驻厂检验兽医和检验员，通知企业停产。

另外，FSIS 对缺陷产品实施召回制度。美国食品召回制度的法律依据主要有《联邦食品、药品及化妆品法》（FDCA）、《食品安全现代化法案》（FSMA）、《联邦肉产品检验法》（FMIA）、《禽产品检验法》（PPIA）、《蛋品检验法》（EPIA）、《消费者产品安全法》（CPSA）等法律法规。以健全和层级分明的法律制度规定了召回的管理机构、召回类型、召回程序，具有较强的权威性和约束力，另外还有配套的指南手册，食品召回的程序严格、可操作性强，有效地保障了食品安全。对于缺陷产品，FDA 和 FSIS 实行自愿性产品召回制度，一旦监管部门有证据证明流通环节中某个产品不符合有关管理规定或可能导致食源性疾病发生时，监管部门将与生产商密切合作把产品从流通领域召回。由于产品召回制度为非强制性要求，如有企业拒绝服从召回通知，监管部门有权对该企业产品进行扣留，并向法庭起诉该企业要求强制执行召回。

案例一

FDA 对进口食品实施市场准入制度，避免存在安全问题的食品进入美国国内市场。在 2014 年 2 月 21 日美国 FDA 网站更新的进口预警措施（Import Alert）中，我国有 9 家企业的相关产品被实施自动扣留，详情如表 5-1 所示。

表 5-1 我国 9 家企业被美国实施自动扣留的相关产品详情

预警编号	发布日期	地区	企业名称	产品名称	不合格项目
99-08	01/14/2014	山东	潍坊辉望贸易实业有限公司（音译）	冻碎菠菜	疑似含甲基硫菌灵、多菌灵（MBC）
99-05	01/31/2014	山东	青岛超顺进出口有限公司（音译）	姜	疑似含多菌灵（MBC）
36-04	02/03/2014	河南	欧亚蜂产品有限公司	蜂蜜	疑似含氯霉素
36-04	02/03/2014	内蒙古	内蒙古阿尔丁蜂业有限公司	蜂蜜	疑似含环丙沙星
36-04	02/03/2014	江苏	江苏康宏保健食品有限公司（音译）	蜂蜜	疑似含环丙沙星
36-04	02/03/2014	江苏	昆山市对外贸易有限公司	蜂蜜	疑似含氯霉素
36-04	02/03/2014	上海	上海 Taiside 贸易有限公司（音译）	蜂蜜	疑似含环丙沙星
99-21	02/05/2014	广东	江门市肯迪高级食品有限公司（音译）	干甘草	疑似含亚硫酸盐
16-81	02/10/2014	广西	北海波士顿冷冻食品有限公司	罗非鱼	疑似含沙门氏菌

案例二

2010 年 9 月 22 日，美国奶粉业巨头雅培公司在其网站上宣布，主动召回 500 万罐 Similac 品牌婴儿奶粉，起因是在自检中发现有一条生产线可能存在甲虫污染问题。FDA 判定食用这种含有甲虫奶粉的婴儿有可能会出现胃肠不适的症状,但不会立即造成健康风险。美国雅培公司发现自身问题主动报告主管部门,实施大规模的召回,避免存在安全风险的食品进入市场,严格执行市场准入制度。

二、美国食品企业规范

在食品生产、加工、运输等环节实施科学的管理措施,对减少和消除食品污染、有效保障食品安全起到了显著作用。因此,针对食品生产加工环节制定了包括食品企业良好卫生规范(GMP)和危害分析与关键控制点(HACCP)在内的一系列企业规范,使企业具有充分可靠的食品安全保证体系,保障食品消费者的食用安全和身体健康。

(一)GMP

美国是最早将 GMP 用于食品工业生产的国家。FDA 为了加强对食品的监管,根据《食品、药品和化妆品法》第 402(a)项"凡是在不卫生的条件下生产、包装或贮存的食品视为不卫生、不安全"的规定,制定了《食品生产、包装和储藏的现行良好操作规范》(21CFR110)。这一法规包括食品加工和处理的各个方面。随之,FDA 相继制定了婴儿食品、低酸罐头等食品的操作规范:21CFR106《婴儿食品的营养品控制法规》、21CFR110《食品生产、包装和储藏的现行良好操作规范》、21CFR113《低酸罐头食品加工企业卫生法规》、21CFR114《酸化食品加工企业卫生法规》、21CFR123《水产品良好操作规范》、21CFR129《瓶装饮料加工企业卫生法规》、21CFR179《辐射在食品生产、加工、管理中的良好操作规范》。其中 21CFR110《食品生产、包装和储藏的现行良好操作规范》作为基本指导性文件,对食品生产、加工、包装、贮存企业的人员卫生,建筑和设施,设备,生产和加工控制管理都做出了详细的要求和规定,是美国的食品 GMP 通用法规。

《食品生产、包装和储藏的现行良好操作规范》(CGMP)包括 A 总则、B 建筑物与设施、C 设备、D 预留、E 生产和加工控制、F 预留、G 缺陷水平七章内容。总则主要对规范的制定依据、适用范围及相关名词做了阐述,并对从业人员的疾病控制、卫生清洁、教育与培训、监管做了具体要求;建筑物与设施一章对厂房、场地的建筑及设计要求、卫生操作要求、卫生设施和控制要求做了规定;设备一章对设备和适用工具的设计、制造的基本要求做了规定;生产和加工控制一章对食品原料的进料、检查、运输、分选、预制、加工、包装和贮存等操作的卫生原则做了规定;缺陷水平一章中则对有些食品即使是按照现行的良好生产规范生产的,天然的或不可避免的缺陷的处理做了规定。

(二)HACCP

1971 年,在美国国家食品保护会议上 HACCP 的理念被首次公布。1973 年,Pillsbury 公司开始大量发行文本,介绍 HACCP 体系的细节,并用以培训 FDA 的稽查员。随后,美国一些食品公司在生产中采用了 HACCP 体系。同年,FDA 首次将 HACCP 对食品加工控制的概念应用于罐头食品加工中,以防止肉毒梭状杆菌感染。1985 年,美国国家科学院在评价食品微生物学标准时指出:对微生物危害的控制必须采用 HACCP 体系,对终产品的检验不是防止食品传播疾病的一种有效方法。美国国家食品微生物学标准顾问委员会也早就认为 HACCP 体系是保证食品从原料种植、养殖到餐桌安全的一项有效且合理的策略。同年,美国国家科学院建议与食品相关的各政府机构在审核工作上使用比较有科学根据的 HACCP 方法,并借鉴 HACCP 在罐头食品中成功实施的经验,建议执法机构采用 HACCP 方法,要求食品加工业强制实施。1986 年,美国国会要求美国国家海洋渔业署制定一套以 HACCP

为基础的水产品强制审核制度。1989年，美国国家食品微生物学标准顾问委员会（NACM-CF）制定并且批准了第1个HACCP体系的标准版本，即《用于食品保护的HACCP原则》；1992年，这一版本得到了修订。随后，FDA和USDA制定HACCP法规。无论是美国境内生产的食品，还是从境外进口到美国的食品，都必须遵守相应的HACCP法规。1997年，克林顿政府启动了美国"食品安全行动计划（Food Safety Initiative）"，该计划指出风险分析和评估在实现食品安全目标过程中的重要性。美国在"21世纪食品工业发展计划"中将食品安全研究放在首位。1998年5月，由美国卫生部、农业部、环境保护署组建的部际食品安全协调组——食源性疾病暴发应对协调组（FORCG）成立，以加强联邦、州和各地的食品安全协调和交流。FDA在1994年8月公布了食品和安全保障计划，倡导在整个食品行业中使用HACCP体系。面对新的威胁和挑战，FDA已将HACCP作为修订美国食品安全保证计划的基础，以实施更大范围的HACCP管理。

美国是最早将HACCP引入食品安全法规的国家。经过几十年的努力，美国已制定并实施了以下HACCP法规：①1973年1月26日，美国FDA首次将HACCP原理引入法规，发布了21CFR113《密封容器内低酸性食品的热杀菌》，形成了世界上第1个以具体商品为对象的HACCP法规。该法规叙述了设备、操作、记录和对杀菌、封口监督人员的培训要求。②1985年，美国科学院（NAS）对美国食品法规的有效性进行了评估，推荐政府管理部门采纳HACCP方法，对生产企业实施强制性管理。该提议促成了1998年美国HACCP原理标准化机构——美国食品微生物标准顾问委员会（NACMCF）的成立。NACMCF是美国农业部特许下的专家委员会，由美国农业部食品安全检验署（USDA/FSIS）、美国卫生部食品药物管理局（DHHS/FDA）和疾病预防控制中心（CDC）、美国商业部国家海洋渔业署（USDC/NMFS）、美国国防部军医局（US 2DD/OASG）学术界和工业界人员组成。NACMCF向美国农业部和卫生部提供食品微生物安全标准的指南和建议。1992年，NACMCF统一了HACCP的7个原理，成为美国FDA制定水产品HACCP法规（21CFR 123）和其他国内、国际HACCP控制体系的基础。③1997年8月14日，NACMCF发布了《危害分析和关键控制点原理及应用准则》。该准则使得HACCP的理论系统更趋成熟。④1995年12月18日，FDA将HACCP原理引入水产品法规中，发布了水产品HACCP法规（21CFR 123&1240）。该法规叙述了GMP/HACCP在水产品加工和进口中的要求、熏制水产品的加工控制和生软体贝类的来源控制。⑤1996年7月25日，FSIS发布9CFR 304《致病菌降低HACCP体系》。该法规详细规定了肉、禽类屠宰和加工企业建立HACCP、SSOP（卫生标准操作程序）的要求和用于屠宰企业对加工控制验证的对于大肠杆菌进行测试的准则内容。⑥2000年9月19日，美国FDA发布《拒绝接受水产品安全和加工卫生的检查或提供记录》，具体规定了对生产企业不接受水产品HACCP检查或提供相关记录的处置办法。FDA认为，不接受检查不仅违反了HACCP法规，而且会导致强制行动的采用。同时，FDA也列出了不可采纳强制措施的特例。⑦2001年1月19日，美国FDA将HACCP原理引入果蔬汁法规中，发布了21CFR 120《危害分析和关键控制点（HACCP）体系》，简称果蔬汁HACCP法规。该法规叙述了GMP/HACCP在果蔬汁加工中的要求。⑧2005年，FDA和CDC发布了《2005食品法典》。该法典附录4《食品安全规范的管理——达到对食物源疾病风险因素的主动管理控制》，详细列出了HACCP原理及其应用，供美国各州制定或更新其食品安全法规时作为模式使用，并使之与国家食品管理政策保持一致。⑨美国FDA目前正在考虑制定法规，将HACCP作为食品业其他领域内的食品安全标准，同时用于管理国内和进口食品。为了有助于确定这些新法规的可行程度，FDA正在一些食品企业内进行HACCP计划的试点。这些计划已涉及干酪、冻面团、早餐用谷类食品、色拉调味品、面包、面粉和其他产品。

(三) 美国食品符合性标准

产品的符合性标准是指以是否符合某种规定的要求来衡量产品的质量，符合规定要求的为合格，不符合规定要求的为不合格，超过规定要求的为优质。衡量产品质量的标准有的是国家制定的，有的是国际组织制定的，有的是区域国际组织制定的，也有的是行业制定的，或买卖双方商定的。产品的质量标准制定出来以后，需要依靠检测确定产品是否符合标准，符合的为合格产品，允许上市，反之需要整顿，产品不得进入市场。由于符合性标准具有客观、公正和可操作性等特点，符合性标准成为衡量产品质量优劣的重要方法，在现实生活中发挥着极其重要的作用，并且还将继续存在和发挥作用。

当然，衡量产品的符合性标准也存在着一些局限性。当前的产品质量标准一般仅仅规定了产品的耐用性、可靠性、安全性、可操作性、可维护性等方面的标准，而对产品的美观性、创造性等属性标准就没有做出规定，而随着消费者收入水平的提高，消费者对产品的后几种属性越来越看重，显然，符合性标准就与消费者和用户需要的标准发生了不协调。此外，符合性标准具有滞后性。一般来说，某种标准一旦制定下来，往往需要稳定几年，这不免会导致标准的落后，从而不利于调动企业提高产品质量的积极性。由于以上缺陷，美国著名的质量管理专家约瑟夫·朱兰博士又提出了衡量产品质量的适用性标准。

适用性标准是指以满足顾客需要的程度来衡量产品的质量，能够满足顾客需要的产品为合格，不能够满足顾客需要的产品为有缺陷，顾客非常满意的产品为优秀。衡量产品质量的适用性标准充分考虑到了用户的需要，体现了"消费者主权"的思想，突破了纯技术标准，因此与"符合性标准"相比是一个巨大的进步。但是"适用性标准"也存在一些缺陷：一是适用范围有限。适用性标准只适用于企业的设计和为用户提供的服务等方面，而不适用于产品的制造过程，产品的制造过程只能严格按照设计所确定的图样和技术文件的规定进行，在各工序间，更不能以满足下道工序需求作为质量标准，否则就会造成最后工序或最终产品无法达到质量要求的后果。二是由于顾客的需要各不相同，所以对产品质量的评价就没有统一的标准。由于产品的质量特性，尤其是高层次的特性是难以评价的，所以衡量产品质量高低就失去了统一标准。三是由于顾客的需求是不断发展的，所以质量标准就难以稳定。由于顾客的需求是不断变化的，如果一味地按照顾客标准来衡量产品质量，这就要求企业必须不断地改进产品，这样生产就失去了稳定性。

总之，衡量产品质量优劣的标准有两个，即符合性标准和适用性标准，这两个标准各有优缺点，也各有自己的适用范围，企业应把这两个标准结合起来使用，既要争取产品质量达标，又要尽可能地使产品质量符合顾客的需要。如果产品达不到规定要求，则为不合格；如果产品满足不了顾客的需要，则为有缺陷。不合格和有缺陷的产品，谈不上创名牌。因此，企业欲创名牌，就必须在产品质量上追求精细化、零缺陷。

世界贸易组织《技术性贸易壁垒协议》《TBT 协议》，以及附件 3《关于制定、采用和实施标准的良好行为规范》，对技术法规、标准、符合性评价（我国称为"合格评定"）的实施、通报要求和标准制定机构等做出了明确的要求，以期减少各成员国由于在标准、符合性评价和技术法规方面的歧视性规定而对国际贸易所产生的不必要障碍。技术法规以标准和符合性评价为技术支撑，符合性评价的基础是标准，因此从一个国家的标准化体系和符合性评价体系上，可以看出该国对《TBT 协议》实施的程度，以及其如何突破他国技术壁垒，有效建立本国技术壁垒。

根据《TBT 协议》的定义，合格评定程序包括"抽样、检验和检查；评估、验证和合格保证；注册、认可和批准以及各项的组合"。在食品安全的技术性贸易措施体系中，对食品是否符合相关法律法规和标准进行确认的技术性贸易措施包括 HACCP 认证，GMP 认证，食品企业的注册登记，食品的检验、检疫等手段。

在美国食品安全技术性贸易措施体系中，合格评定程序被广泛用作有效的技术性贸易壁垒措施。美国普遍采用所谓"第三方评定"，即由独立实验室和测评机构等测试后，再提供有关产品是否符合标准的正式评定结果。现在，最广泛使用的合格评定程序是 HACCP 体系的注册、认证和核查。

三、美国近年食品安全事件分析

案例一

美国是一个转基因食品大国。根据 2011 年 6 月 11 日 USDA 公布的数据，2000~2011 年美国转基因玉米的种植面积占所有玉米的 81%~86%，转基因大豆的种植面积比例为 87%~90%，转基因棉花的种植比例为 82%~93%。

FDA 关于标识转基因食品的讨论，始于 1992 年的《关于源自新植物品系的食品的政策申明》，经由 1993 年的意见收集，到 1999 年的听证会，最终于 2000 年出台了一个指南草案《Guidance for Industry: Voluntary Labeling Indicating Whether Foods Have or Have Not Been Developed Using Bioengineering》。该指南援引《联邦食品、药品和化妆品法》，重申了对待转基因食品和传统食品的"实质等同"的原则（即转基因食品虽然在生产方法上与传统食品有区别，但食品本身却与后者并无本质不同）；并基于这一原则，提出了转基因食品自愿标识的理念——是否标识由厂家自行决定。该指南同时指出，与传统食品一样，标识转基因食品应恪守食品标识的一般规范，即真实性（提供的信息必须是真实的、经过证实的）和准确性（不要误导，有些信息虽然是真实的，但不完全，因此会误导消费者）。总的来说，转基因食品作为一类食品，不需特殊标识，而对于某个转基因食品产品或某个传统食品，则应进行个案分析，该标的要标完全，"可标可不标"的如果要标，就一定不要误导。

目前，国际上关于转基因食品的安全性争议很多。相比于欧盟，美国在转基因食品的管理上较为松散。美国的转基因食品标识政策基本上是"科技至上、发展优先"的国策在农业/食品领域的延续，因此它更多地强调转基因食品作为普通食品的特性，从而采取"无罪推定"的原则——如果没有确凿的证据证明该食品会损害健康就不要求标识。

佛蒙特州州长彼得·舒姆林于 2014 年 5 月 8 日签署了美国首个要求转基因食品贴注相应标识的法案。根据这项编号为 HB 112 的新法案，在 2016 年 7 月 1 日前，在佛蒙特州零售的食品，无论是全部还是部分使用转基因工程技术生产，都必须贴上转基因标识。违反者将面临处罚，佛蒙特州总检察长办公室也将对其采取进一步行动。该法案成立一个基金，以支持转基因标识法在佛蒙特州的贯彻和实施，包括应对食品生产商可能提出的法律诉讼的成本和费用。据美国全国州议会会议称，已有 85 个针对转基因标识的法案提交到了 30 个州的立法人员面前，其中一半以上是 2014 年制定的。美国对转基因食品的监管有逐渐加强的趋势。

人们对食品安全的认识，会随着科技的发展而改变。随着对转基因食品安全性研究的不断深入，世界各国对转基因食品的监管也将更加科学、有效。

案例二

2006 年 9 月 11 日，美国疾病控制与预防中心（CDC）接到紧急消息：威斯康星州爆发食源性疾病。两天之后，威斯康星州的公共健康官员根据流行病学分析，初步确定疾病暴发的根源是袋装菠菜。此时，受影响范围已经扩大到美国8个州，造成50人发病，其中1人死亡。面对病例数量急剧增加，CDC担心那些仍然存放在商店、餐厅，甚至是消费者冰箱里的袋装菠菜可能威胁公共健康并导致疾病进一步爆发。于是，2006年9月14日，美国食品和药物管理局（FDA）发布了菠菜禁食令，呼吁民众暂时不要吃袋装菠菜。第二天，又将禁食范围扩大到全部新鲜菠菜。自此，各商店迅速将袋装菠菜下架，餐厅也将其在菜单上除名。此次可致命的O157：H7大肠杆菌感染波及美国26个州及加拿大部分地区，共造成204人发病，其中104人住院，31人犯溶血性尿毒症综合征（HUS），3人不幸死亡。

部分患者还保留着标有公司名和标签号的袋装菠菜，这给FDA的调查工作提供了明确方向。FDA很快对该公司展开调查，从追溯数据很快找到了"毒菠菜"的种植农场，经调查，确定该事件是由于该农场及其周围地区存在着潜在风险，包括被野猪、家畜及野生动物粪便污染的灌溉水源。据资料显示，1998年，FDA曾发布名为"降低新鲜水果和蔬菜的微生物污染的食品安全指南"的文件。虽然该文件对于微生物污染的防治具有明显作用，但由于该文件是非强制执行的推荐性指南，一些种植者为降低生产投入并没有严格执行，造成了不安全因素。因此，2007年1月，联合新鲜农产品协会提出一系列强制性准则以保证食品安全标准的可信度。联邦政府从特殊商品的需求出发，批准了这些准则，对相关商品的生产者实行强制性规定，并在全国范围内实行监管。

从上述实例可以解读到，每次监管重大举措的实施和监管体系的完善总是以无辜生命的凋谢为代价。因而在食品监管中，注重预防，这是对生命的关爱与尊重。美国处在食品工业发展的前端，美国的食品安全监管历史对于我国有着非常重要的警示参考意义。在该事件中，美国FDA和CDC都表现出良好的应急能力，一方面及时发布了"菠菜禁食令"，并将问题菜下架，遏制了危险的蔓延；另一方面其建立的追溯体系使得调查工作快速有效，最大限度地减少了产业损失，保障了消费者安全。

除此之外，该事件也暴露出美国监测工作的不足。大肠菌群是食品的卫生常规指标，但这样一个科技发达、制度完善的国家却发生了这样的疏漏，只能说执法不严。完善的监管体系，需要配合有效的、具体的监督、管理制度，才能在实际中保障食品安全，保障消费者的健康权益。

讨论题

1. 回顾美国食品安全法律法规体系的发展历程，探讨影响食品安全监管的主要因素。
2. 分析讨论美国食品安全监管的优缺点。
3. 选择美国的一个食品安全事件，进行分析与评价。

第六章 欧盟食品安全法律法规与标准

第一节 欧盟食品法规体系的发展与现状

欧洲联盟（European Union），简称欧盟，是一个根据1992年签署的《马斯特里赫特条约》（即《欧洲联盟条约》）而建立的庞大国际组织。其历史可追溯到1952年成立的，旨在豁免成员国间煤和钢铁流通关税，从而促进经济发展的欧洲煤钢共同体。《马斯特里赫特条约》规定，所有欧盟成员国公民都是欧盟公民，因此如果把欧盟当作一个国家，根据国际货币基金组织2017年的统计数据，其GDP（国内生产总值）达17.3万亿美元，是全球第二大经济体（美国19.38万亿美元排行第一，我国12.2万亿美元排行第三）。

卫生和安全的食品的自由流通是稳定和促进欧盟内部市场发展的一项关键原则。由于各成员国间食品法律的不同可能阻碍食品的流通，因此用欧盟共同体的水准来明确一个人类食品和动物饲料管理措施的共同基础是十分必要的。

欧盟自20世纪60年代成立之初，就制定了食品政策，以确保食品在各成员国之间自由流通。这意味着，由国家层面法律所导致的对共同体内部贸易的限制，只能由共同体层面的相关法律来解决。因此，每一个国家层次上的法律条款必须由共同体的条款来代替。欧盟的初期法规可以称为垂直或处方法规，它们只适用于一种或一组食品。在处方法规中，每种食品都有强制性标识，该标识表明食品中某种明确的成分，例如，与巧克力、蜂蜜和果汁有关的法规就属于处方法规。处方法规可以与适用于所有食品的水平法规区分开，例如与卫生或添加剂有关的法规。

在随后的几年里，为了缓解战争造成的食物供给危机，欧盟又制定了共同农业政策。共同农业政策的重心一直放在以大量价格补贴来促进农产品增长上，在可能导致食品安全危机的管理和预防投入方面严重不足。1996年英国暴发疯牛病，随后欧洲大陆的食品安全危机对当事国政府及欧盟发起了严峻挑战。为了使消费者恢复对食品安全的信心，欧盟对其食品安全法规进行了根本性改革，制定了严格的食品安全政策。

随着食品工业以及社会的不断发展，欧盟的食品安全法律体系在千锤百炼中不断地修改完善。最终形成了具有种类多、涉及面广、系统性强、科学性强、可操作性强、时效性强等特点的食品安全法律法规体系。这也使得欧盟在食品安全法律体系建设、监管机构设置和监管策略方面都处于世界领先地位。

一、欧盟食品法律法规的起源

法国、德国、意大利、荷兰、卢森堡、比利时六国于1957年签订《罗马条约》，欧盟的前身即欧洲经济共同体正式成立。从第二次世界大战结束到1996年疯牛病在欧洲爆发，这一时期是欧盟食品安全法规体系的形成阶段，主要解决了食品供应的数量安全问题。

第二次世界大战以后，由于战争的影响，欧洲许多地区的人们都濒临饥饿状态，食品供应不足成为各国政府首要考虑的问题，也成了国家问题。因此，二战结束后，西欧各国相继开展了振兴农业的计划，食物进口量大大下降。但总体上，欧洲农业仍然不能自给自足。截至1957年，除法国外，欧洲大部分国家的肉、脂肪等食品供应严重不足，因而各国借助一切可能的手段提高农业产量，增加食物供应同时缓解外汇收支失衡。同时，各国内部市场的发展，要求建立一个包括农产品贸易在内的、更加广泛的共同市场。于是"共同农业政策"应运而生，在"共同农业政策"的指导下，通过对农产品收购实行价格补贴，对进口农产品征收差价税，对农产品出口进行补贴等一系列措施，使欧盟的农业得到了长足的发展，产量成倍提高，因此欧盟食品供应短缺的现象得到了很好的解决。

然而，欧盟农业高速增长的背后，存在着很多不安全因素。为了生产更多粮食，得到更多补贴，欧盟农业普遍采取集约化生产方式，化肥、杀虫剂等在欧洲大多数地方被广泛使用，许多化学物质进入水域，污染了水供应系统，对环境造成了严重破坏。农民为了增加产量，得到更高补贴，拼命降低成本，使用有病动物的内脏、骨粉等作饲料，导致疯牛病、口蹄疫等动物性疾病频繁发生，因此欧洲食品安全受到严重威胁。

1985年，欧洲委员会发表了"食物通讯"（也叫"微型白皮书"），第一次将保护公众健康列入欧盟立法的重要议事日程，并且规定，共同体食品法规的制定应以以下四点为基础，即对公众健康的保护、公众对信息的需要、实现公平交易，以及必需的政府管理。1987年《单一欧洲法令》颁布，改变了以往片面强调农业产量的做法，将"环境保护必须成为欧盟其他政策的一个组成部分"写入《罗马条约》，要求欧洲委员会在做出有关健康、安全、环境和消费者保护的提案时应当设立一条高标准的保护基线。1992年，欧盟批准了当时负责农业的欧洲委员会委员麦克萨里提出的改革计划，进一步减少价格保护，增加对休耕或把农业用地改为种植树木等用途的补贴，采用有利于保护生态环境的技术。同年，欧盟正式批准实施农业环境项目，并且第一次对推广有机农业的农场给予财政支持，鼓励各国农民生产高质量的食品。

尽管欧盟此时已经开始重视农业环境保护与食品供应的质量安全问题，颁布了一系列法令法规减少对环境的破坏，保障食品的安全，推动有机农业的发展，但是这一时期欧盟的食品安全体系并没有清晰定型，仍处于初期形成阶段。

二、欧盟食品法律法规的发展

从1996年疯牛病在英国暴发到2002《通用食品法》生效启用，这一时期是欧盟食品安全法改革并快速发展的阶段。

早在1985年，疯牛病就已经在英国出现，1986年政府才将此种病例公之于众。而1988年英国农业部对疯牛病对牲畜和人类可能造成的影响的评估也并未正确预测该疾病带来的危害。政府既不投入大量资金对疯牛病进行研究，也不认真听取科学家的意见，相反却不断散布乐观消息。到1996年，经证实的有新型克雅氏病（食用了患病牛肉而引发）病人已达到10人，3月20日英国卫生部部长斯蒂芬·杜瑞尔（Stephen Dorrell）于众议院宣布，疯牛病可因食用被感染牛肉而传播给人，引起了全球范围的"恐牛症"。对疯牛病的极度恐惧还严重动摇了消费者对欧洲牛肉，特别是英国牛肉的信心。1996年3月27日，欧盟委员会为了维护欧洲牛肉市场的整体利益，保障公众健康，决定禁止英国向欧盟市场及第三国出口活牛及牛肉制品。英国政府曾一度采取不合作政策，与欧盟其他成员国之间摩擦不断。各成员国也因为牛肉互不信任，纷争四起，牛肉大战演化为外交危机。疯牛病使欧盟蒙受巨大损失，影响深远。

疯牛病在英国暴发除了与农场主为追求产量而违背自然规律，用骨粉养牛以及英国政府为了保护本国牛肉声誉而隐瞒疫情有关外，与欧盟"共同农业政策"也有一定关系。欧盟共同农业政策以价格补贴为基础，生产越多，得到的补贴越多，所以必然导致各国为了获取最大经济利益，纷纷采用集约化生产方式。一旦某个环节出现问题，整个欧盟的食品安全就会受到严重威胁。此外，欧盟共同农业政策只是规定了对食品收购及出口实行补贴，没有一项政策涉及食品安全问题，对各国食品生产也没有进行有效的监督。疯牛病以及后来的口蹄疫、二噁英等事件不但给欧盟各国造成了巨大损失，也影响了欧洲一体化进程。因此，欧盟必须尽快制定一套严格的食品安全政策。

1997年4月，欧盟委员会发表了关于欧盟食品法规一般原则的"绿皮书"，为欧盟食品安全法规体系确立了基本框架。在发表了"绿皮书"之后，欧洲理事会于1997年12月就食物安全发表宣言，根据该宣言的承诺，欧盟将不惜一切代价恢复公众对食品安全的信心。

经过四年的准备，欧盟委员会基本完成了"绿皮书"的预期工作内容，并在此基础上，于1999年下半年开始食品安全白皮书的起草工作。2000年1月12日，欧盟正式发表"食品安全白皮书"。确立了欧盟食品安全法规体系的基本原则，并首次整合了整个食物链中有关食物安全的所有方面。

在此框架下，欧盟又于2002年1月制定了欧洲议会和理事会178/2002号法规，该法规就是著名的《通用食品法》。该法规所确立的"从农场到餐桌"的管理方法已经成为欧盟食品安全政策的一般原则。根据第178/2002号法规，欧盟成立了欧洲食品安全局（EFSA）。根据欧盟所确立的"危机管理"机构与"危机评估"机构相分离的原则，EFSA不是一个决策机构，而是一个咨询机构。为确保不受政治及其他因素的影响，EFSA具有独立性，不受欧盟委员会、欧盟其他机构和成员国管理机构的管辖，独立开展工作。

2004年4月，欧盟公布了四个补充性法规，分别在食品生产及加工企业经营者确保食品卫生的通用规则；动物源性食品的卫生准则；动物源性食品实施官方控制的原则；食品、饲料、动物健康与福利等法律的实施方面进行官方监管，在检查成员国或第三国是否正确履行了欧盟食品安全法律或条例所规定的职责等方面做出了规定。

2005年2月，欧盟委员会提出新的《欧盟食品及饲料安全管理法规》，并递交欧洲议会审议，在2005年3月举行的欧洲议会全体会议上获得批准，于2006年1月1日起实施。新法规对欧盟各成员国生产的以及从第三国进口到欧盟的水产品、肉类食品、肠衣、奶制品以及部分植物源性食品的官方管理与加工企业基本卫生等提出了新的要求，适用于所有成员国，所有成员国都必须遵守，如果不符合法规要求的产品出现在欧盟市场，无论该产品由哪个成员国生产，一经发现立即取消其市场准入资格。欧盟以外国家的产品要输入欧盟市场，也必须符合该法规所规定的标准，否则不准进入欧盟市场。

2006年，欧盟通过适用第1924/2006号法规，并于2007年7月1日生效，该法规包含了在商业交流中使用的所有与营养和健康声明有关的相关规则，既有食品标识也有说明或广告，针对终端消费者或饭店、医院、学校、餐厅及类似大众餐饮机构。

2015年12月11日,欧盟针对新食品发布了第2015/2283号新法规,该法规的全面适用从2018年1月1日开始。新法规有36条规定,目的在于确保安全、卫生食品的自由流通以及较高的人类健康和消费者利益保护水平。一旦某一食品根据第2015/2283号法规获得进入欧盟市场销售的许可,其也可以在欧盟的任意成员国内销售。

表6-1以时间、事件为背景,总结了欧盟食品安全法律法规出台的顺序以及食品安全法律法规体系的形成过程。

表6-1 欧盟食品安全法律法规体系发展历程时间表

时间	背景	出台的法律法规
20世纪中后期	二战以后,食品供应安全成为各国政府首要考虑的问题。各国借助一切可能的手段提高农业产量,增加食物供应的同时缓解外汇收支失衡。同时,各国内部市场的发展,要求建立一个包括农产品贸易在内的、更加广泛的共同市场。 60年代初,欧洲共体成立。 化肥、杀虫剂等在欧洲大多数地方广泛使用,许多化学物质进入水域,污染了水供应系统,对环境造成了严重破坏;农民为了增加产量,得到更高补贴,拼命降低成本,使用有病动物的内脏、骨粉等作饲料,欧洲食品安全受到严重威胁。 为改变片面强调农业产量的做法,欧洲委员会立法将"环境保护必须成为欧盟其他政策的一个组成部分"写入《罗马条约》	1962年出台"共同农业政策" 1987年颁布《单一欧洲法令》
21世纪初期	1996年,疯牛病的暴发引起全球范围的"恐牛症",使欧盟蒙受巨大损失。各成员国也因为牛肉互不信任,纷争四起,牛肉大战演化为外交危机。 1999年,比利时发生二噁英污染饲料事件,欧盟生鲜肉类和肉类深加工产品严重受污染,致使美国等许多国家禁止从欧盟进口肉类产品。 2001年,英国和爱尔兰等国相继暴发口蹄疫,欧盟国家肉类市场全面萎缩,饲养户和商场损失惨重。一系列食品安全事件不但给欧盟各国造成了巨大损失,也影响了欧洲一体化进程。欧盟认识到必须尽快形成一套严格的食品安全政策	2002制定《通用食品法》。 2004年4月公布了四个补充性法规:《食品卫生条例》《动物源性食品特殊卫生条例》《供人类消费的动物源性食品的官方控制组织条例》《欧盟食品安全与动植物健康监管条例》。 2005年提出新的《欧盟食品及饲料安全管理法规》。 2006年发布食品营养和健康声明。 2015年发布有关于新食品的新法规:针对新食品的新法律框架及其生效时间和范围

第二节 欧盟食品安全法律法规简介

一、欧盟食品安全法规

欧盟建立之初,食品安全领域的立法比较薄弱,仅在食品添加剂、食品标签、特殊营养用途食品、食品接触材料和官方控制等几个方面有些零散的立法,由于这样的法规体系不健全,而且在成员间的协调性不够,在20世纪末,暴发了举世震惊的二噁英(dioxin)、疯牛病、掺假橄榄油等事件,造成了惨重的损失。这一系列危机的暴发暴露了欧盟的旧食品法规在设计和应用上的缺陷，摧毁了公众对其食品产业和国家机构确保食品安全的能力的信任，使得欧盟不得不重新审视自己的食品安全体系，并开始了其彻底的改革之路。

经过多年的改革和发展，欧盟的食品安全法律体系开始逐渐走向完善，这一体系围绕保证欧盟具有最高食品安全标准这一终极目标，贯穿风险分析、从业者责任、可追溯性、高水平的透明度等基本原则，拥有一个从指导思想到宏观要求再到具体规定的非常严谨的内在结构，涵盖了"从农场到餐桌"整个食物链。具体来说，欧盟食品安全法律体系主要包括以下几部分：

欧盟食品法规的主要框架包括"一个路线图，七部法规"。"一个路线图"指食品安全白皮书；"七部法规"是指在食品安全白皮书公布后制定的有关欧盟的食品基本法、食品卫生法以及食品卫生的官方控制等一系列相关法规。欧盟于2002年1月制定了欧洲议会和理事会第178/2002号法规，该法规就是著名的《食品基本法》。《食品基本法》包括三大部分：第一部分规定了食品立法的基本原则和要求，第二部分确定了欧洲食品安全局的建立，最后一部分给出了在食品安全问题上的程序。2004年，欧盟食品链与动物健康委员会通过了《食品基本法》主要要求实施方法的指南文件。

2004年4月，欧盟又公布了4个补充的法规，涵盖了HACCP、可追溯性、饲料和食品控制，以及从第三国进口食品的官方控制等方面的内容。它们被称为"食品卫生系列措施"，包括2004年4月29日欧洲议会和理事会第852/2004号法规"食品卫生"，2004年4月29日欧洲议会和理事会第853/2004号法规"动物源性食品具体卫生规定"，2004年4月29日欧洲议会和理事会第854/2004号法规"供人类消费的动物源性食品的官方控制组织细则"，以及2004年4月29日欧洲议会和理事会第882/2004号法规"确保符合饲料和食品法、动物健康和动物福利规定的官方控制"。这4个法规都于2006年1月1日起生效。

除了这些基础性的规定，欧盟分别在食品卫生、人畜共患病、动物副产品、残留和污染、对公共卫生有影响的动物疫病的控制和根除、食品标签、农药残留、食品添加剂、食品接触材料、转基因食品等方面制定了具体的要求。

（一）食品安全白皮书

欧盟食品安全白皮书长达52页，包括执行摘要和9章的内容，用116项条款对食品安全问题进行了详细阐述，制定了一套连贯且透明的法规，提高了欧盟食品安全科学咨询体系的能力。虽然这本白皮书并不是规范性法律文件，但它确立了欧盟食品安全法规体系的基本原则，是欧盟食品和动物饲料生产和食品安全控制的一个全新的法律基础。白皮书对欧盟食品安全法规体系进行了完整的规划，确立了以下三方面的战略思想：第一，倡导建立欧洲食品安全局，负责食品安全风险分析和提供该领域的科学咨询；第二，在食品立法当中始终贯彻从农场到餐桌的方法；第三，确立了食品和饲料从业者对食品安全负有主要责任的原则。

（二）食品安全基本法（EC）178/2002号条例

178/2002号法规是2002年1月28日颁布的，主要拟订了食品法规的一般原则和要求、建立欧洲食品局（EFSA）和拟订食品安全事务的程序，是欧盟的又一个重要法规。178/2002号法令包含5章65项条款。范围和定义部分主要阐述法令的目标和范围，界定食品、食品法律、食品商业、饲料、风险、风险分析等20多个概念。一般食品法律部分主要规定食品法律的一般原则、透明原则、食品贸易的一般原则、食品法律的一般要求等。EFSA部分详述EFSA的任务和使命、组织机构、操作规程；EFSA的独立性、透明性、保密性和交流性；EFSA财政条款；EFSA其他条款等方面。EFSA由管理委员会、行政主任、咨询论坛、科学委员会和8个专门科学小组组成。快速预警系统、危机管理和紧急事件部分主要阐述了快速预警系统的建立和实施、紧急事件的处理方式和危机管理程序。程序和最终条款主要规定委员会的职责、调节程序及一些补充条款。

(三) 食品卫生条例 (EC) 852/2004 号条例

该法规规定了食品企业经营者确保食品卫生的通用规则，主要包括：①企业经营者承担食品安全的主要责任；②从食品的初级生产开始确保食品生产、加工和分销的整体安全；③全面推行危害分析和关键控制点（HACCP）；④建立微生物准则和温度控制要求；⑤确保进口食品符合欧洲标准或与之等效的标准。

(四) 动物源性食品特殊卫生规则 (EC) 853/2004 号条例

该法规规定了动物源性食品的卫生准则，其主要内容包括：①只能用饮用水对动物源性食品进行清洗；②食品生产加工设施必须在欧盟获得批准和注册；③动物源性食品必须加贴识别标识；④只允许从欧盟许可清单所列国家进口动物源性食品等。

(五) 人类消费用动物源性食品官方控制组织的特殊规则 (EC) 854/2004 号条例

该法规规定了对动物源性食品实施官方控制的规则，其主要内容包括：①欧盟成员国官方机构实施食品控制的一般原则；②食品企业注册的批准；对违法行为的惩罚，如限制或禁止投放市场、限制或禁止进口等；③在附录中分别规定对肉、双壳软体动物、水产品、原乳和乳制品的专用控制措施；④进口程序，如允许进口的第三国或企业清单。

(六) 确保对食品饲料法以及动物卫生与动物福利法规遵循情况进行验证的官方控制 (EC) 882/2004 号条例

882/2004 条例是一部侧重对食品与饲料、动物健康与福利等法律实施监管的条例。它提出了官方监控的两项基本任务，即预防、消除或减少通过直接方式或环境渠道等间接方式对人类与动物造成的安全风险；严格管理食品和饲料标识，保证食品与饲料贸易的公正，保护消费者利益。官方监管的核心工作是检查成员国或第三国是否正确履行了欧盟食品与饲料法，以及动物健康与福利条例所要求的职责，并对食品饲料法以及动物卫生与动物福利法规遵循情况进行核实。

(七) 关于供人类消费的动物源性产品的生产、加工、销售及引进的动物卫生法规 2002/99/EC 号指令

该指令要求各成员国 2005 年前转换成本国法律。该指令提出了动物源性食品在生产、加工、销售等环节中的动物健康条件的官方要求。指令中还包括了相关的兽医证书要求、兽药使用的官方控制要求、自第三国进口动物源性食品的卫生要求等。

(八) 饲料卫生要求 (EC) 183/2005 号条例

许多食品问题始于被污染的饲料。为了确保饲料和食品的安全，欧盟的 183/2005 条例对动物饲料的生产、运输、贮存和处理做了规定。和食品生产商一样，饲料商应确保投放市场的产品安全、可靠，而且负主要责任，如果违反欧盟法规，饲料生产商应支付损失成本，如产品退货以及饲料的损坏。

二、欧盟食品安全法规结构分析

欧盟的食品安全法规体系主要有两个层次：第一个层次就是以食品基本法及后续补充发

展的法规为代表的食品安全领域的原则性规定,第二个层次则是在以上法规确立的原则指导下的一些具体的措施和要求。按照它们所涉及保障食品安全的不同角度,可以分为以下五个方面。

第一,食品的化学安全(以及辐射污染要求)。包括对食品中的添加剂和调味剂(如辣椒中苏丹红染料的规定)、食品中的污染物〔如黄曲霉毒素(棒曲霉素、赭曲霉毒素A)、二噁英、重金属、3-MCPD和无机锡〕食品中农药最大残留限量、食品接触材料等方面的要求。

第二,食品的生物安全(含食品卫生)。该部分包括食品卫生(HACCP)、微生物污染、食品辐射等方面的具体规定。

第三,有关食品标签的规定。

第四,食品加工,包括生物技术和新颖食品的具体要求。包括食品添加剂、新颖食品、转基因食品、婴幼儿食品等方面的要求。

第五,对某些类产品的垂直型规定。所谓垂直型规定是相对于水平型规定而言的,垂直型规定是指针对具体的食品并为该食品的各个方面制定的控制标准,而水平型规定则指针对适用于所有食品或某类食品的某一方面如标签、包装等的具体规定。欧盟目前具有的垂直型规定主要包括对巧克力产品、咖啡提取物、果汁、果酱、蜂蜜、糖等产品的规定。

三、欧盟食品安全技术性贸易措施体系的特点及其启示

(一)食品安全法律体系具有立体且严谨的内在结构

欧盟作为一个紧密的国家联盟,其整个法律体系在形式上并不存在一般主权国家法律体系那种从宪法到法律,到行政法规,到部门规章的模式。在欧盟层面,主要的法律渊源是法规、指南和决定这几种形式。所以其食品安全领域的法律文件也一样,从宏观理念到控制体系的协调性规定,以及所有具体要求大多以法规或指南的形式出现,从形式上难以理出逻辑结构。

但欧盟的食品安全法规体系实际拥有一个从指导思想到宏观要求,再到具体规定的非常严谨的内在结构。整个法律体系的设计围绕保证食品安全这一终极目标,贯穿风险分析、从业者责任、可追溯性和高水平的透明度这四个基本原则,形成了一个包括食品化学安全、食品生物安全、食品标签、食品加工,以及部分重要食品的垂直型规定的完善的食品安全法规体系。

(二)以保证消费者安全为出发点建立整个食品法规体系

所谓食品安全技术性贸易措施,是从食品安全法规会对贸易产生影响这一角度看的产物,而必须承认的是,在诸多发达国家,尤其是欧盟,其立法的出发点更多的是出于对食品安全本身的保护,即以"消费者安全"为导向,而不是以"限制进口"为导向。提供给欧盟消费者安全和健康的食品是欧盟食品立法的根本出发点,整个法律体系都围绕确保所有的欧盟消费者食用同样高标准的食品这一目的而建立和实施的。

这一出发点本身惠及所有的欧盟居民并使得其食品安全法律体系具有坚实有力的道义基础,也是我们社会主义国家在进行食品安全立法改革时应着重参考的一个方面。随着我国国力的增强和国民生活水平的提高,食品安全和消费者保护也越来越受到公众的关注。我国目前存在的这种较为普遍的"安全""健康"农产品食品出口,"超标"产品国内消费的模式,既不是促进我国产品出口的正确有效之道,也不符合社会主义国家优越性的要求。

（三）食品安全技术性贸易壁垒"光明正大"

由于欧盟的成员大多是发达国家，拥有较强的科技实力来支撑其较高的食品安全标准，对其他国家而言就产生了较高的技术性贸易壁垒，但毕竟其全部食品安全的要求是对所有产品一视同仁的，无论这些食品是在本地生产还是来自欧盟之外的任何其他国家。所以，我们不得不将这理解为WTO所倡导的国民待遇的"负"面作用，就是当落后国家的产品要出口到发达国家时，不仅有权享受进口国国内企业享受的一切待遇，而且必须享受这些"待遇"。

其实这对于我们理解技术性贸易措施和制定我们自己的技术性贸易措施有着积极的作用。欧盟具有公认的世界上最高的食品安全保护水平，对很多出口国而言，欧盟是食品市场壁垒最高的国家，可是却很难对其提出非议。这正是欧盟食品安全技术性贸易措施的"高明之处"。它完全符合WTO/SPS协议的各项原则，食品安全领域的立法强调以所掌握的最好的科学为依据，使得许多出口国面对这些措施只能"望洋兴叹"。而包括我国在内的许多发展中国家，总是被指责政策不透明、审批手续烦琐等，造成不必要的贸易障碍。

第三节　欧盟食品安全标准简介

一、欧盟食品安全标准发展历程

欧盟食品安全标准的制定机构包括欧洲标准化委员会（CEN）和欧共体各成员国家标准制定机构两层体制。其中欧洲标准是欧共体各成员国统一使用的区域级标准，对贸易有重要的作用。欧洲标准由三个欧洲标准化组织制定，分别是欧洲标准化委员会（CEN）、欧洲电工标准化委员会（CENELEC）、欧洲电信标准协会（ETSI）。这三个组织都是被欧洲委员会（European Commission）按照83/189/EEC指令正式认可的标准化组织，他们分别负责不同领域的标准化工作。CENELEC负责制定电工、电子方面的标准；ETSI负责制定电信方面的标准；而CEN负责制定除CENELEC和ETSI负责领域外所有领域的标准。自1998年以来，CEN致力于食品领域的分析方法，为工业、消费者和欧洲法规制定者提供了有价值的经验。新的欧洲法规为CEN提供了更多的支持，CEN致力于跟踪和实施这些改革方针。截至2018年12月底，CEN已经制定欧洲标准15305个，欧洲预标准29个，技术规格526项，CEN指南40个。

CEN的技术委员会（CEN/TC）具体负责标准的制定、修订工作，各技术委员会的秘书处工作由CEN各成员国分别承担。截至2019年初，CEN共设有330个技术委员会。此外，作为一种新推出的形式，CEN研讨会提供了在一致基础上制定相关规范的新环境，如CEN研讨会协议、欧洲预标准、指南或其他资料。到2019年初为止，CEN已经发布了500多个欧洲食品标准，主要用于取样和分析方法，这些标准由7个技术委员会制定，与果蔬安全有关的技术委员会有：TC174（水果和蔬菜汁——分析方法）、TC194（与食品接触的器具）、TC275（食品分析——协调方法）、TC307（含油种子、蔬菜及动物脂肪和油及其副产品的取样和分析方法）。

CEN与ISO有密切的合作关系，于1991年签订了维也纳协议。维也纳协议是ISO和CEN间的技术合作协议，主要内容是CEN采用ISO标准（当某一领域的国际标准存在时，CEN 即将其直接采用为欧洲标准），ISO 参与 CEN 的草案阶段工作（如果某一领域还没有国际标准，则 CEN 先向 ISO 提出制定标准的计划）等。CEN 的目的是尽可能使欧洲标准成为国际标准，以使欧洲标准有更广阔的市场。40% 的 CEN 标准也是 ISO 标准。

二、欧盟食品安全标准体系

（一）概况

欧盟通过技术法规和标准的相互配合（图 6-1），大大加快了食品安全技术法规的立法，并使食品安全技术法规的内容更为全面和具有可操作性，协调标准的内容也更为详细和具体。欧盟的食品安全指令是协调标准的指导性文件，协调标准是对指令的细化，两者相互配合，分工明确。

欧盟食品安全技术法规是强制遵守的与食品安全相关的产品特性或者相关的生产和加工方法的文件，包括适用的行政性规定，也包括那些适用于产品、加工或生产方法的对术语、符号、包装、标识或者标签的要求。在欧盟 1985 年"新方法指令"实施后，只对与食品安全密切相关的少数关键性的共性技术要求和规定制定技术法规，内容限于"基本要求"，不规定技术细节。截至 2002 年底，欧盟在食品安全方面制定的技术法规（欧盟指令）共有 160 项。

欧盟食品安全标准是以反复使用为目的，由公认机构批准的、非强制性的、规定产品或者相关的食品加工和生产方法的规则、指南或者特征的文件，是指在 1985 年实施《新方法指令》后由欧盟标准化委员会（CEN）制定的标准，包括那些适用于产品、加工或者生产方法的对术语、符号、包装、标识或者标签的要求，内容限于满足欧盟食品安全指令基本要求的具体技术细节和规定。欧洲标准化委员会（CEN）下属的技术委员会负责制定食品安全标准（协调标准），截至 2019 年初，欧盟共制定了 515 项食品安全方面的协调标准。

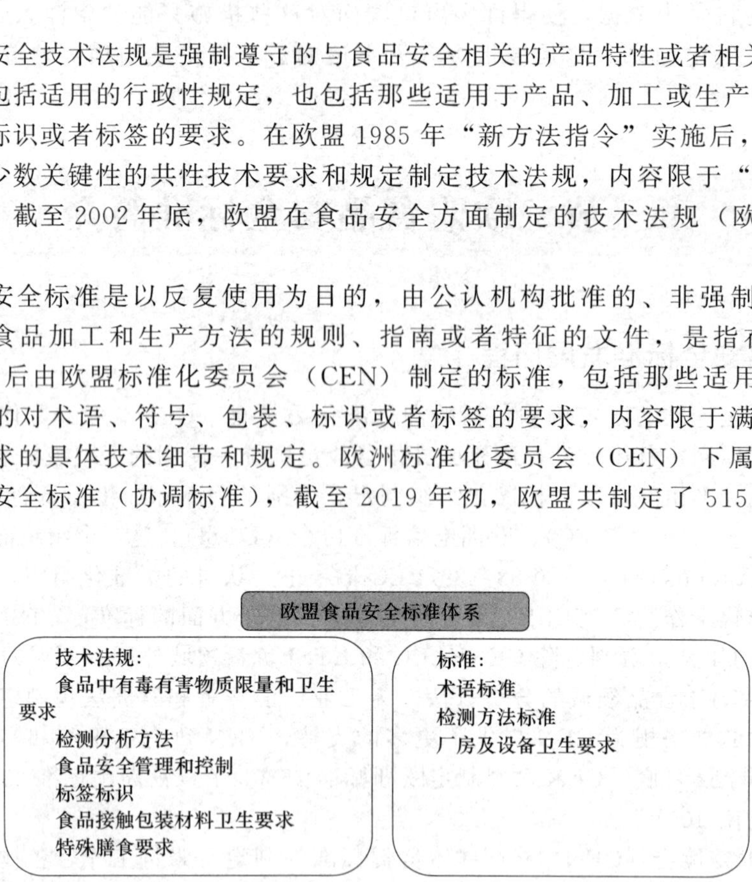

```
                    欧盟食品安全标准体系

    技术法规：                        标准：
    食品中有毒有害物质限量和卫生       术语标准
    要求                              检测方法标准
    检测分析方法                      厂房及设备卫生要求
    食品安全管理和控制
    标签标识
    食品接触包装材料卫生要求
    特殊膳食要求
```

图 6-1 欧盟食品安全标准体系框架

（二）农药兽药残留限量标准

欧盟 27 个成员国实行统一的农产品和其他食品的农药残留标准。新的农药残留标准体系中残留限量的农药数量由原来的 39000 多个增加到 118000 多个，对于没有设立残留限量的农药，和日本一样，欧盟一般也是要求小于 0.01mg/kg。欧盟新的农药残留标准体系的建立是根据修订和简化欧洲议会和理事会条例（EC）No396/2005。关于动植物源饲料与食品内部和表面的杀虫剂的最大残留量水平，新标准为（EC）No299/2008，该条例统一协调了欧盟农药残留的设定原则，简化了现有的相关法规体系。新标准（EC）No396/2008共有7个附录，简化了农药残留最大限量值（MRLs）以及所适用的食品和饲料。这7个附录及其法律依据具体如下：

附录Ⅰ列出了农药残留最大限量值（MRLs）所适用的食品和饲料目录。该附录根据委员会条例（EC）No178/2006，确定所适用的食品和饲料目录。该附录包括315种产品，其中有水果、蔬菜、调味料、谷物和动物产品。

附录Ⅱ列出了所制定的农药最大残留限量值（MRLs）的清单。该附录详细列出了245种农药的最大残留限量值（MRLs）。

附录Ⅲ列出了欧盟暂定农药最大残留限量值（MRLs）的清单。该暂定标准存在于对2008年9月1日前欧盟各成员国所设定的MRLs的协调统一过程中。附录Ⅲ详细列出了471种农药的暂定残留标准。

附录Ⅳ列出了52种由于其低风险而不需要制定最大残留限量值的农药。

附录Ⅱ、Ⅲ、Ⅳ制定的法律依据是：委员会条例（EC）No256/2009，就嘧菌酯和咯菌酯在某些产品中的最大残留量，修订欧洲议会和理事会条例（EC）No396/2005的附录Ⅱ和Ⅲ；委员会条例（EC）No839/2008，就附录Ⅱ、Ⅲ和Ⅳ关于某些产品内或表面杀虫剂最大残留限量，修订欧洲议会和理事会条例（EC）No396/2005；委员会条例（EC）No149/2008，通过建立附录Ⅱ、Ⅲ和Ⅳ设定附录Ⅰ中涉及的产品的最大残留限量，修订欧洲议会和理事会条例（EC）No396/2005。

附录Ⅴ列出了残留限量默认标准不包括0.01mg/kg的农药清单。该附录目前还没有发布。

附录Ⅵ列出了加工食品和饲料的农药残留最大限量值的转化因素清单。该附录目前还没有发布。

附录Ⅶ列出了作为熏蒸剂的农药清单，欧盟成员国允许该熏蒸剂的使用是为了适用于产品投放到市场前的特定减损。该附录的建立是依据委员会条例（EC）No260/2008，通过建立列出将被减损的活性物质/产品组合清单的附录Ⅶ，便可使用熏蒸剂作为采后处理措施，同时对欧洲议会和理事会条例（EC）No396/2005进行了修订。

对于上述附录中没有提到的农药，欧盟将其默认限量值均设定为0.01mg/kg［具体参见欧洲议会和理事会条例（EC）No396/2005中的Art 18（1b）］。

2009年5月6日，欧盟发布EC470/2009号条例，该条例制定了建立动物源性食品中药理活性物质残留限量的共同体程序，替代EEC2377/90号条例成为欧盟管理兽药残留最核心的一部法规，对欧盟所有成员国均有约束力。该法规对食用动物的用药进行严格管理，对动物源性食品中的药理活性物质残留建立残留限量或对行动参考点进行监控。

EEC2377/90号条例中与残留限量要求直接相关的4个附录目前仍然适用，即附录Ⅰ已制定最大残留限量的药理活性物质及其限量，附录Ⅱ免除于残留限量要求的物质，附录Ⅲ已制定临时最大残留限量标准的药理活性物质及其限量（尚未完成全部安全性评估，但无证据表明该限量会对消费者产生危害），附录Ⅳ不制定残留限量标准（禁用）的物质。根据该条例，各成员国不能禁止或者阻止符合附录Ⅰ、Ⅱ、Ⅲ要求的食品在本国流通。

（三）认证认可标准

欧盟认证认可管理可分为以下四个层次：

① 第一层面是欧盟。欧盟理事会负责法律法规的制定，而欧盟委员会作为欧盟的执行机构，负责标准细则的制定和执行，其中包括对认证认可机构的批准和第三国权威机构

(competent authoriy）和认证机构（control authority）清单的制定，并向欧盟理事会提交相关报告及建议（EC-834-41）。

② 第二层面是成员国权威机构（competent authoriy）。欧盟规定各成员国应指派权威机构执行对国内有机认证认可工作的统一管理，通常由各成员国的农业部或农业部的下属部门担任。

③ 第三层面是认可机构。权威机构可以自身承担认可机构的角色，也可以委派特定的机构执行认可。

④ 第四层面是认证机构。欧盟的认证机构分为两类：官方认证机构（control authority）和民间认证机构（control body）。官方认证机构是权威机构部分或全部授权的某些公共管理组织，而民间认证机构是完全独立的第三方机构。以意大利为例，其有机认证可以由被确认资格的民间认证机构执行，也可以由农林部（Ministry of Agriculture and Forestry）或区域发展委员会（Regional Boards）来提供官方检查。认证机构实施认证的依据为欧盟理事会标准（EC）834/2007、欧盟委员会标准（EC）889/2008和补充标准（EC）710/2009以及（EC）271/2010，或由成员国制定的高于上述标准要求的法规或标准，或由认证机构制定的高于成员国相关要求的法规或标准。

三、欧盟食品安全标准制修订程序

首先由民众、企业、市场提出食品标准的需求，欧洲标准化委员会专家及行政人员对食品标准进行评估，接着撰写建议草案，寻求公众意见，其中整个过程有民众的监督，最后还有标准的风险分析，包括依靠社会规章制度的风险管理、维护消费者权益的风险认识、基于科学与事实的风险评估以及信息传递和对话的风险交流。再由欧洲议会和欧盟理事会负责制定框架指令，欧盟委员会承担制定实施框架指令的相关政策，即欧盟理事会批准框架指令后，由欧盟委员会制定相关的具体实施指令。而后欧洲标准化委员会参与制定严格的食品安全标准。

四、欧盟食品安全标准特点分析

① 食品安全标准的双层体系形成了对成员生产商的保护。在欧盟食品安全体系中，既有具有法律强制力的欧盟指令，又包括自愿遵守的具体技术内容和技术标准等，所以非欧盟国家的食品出口到欧盟成员国，就必须同时达到两套技术标准的要求，而成员对自愿遵守部分的标准具有很大的操控性和灵活性，因此，这两套体系起到了保护欧盟成员食品生产者的作用，构成了食品贸易中的贸易壁垒。

② 拥有比较完整的标准体系和合格标准认定程序，有效限制别国食品出口。目前，欧盟已经形成了包括欧盟指令、标准认证以及进出口环节的检验检疫措施等制度。别国食品不满足任何一个条件就可能被禁止进口。

③ 欧盟食品标准与其他国际标准有一定的协调，推进了国际食品标准的协调一致。欧盟从一开始就比较注重与国际食品法典委员会（CAC）和国际标准化组织（ISO）等国际组织的协调，并且尽可能地采用国际标准。从这点来看，它方便了其他国家食品向欧盟的出口。

④ 欧盟食品安全标准体系的发展趋势。虽然欧盟食品安全标准与其他国际标准的协调方面存在问题，欧盟成员标准之间也有一定的差异，但随着欧盟一体化的推进，欧盟标准走向欧洲标准是大势所趋。人类对食品安全的关注程度提高，未来欧盟食品新标准会更加严格，所以其食品标准修订时机的选择和内容的修订程度会对广大食品出口国乃至国际食品标准走势产生重大影响。

第四节　欧盟食品安全监管机构

欧洲联盟（European Union，EU）简称欧盟，是由欧洲共同体发展而来的，是一个集政治实体和经济实体于一身、在世界上具有重要影响力的区域一体化组织。欧盟的主要组织机构有欧洲议会、欧洲理事会、欧盟理事会、欧盟委员会和欧盟法院。

① 欧洲议会是欧盟的监督、咨询机构。欧洲议会有部分预算决定权，并可以 2/3 多数弹劾委员会，迫其集体辞职。

② 欧洲理事会又称欧盟首脑会议或欧盟峰会，是欧盟最高决策机构。欧洲理事会由欧盟成员国国家元首或政府首脑及欧洲理事会主席、欧盟委员会主席组成。

③ 欧盟理事会由欧盟各成员国部长组成，因此又称"部长理事会"，简称"理事会"，是欧盟的重要决策机构。欧盟理事会负责日常决策并拥有欧盟立法权。

④ 欧盟委员会是欧盟的常设机构和执行机构，负责实施欧盟条约和欧盟理事会作出的决定，向理事会和欧洲议会提出报告与立法建议，处理联盟的日常事务，代表欧盟对外联系和进行贸易等方面的谈判等。

⑤ 欧盟法院是欧盟的仲裁机构，负责审理和裁决在执行欧共体条约和有关规定中发生的各种争执。

欧盟是一个多成员的联盟组织，目前有 27 个成员。欧盟最具特色的制度就是由成员国代表组成的委员会体系，这个体系是用来平衡欧盟与各成员国之间的权利分配与义务支出的一个良好的方式，各成员国可以通过委员会诉求各自的利益，欧盟可以通过委员会表达自己的意志。

在欧盟食品安全监管体系中，主要的机构有欧盟食品链及动物健康常设委员会（SCFCAH）、欧盟健康与食品安全总司（DG-SANTE）和欧盟食品安全局（EFSA）。其中，欧盟食品链及动物健康常设委员会是欧盟理事会的下设机构，主要负责制定相关法律；欧盟健康与食品安全总司是欧盟委员会的下设机构，主要负责相关食品安全法规的实施和监督；而欧盟食品安全局是独立的科学咨询机构，主要负责为欧洲议会、欧盟委员会和欧盟成员国提供风险评估结果，并为公众提供风险信息。

在纵向监管体系中，欧盟各成员国需要转化欧盟法令成为本国的法律，欧盟健康与食品安全总司会监督各国食品安全法律的制定和执行。

欧盟食品链及动物健康常设委员会负责立法。在执法层面，欧盟在"食品安全白皮书"中提到食品安全的风险分析分为风险评估、风险管理和风险交流三部分内容。在欧盟食品安全监管体系中，欧盟健康与食品安全总司负责风险管理，欧盟食品安全局负责风险评估和风险交流。

（一）欧盟食品链及动物健康常设委员会

欧盟食品链及动物健康常设委员会（SCFCAH）是食品安全立法机构，同时也会在实施食品安全措施方面协助欧盟委员会的工作。该委员会由成员国代表组成，由欧洲委员会的代表担任主席。

欧盟食品链及动物健康常设委员会的主要工作任务是为欧盟委员会制定整个食品链（从

农场的动物健康到消费者餐桌）各个阶段的食品安全监管措施。欧盟委员会在进行食品安全相关立法活动时首先会咨询食品链及动物健康常设委员会的意见，如果成员国代表赞同食品链及动物健康常设委员会所提出的法律意见，那么欧盟委员会便会顺理成章地根据其制定相应的法律，采取相应的措施。具体而言，主要涉及8个方面：欧盟通用食品法、食品链生物安全、食品链毒理卫生与安全、食品进口要求和控制、动物营养、转基因食品饲料和环境风险、动物健康和动物福利以及植物卫生。

（二）欧盟健康与食品安全总司

欧盟健康与食品安全总司（DG-SANTE）是欧盟委员会的下属机构，其目标是"使欧洲成为更健康、更安全的地方，在这里市民可以很安心，因为他们的利益得到了保护。社会不会是零风险的，但我们正在做的是尽我们所能为我们的公民减少和管理风险。"欧盟健康与食品安全总司的工作旨在：①保护及提高公众健康水平；②确保欧洲的食物是安全并且有益健康的；③保护农畜的健康和福利；④保护农作物和森林的健康。基于以上目标，欧盟健康与食品安全总司的主要工作内容有以下三点：①监控欧盟各成员国转化使用欧盟通过的有关食品安全、消费者权益和公众健康等的法律；②征求各方利益相关者的意见；③代表欧盟参与成员国当局的活动和提案。

欧盟健康与食品安全总司作为整个欧盟食品安全监管的主要执行机构，下辖六个职能司和一个执行机构，分别是A总务司（General Affairs）、C公共卫生司（Public Health）、D卫生系统及产品司（Health Systems and Products）、E食品链安全司（Safety of the Food Chain）、F食品与兽医办公室（Food and Veterinary Office，FVO）、G兽医与国际事务司（Veterinary and International Affairs）以及消费者、健康、农业和食品执行机构（Consumer，Health，Agriculture and Food Executive Agency，CHAFEA）。

欧盟健康与食品安全总司的总干事分管A总务司以及消费者、健康、农业和食品执行机构，负责健康的副总干事分管C公共卫生司和D卫生系统及产品司，负责食品链的副总干事分管E食品链安全司、F食品与兽医办公室以及G兽医与国际事务司。

食品与兽医办公室（FVO）主要负责食品安全的监管机构。食品与兽医办公室开展审计、检查和相关的非审计活动，确保各成员国能够正确地实施和执行食品安全、动物健康、动物福利、植物卫生和医疗设备方面的欧盟法律。由来自大多数欧盟成员国约180位专业人员组成的队伍开展审计或检查活动，以确保各国当局履行其法律责任。

食品与兽医办公室主要是保证欧盟食品安全法律在各国执行的一致性，对成员国和向欧盟出口的第三国的食品安全监管体系遵守欧盟食品安全法律的情况进行监督检查，定期公布监督检查情况，并对有关国家提出改善建议。

（三）欧盟食品安全局

欧盟食品安全局（European Food Safety Authority，EFSA）是欧盟的一个机构，其职责是提供独立的科学建议及交流现有的和新出现的与食品链相关的风险。欧盟食品安全局成立于2002年2月，总部设在意大利帕尔马。欧盟食品安全局的工作直接或间接地涵盖了食品和饲料安全的所有事项，包括动物健康和福利、植物保护及植物健康和营养。欧盟食品安全局支持欧盟委员会、欧洲议会和欧盟成员国采取的有效和及时的风险管理决策，以确保欧洲消费者的健康与食品及饲料链的安全，并以公开透明的方式将其职权范围内的所有事务传达给公众。

前文提到，欧盟食品安全局的工作方向是风险评估和风险交流。欧盟食品安全局设立的目的之一就是评估与食品链相关的风险，并且传递和食品链相关的风险，以便提高欧盟地区的食品安全，建立公众信心。

欧盟食品安全局由管理董事会（Management Board）、执行董事（Executive Director）、顾问团（Advisory Forum）以及科学委员会和科学小组（Scientific Committee and Scientific Panels）四个机构组成。

① 管理董事会。管理委员会设定预算，审批工作方案，并负责确保 EFSA 成功地与整个欧盟及其他的合作伙伴组织共同工作。为确保食品安全局的独立性，管理委员会的成员由欧盟理事会和欧洲议会协商后从欧盟委员会拟定的名单中任命，包括 14 名成员和 1 名欧盟委员会代表，其中 5 名成员必须具有处理食品行业消费安全问题的具体经历和经验。

② 执行董事。执行董事是欧盟食品安全局的法定代表人，负责日常管理，起草和实施工作方案，并落实所通过的管理委员会的其他决定。执行董事由管理董事会根据每 5 年提前在欧盟食品安全局杂志或别处通过公开招聘、公开竞争而推荐的人选名单中确定。确定之前管理董事会推荐的候选人应在欧洲议会演讲并回答议会成员提问。管理董事会多数票即可弹劾执行董事。

③ 顾问团。顾问团为执行董事提供建议，特别是对于起草欧盟食品安全局的工作方案。顾问团由执行董事带领，由 15 个来自各成员国食品风险评估机构的代表组成。顾问团的组建为欧盟食品安全局和各成员国相关机构之间交流提供了平台，从而保障了风险评估工作在欧盟层面的统一性。

④ 科学委员会和科学小组。科学委员会和科学小组负责食品安全局的食品安全风险评估工作。委员会和小组成员均是由理事会指派的经公开评选的专家，且具有风险评估经验和学术工作成果。科学委员会和科学小组的专家来自大学、科研机构和成员国主管机构，每 3 年更新一次。食品安全局还建立了外部专家库，必要时会邀请外部专家协助进行风险评估。

具体而言，根据欧盟议会和理事会第 178/2002 号法规第二十七条的规定，食品安全局主要有以下任务：

①按照欧盟委员会、欧洲议会和成员国的要求，对食品安全问题和其他相关事宜，如动物健康/福利、植物健康、转基因和营养等方面提供独立的科学建议，并将此建议作为风险管理决策的基础；②在其职责范围内促进与协调综合风险评估方法的发展；③在其职责范围内向欧盟委员会提供科学和技术支持，应需要对风险评估结论做出解释和分析；④行使其职责进行必要的科学研究；⑤搜集、整理、分析及总结其职责范围内的科技资料；⑥采取措施识别或确定职责范围内的风险；⑦在其职责范围内建立并运行一个网络机构；⑧应欧盟委员会需要对委员会实施的食品与饲料危害控制程序措施提供科技援助；⑨应委员会要求，在其职责范围内，从促进欧盟与成员国之间、欧盟与国际组织之间或与第三国之间的合作出发，向委员会提供科技援助；⑩保障公众或在有关方面能及时、可靠、客观、全面地获得其职权范围内的信息；⑪对其职权范围内的问题发表自己的结论及主张；⑫负责执行委员会分配的职责范围内的任务。

第五节　欧盟关于食品安全的重要制度

欧盟的食品安全法律法规，尤其是第 178/2002（EC）号法规即《基本食品法》，规定了若干重要的食品安全制度，为实现食品安全的最终目标提供了有效的制度保障。

一、"农田到餐桌"全程监控制度

"农田到餐桌"全程监控制度目前已成为世界各国公认的建立食品安全法体系的最基本制度,欧盟很早以前就引入了该制度并将其应用于食品安全立法,强调对食品生产的全面控制和连续管理,现有的食品安全法规几乎涵盖了食品生产及流动的各个环节和所有方面,并对各个环节都设置了相应的标准。

在实践中,欧盟食品安全监管机构根据有关法律法规,要求食品行业在食品链的各个环节应执行良好生产规范(GMP),危害分析和关键控制点体系等管理程序,并对其实施及执行情况进行监管,以保证对食品各环节尤其是食品生产源头的安全质量控制;食品的生产者、加工者、销售者等食品行业从业者则应严格遵照有关环境质量标准、生产操作规范以及投入品控制的有关标准,自觉服从对环境、生产、加工、包装、贮藏、运输等各个环节的严格管理,以确保食品安全。

二、危害分析与关键控制点制度

危害分析与关键控制点制度是一套通过对整个食品链,包括原材料的生产、食品加工、流通乃至消费的每一环节中的物理性、化学性和生物性危害进行分析、控制以及控制效果验证的完整体系,实际上是一种包含风险评估和风险管理的控制程序。目前世界上大部分国家都在食品生产企业中广泛实施 HACCP 制度,国际标准化组织(ISO)也已依据"危害分析"及"关键控制点的查核结果"制定了食品安全管理系统的特定标准(ISO 22000),HACCP 被认为是迄今为止控制食源性危害的最经济、最有效的手段。

欧盟的食品安全法规对食品行业实施及执行 HACCP 做出了明确的规定,如第 852/2004 号法规第五条要求食品从业者(原物料初级产品生产者除外)均须采用 HACCP 制度及相关要求规定,第 853/2004 号法规要求屠宰厂须切实遵守 HACCP 的规定,第 854/2004 号法规以及第 882/2004 号法规则规定了 HACCP 实施与执行的官方监控规范。HACCP 体系主要包括进行危害分析和制定控制措施、确定关键控制点(CCPS)、确定关键限制、建立关键控制点的监控系统、建立纠偏措施、建立验证程序、建立文件和记录保持系统七个方面的内容。HACCP 体系已逐渐引入欧盟食品生产的所有领域,它通过监督食品生产过程中可能发生危害的环节并采取适当的控制措施,来防止危害的发生或降低危害发生的概率,从而确保食品在生产、加工、制造和食用等过程中的安全。

三、食品与饲料快速预警系统

欧盟早在 1979 年就已开始使用食品与饲料快速预警系统,之后为了应对不断出现的食品危机事件,在总结经验教训的基础上,2000 年的"食品安全白皮书"明确提出建立欧盟快速报警系统,2002 年的 178/2002 号法规即《基本食品法》调整并正式确立了欧盟食品与饲料快速预警系统(RASFF)。

RASFF 是一个连接欧盟委员会、欧洲食品安全管理局以及各成员国食品与饲料安全主管机构的网络,它要求当某一成员国掌握了有关食品或饲料存在对人类健康造成直接或间接的严重风险的信息时,应立即通报给欧盟委员会,委员会根据有关资料决定风险的等级并转发给各成员国;欧洲食品安全局对于风险通报可以补充相关科学或技术信息,以协助成员国采取适当的措施;各成员国依据发布的通告进行反应,并将采取的措施通过快速预警系统报告给委员会;如通报的食品或饲料已发送到第三国,委员会还应向该第三国提供适当的信息。由此可见,RASFF 并不是一个单向运作的系统,而是一个包括欧盟委员会、欧洲食品安全局、各成员国在内的各方不断互动的交流网络。RASFF 使得欧盟委员会以及各成员国能够迅速发现食品安全风险并及时采取措施，避免风险事件的进一步扩大，从而确保消费者享有高水平的食品安全保护。

四、可追溯制度

为应对疯牛病问题，欧盟于 1997 年开始逐步建立起食品安全信息可追溯制度，2002 年欧盟第 178/2002 号法规即《基本食品法》第十八条明确要求强制实行可追溯制度，凡是在欧盟国家销售的食品必须具备可追溯性，否则不允许上市。按照该规定，食品、饲料、供食品制造用的动物以及其他所有计划用于或预计用于制造食品或饲料的物质，在生产、加工及销售的所有阶段都应建立可追溯制度。除此之外，欧盟还有不少法规对可追溯制度做出了具体规定，如第 852/2004 号法规规定饲养动物或生产以动物为原料的初级产品的食品行业从业人员必须保存有关信息的相应记录，第 89/396 号法规要求食品必须做标记以确定批次，第 2065/2001 号法规中对鱼类提出了可追溯性要求，第 1907/90 号、第 1906/90 号和第 2295/2003 号法规中对蛋类和禽类提出了可追溯性要求，第 2200/196 号法规对水果蔬菜提出了可追溯性要求，第 1830/2003 号法规还对转基因产品的标记和可追溯性以及用转基因产品生产的食物和饲料的可追溯性进行了特殊规定。

可追溯制度利用现代化信息管理技术对每件商品进行清晰标记，可以保证从生产到销售的各个环节追溯检查问题食品，有利于监测任何不利于人类健康和环境的行为，确保了食品安全事件的快速处理并减少相应损失；同时可追溯制度对食品行业从业者形成有效约束，进而起到保证食品安全的作用；此外，可追溯制度向消费者提供了更为详细的食品生产信息，极大地增强了消费者对食品的信心。

五、食品或饲料从业者承担责任制度

欧盟的《基本食品法》以及其他的法规、指令等建立了食品或饲料从业者对食品或饲料安全应承担主要责任的制度，2002 年欧盟第 178/2002 号法规即《基本食品法》规定，生产、加工及销售所有阶段的食品或饲料从业者应确保并核实食品或饲料达到了相关法律的要求，各成员国应制定法律并监测、核实各个阶段的食品或饲料从业者是否达到相关法律的要求；食品或饲料从业者应确保其产品具有可追溯性，一旦发现或有理由相信产品不符合有关法律规定，应立即从市场上以及从消费者手中召回问题产品并向有关管理机构报告，还应协助有关管理机构采取措施避免问题产品造成风险。违法者不仅要承担对于受害者的民事赔偿责任，而且还要受到行政乃至刑事制裁。食品或饲料从业者承担责任制度加大了经营者的安全责任感，使得从业者主动建立自我核查机制，自觉采纳 HACCP、GMP 等国际通用标准程序，并积极采用新技术，以确保食品安全。

本章案例

案例一

自 2010 年末到 2011 年初，发生在德国的二噁英饲料污染事件愈演愈烈。随着事态的不断扩大，事故给德国农业带来了惨痛的灾难，其教育意义也是深刻的。不过，从头至尾，德国和欧盟在整个事故的处理上，都显示了其应对食品安全方面良好的长效机制和良好的紧急应对措施，这无疑给世界各国的食品安全以许多有益的启示。

自20世纪末"疯牛病"爆发以来,欧盟及其成员国高度关注食品安全,不仅建立了严密的食品安全法律体系,而且专门成立了独立行使职能的欧盟食品安全管理局,负责全欧洲的食品安全工作。欧盟《通用食品法》提出了5个基本原则:食品安全必须考虑整个食物链,涵盖从"农场到餐桌"全过程,将饲料也纳入食品安全管理范畴;风险分析是食品安全政策的基础;所有食品生产与经营者必须对食品安全负责;产品必须在所有食物链环节中具有可追溯性;消费者有权从公共机构获取准确的食品安全信息。

见微知著,德国对饲料污染事件的处置过程正体现了上述理念。2010年底,德国西部北威州的养鸡场首次发现饲料遭致癌物质二噁英污染,其他州相继发现受污染饲料。2011年1月6日,德国警方即调查位于石荷州的饲料制造商"哈勒斯和延奇"公司。7日,德国农业部宣布临时关闭4700多家农场,禁止受污染农场生产的肉类和蛋类产品出售。

首先,监管预警机制和追溯机制发挥了作用。此次污染事件是在没有消费者致病、致死的情况下被发现的,官方及时采取措施避免了污染的更大规模扩散,说明风险分析和预警机制发挥了重要作用,避免了人的生命和健康受到更大损害。事态发生后追溯机制的启动,让肇事企业很快浮出水面,而且被污染食品的流向也很快明朗。

其次,生命安全至上,措施快速有力。"疯牛病""口蹄疫"等食品安全事件曾给欧洲留下惨痛的教训,痛定思痛,因此德国此次下了重手。二噁英污染事件曝光后,为遏制污染扩散,德国政府关闭的农场数量约占全国农场总数的百分之一。德国农业部明确指出,即使农场的禽畜产品初步检测结果正常,为了公共健康也必须关闭。

按照欧盟及其成员国法律,企业和行业自律依然是维护食品安全的第一环,但法律的惩戒和威慑犹如"达摩克利斯之剑"必不可少。对于这次二噁英事件中的肇事者,德国检察部门已表示要提起刑事诉讼,同时受损农场则拟提出民事赔偿。《明镜》周刊网站报道称,赔偿数额可能让肇事者破产。

第三,处置透明度高,尊重公众知情权。事件一经发现,德国官方立即向外通报有关情况,新闻媒体则竞相向公众披露事件的来龙去脉和调查进展。媒体甚至走在官方的前面,挖掘出肇事企业可能早已知晓有关污染的信息。另外,欧盟食品工业界代表定于当月11日和12日在布鲁塞尔聚会,讨论如何避免类似事件再次发生。

被称为"拥有世界上最严格食品安全制度"的欧洲,也难免出现"害群之马"。问题的关键是,如何建立长效机制防范"害群之马"为害,如何建立快速反应机制制止"害群之马"为害。德国和欧洲对于此事件的做法,正体现了完善的食品安全体系对于维护国家企业利益、人民健康和消费者权益的重要意义。

案例二

如今,印刷企业要在食品工业中求生存,正面临着越来越严格的限制:除了价格上的竞争优势以外,如果不能符合特定的法规要求,标签印刷设备甚至无法通过终端用户的资质认证。近年来,欧洲的立法系统一直在致力于教育包括印刷企业和品牌拥有者在内的行业主体,以促进食品包装材料的规范化、安全化。作为食品包装的重要组成部分,标签正是这其中不可或缺的一项。

在世界不干胶标签协会成员与芬欧蓝泰欧洲分公司的共同努力下,欧洲不干胶标签协会于日前发布了针对10/2011欧盟法规的解读报告。10/2011法规是一项关于与食品进行接触的塑料材料及其制品的规定,已于2013年1月1号起强制执行。这一条例取代了2002/72/EC欧盟指令和基于该指令的国家立法,目的在于鼓励品牌所有者以及零售商们对其消费者负责,并将之作为重要的附加措施来努力确保食品的质量与安全。而那些为欧盟食品企业提供标签的标签印刷供应商，无疑将会对这项法规的执行起到关键性作用。

1. 直接食品接触和间接食品接触

在与食品进行直接或间接接触的材料及其制品的要求方面，本次新发布的法规解读报告采取了与ECNo1935/2004法规（一项关于与食品进行直接或间接接触的材料和电器的规定）同样的原则，即这些材料需要有效地抑制那些对人体健康有危害的物质通过包装转移到我们所吃的食品上，同时还需要防止食物的成分、外观、气味发生不好的变化。

两者的区别在于，ECNo1935/2004法规只是笼统地应用于食品包装领域，而10/2011欧盟法规则要求对使用塑料的初级食品包装的每一类具体成分做出说明。而标签正是这部分包装中不可或缺的重要组成部分。现在，含有塑料层并直接接触食品的标签和所有应用于初级塑料包装的标签一样，都需要在新的标签法规上找到出处来证实哪一种可控并被授权的物质存在于标签本身的构造中。

现在，无论是以塑料层的形式直接接触食品的标签，或是其他所有适用于初级塑料包装的标签，都需要正面显示其对于法规严格要求的物质的实际控制情况。

只有当初级包装材料或包装材料最下层与食物之间存在诸如玻璃或金属之类的间隔物时，标签及其他包装形式才可不受EU10/2011法规的限制。而成分完全为纸和纸板类的包装材料则需要受到更具体的国家立法或相关法规的约束，例如德国联邦风险研究所在这方面做出的贡献。

2. 受限物质和不受限物质

所有可能被用在包装塑料层中的材质——包括受限和不受限的，都必须符合EU10/2011列出的"欧盟清单"，并在生产链的每一个环节中全面公开。受限材料的使用必须符合塑料的特定迁移限值范围。同时，按照该法规要求，这些材料应用到供应产业链和制造产业链的过程必须有清晰的确认记录，以便保证严格遵循检验法规的条例。

3. 终端用户：最后一道责任防线

在整体包装是否符合EU10/2011法规要求方面，终端用户，即包装企业和品牌的所有者是最后一道责任防线（在这一点上，包括EC1935/2004法规和其他国家法规在内，所有法规对于包装材料的约束都采用了同样的框架）。同时，终端用户还要将包装食品的性质、保质期和周围的环境条件纳入考量范围。

因此，标签印刷企业需要提供相关证明，表明其标签中限制材料的含量在特定环境中的使用水平和迁移范围符合法规的要求。

第七章 日本食品安全法律法规与标准

第一节 日本食品安全法律法规体系的发展与现状

日本虽然不是最早实行食品法的国家，但其继欧盟、美国后不久也提出了相关的理论，且十分注重相关的法律法规的完善，所以对我国仍有一定值得借鉴的地方。

一、日本食品安全法律法规发展进程

（一）日本食品安全规制的萌芽时期

从1868年到1889年的明治初期，是日本的食品安全规制时期。1868年，日本爆发了具有深远影响的政治革命——明治维新，革命成功后，明治政府为了迅速提高国力，积极鼓励发展工商业和自由贸易，这为食品加工业的发展和壮大提供了契机，从而也使食品安全规制问题跃然纸上。为了遏制这一时期食品工业出现的掺伪掺假现象，明治六年（1873年）八月十二日，司法省颁布了日本历史上第一部关于食品安全监管的规定——《关于贩卖明知是伪造饮食物和腐烂食品的相关人员处罚规定》（1873年第130号法令），这标志着日本食品安全监管发生了"从无到有"的转变，这一年也被称为"日本食品安全监管元年"。之后，明治政府又相继出台了《禁止销售用进口染粉着色的饮食物》《用苯胺及矿物质的绘画颜料给饮食物着色的取缔方法》和《食物中毒及误用药物等而致死者的通报方法》等法令。

然而明治初期的食品安全规制法令并没有真正具有法律层面的意义，仅作为行政处罚的一般依据，规定了处罚和取缔的对象等简单情形。明治十三年（1880年）颁布的《刑法》中对违反食品卫生的行为做出了一些处罚规定，它是该时期进行饮食物取缔处罚的法律依据之一。但这还远远不能对当时肆意盛行的食品掺假掺伪及非食品化学物质的滥用行为进行规制，亟须制定一部专业性的法律。明治三十三年（1900年）日本政府不仅颁布了具有食品安全监管基本法作用的《关于取缔饮食物和其他物品的法律》，还相继出台了涉及饮食物取缔、添加剂取缔和食物中毒取缔等方面的十余部法律法规，标志着日本进入了"一法十令"的食品安全监管时期。另外，内务省和警视厅也分别颁布了《关于取缔饮食物和其他物品的法律的实施规则》和《关于取缔饮食物和其他物品的法律的执行程序》等相关规定。自此，明治、大正时期的食品安全监管法律体系初步形成。

（二）日本食品卫生法时期

大正时期的食品安全监管从 1912 年持续到 1925 年，这一时期的食品安全监管在不断丰富食品取缔内容的同时，更加突出了对各项配套监管措施的制定和实施，例如设立生产日期标识制度和卫生侦探制度。

由于日本保留着每逢佳节互相馈赠礼物的习俗，且大多以食物为主，但受到当时经济的限制，一般食物几经辗转后已经腐烂变质人们却依然在食用，因此生产日期的标示是必不可少的。除此之外，一些小商小贩在街头贩卖的食物，在现场制作过程中沾染上了灰尘，或者有铜等有害物质的残留危害了大众的身体健康，因此就需要具有专业知识的卫生侦探来监督商贩在制造、销售饮食物品的过程中的行为，并根据法律规定对其违法行为予以处罚。鉴于当时对各种虫类、灰尘、病毒的预防措施并不完善，饮食物品的安全问题显得异常严峻。因此，卫生侦探制度的设立可以说是对当时的食品安全规制措施的一种极为有效的补充。

在第二次世界大战结束后的初期，日本粮食短缺，管理混乱，导致大批不符合卫生条件的食品上市，大量的劣质食品在市场上流通，导致了多起食品中毒事件发生。所以如何防止食物中毒成为日本政府食品监管的第一要务。基于这一理念，1947 年日本就制定了《食品卫生法》《食品卫生法施行令》及《饮食业营业取缔法》等法律法规，为保证这些法律法规能够得到认真贯彻和实施，日本还设立了食品安全局、食品卫生协会、卫生保健所等管理和监督机构。

近年来，日本通过不断加强食品安全行政措施的执法力度，推动了农产品质量安全立法进程。据不完全统计，自 1995 年起，日本先后对《食品卫生法》进行了十多次修改，为了使食品安全监管的法律法规体系更完善，日本还相继制定了与之配套的有关检验、检疫等方面相关的流通与销售的法律，如《农药取缔法》《肥料取缔法》《饲料安全法》，这些法律规范了农业化学品的生产、流通、使用的基本规则。目前日本实行的，直接与食品安全相关的法律法规已经有 20 多部，且主要集中在农业方面。

（三）日本食品安全法时期

进入 21 世纪以来，日本食品安全危机频发，日本国内的消费者对食品可能引起的传染病产生极度的恐慌。2001 年 9 月在北海道发现了第一例疯牛病；2004 年 1 月又在山口县一个养鸡场检测出 H5N1 病毒，这是日本时隔 79 年再次暴发的禽流感，导致 2 月患禽流感的鸡的肉、蛋流入 23 个县。同时，流通和销售过程中的弄虚作假也不断加重食品安全危机，如 2002 年 1 月日本最大的奶制品企业"雪印公司"将超市上卖剩下的过期牛奶收回再处理后包装上市；有的肉类、蔬菜批发市场更改食品产地、品种标签；有的在食品中加入未经许可的添加物等。还有近年来流行的 O157 肠道传染病和媒体不断传出的蔬菜农药含量超标的问题，均引发了消费者对食品安全监管的信任危机。鉴于此，日本不得不重新思考和反省其食品监管理念。

日本政府感到以往侧重于防止食物中毒的立法宗旨已不能适应新时代国民对食品安全的要求，为了满足日本国内的需求，并面向欧美市场寻求发展，同时应对中国等亚洲国家食品大量进入日本市场的势头，日本于 2002 年 5 月 14 日决定修改《食品安全基本法》的"关于确保信赖食品安全的改革建议"，确立新的食品管理理念。2003 年 3 月 13 日，《食品安全基本法（草案）》作为内阁提案提交国会审议，经众议院与参议院的多次审议与修改于 5 月 16 日正式通过，并决定自 7 月 1 日起正式实施。2003 年 5 月，日本《食品安全基本法》诞生了，并于 2003 年 7 月，依法成立了直属内阁的"食品安全委员会"。该委员会由 7 位公认的"能不受他人左右"的专家组成，拥有对农林水产省、厚生劳动省进行监督与检查的权力。这标志着日本在机构建设方面使得风险分析评估机构得以落实。

值得一提的是，食品安全法时期不仅制定了《食品安全法基本法》，而是针对食品安全而制定的一系列安全法，而《食品安全基本法》只是其中的一个主要代表。

（四）日本食品标准制定时期

日本作为食品和农产品进口的大国，有60%左右的农产品需要通过进口满足国内需求，而由于有些农药在日本国内尚未登记，导致了进口的农产品经常出现农药超标的状况，对于一些没有明确规定的农药，日本的监管实际上处于失控状态，这严重威胁了日本的食品安全。因此，从2003年5月起，日本相关部门决定逐步引入食品残留农药、兽药及饲料添加剂的"肯定列表"制度，并于2005年6月公布了《食品中残留农业化学品肯定列表制度》的最终方案，最终于2006年5月29日正式实施。后来日本政府又对其进行多次调整与改善，使得法律更加完善。

随着日本关于食品安全的法律法规的完善，检验的项目更加庞杂，合格的判定标准和质量认证的程序更加复杂严谨，包括标签、包装、卫生注册等方面也得到了完善的发展，这为保证食品安全打下了坚实的基础。

二、日本食品法律法规现状

为了确保食品安全，根据不同社会时期出现的新问题，日本政府在食品的原料生产、加工、流通等各个领域已经建立起一套完善的食品安全保障体系，各个环节都有细致的规定，而且在不断地完善。日本保障食品质量安全的法律法规体系由基本法律和一系列专业、专门法律法规组成，目前日本颁布的食品安全相关的法律法规共有300多种，其中《食品安全基本法》和《食品卫生法》是两大基本法律。

《食品卫生法》是日本控制食品质量安全最重要的综合法典，适用于国内产品和进口产品。该法规定了食品的成分规格、农药残留标准、食品的标识标准、食品生产设施标准、管理运营标准等标准设定的框架，同时明确了中央政府对进口食品的监督检查框架及各都道府县政府对国内食品生产、加工、流通、销售从业者的设施监督检查的框架。该法还明确了对国内流通及进口食品的质量监督管理的程序及处罚。其修订的原则是提高农药残留限量标准、增加限制项目、强化进口检查制度，倡导以人为本、维护公众健康的理念。该法依据的是新的《食品卫生法》修正案，并于2006年5月起正式实施。

而《食品安全基本法》则明确了在食品安全监管方面，中央政府的职责是综合制定并实施确保食品安全的政策和措施；地方自治体的职责是适当分担政府的任务，制定并实施必要的政策和措施；生产、加工、流通和销售从业者的职责是具有"有责任和义务确保食品质量安全"的意识，并实施必要的措施，同时应向政府提供准确的信息；消费者的职责是掌握并理解食品质量安全的知识，同时要充分利用政府提供的表明个人意见的机会。该法为确保食品安全，还明确了食品质量安全相关政策措施的制定和监督管理应采取"风险分析"手段。

日本对于国内的农产品与食品安全的管理，还有一项比较重要的法律，即《农林产品标准化与正确标签法》（简称《JAS法》）。该法于1950年开始制定，后于1970年修改后，在1999年开始全面推广实施。

日本还建立起了包括食品卫生、农产品质量、投入品、动物防疫、植物保护等方面内容的较完备的食品安全质量法律法规体系，见图7-1。其中与《JAS法》配套的就有351项标准，其中包括200多种农药的8300多项残留限量指标。

日本关于食品监管的政府部门和机构在 2001 年 1 月 6 日进行了重组，食品安全的管理工作现由食品药物局下的食品安全部门负责。目前日本食品监管机构主要有厚生劳动省、农林水产省和食品安全委员会。食品监管机构呈三角形特征，三角形的顶点是内阁府食品安全委员会，两翼是厚生省和农水省，应该说这三个部门分工明确，职能既有交叉又有区别，形成了日本管理食品安全的三驾马车。

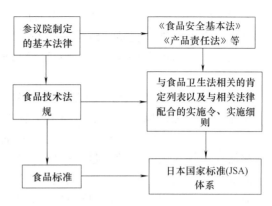

图 7-1　日本食品安全制度体系结构

1. 食品安全委员会

食品安全委员会是在 2003 年 7 月 1 日设立的，主要是基于《食品安全基本法》对食品安全实施检查和风险评估以及协调食品安全监管部门工作的直属内阁机构。食品安全委员会是应广大群众的需求而建立的。在 21 世纪初期，日本食品安全问题频频爆发，食品安全成为日本民众极其关注的敏感话题。而日本政府只强调生产者利益的做法，引起了群众的强烈不满，日本国民对政府的食品安全制度丧失了信心，日本政府不得不对此有所作为。因此，当时的政府提出要注重消费者的权益，打破各部门分开作业的管理模式，将安全风险评估和风险管理职能分开，设立单独的、统一的上层监督机构来负责风险评估。在 2003 年，按修改后的《食品卫生法》要求，建立了食品安全委员会。

食品安全委员会的任务是评估食品对健康的影响，根据评估结果建议农林水产省、厚生劳动省等采取对策。各省厅根据建议实施限制或禁止进口等具体政策后，食品安全委员会再对政策实施的适当与否进行监督。

其主要职能包括：通过科学分析的方法，对食品安全实施检查和风险评估，这也是食品安全委员会的最主要职能；而后根据风险评估的结果，要求风险管理部门采取应对措施，并监督其实施；最后以委员会为核心，建立由政府机构、消费者、生产者等利益相关体广泛参与的风险信息沟通与公开机制，对风险信息实行综合管理，最终使得风险评估的结果能够公布。

食品安全委员会由毒性学、微生物学、公众卫生等领域的 7 名专家组成，他们都是来自民间的专家，由国会批准，并由首相任命，任期三年。委员会下辖"专门调查会"，分为三个评估专家组：一是化学物质评估组；二是生物评估组；三是新食品评估组。他们分别指导农林水产省和厚生劳动省实施质量安全管理工作。此外还在食品添加剂、农药等领域设置专门调查会，约有 250 名专门委员，任期三年，负责专项案件的调查与评估工作。

2. 厚生劳动省

厚生劳动省主要承担了日本食品风险管理和保障食品的卫生安全的任务。其根据《食品卫生法》的要求，设立医药与食品安全局，该局下辖食品安全部，食品安全部由部长、规划信息科、基准审查科和安全监督科构成。

厚生劳动省的主要职能包括：针对政策要点制定法令和措施；制定相关食品标准并监督实施；对食品流通环节进行监督指导；对食品进出口进行监督指导；推进对食品危害成分的研究；促进食品风险信息交流；对紧急事态采取应急措施等。

厚生劳动省的行政方式包括以下几方面：

① 内设药品食品卫生专家审议会，接受内部各施政部门的技术咨询。

② 下设31个食品卫生检疫所，对农产品卫生状况进行监督检查。其中，横滨、神户两个检疫所分别内设进口食品检疫检查中心，成田机场、东京、名古屋、大阪、福岗和关西机场6个检疫所分别内设检查课，专门负责对进口农产品中药物添加剂的残留情况及卫生指标进行监督检查。

③ 下设7个地方厚生局，开展农产设施HACCP的制度认证和监督管理工作，同时对农产从业者遵守规格标准的状况进行监督管理。

④ 指导各都道府县（47个）、保健所设置市（58个）、特别区（23个）厚生劳动行政主管部门开展辖区内农产品质量安全监督指导计划的制定和实施、有关营业设施标准及监管运营准则的制定及实施、辖区内流通农产品质量安全状况的监督检查经营许可证的认定及管理等业务。日本还有78家备案检测机构，对农产品的生产、加工、流通和销售企业开展有偿检测服务。

⑤ 对食品卫生监督员进行认证。目前，由厚生劳动省认证的食品卫生监督员有8200余人，具体负责监督、指导和检查市场、商店及饮食店的食品质量安全工作。

3. 农林水产省

日本农林水产省于1978年正式成立，亦是日本的另一大风险管理机构。在2001年日本中央省厅再编后，农林水产省原有制定标准的职能被划归到厚生劳动省。农林水产省是《农药取缔法》《饲料安全法》《JAS法》等有关法律执行的主体，下设消费安全局，有6个课（处）和1名消费者信息官。

其主要职能包括：国内生鲜农产品及其粗加工产品在生产环节的质量安全管理；农药等农业投入品在生产、销售与使用环节的监管；进口动植物检疫；国产和进口粮食的质量安全性检查；国内农产品品质、认证和标识的监管；在农产品加工环节中推广"危害分析与关键控制点（HACCP）"方法；流通环节中批发市场、屠宰场的设施建设；农产品质量安全信息的搜集、沟通等。

农林水产省的行政方式包括以下几方面：

① 农林水产省内设立食品安全危机管理小组，其主要职能是制定并指导实施重大食品安全事件对策。

② 下设8个地方农政局，分别负责监督管理辖区内跨县域水产品的JAS制度及生产可追溯制度的实施。

③ 指导各都道府县行政主管部门负责辖区内农产品的JAS制度及生产可追溯制度的实施及监督管理，辖区农产品等投入品的使用监督，各都道府县还通过下设的保健所指导规范用药和病害防治。

农林水产省和厚生劳动省都有专门机构负责农产品质量安全工作，而且从上至下自成体系。如在植物病虫害防治方面，农林水产省设有植物防疫处，并在7个区域性农业局设有病虫害防治科，在县级设有180个防治所，负责指导农民合理、正确使用农药。在动物防疫方面，农林水产省设有1个本所，6个支所，17个派出机构，170个家畜保健卫生所，2000多名兽医直接承担家畜传染病防治工作。

另外，日本连年发生的食品卫生事件，特别是流通中食品标识有缺陷，给消费者造成难以想象的损失。为了降低由事件发生后应对不迅速跨部门解决问题不利等弊端，满足一元化地应对消费者的诉求，2009年9月1日内阁府消费者厅诞生了。其主要的职能是依据《食品卫生法》《JAS法》《健康促进法》与消费者进行有关交易、负责食品安全和食品标识。

第二节　日本食品安全法律法规简介

日本对食品安全的重视比我国早很多，因此其在食品的法律法规的制定上也比我国完善。日本政府对法律法规的分工十分明确：日本的立法机构为国会；管理机构为食品安全委员会、厚生劳动省、农林水产省；监管机构为中央管理部门、地方政府、从业者、民间机构和消费者。形成了以政府风险管理机构、地方、从业者、公众组成的"四位一体"管理协调机制。此外，日本政府通过发挥社会监督作用、农产品质量认证和标识认证以及对农产品质量安全的有关环节给予优惠政策和资金扶持等措施，采取形式多样的监督管理方式，确保食品安全。

日本的食品安全监管的法律法规体系分为以下三个层次：

首先是针对食品链中的各个环节制定的一系列总的法律，即《食品卫生法》《JAS法》等，这些法律约束着所有关于食品方面的操作，具有最高的法律效力，是食品业内所有人士都必须遵循的法律。

其次是符合以上法律规定并由内阁批准通过的政令，如《食品安全委员令》《JAS法实施令》等，这些政令虽然没有法律的地位那么重要，但也是具有很大强度的约束性和指导意义的。

最后是根据法律和政令，由各个下属省会针对自身不同情况所制定的法律性文件，如《食品卫生法实施规则》《关于乳和乳制品的成分标准省令》等，这些法律性文件具有地方性特征，在该省进行食品生产加工的企业必须遵循其相应的法律，且这些法律所提出的限定比第一级的法律更为严苛。

这三个层次法律法规的制定对整个食品的生产、流通环节进行了合理的指导与约束，使得食品安全在很大程度上得到了保障。特别是日本政府2003年提出的《食品安全基本法》，规定了食品"从农田到餐桌"全过程的管理，明确了风险分析的方法在食品安全管理体系中的应用，并指定了食品安全委员会对其进行风险评估。

下面主要介绍日本目前最主要的四部法律。

一、食品卫生法

目前，日本的食品安全管理工作主要是依据《食品卫生法》实施的。《食品卫生法》从法律层面制定了与食品相关从业者应遵循的规定，并规定了国家风险管理部门应采取的具体管理措施。

《食品卫生法》主要分为两个部分：一是针对食品从种植、生产、加工、贮存、容器包装规格、流通到销售的全过程的食品卫生要求，包括使用的包装材料、容器、添加剂等方面的管理并制定相应的规格标准，禁止生产、使用、进口和销售违反《食品卫生法》的食品，并且明确规定从业者不得违反《食品卫生法》，不得对食品和添加剂进行虚假标识；二是有关食品卫生监管方面的规定，《食品卫生法》的解释权和执行管理都归属于厚生劳动省，厚生劳动大臣有权派遣食品卫生监视员对食品从业者进行必要的检查和指导。

日本的《食品卫生法》经过多次修改，目前实施的是于2003年5月30日修订，于2006年5月30日正式实施的版本。这次修改秉持三大崭新的改革理念：一是从预防的角度出发，为确保国民健康采取积极措施；二是促进食品从业者进行自我管理；三是加强对农畜水产物生产阶段的规制。具体而言，这次修改主要集中于以下六个方面：一是明确了国家、地方公共团体、食品相关从业者的责任；二是听取国民意见，增强风险信息的交流，建立

"双向"对话机制；三是重新修改并制定了食品安全的规格和标准；四是强化监督、检查体制；五是强化食物中毒的危机管理体制；六是继续加大并强化了对违反规定、营业停止命令和废弃命令等违法行为的处罚力度。

《食品卫生法》作为日本最早的一部与食品有关的法律，有以下四项要点：

① 涉及对象众多。该法规定其宗旨是防止消费者因食用食物而受到有关健康方面的危害。此法规定的内容包括食物原料、添加剂、包装材料、盛放材料等诸多方面，诸多过程。除此之外，其还涉及与食品有关企业的一些活动，如食品制造和食品进口人员的规定，所以涉及的对象不仅包含了食品还包含了食品生产者、制造者等。

② 授权于厚生劳动省。这使得厚生劳动省能够快速地对相关事项采取法律行动，这样减少了因走法律途径所造成的时间延误。

③ 赋予地方政府管理食品的权利。从公共健康的角度出发，由于需要管理的食品企业数量众多，该法授予地方政府可在其管辖的范围内对一些企业采取必要的措施，使得不合法的企业尽可能被取缔。日本国内由大部分专家自发组成的组织也在其中发挥了重要的作用。

④ 基于HACCP体系建立全面的卫生控制系统。早在1995年的《食品卫生法》修订过程中，日本政府就建立了这个全过程控制系统。在该系统中，厚生劳动省通过检查来确定食品的卫生是否得到控制，食物被分类（目前为六类）后即进行各个工序的制造和加工，这样可使得人们能够采用众多方法对食品进行生产，但遵循统一标准。

此外，针对食品添加剂的泛滥使用，日本在修订《食品卫生法》过程中正式加入了"食品中残留农药、兽药及添加剂肯定列表制度"，并于2006年5月29日起正式实施，这将在下一节做主要介绍。日本先后在2008年、2012年对该法实施的相关条例进行了修订，2013年修订的时候正式批准了乳酸钾、硫酸钾作为食品添加剂的安全标准，并确立了食品进出口申报要求，特别是对于婴幼儿食品、牛乳等容易含有放射性物质的食品确定了铯元素的安全值，要求食品安全委员会定期对这些放射性元素进行检测，并向社会公布检测报告。

二、食品安全基本法

《食品安全法基本法》为日本食品安全行政制度提供了基本的原则和要素。其立法宗旨是确保食品安全与维护国民身体健康，确立了通过风险分析判断食品是否安全的理念，强调对食品安全的风险预测能力，根据科学分析和风险预测结果采取必要的管理措施，对食品风险管理机构提出政策建议。同时确立了风险交流机制（对象涉及风险评估机构、风险管理机构、从业者、消费者），并评价风险管理机构及其管理政策的效果，提出食品安全突发事件和重大事件的应对措施；废止了以往依靠最终产品确认食品安全的方法。

《食品安全基本法》于2003年5月获得国会通过，从2003年7月1日开始实施，经过2011年6月第74号法令的修订，现在的《食品安全基本法》共有总则、施政方针、食品安全委员会和附录四个部分。总则部分阐述了《食品安全基本法》制定的目的、食品的定义、食品安全政策的重要性，以及食品安全各环节中每个参与者的责任。施政方针确定了实施食品健康影响评价的目的、策略、结果的使用、信息交流、研究机构、突发事件处理等相关条款，为促进各方参与食品安全管理提供了途径。《食品安全基本法》还确定了食品安全委员会的成立，明确委员会具有风险评估、科学建议、食品安全调研等职能，规定了委员会委员的任期、义务等，保证食品安全委员会的正常运转。

《食品安全基本法》的设立目的是确保国民健康，确保食品安全。为实现"两个确保"，法律中明确了国家和地方的行政职责，明确导入食品的风险评价体制。该法规定了日本食品安全体系的基本原则和依据，主要有以下几个特点：

① 树立确保国民健康是最重要的基本理念。从食品的生产到销售的供给行程的各个阶段都必须采取适当的措施，及时关注国际动向和国民的意见，在科学知识的指导下将对国民健康造成的不良影响做到防患于未然。同时明确国家、地方和食品相关事业主体的责任及消费者的作用。

② 将实施食品健康影响评价作为确保食品安全的实施政策的基本方针。根据评价的结果制定政策，促进相互间信息和意见的交流，理顺应对重大食品事故等紧急事态的体制，规定相关行政机关必须密切配合。同时规定，对确定的具体措施的实施基本事项必须向全社会公布。

③ 明确地方政府与消费者共同参与的责任。法律明确食品相关企业承担食品安全保障的最主要责任，同时消费者能够受到相关的教育，并能够参与政策的制定。

④ 在内阁府设置由有学识经验者组成的合议制机构——食品安全委员会。主要工作为实施食品健康影响评价并根据评价结果发出劝告。规定委员由两议院同意，由内阁总理任命。该国食品安全的新行政组织特征是："风险评价"与"风险管理"两条线明确分离。例如，食品安全委员会对食品中的添加剂、农药残留等对人体健康的影响做出科学评价，而基于评价结果采取检查、限制等具体政策的是农林水产省和厚生劳动省。

与《食品卫生法》相比，《食品安全基本法》有了很大的进步，主要表现在：基本理念从"公共卫生"提升到保证"国民健康"；从"单一管理"到"全过程管理"；从"政府管理"到"企业自身管理"；明确了法规制定的基本方针；设立了食品安全委员会（FSC）。

《食品安全基本法》的颁布，表明了日本借鉴了欧盟倡导的从整个食品链上保证食品的安全这一理念，这为日本保障自身的食品安全提供了可靠的法律保障。

三、农林产品标准化与正确标签法

《农林产品标准化与正确标签法》（简称《JAS法》），也称《日本农业标准法》。设立该法的目的是，希望通过制定恰当、合理的农林产品规格并加以普及，在改善农林物资质量、促进生产合理化、交易简便和公正以及农林产品使用和消费合理化的同时，通过对有关农林产品质量进行强制性恰当标识，帮助普通消费者进行选择，从而促进公共福利的提高。

《JAS法》主要包括农林物质标准化和质量标识标准化两大部分。这两部分构成了日本农业标准化管理制度的两个重要基石。其中，JAS标准制度，即农林水产品自愿接受日本农林水产省监管部门的检查，若符合JAS标准，则允许粘贴JAS标志的管理制度。另一个重要基石是标准化质量标识制度，该制度要求所有生产商、加工商和经销商应按照日本农林水产省制定的质量标识标准为其产品标注正确的标签，以便消费者容易识别、放心地选购食品。《JAS法》的实施不仅保证了食品的安全性，还为消费者提供了食品的基本信息，便于消费者根据自己的需求购买食品。通过《JAS法》的推行实施，日本在推行农产品的追踪方面取得了很好的绩效。

四、农药取缔法

《农药取缔法》是于1948年公布的，主要由农林水产省负责。《农药取缔法》规定了农药的活性成分，并且对农药的使用及可以使用的农作物进行了明确的规定。其立法的目的是设置农药登记制度，从而限制出售和使用，以保证农药的正确使用。该法规还规定只有登记过的农药才可以投入出售和使用。

为了完善食品安全法律法规体系，日本又相继制定了食品安全的配套法律、监管特定用途的化学物质的法律以及监管流通和销售等的法律。目前已经建立起包括食品卫生、农产品质量、投入品（农药、兽药、添加剂等）、动物防疫、植物保护等方面内容的较完备的食品安全质量法律法规体系。其主要法律有《食品卫生法》《食品安全基本法》《植物防疫法》《家畜传染病预防法》《农林产品标准化与正确标签法》（《JAS法》）。《农药管理法》《土壤污染防治法》《包装容器法》《饲料添加剂安全管理法》等与食品安全有关的法律法规。随着国内对有机农产品需求的扩大，日本于1992年颁布了《有机农产品及特别栽培农产品标志标准》和《有机农产品生产管理要领》，在此基础上，于2000年制定并于2001年4月1日正式实施了《日本有机食品生产标准》。

为确保这些法律法规的实施，日本政府还制定了一系列配套的技术规范，建立了完善的标准体系。例如《JAS法》共有351项标准，包括农产品品质标准、生产方法标准（有机农产品）、品质标识标准；农产品中有200多种农药的8300多项残留限量标准。这些法律共同构建起了日本食品安全规制法律体系，标志着日本正式从"食品卫生行政时期"步入"食品安全行政时期"。

从日本食品法律体系可以看出，日本与食品相关的法律体系早在20世纪的四五十年代就开始发展，并且通过半个多世纪的完善，已经建立了一个较为全面的法律体系。日本根据自身的国情，吸收美国、欧盟的经验，一步步地明确了保护国民的健康的宗旨，并明确了各个行政机关在执法过程中的责任与义务。这也是值得我国借鉴之处。

第三节 日本食品安全标准体系简介

日本历经多次食品安全事件和进出口贸易争端后，十分重视本国食品安全标准的制定，旨在从技术指标的层面保证食品供应链的安全。目前，日本食品安全相关标准数量众多，包括2000多项农产品质量标准、100多项农药残留标准、351种农产品品质规格，形成了比较完善的标准体系。该体系不仅在生鲜食品、加工食品、有机食品、转基因食品等方面制定了详细的标准和标识制度，而且在标准制定、修改、废除、认证、监管等方面也形成了完善的组织体系和制度体系。

一、标准制定机构

日本食品标准的制定机构主要为厚生劳动省和农林水产省。

日本《食品卫生法》第十一条明确规定："厚生劳动大臣从公共卫生的角度出发，听取药品食品卫生审议会的意见，可对用于销售的食品或添加剂的制造、加工、使用、烹饪或保存方法制定标准，或对用于销售的食品或添加剂成分制定规格。"因此，厚生劳动省主要负责制定一般的要求和食品标准，包括食品添加剂的使用、农药的最大残留等，其使用范围是包括进口食品在内的所有食品。

日本农林水产省主要负责食用食品标签的制定，包括加工食品、易腐食品和转基因食品的标签要求：①质量标识标准要求加工食品中要明确标注食品的名称、配料、含量、最佳食用期、保存方式、制造商等；②易腐产品分农产品、动物产品和水产品标准，食品标签中应标明食品的名称、原产地、含量、制造商等；③转基因大豆（包括青豆和豆苗）、马铃薯、油菜籽、玉米和棉籽及以其为原料的加工食品必须遵循转基因食品的标签要求标注质量标签。此外农林水产省也参与农业标准化管理，涉及生产和动植物健康保护，具体见表7-1。

表 7-1 日本食品安全标准制定机构一览表

机构	标准制定部门	涉及范围
厚生劳动省	食品卫生课	食品和器具卫生标准、出口粮食标准的制定
	乳肉卫生课	奶、肉等动物性食品卫生、规格、标准的制定
	食品化学课	添加剂、包装容器、玩具(婴幼儿接触后可能引起身体健康威胁的)、洗涤剂(用于洗涤蔬菜、水果、餐具的)卫生、规格、标准的制定
	新开发食品对策室	营养标签标准的制定，特殊营养食品的管理
农林水产省	卫生课	饲料添加剂的指定及规格标准的制定
	消费经济课	日本农林规格标准、农林产品品质标识标准的制定；农、林、牧、水产品、饮食产品、油脂输出检验标准的制定

注：农林水产省下设植物防疫课、牛奶奶制品课和食肉鸡蛋课，分别对植物病虫害进行预测、检疫，对奶制品、畜制品生产流通进行严格把关。

二、食品标准的构成

从食品标准权威层面看，日本现行的食品安全标准主要由国家标准、行业标准和企业标准构成，见表 7-2。

表 7-2 日本食品安全标准的类型

分类	概念	制定机关	特征
国家标准	国家标准即日本农业标准委员会(JAS)标准，以农产品、林产品、畜产品、水产品及其加工制品和油脂品为主要对象的安全标准	日本国家标准的制定机关是厚生劳动省	厚生劳动省制定的食品安全标准的内容包括食品安全标准的一般要求和规格基准(包括食品添加剂的使用、农药的最大残留等)，适用范围则是包括进口食品在内的所有食品
行业标准	行业标准是指在国家相关食品安全机构的许可和指导下，由行业团体、行业协会或社团组织自主制定的，仅在本行业范围内有效的食品安全技术标准	由行业团体、行业协会或社团组织自主制定	该标准的出现往往是作为国家标准或者地方标准的补充，以及技术储备，也就是说其并不具备超越乃至取代现有的国家或者地方标准的效力，只能是在不存在国家和地方标准或者国家和地方标准规定不详细时才可被允许制定并使用
企业标准	企业标准是由各株式会社自行制定的操作章程和安全技术标准，并报相关国家机构备案，以此作为本企业食品安全生产的依据	由各株式会社自行制定	为了平衡食品科技的发展和食品安全之间的关系，食品企业的安全标准的设定就显得尤为必要。根据日本法律的规定，当企业生产的食品在没有国家、地方和行业标准参照的情况下，可由各株式会社自行制定操作章程和安全技术标准，并报相关国家机构备案，以此作为本企业食品安全生产的依据

国家标准即 JAS 标准，主要以农、林、畜、水产品及其加工制品和优质品为对象。国家标准的制定机构是厚生劳动省，其从本国实际出发，结合 90％以上国际标准的内容来制定国家标准。国家标准在整个日本食品安全标准体系中具有权威性和指导性作用。

行业标准是指在国家食品安全相关机构许可下，由行业团体、行业协会或社会组织制定的，仅在本行业范围内有效的食品安全技术标准，对国家标准或地方标准具有补充和技术储备的作用。

企业标准是企业生产的食品在没有国家、地方和行业标准参照的情况下，由各株式会社制定的操作规程或技术标准，以此作为本企业食品安全生产的依据。企业标准的特点是种类齐全，内容科学，先进实用，目的明确，与法律法规紧密相连，与国际标准接轨。

从标准适用范围上看，日本食品安全标准的类型可分为成分规格标准、技术标准、标识标准、设施标准四类。

（一）成分规格标准

"规格""标准"经常出现在日本的《食品卫生法》法规条例之中，规格指的是成分规格，主要涉及的是食品的成分、食品的添加剂等。标准则涉及食品的生产、加工、适用等。

成分规格标准指的是食品、食品添加剂、食品的器具和容器包装的纯度、成分符合食品安全公共卫生的最低限度标准。例如在食品添加剂和乳制品相关规格标准中常提到的残留标准，具体指的就是食品中的农药残留、饲料添加剂及动物用药不至于危害人体健康的限度标准。

（二）技术标准

技术标准主要涉及的是食品加工制造、食品添加剂的制造、食品器皿和容器包装方法的技术的要求。食品添加剂的技术标准主要是由食品卫生审议会将意见提交给厚生劳动大臣后制定的，器具和容器的包装技术标准则不需要听取审议会的意见。在食品安全的各个阶段都必须严格按照技术标准进行，不得背离标准。

（三）标识标准

日本的食品标识制度一直位于世界先进行列，这主要归功于其健全的食品标识标准体系。标识标准指的是食品的标识必须具备的内容、标识的方式方法等应该遵循的标准。在满足标识标准的前提下食品企业才可以自行制定企业标识标准并实施。厚生劳动大臣制定关于食品、食品添加剂、器具及容器包装的标识标准。只有符合标识标准的食品才能为了出售进行陈列和销售。

（四）设施标准

设施标准是指食品营业设施应该达到的最低的卫生标准。对于饮食店的营业和其他对食品安全有显著影响的营业设施，地方政府必须根据行业的种类以条例的形式确定必要的设施标准。不符合标准的设施，地方政府可以责令停止营业或者取消营业许可。

三、食品安全标准的制定

为了确保上述安全标准制定的准确性和可靠性，日本对其安全标准的制定程序也进行了严格的设定，主要有以下6个步骤：第一，标准的申请，任何有关方都可以向标准制定机构如厚生劳动省提出设立标准的申请；第二，标准的前期准备，日本标准制定机构委托食品安全委员会进行安全性评价，并对健康影响进行评估，包括慢性毒性试验、致癌性试验、致畸性试验、公众评议和一日容许摄入量的设定；第三，标准的拟定；标准制定机构根据食品安全委员会反馈的评估结果制定标准，指定对口咨询审议会（分委会）对标准草案进行审议；第四，公众评议，将拟定的标准草案向WTO通报，公众评议期一般为60天；第五，标准的审批，提交食品卫生审议会进行审议，经批准后生效；第六，标准的发布，对省令、告示进行修改，对外正式公布该安全标准。具体如图7-2所示。

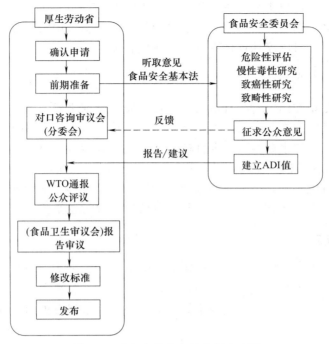

图 7-2 日本食品安全标准制定步骤

四、食品安全标准的认证与监督

日本严格的安全标准并不意味着食品安全已进入保险箱，只有食品生产企业在生产和流通过程中严格自律，并协同第三方机构和国家相关部门共同监管才能为本国的食品营造一个良好的安全环境。因此，为充分发挥安全标准在监管食品安全方面的作用，日本还建立了一个科学且严谨的食品安全标准认证体系。该体系可分为：国家认证、地方公共团体认证和企业自主认证。

（一）国家认证

国家认证是指国家对具有高危险、强迫害的物质的成分和安全性进行确认，食品相关企业只有在得到其认证许可后，方可制造和销售食品。上述提起的高危险、强迫害物质主要包括以下三个方面：一是添加剂。无论是化学合成品还是天然物质，只要是作为添加剂添加到食品中的物质都要经过厚生劳动大臣认定，在明确其安全和功效之后，方可被使用。二是农药。近些年，日本食品安全标准设置的重点逐步转移到残留农药标准上来，2006 年，日本在《食品卫生法》上做了进一步修改，添加了肯定列表制度，该制度实施后，农药只有经过农林水产省的安全认证之后，才能生产、销售和使用。三是转基因食品。在日本，由厚生劳动大臣规定转基因食品的成分规格，只有符合该成分规格标准的转基因食品，才能进行生产和销售。

（二）地方公共团体认证

地方公共团体认证是指由国家设定安全标准之后，由地方公共团体或第三方认证机构对产品是否符合安全标准而进行的认证。该认证适用于危险性和危害程度并不是很高，但仍需进行事前认证或临时增设认证的物质。例如，疯牛病事件发生后，日本的都道府县根据《畜场法》第十四条和《应对疯牛病特别措施法》第七条规定，开始对生牛实施全头检查制度，只有经其认证合格的牛肉方可食用。地方公共团体认证并不像国家认证那样苛刻，具有一定的灵活性和地域性，是对国家认证体系的一种有效补充。

（三）企业自主认证

企业自主认证是指在国家对各种物质成分设定安全标准之后，由企业自身对其产品是否符合该安全标准而进行的自我认证，并得到国家的承认。这种认证只能适用于危害发生频率低、危害程度小、有一定事前控制必要性的物质。例如作为食品质量管理方法的标准体系，HACCP 就是企业自我认证的监督体系，并同时可申请国家的认可，以此来确认企业自主认证的效力。对于有可能污染食品的容器包装、食器、调理器具、洗涤剂等，在国家设定安全标准后，也可由企业自行认证，但必须报相关行政机关进行备案。

五、肯定列表制度

2006年5月29日，日本颁布了《食品中残留农药肯定列表制度》（以下简称《肯定列表制度》），其是在原则上禁止、不禁止的物质作为例外在一览表中列出的制度，主要对食品中化学物质和饲料添加剂的残留限量标准做出规定，是一系列农兽药、饲料添加剂等残留限量标准的集合体。

（一）《肯定列表制度》的出台背景与经过

目前，世界上通用的农业化学品大约有700余种，但日本制定了限量标准的农业化学品仅有300余种（主要是在日本注册登记的农业化学品），其余400多种尚无限量要求。对于进口食品中可能含有的这部分农业化学品，按照日本当时的规定，对于没有制定限量标准的农兽药，即使发现某种食品中含有该物质，也允许其在日本销售。这使得该类产品中农兽药监管一直处于失控状态，给日本食品安全构成了严重威胁。

另外，日本频频发现进口农产品中农业化学品残留超标问题，国内也出现了未登记农药的违法使用情况，这使得日本消费者陷入对食品安全性的极度不信任状态。为应对这种局面，日本于2003年成立了食品安全委员会并施行了《食品安全基本法》。厚生劳动省也于2003年修订了《食品卫生法》，并以该修订案为依据，提出了日本将在3年内逐步对食品中的农药、兽药、饲料添加剂成分残留实施《肯定列表制度》。同年10月出台了"暂定标准"第一草案，2004年颁布草案第二稿。2005年5月"暂定标准"草案正式定稿，并通报WTO组织，同年11月，厚生劳动省正式公布715种农药的暂定标准，并规定了统一标准为0.01mg/kg。2006年5月29日起《肯定列表制度》正式实施。

（二）《肯定列表制度》的内容

《肯定列表制度》涉及的农业化学品残留限量包括"沿用原限量标准而未重新制定暂定限量标准""暂定标准""禁用物质""豁免物质"和"一律标准"五大类。日本实施《肯定列表制度》的法律依据是《食品卫生法》（2003年修订案）中第十一条第三款。该条款可以简要表述为：对于已建立最高残留限量标准的化学物质，其在食品中的含量不得超过最高残留限量标准；对于未制定限量标准的农业化学品，其含量不得超过厚生劳动省确定的"一律标准"，但经厚生劳动省确定的豁免物质可不受此限制。根据这一条款制定的《肯定列表制度》，主要包括以下三方面的内容。

"豁免物质"，即在常规条件下其在食品中的残留对人体健康无不良影响的农业化学品，包括农药、兽药和饲料添加剂等。对于这部分物质，无任何残留限量要求。目前，日本确定的豁免物质有68种，主要是维生素、氨基酸、矿物质等营养型饲料添加剂及一些天然杀虫剂。

"一律标准"，厚生劳动省对在豁免清单之外且无最大残留限量（MRLs）标准的农业化学品，采用"一律标准"，即其在食品中的含量不得超过0.01mg/kg。

"最大残留限量标准"（暂定标准），主要针对具体农业化学品和具体食品而制定。"最大残留限量标准"中包括3种类型：①在所有食品中均"不得检出（ND）"的农业化学品，共15类16种；②针对具体农业化学品和具体食品制定的"暂定标准"（provisional MRLs），共44552条；③未制定暂定标准但在《肯定列表制度》生效后仍然有效的现行标准，共9995条。

此外，还有15种农业化学品不得在任何食品中检出；有8种农业化学品在部分食品中不得检出，涉及84种食品和166个限量标准。

为直观起见，可参见日本《肯定列表制度》结构示意图（图7-3）。

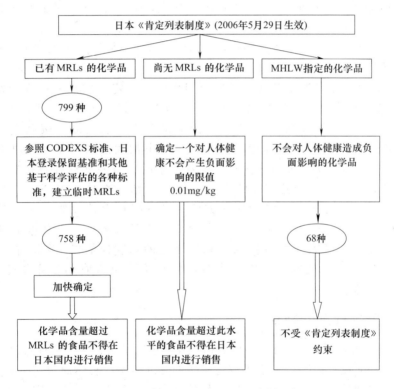

图7-3 日本《肯定列表制度》结构示意图

(三)《肯定列表制度》的作用及意义

《肯定列表制度》中平均每种食品、农产品的残留限量标准多达200项，有的甚至超过400项。每5年，政府会根据食品产业的发展情况，对"豁免物质""最大残留限量标准"进行重新审议和修订。因此，《肯定列表制度》被认为是世界上最严格的检测标准，在风险评估的基础上，既与国际标准结合，又最大限度地保证了日本国内食品的安全。

从食品、农产品安全的角度看，《肯定列表制度》在最大程度上将农业化学品中危及食品安全的所有不确定因素置于可控制的范围之内，最大限度保护了日本国民的身心健康，使其免受来自食品中农药残留物质的毒害。此外，从 WTO 关于农药及残留管理措施的通报来看，其成员国对农药的使用和残留限量额的要求也日趋严格，日本《肯定列表制度》的实施无疑也是遵循贸易国际化的要求。

从食品安全监管的角度看，《肯定列表制度》的核心是"一律标准"，即以 $1.5\mu g/$（人·天）的毒理学阈值作为基准计算出限量值。"一律标准"对所有可能在食品中存在的农业化学品残留量进行了明确的规定，根本上改变了日本对食品中所用的农业化学品残留的管理规定，弥补了食品中农业化学残留管理的空白，既为日本对食品中农业化学品残留限量的管理构建完善了体系框架，又确保本国食品和农产品生产环节的安全标准的科学性、准确性和严格性，从而使食品安全标准在确保食品安全方面能充分发挥支柱性作用。

从进出口贸易的角度看，《肯定列表制度》制定的限量标准不仅多而且严格，一方面能最大程度上确保进出口农产品和食品的安全，从源头保证其国民的身体健康；另一方面《肯定列表制度》反映出的为进口国设置技术性贸易壁垒已从微观技术化向宏观制度化层面转变，其保护本国市场的用意十分明显，在对国内外产品上往往采取双重标准，从而使国外企业丧失原有的价格优势，进而导致其经营风险加大，甚至迫使一些企业从此退出了日本市场。

此外，《肯定列表制度》中的一些标准过于苛刻，其科学性和合理性也有待商榷。在制定食品中农药最大残留限量标准时，"每日摄入量（ADI）"和"估计暴露量（Exposure Estimate）"是关键。日本根据其《食品安全卫生法》确定了农产品中农药最大残留量的制定原则，提出了估算农药暴露水平的两种方法。其一是依据理论最大日摄入量（TMDI）的方法，即依据平均膳食水平，对全部供食用的农产品，按其多项的最大残留限量值，估算出其摄入量，作为理论最大摄入量，由最大残留限量草案估算出其暴露水平。其二是 1997 年 WHO 发布的估算农药暴露水平的方法，即估计日摄入量法。这是一种更可行的方法，它依据农产品实际的农药残留检测结果来估计暴露量，可估计真实的暴露量。目前，CAC、美国等均采用这一方法。日本根据上述原则制定农药残留限量的方法是符合国际规则的。但是，本次日本大规模制修订农兽药残留限量标准，其中一部分限量标准是采用多个国家残留限量的平均值制定的。这样的做法既不符合上述日本提出的制定农残限量标准的规则，也不符合各国膳食不同摄入农药暴露量也不同的原则，缺乏合理性和科学性。

六、日本食品安全标准的特点

① 食品安全标准体系完善。日本食品标准体系分为国家标准、行业标准和企业标准三层。日本的食品标准数量很多，形成了较为完备的标准体系。总体而言，主要表现在以下几个方面：一是标准种类齐全；二是标准内容科学、先进、实用；三是标准与法律法规结合紧密，执行有力；四是制定标准的目的明确。

② 标准的制定注重与国际标准接轨。日本从制定食品标准开始，就注重与国际接轨，注重国际标准和国外先进标准，如食品法典委员会的食品标准等，一开始就融入国际标准行列，适应国际市场要求。日本国家标准有 90% 以上采用国际标准，同时又结合日本的具体情况加以细化，既符合本地实际情况，又具有可操作性。

③ 标准种类繁多，要求较为具体。涉及食品的生产、加工、销售、包装、运输、贮存、标签、品质等级、食品添加剂和污染物、最大农兽药残留允许含量的要求，还包括食品进出口检验和认证制度、食品取样和分析方法等方面的标准规定，具有很强的可操作性和可检验性。

④ 标准与法律法规结合紧密,执行有力。日本的标准复审和修订较为及时,时效性强,标准制定配套,不但目的明确而且具有很好的协调性,注重各级标准之间的交流,标准采标率较高。

⑤ 日本监控检查的检测项目也越来越多,伴随着《肯定列表制度》的实施,日本大幅增加了食品的检查项目,尤其是进口食品,检查项目的增加也意味着检验周期的延长,而产品滞留时间越长越会增加不确定因素,可能导致企业贻误商机。同时检测项目的增加也伴随着检测费用的增加,一旦进入命令检查程序,企业将负担因增加检测项目所伴随的检测费用,导致企业出口成本加大,对贸易造成了不必要障碍。日本《肯定列表制度》实施后,几乎每种食品、农产品涉及的检测项目大约增加了5倍左右。例如,猪肉的检测项目从原来的25个,飙升至428个;茶叶的检测项目从89个增加到276个;大米的检测项目从原来的129个增加到581个。

第四节 日本食品法规执行情况(含案例)

日本在20世纪经历了森永牛奶砒霜中毒事件和米糠油症事件,这直接促进了日本食品安全立法的诞生,由此也开始了日本高标准的食品安全监管,制定了覆盖面广、合理、紧凑的食品法律法规标准体系,并在实际实施执行过程中不断完善,吸取国外先进经验,结合自身国情,形成了一套比较完善的食品安全保障体系,并跻身为世界上食品安全监管最严格的国家之一。本节从市场准入机制、企业自身规范、食品安全危机应急机制、符合性标准四个方面探讨日本食品法规的执行情况。

一、市场准入机制

所谓市场准入,一般是指货物、劳务与资本进入市场的程度的许可。对于产品的市场准入,一般的理解是,市场的主体(产品的生产者与销售者)和客体(产品)进入市场的程度的许可。那么,食品质量安全市场准入制度就是,为保证食品的质量安全,只有具备规定条件的生产者才允许进行生产经营活动、只有具备规定条件的食品才被允许生产销售的监管制度。因此,实行食品质量安全市场准入制度是一种政府行为,是一项行政许可制度。

日本是一个岛国,由于其本身资源较为匮乏,因此,日本的许多食品越来越依赖于进口,俨然成为当今世界最重要的农产品进口国之一。而作为一个农产品消费国,政府对农产品质量安全管理非常重视,从二战后开始着手农产品质量安全管理,至今已有70多年历史。

日本农产品质量安全管理是由日本食品安全委员会、厚生劳动省、农林水产省这三个机构共同负责的,直接面向农产品的生产者、加工者、销售者和消费者。食品安全委员会主要承担食品安全风险评估;农林水产省主要负责农产品生产和加工环节的安全监管工作;厚生劳动省主要负责食品进口和流通环节的食品安全情况。

在农产品质量安全监管方面,日本迅速建立起相对完整的管理体系,在管理重点和检测手段方面的先进性有赖于日本高度的工业化和科学化。其中所有的管理都必须基于《食品卫生法》和《食品安全基本法》这两部基本大法。此外,日本建立了日本农林规格(JAS规格)制度,对农林产品、畜产品、水产品及以其为原料或材料制造的产品和加工品加以认证。同时进口的农产品也要经过相关部门的检查,并加盖JAS标志,以此作为进入市场的凭证。通过实行日本农林规格(JAS)制度,形成了国内国外统一的食品市场准入体系,确保了本国食品市场的质量安全维持在一个较高的水平。

下面主要通过介绍与日本农产品进口相关的主要法规和程序,来进一步阐明日本严格的市场准入制度。

(一) 活动物大类

依据《国内动物传染病防治法》的动物检疫规定,动物检疫对象包括偶蹄动物(猪、牛、羊等)、马、鸡、鹌鹑、火鸡、鸭、鹅、兔、狗和蜜蜂,指定的可以出口到日本的动物必须有相应政府机构签发的检验证书,声明该批动物已在输出国检验,不存在可能传播影响国内动物的传染疾病的任何致病因素;在指定的检疫动物中,进口农林水产省指定动物(偶蹄动物、马、鸡、鹌鹑、火鸡、鸭、鹅和狗)的任何企业必须事先通知动物检疫站;进口指定受检动物的任何企业必须向动物检疫站递交申请书,证明该动物不存在可能传播影响国民健康的任何致病因素;经检验,确认指定的受检对象不具有或未携带致病因素后,签发进口检疫证。

(二) 可食用肉及可食用肉制品

根据《国内动物传染病防治法》规定,食用肉及其制品在该法的检疫范围内。进口企业必须向动物检疫所提交"进口检验申请书"和附带的出口国政府机构出具的"检验证明"。若动物检疫所对文件证明没有异议,则可颁发"进口检疫证书"。为防止急性和恶性传染性疾病如口蹄疫、疯牛病、猪霍乱和禽流感的传播,禁止从限定地区进口食用肉及其制品。对于非疫区国家,一旦出现某种疾病的传播,则对该地区暂时停止进口检疫证书的签发。

根据《食品卫生法》的规定,当进口食用肉及其制品用于销售时,进口商必须向厚生劳动省的食品进口检疫办公室提交"食品等产品进口通知书"以及其他必需的文件。如果通过检查和检验,厚生劳动省将在通知单签盖"已申报"的章。罐装和袋装销售的食用肉及其制品需要按照《食品卫生法》的规定加贴标签。

根据《日本农业标准法》(《JAS法》)的规定,在分销时,必须根据"易腐烂食品质量标签标准"和"加工食品质量标签标准"的规定对食用肉及其制品加贴标签。

(三) 渔业产品及其制品

关于水产品的检疫并没有制定禁止进口地区,但是根据检疫法,当从有霍乱污染的地区或怀疑曾被污染的地区进口水产品时应接受检验。

根据《食品卫生法》的要求,进口商要向入境地检疫站的食品卫生检验处递交两个进口通知单的副本。检查和检验以后没有发现问题,通知单上将加盖"通过"的章,并返还给进口商。

根据《JAS法》的要求,鲜鱼的标签中应包括食品名和原产国,加工的水产品的标签中应包括食品名、原料、成分含量、生产商、保质期和保存方法。在包括鱼、肉、火腿、香肠等在内的水产品入关后,通过向JAS标准等级组织申请可以标注JAS标志。

(四) 蔬菜水果和加工产品

根据《植物传染病预防法》禁止从被有害昆虫严重危害的地区进口水果和蔬菜,用糖、亚硫酸、醋酸、酒精等浸泡的脱水水果和鲜水果(包括杏、无花果、杨桃、李子等)可不进行为防止植物传染病的检疫;在进口蔬菜和水果时,进口商应通过附加如"植物进口检验申请"的相关文件向植物检疫站申请检验,并附带由出口国植物传染病防治机构签发的植物传染病防治证书。检验中一经发现带有害虫或产品被害虫损坏时,须进行熏蒸和消毒处理;

熏蒸必须由特定机构在进口码头特定的熏蒸仓内进行，以防止传染病扩散，处理费用由进口商承担。

根据《食品卫生法》的要求，注明农残标准是针对水果和蔬菜提出的。具体可参照《食品卫生法》和《肯定列表制度》。

根据《JAS法》的要求，鲜水果和蔬菜应当用标签注明食品名称和原产国；加工食品必须标明食品名称、配料、成分含量、生产商、保质期以及贮存方法等；生产商（出口商）可自行根据需要向日本农业标准等级组织申请JAS标识。

（五）谷物和加工制品

根据《大宗食品法》，在进口水稻、小麦等产品时，应向政府交纳除关税外的其他一些税，在进口除需要交纳关税和其他税赋的水稻前，进口商应通知农林水产省进口的数量。

根据《植物传染病预防法》，针对谷物及其加工制品的主要规定同蔬菜水果及其加工产品类。

根据《食品卫生法》，针对谷物及其加工制品的检验程序基本与蔬菜水果及其加工制品的相同，在对添加剂和农残标准的要求中包括，在栽培、贮存和运输期间有时需用农药来进行害虫防治；二氧化硫可用于漂白和饼干防腐；进口商应注明规定的最大残留水平，并且除标准规定的以外没有其他色素类物质。

根据《JAS法》的规定，进口商可以向日本农业标准分级组织申请加盖JAS标志。现有方便面、非油炸方便面、挂面、手工面等可以申请JAS标志。

在对日本市场准入体系的进一步分析中发现，日本农产品质量安全管理之所以取得较高的水平，主要取决于其在法律法规和技术标准配套建设方面做出的努力。另外，日本的农林水产省和厚生劳动省两大机构之间分工明确，合作高效，进一步促进了食品的生产和销售、提高了农产品市场竞争力和增加了消费者信心。食品安全监管措施制定合理，惩罚得力有效，在管理上重点突出，检测手段具有很高的时效性和准确性。

案例一

2006年5月29日起，日本正式实施食品安全新标准即《肯定列表制度》。中国是日本最大的水产品进口贸易伙伴，2005年日本进口中国水产品总值3564.05亿日元（约235.23亿元），位居第一。2006年，根据日本新实施的《肯定列表制度》，中国出口日本的水产品扣留批次位居农产品及食品扣留总批次的首位，占比29%。2011年，日本对中国出口的食品扣留批次共计295次，水产品扣留共计86个批次。以鳗鱼为例，日本海关的统计资料显示，2007年1~5月，中国活鳗鱼出口日本的贸易量是4334吨，出口额达52.11亿日元，比上年同期分别减少了8.9%和27.7%。2004~2009年，中国鳗鱼对日的出口量和出口额都在急剧下降，其中药物残留问题是造成这一现象的主要原因。到2011年，仅鳗鱼出口的扣留批次共18次，其中活鳗鱼和冷冻鳗鱼分别被扣留9次，而因为不符合日本新食品安全标准中的药物残留规定被扣留的有15个批次。

由以上案例可知，日本通过实施《肯定列表制度》，在最大程度上将农业化学品中危及食品安全的所有不确定因素都规制在可控制的范围内，从源头上将（可能）威胁国民健康的食品隔绝在了市场大门之外。目前，有不少发达国家和地区采取与日本类似的做法，如欧盟、加拿大和美国等。虽然这些国家和地区对"一律标准"的数值大小规定不一，但是其覆盖了所有农业化学品的原则是一致的。从越来越多国家和地区采用这种做法的趋势来看，人类对食品中农业化学品残留危害的关注日益增加,食品中农业化学品残留的管理正在朝体系化方向发展。像日本等发达国家已经不再满足于对个别农业化学品逐一制定残留限量,而是更希望把所有可能存在的农业化学品纳入管辖范围之内,以便控制不安全因素流入市场,最大限度地保护本国人民的食品安全。

借鉴日本《肯定列表制度》的管理经验,我国应加快建立农产品中农药、兽药、添加剂残留的"肯定列表制度",引进先进的快速检测技术,提高我国食品安全管理能力。这不仅可以为消费者的饮食安全提供保障,而且也可以为我国建立健全食品安全保障体系奠定坚实的基础。

二、日本食品企业规范

(一) GAP 制度

GAP 是 Good Agricultural Practices 的缩写,意为"良好的农业规范"。广义上讲,GAP 是一种适用方法和体系,是通过经济的、环境的和社会的可持续发展措施,对农业生产进行过程化管理的手段。GAP 认证最早是 1997 年由欧洲零售商农产品工作组 (EUREP) 在零售商的倡导下提出的,并于 2001 年对外公布。EUREPGAP 标准是以危害的预防、良好的卫生规范、可持续发展农业和持续改良农场体系为基础的,避免农产品在生产过程中受到外来物质的严重污染和危害。该标准主要涉及农作物、水果、蔬菜和观赏植物的种植,畜禽和水产类的养殖,咖啡的生产以及畜禽和水产类的公路运输等农业产业。其监控过程包括了从农场到餐桌的整个食品链的所有步骤。

2005 年,日本农林水产省致力于在全国倡导 GAP,组织实施研修班,指定 50 多家企业推广良好农业规范,并在同年的农林水产省财政预算中预留专项资金给予资助。2006 年,日本国内已有超过 30 个都道府县设置了推进 GAP 协议会。2007 年 6 月 15 日,农林水产省召开第一届"GAP 方法引进和推广会议",将全面推进 GAP 方法作为农林水产省工作中的重中之重。2008 年,农林水产省再次召开"推广 GAP 信息交流会",提出各企业在运用"基础 GAP"和"引用手册"的基础上,普及、开发、实践 GAP 方法。GAP 管理模式对于保障农产品的安全和质量,对于节约生产成本、发挥农业生产者的积极性具有重要的作用。

(二) HACCP 制度

HACCP (Hazard Analysis and Critical Control Point) 制度起源于 20 世纪 60 年代 Pillsbury 公司联合美国国家航空航天局 (NASA) 和一家军方实验室共同制定用来保障宇航员食品安全的监管体系。20 世纪末食品安全问题成了各国重点关注的焦点,这使 HACCP 体系逐渐成为各食品企业通用的管理体系。日本也于 1995 年修改《食品卫生法》时正式引入了 HACCP 体系,并于 1998 年制定了《关于食品制造过程高级化管理的临时措施法》(简称《HACCP 法》)。该法是日本近年来在食品过程化管理制度中的新尝试。

日本的 HACCP 体系是结合了本国国情形成的一套独特体系。所谓的独特就在于企业可根据 HACCP 体系的要求进行自我认证,并同时请求厚生劳动大臣对认证结果进行确认,即可获得 HACCP 的承认效力。同时,日本监管部门为了更好地发挥 HACCP 监控作用,《食品卫生法》规定 HACCP 认证的有效期限为三年,并要求不断更新。值得注意的是,日本的 HACCP 认证制度基于企业的自发性申请的任意性制度。因为考虑到经济成本,日本并不强制所有的企业都必须采用该制度,但从长远角度来看,HACCP 能够全面且科学地监控食品生产的全过程，确保不仅能在发生事故时迅速且准确地查明原因，追回问题食品，而且还有利于促进监管措施的透明化，提高食品安全规制的能力和食品安全的可信任度。另外，日本政府对于主动采用该制度的企业给予了贷款和税收方面的支持，以此来提高企业自愿采用HACCP体系的积极性。

（三）信息交流机制

案例二

石屋制果公司是日本北海道著名的糕点公司，其主要生产的产品是北海道著名特产"白色恋人"夹心饼干。2007年8月，公司内部职员检举，一部分"白色恋人"夹心饼干的商品食用期限被篡改，延长了一个月，且在生产过程中原料加热杀菌不够充分，未能达到《食品卫生法》的标准，可能会引起食物中毒。

案例三

"不二家"是日本蛋糕糖果业巨头之一。2007年1月，媒体披露"不二家"公司的一家工厂在2006年10月至11月期间，8次使用已过食品期限的牛奶制作奶油泡芙，共有1.6万个问题产品出厂，且公司内部早就知道卫生条件不合格，但为了获得利益，一直试图隐瞒。

近年来，食品行业竞争日益激烈，一向以食品安全监管最严格国家著称的日本，也出现了以次充好的现象，如利用国外牛肉冒充本土牛肉、用普通肉鸡冒充名贵土鸡等，还有一些知名企业利用过期原料制造食品，随意涂改产品生产日期，如上述两个案例提到的石屋制果、不二家等。这使得日本的消费者对食品安全又提高了敏感度，严重打击了整个社会的食品安全信心。为恢复消费者的食品安全信心和对本国企业的信任，日本农林水产省实施了以强化食品行业相关主体之间信息交流为特征的食品安全交流工程项目（Food Communication Project，FCP）。FCP强调"以食品企业为主导"，同时强调"消费者至上"的原则，FCP自2008年在食品行业开始试行起，已取得了显著的效果。

FCP的参与主体主要有四类，分别是政府部门、食品企业、第三方合作/服务机构（包括技术、金融、法律等咨询机构或服务商）和消费者团体。FCP的重点在于"交流"，参与主体就"通过信息交流提升食品安全控制水平"已达成共识。其主要交流关系如下：

① 政府部门与大型食品企业的交流。农林水产省作为FCP的发起人，也是FCP系统形成的主要推动力量。在这两者之间的交流中，农林水产省邀请大型食品企业参与FCP，并将FCP的理念传达给企业。农林水产省在交流中只担任交流事务的组织者、协调者和信息发布者的角色，企业则需要将阶段性成果向农林水产省进行汇报。

② 大型企业的内部交流。大型企业因其在经营规模、技术水平和资源利用水平等方面都占据主要优势地位，因此，其在FCP系统中占据主导地位且是最重要、最具活力的组成部分。大型企业的内部交流机制主要包括员工意见的搜索和反馈、内部食品安全职业教育、食品安全管理制度改革、车间生产环境的改善等，并随着企业的发展而不断改进。

③ 食品供应链上下游相关主体的交流。食品供应链下游的批发、物流、零售企业都愿意积极地参与制定生产企业的生产标准规范。同样，生产企业对处于下游的批发、物流、零售企业也有一定的要求，以保证自己的产品在下游环节被良好地贮存和销售。FCP恰好为上下游相关主题的信息交流提供了良好的互动平台，帮助企业间传递食品安全控制需求信息。

④ 大型食品企业与第三方服务机构的交流。FCP 主张食品企业充分利用食品系统外部的观点和资源，即和食品企业的第三方服务机构展开交流。

⑤ 大型食品企业与消费者的交流。恢复消费者的食品安全信心是日本食品行业发起 FCP 的直接动力。在 FCP 中，企业与消费者的交流方式是灵活多样的，企业可以通过会议形式与消费者直接对话，也可以邀请消费者到企业实地参观，加深消费者对企业业务内容、社会责任履行情况的了解。同时还建立了网络远程交流平台，以便获取消费者的意见、建议和疑问，并由专人负责处理消费者的相关咨询信息。网络交流突破了企业与消费者的地域界限，扩大了信息流动范围。

⑥ 大型食品企业与中小型食品企业的交流。大型食品企业作为 FCP 的主导力量，不仅要担当与农林水产省沟通的角色，还要通过企业内部与企业间的交流，形成一系列行业通用的食品安全控制最低标准，供中小型企业参考学习。这样，大型企业带动中小型企业一起发展，促使中小型企业找到自己有能力执行的行业标准。

从监管角度看，FCP 规避了政府监管的不足，将社会监督成本转移至食品行业系统内部。虽然企业加入 FCP 是自愿性质的，但随着日本消费者对 FCP 了解与认可程度的加深，"参与 FCP" 将成为食品企业的一张名片。因此，在市场竞争的隐形压力下，越来越多的食品行业选择加入 FCP。在社会对食品安全监管成本总量不变的前提下，食品行业内部的自我约束的加强，规避了政府监管的不足，同时释放了一部分政府监管成本，并将这部分监管成本转化为食品行业系统内部的努力成本，改变了以往食品行业利益分配不平衡的现象。

从消费者角度看，FCP 的第一目标是提高消费者的食品安全信心。FCP 缩短了企业与消费者的信息鸿沟，有助于重建全社会的食品安全信心。因此，企业与消费者的沟通是所有交流的坐垫，食品企业对加强与消费者的信息沟通也尤为重视。在沟通过程中，企业不仅能通过消费者的视野发现业务、产品的不足，不断自我完善，还能让消费者更深刻体会企业的食品安全理念与生产、经营业务流程。因此，FCP 中的企业与消费者交流的过程也为重建消费者信心提供了良好的契机。

案例四

日清奥利友公司创立于 1907 年，味之素集团创立于 1909 年，两家企业都是传承百年老店，但从未发生过引起消费者恐慌的重大食品安全事故。

据味之素集团质量保证推进小组组长上田要一介绍，如果企业故意更改食品标识，弄虚作假，以次充好，都会被视为犯罪而遭逮捕。在原料生产方面，日清奥利友公司和味之素集团都对原料生产进行严格管理。对于海外的原材料产地，也实施严格管理，有的农场是在公司直接管理下，完全按照公司要求进行生产的。除原材料外，两家公司都要求包装生产厂家严格按照有关标准生产包装用塑料瓶或塑料袋等，不能有一点瑕疵。为回应消费者对食品安全生产的巨大关注，日本食品公司都积极公开产品信息，例如原料产地、添加剂成分等，以免不实消息导致消费者产生恐慌。同时，多数食品厂家设立了专门接待消费者的窗口，一旦有消费者反映问题，会迅速采取应对措施。日清奥利友公司不但没有出现过重大事故，而且对于消费者反映过的诸如产品瓶盖不好开之类的问题，公司也会立刻加以改进。消费者存在疑惑时，公司也会积极释疑解惑。例如有的消费者认为食用油味道和以前不一样，公司马上会让内部研究部门或委托公司外的研究机构进行化验，打消消费者的疑虑。另外，日本公司还会采取一些措施避免遭到陷害。味之素集团为每件产品拍摄 X 光片，这样万一有人在产品出厂后放入异物，也可以有凭证对质。为增强职工的安全生产意识，日本食品厂家都制定了严格的安全规范,并经常进行安全教育,要求员工认真学习,牢记在心。一旦有其他企业发生安全问题,公司会立即举行研讨会,吸取教训,深挖自身是否存在问题,从而做到防患于未然,精益求精。

食品安全生产离不开员工的积极参与和自律。日清奥利友公司规定,公司员工患病,不适宜工作时要予以隔离。味之素集团规定每个员工都有责任监督食品安全,发现问题要及时上报。日本食品企业在经营时不忘社会责任,始终将食品安全作为头等大事,以诚信为本,获得了消费者的信任,也让广大消费者拥有了切实的安全感。

日本运营良好的食品企业大多数都能做到在食品生产、加工和流通过程中严格自律,从原料加工到出厂的每一个环节严格把关。企业会通过各种方式向消费者全面公开安全生产状况,如企业信息专栏定期开放、组织消费者参观体验、举办说明会等。同时企业还附有缺陷产品召回制度,所产生的费用由企业承担,企业还要向消费者道歉。通过对以上日本两家大型食品企业的介绍揭示了日本信誉良好、产品质量过硬的生产企业在食品安全管理方面采取的措施,综合体现了日本食品企业以"食品安全是企业生存之本"为宗旨,认真履行社会责任,根据消费者需要提供服务。

食品安全说到底就是与食品相关体(即人)主观能动性具体体现的问题,一个企业遵循良好的操作规范和卫生标准操作程序,并在此基础上对生产链全过程进行HACCP监控纠偏,辅以政府行政部门的监管,注重食品生产链上下游企业、消费者、政府之间信息的沟通,共同编织一个密不透风的食品安全网络,食品安全问题也就不会如当今一般处于风口浪尖之上了。

三、食品安全危机应急机制

案例五

2014年1月初,日本大型食品企业玛鲁哈日鲁控股集团旗下子公司阿克力食品公司生产的冷冻食品中检测出农药"马拉硫磷"。从2013年11月13日至12月29日,阿克力食品公司共接到20个投诉,指出其生产的食品中存在异味。2月27日至28日,阿克力食品公司委托第三方企业进行检测,发现其4种产品的总共5个受检样品中含有农药马拉硫磷。其中,以土豆肉末炸饼中农药残留量最高,马拉硫磷浓度高达1.5×10^4 mg/kg,与肯定列表中规定的0.01mg/kg相比达到其150万倍。马拉硫磷是一种有机磷液态农药,属于低毒性农药,不具备急性毒性和致癌性,但如果经口摄入,也会出现腹泻、呕吐等症状。此次事件已致千人食物中毒,具体中毒原因还在调查中,阿克力食品公司已宣布召回640万份可能受到污染的食品。

结合此次事件,与我国的一些重大食品安全事件如三聚氰胺事件、染色馒头等事件来看,再完善的食品安全体系也不能百分百保证食品安全不出问题。随着近年来经济社会的不断发展,在利益的驱使、金钱的诱惑下,不法商贩违法使用添加剂、农兽药残留超标、重金属超标等安全事件频频发生,虽然各国已在监管方面加大力度,但掺杂掺假情况依然存在。而在发生重大紧急事件的时候,政府要准确迅速应对,以避免危害的再扩大或再发生,将危害控制在尽可能小的范围内。

日本食品安全管理机构各部门在《食品安全相关政府紧急应对基本要纲》(简称《基本要纲》)的基础上制定了各自的食品安全危机应对机制,为有效应对食品安全危机起到关键性作用。

（一）食品安全委员会的应对机制

食品安全委员会作为食品安全风险的监测部门，又是农林水产省和厚生劳动省的协调部门，它统一了三个各有分工的部门，同时又不使其失去工作的独立性，它们组成了日本食品管理机构既独立分工又相互合作的体系。在面对食品安全危急事件时主要采取以下措施：

① 制定紧急应对措施。紧急事态发生后，食品安全担当大臣根据事务局局长的报告认为有必要以政府全体综合应对时，委员会应根据《基本要纲》迅速适当地应对。

② 信息收集。平时，紧急应对科与评价科合作从风险管理机构收集信息，或是直接通过媒体、互联网等渠道广泛收集必要的食品危害信息，将信息向上级汇报并与其他科室共享。劝告宣传科可通过食品安全电话和食品安全监督员等从消费者那获取食品危害信息。此外，必要时委员会还可要求相关实验研究机构直接进行调查、分析、检查和收集信息。

③ 食品影响健康评价。委员会基于自身的判断或是风险管理机关的要求，进行科学客观、中立公正的食品影响健康评价，并适当公布结果。

④ 劝告和建议。委员会根据评估的结果，必要时通过内阁总理大臣劝告各个相关大臣采取适当的食品安全对策，并立即公布其内容，委员会监督对策的实施状况。

⑤ 风险沟通。在紧急事态中，委员会需发挥其风险沟通的职责，促进利益相关方之间交换信息、交流意见。劝告宣传科和风险沟通官通过新闻媒体、政府公报、互联网等，将紧急事态相关的国内外信息迅速、适当地提供给国民。信息紧急应对科主要负责确定宣传的内容、发表的时间以及发表的方法，在必要时要向信息收集派出机构快速提供食品危害信息等。

⑥ 事后检验。在紧急事态中，信息紧急应对科要记录下应对措施实施的情况。委员会可指示紧急应对专门调查会在事后参考这些记录，检验紧急应对的问题和需要改善的地方。根据事后检验的结果和其他的理由，在必要时修改委员会的应对方针。

（二）厚生劳动省的应对机制

在威胁日本国民生命、健康安全的食品问题可能发生时，厚生劳动省就要采取措施预防危害健康的事故发生，并防止事故扩大。

① 收集健康危险信息。厚生劳动省召开健康危机管理调整会议，迅速并恰当地进行健康危机管理，以确保调整相关事务的顺利进行。其在健康危机管理机构设置信息收集窗口，广泛收集、分析危害国民生命健康的直接信息。健康危机管理机构对于与其所管辖事务相关的健康危险信息的危险程度考虑损害健康的程度、规模、治疗方法等，并做出较为客观的判断。

② 制定对策。健康危机管理机构在制定健康危机管理的对策时，根据其重要程度，向上级报告。决策制定后，若危险尚未到来，根据具体情况整顿监督体系，收集了解必要信息和知识，以便在必要的时候重新调整。此外，健康危机管理机构可根据决定以书面的形式，对相关部门进行指导，向国民公开对策的内容。

③ 健康危险信息的提供。健康危机管理机构设置窗口，提供健康危险信息及对应信息。国民可通过新闻机构、政府公报、网络等形式了解国内外健康危机管理的信息，医疗团体等也可提供相关的信息。健康危机管理机构利用"紧急传真"等方式，将重要并且紧急的健康危机管理信息、对策或治疗方案等迅速地提供给医疗机构。

(三) 农林水产省的应对机制

农林水产省主要负责生鲜农产品及其粗加工产品的安全性，侧重于农产品的生产和加工阶段，在发生危机时，也有自己的一套应急机制。

① 信息的收集和分析。消费、安全局各科室定期或随时向联络点收集食品安全的信息，并进行整理分析。定期将评估的结果报告给上级，根据上级命令采取适当的措施。农林水产省应将上述整理的信息，与食品安全委员会、厚生劳动省等互通，并以通俗易懂的方式向社会公示。

② 紧急应对措施。农林水产省对收集的信息进行分析，然后根据严重程度迅速采取措施，尽量减小影响。如停止向消费者供给有问题产品，根据问题发生的阶段采取相应措施从根本上消除问题产品发生的可能，查明问题食品发生的原因。

③ 应急部门。发生食品安全紧急事件时，设农林水产食品安全应急总部及其干事会组织相关工作，必要时，地方农政局也可设地方农政局食品安全应急总部。

食品安全委员会、厚生劳动省、农林水产省这三个食品安全监管部门各自的应急措施覆盖了食品安全危机发生的范围，且各部门之间分工明确又加强合作沟通，使得日本的食品安全危机应急机制合理、健全。在面对食品安全突发事件时能够临危不乱，秩序井然地处理应对，将危害控制在最小的范围之内。

四、日本食品符合性标准

日本国内对于食品安全的重视程度非常高，对于不同种类的食品均制定了相关的法律法规以将可能发生的食品安全事故防患于未然。以下以食品添加剂为例，来介绍日本各类食品的安全管理体系。

日本厚生劳动省从 1991 年以来出台了一系列法律法规，规定无论使用天然的还是合成的食品添加剂，必须全部标示在加工食品的包装物上，供消费者在选购食品时参考。这里就日本食品添加剂的标示规则做一解析。

依据日本在 1947 年制定的《食品卫生法》第二条第二款的规定，将食品添加剂定义为在食品加工的过程中或以贮藏为目的所使用的添加物；它本身也可以作为食品，但通常不直接食用；或虽然不作为食品的典型原料，但是在食品的加工过程中或为了贮藏食品所必须使用的一种辅助原料。

另外，日本《食品卫生法》第七条还规定了食品添加剂的规格基准，包括成分规格、贮藏规格、生产规格、使用规格和标示规格等。除香料之外，所有的食品添加剂都规定了添加量、定量分析方法、确认检验方法及纯度检查方法等相关的内容。

关于添加剂的标示问题，日本相关法规中规定食品中所含有的所有添加剂必须全部标示在食品的包装物上，包括 349 种指定的食品添加剂、除指定以外的 489 种天然添加物和 72 种一般饮食添加物。食品添加剂标示的方法有物质名称标示、用途标示、复合名称标示和免予标示 4 种。

① 物质名称标示。以食品添加剂的物质名称进行标示是最基本的原则。为了避免消费者误解，必须按照《指定食品添加剂》《现有食品添加剂》《指定以外的天然添加剂》和《一般饮食添加剂》中列出的添加剂名称进行标示。

② 用途标示。为了便于消费者理解，对于某些食品添加物也可以用其用途名称来标示。用途名称包括甜味剂、着色剂、保存剂、糊料、增稠剂、稳定剂、凝固剂、抗氧化剂、发色剂、膨化剂、漂白剂及抗菌剂等。譬如添加卡拉胶起增稠作用时，可用增稠剂

名称来标示。

③ 复合名称标示。许多食品添加剂是多种物质的复合体，在没有必要对其中的每一种成分都进行标示时可以用复合名称来标示。

④ 免予标示。免予标示的食品添加剂如一些加工辅助剂，仅在食品的加工过程中使用，加工成成品时又予以除去或消失的添加物。常用的加工辅助剂有消泡剂、沉淀剂、清澄剂、清洗剂、酶制剂、酶抑制剂、软化剂、凝集剂、变性剂和酵母等。或出于营养强化的目的添加的维生素、氨基酸、核酸和矿物质等，天然的食品本来就含有这些成分，也可以免予标示。

对于某些食品添加剂可以使用缩写名或略名。如某种酸和其盐同时添加时，可在酸的名称后加小括号，内注盐的金属名称。例如：柠檬酸（钠）意味着同时添加了柠檬酸及柠檬酸钠。

由此可见，仅一类食品添加剂，日本就制定了如此详尽的法律法规以规范其使用，日本对于食品安全的重视程度可见一斑了。

讨论题

1. 试简述日本法律体系完善过程中的侧重点的转变。
2. 日本食品主要监管机构有哪些？其职能如何分配？
3. 日本最早的与食品有关的法律是什么？试简述其四项要点。
4. 简述日本食品标准的构成及特点。
5. 何为《肯定列表制度》？简述日本实施《肯定列表制度》的意义。
6. 结合日本的食品法规执行情况，谈谈你对我国食品法律规制的意见或建议。

第四篇

中国食品安全法律法规与标准

> **学习目标**
>
> ▶ 1. 把握从食品卫生到食品安全概念转变这一主线，以《食品安全法》为分水岭，了解我国食品安全法律法规的发展历程及特点。
> ▶ 2. 了解我国主要食品安全法律和食品安全法规的立法背景和主要内容。
> ▶ 3. 对我国整体政府架构和食品安全相关监管部门职能有所了解。
> ▶ 4. 了解我国食品安全标准的发展与现状。
> ▶ 5. 熟悉各种食品标准的具体内容。
> ▶ 6. 了解我国食品安全标准体系的建设。

第八章　中国食品安全法律法规体系

第一节　中国食品安全法律法规的起源与发展

一、《食品安全法》之前的时期

（一）中华人民共和国成立初期

在新中国成立初期，食品安全的概念主要局限于数量安全方面，因为解决温饱问题是当时食品安全最大的目标。由于在20世纪五六十年代食品安全事件大部分是发生在食品消费环节中的中毒事故，因此当时从某种意义上来说，食品质量安全就几乎等同于食品卫生。1965年当时的卫生部、商业部、第一轻工业部、中央工商行政管理局、全国供销合作总社联合制定实施的《食品卫生管理试行条例》，就成为新中国成立以来我国第一部中央层面上综合性的食品卫生管理法规，它在内容上体现出了计划经济时代我国政府食品安全管控的体制特色。

1966~1976年，这段时间的食品卫生立法、卫生监督体系建设和卫生检疫防疫工作几乎全面停顿，几乎没有任何进展。

（二）《食品卫生法》的制定和实施

十一届三中全会之后，大量个体经济和私营经济进入餐饮行业和食品加工行业，食品生产经营渠道和面貌日益多元化、复杂化，污染食品的因素和食品被污染的机会随之增多，出现了食物中毒事故数量不断上升的态势，严重威胁人民的健康和生命安全。在市场化的大潮中，一些新的食品安全问题开始暴露出来：食物急性中毒事件不断发生，经食品传染的消化道疾病发病情况较多，农药、工业三废、霉变食品中毒素等有害物质对食品的污染情况在有的地区比较严重，食品生产中有些食品达不到标准，有的食品卫生严重违法事件得不到应有的法律制裁等。全社会改善食品卫生环境的需求日益迫切，对健全食品卫生法制建设提出了新的要求。

基于上述原因，1981年4月国务院就开始着手起草《食品卫生法》，并在广泛征求意见的基础上进行多达10多次的反复修改，最终全国人大常委会于1982年11月19日通过了《中华人民共和国食品卫生法（试行）》，并于1983年7月1日起开始试行。该法在内容上相对于之前的食品安全管理和控制体制而言，取得了一定的进步和突破。这部试行法的基本内容包括提出食品卫生要求、食品添加剂生产经营实施国家管制、实行卫生标准制度等七个方面,而在监管体制方面,该法初步确立了以食品卫生监督机构为核心的包括工商行政机关和农牧渔业主管部门在内的分段监管体制,为此后一直至今的食品安全监管格局奠定了基础。

这部试行法自试行之日起,直到 1995 年 10 月第八届全国人大常委会第十六次会议上,在当时国务院法制局和卫生部的推动下通过修订正式成为《中华人民共和国食品卫生法》(简称《食品卫生法》),以适应新的形势。这部法律从试行到成为正式法律,中间经过了十二年。这期间,国家在 1992 年提出建立社会主义市场经济体制目标后,又通过国务院机构改革撤销了轻工业部,食品工业也实现了迅猛的发展。食品工业企业单位数由 51734 个增加到 75362 个,从业职工人数由 2132 万人增加到 4846 万人,新型食品、保健食品、开发利用新资源生产的食品也大量涌现。可以说《食品卫生法》的制定和实施,对改革开放后食品工业迅猛发展过程中所产生的新情况、新问题的解决发挥了巨大的作用,对当时的食品卫生监管产生了积极的效果。全国食品中毒事故爆发数从 1991 年的 1861 件下降至 1997 年的 522 件,中毒人数由 1990 年的 47367 人剧减至 1997 年的 13567 人,死亡人数也由 338 人降至 132 人。并且部分地方的人大常委会和政府进行了执行性立法,充实和丰富了食品卫生的法规体系。

(三) 食品安全分段监管法律体系的确立

在《食品卫生法》施行的体制下,食品安全监管是以卫生部门为主导的。1998 年国务院的政府机构改革对国家质量技术监督局、卫生部、粮食局、工商总局、农业部等食品安全相关监管部门的职责进行了调整,在多部门共同监管的体制下,卫生部门的主导地位有所下降。而在 2003 年的国务院机构改革中,为了在众多监管部门之间进行协调,国务院又进一步决定将原有的国家药品监督管理局调整为国家食品药品监督管理局,并将食品安全的综合监督、组织协调和依法组织查处重大事故的职能赋予该机构,这一改革也是受美国 FDA 食品药品监管一体化模式的影响。

2003 年安徽阜阳劣质奶粉事件的爆发,则对分段监管体制的最终确立起到了关键的推动作用。国务院于 2004 年 9 月颁布了《国务院关于进一步加强食品安全工作的决定》(国发【2004】23 号),首次明确提出:在现行的食品安全监管体制上"按照一个监管环节由一个部门监管的原则,采取分段监管为主、品种监管为辅的方式"。之后随着食品产业的发展,《食品卫生法》中一些滞后和不足的地方也逐渐显现出来,于是《农产品质量安全法》(2006年) 等法律作为补充性的立法应运而生。《农产品质量安全法》被认为是我国第一部关系广大人民群众身体健康和生命安全的食品安全法律,这部法律的实施,标志着我国食品安全分段监管模式的完整法律体系已经建立。

二、《食品安全法》实施以后至今

《中华人民共和国食品安全法》于 2009 年 6 月 1 日起取代了《中华人民共和国食品卫生法》,作为食品安全领域的基本法开始施行。

食品产业经过迅猛的发展,其外延已经延伸至农业、农产品加工业、食品工业、食品经营业以及餐饮行业等整个产业链体系,食用农产品种植和饲养、深加工、流通以及现代餐饮业也出现了一系列新的变化,相对于食品卫生,食品安全这一较新的概念也被注意。世界卫生组织发表的《加强国家级食品安全性计划指南》将食品安全解释为"对食品按其原定用途进行制作和食用时不会使消费者受害的一种担保",而将食品卫生界定为"为确保食品安全性和适合性在食物链的所有阶段必须采取的一切条件和措施"。旧有的食品卫生概念局限于餐饮消费环节,已无法适应食品产业外延的变化,远远不能满足社会公众对于食品安全的质量要求。而强调食品种养殖、生产加工、流通销售和餐饮消费四大环节综合安全的食品安全概念更加符合社会和公众对于食品安全消费的标准和需求。

在《食品卫生法》实施的监管体制下，立法者主要关注的是食源性疾病、食物中毒、小摊贩、小作坊等问题，而无证摊贩、个体户、私营企业则是主要监管对象。但2008年"三鹿奶粉事件"的出现，促使立法者转变了对食品安全问题法律调控的整体看法。"三鹿奶粉事件"暴露出我国食品安全分段监管的弊端，也反映出在食品安全标准、食品安全信息公布以及食品风险监测、评估等方面缺乏统一、协调的制度。

此外，在加入世界贸易组织（WTO）之后，《SPS协议》《TBT协议》等与食品安全相关的协议是我国作为WTO成员必须面对的，为了进一步融入世界贸易体系，也必须考虑我国食品监管在法律层面与世界接轨的问题。在上述众多因素的作用下，立法者的思路发生了转变，从卫生、质量等单一要素的角度立法的思想转变为从安全这一综合要素的角度立法。

在食品安全领域出现的问题总是不断地刺激和促进着相关法律体系的完善，和欧盟在2000年"疯牛病"问题出现之后出台《一般食品法》的背景类似，我国的《食品安全法》也是在2008年的"三鹿奶粉事件"的背景下出台的。《食品安全法》的总体思路与食品卫生法相比，有不少创新，如建立以食品安全风险评估为基础的科学管理制度；坚持强化预防为主；强化生产经营者作为保证食品安全第一责任人的责任；建立以责任制为基础，分工明晰、责任明确、权威高效、决策与执行适度分开、相互协调的食品安全监督体制；建立畅通、便利的消费者权益救济渠道等。总而言之，《食品安全法》取代《食品卫生法》的目的就是要对"从农田到餐桌"的全过程的食品安全相关问题进行全面规定，在一个更为科学的体系之下，用食品质量安全标准来统筹食品相关标准，避免食品卫生标准、食品质量标准、食品营养标准之间的交叉与重复。

2009年版《食品安全法》对规范食品生产经营活动、保障食品安全发挥了重要作用，食品安全整体水平得到了提升，食品安全形势总体稳中向好。与此同时，我国食品企业违法生产经营现象仍然存在，食品安全事件时有发生，监管体制、手段和制度等尚不能完全适应食品安全需要，法律责任偏轻、重典治乱威慑作用没有得到充分发挥，食品安全形势依然严峻。为了进一步加强对食品安全的监管，同时也为了配合国务院新一轮的机构改革，2013年10月10日，经过修订工作组各界专家的讨论和起草，原国家食品药品监督管理总局向国务院报送了《中华人民共和国食品安全法（修订草案送审稿）》，拉开了对《食品安全法》进行修订的大幕。2015年4月24日，第十二届全国人民代表大会常务委员会第十四次会议通过新修订的《中华人民共和国食品安全法》，2018年12月29日第十三届全国人民代表大会常务委员会第七次会议进行了修正。新版《食品安全法》共十章，154条，于2015年10月1日正式实施，被称为"史上最严"的《食品安全法》。这次修订被定义为一次"中修"，经过这次修订，新的《食品安全法》成为我国有史以来在监管力度上最为严格，在监管理念上最为先进，在监管制度上最为合理的食品安全法律。

三、现行食品安全法律法规体系的主要特点

我国目前已经初步形成了以《食品安全法》为核心，其他专门法律为支撑，并且与产品质量、检验检疫、环境保护等法律相衔接的综合性食品安全法律体系。目前的这一体系有如下三个特点：

第一，我国食品法律法规体系的法律渊源和效力层次分别有着多样性和丰富性的特点。我国食品法律法规体系涵盖了我国《立法法》中规定的法律、法规和规章三个层次的立法形式，具体可以归纳为法律层面、行政法规层面、部委规章层面和地方立法层面共四个方面的内容。

第二，我国食品安全法律法规体系主次分明，结构较为合理。目前我国的食品安全法律

法规体系以《食品安全法》和《农产品质量安全法》为核心,拥有一个日趋充实和完善的食品安全法律法规群,这些法律法规与其他相关的调控特殊领域事项的法律法规一道,基本保证了食品安全各领域有法可依,也减少了法律规范之间的冲突,促进了法律体系内部的和谐。

第三,我国食品安全法律法规体系涉及多方面的法律,其中主要是行政法和经济法,此外还有一些民法和刑法的内容。按照我国的法律部门划分,食品安全领域的两部基本法律《食品安全法》和《农产品质量安全法》分别属于行政法部门和经济法部门。而其中行政法部门的内容在这一体系中占有最为主要的地位,因为在有国家强制力保障实施的法律中明确政府食品安全监管部门的职责,并以此来保障食品安全,这在国内外都是最为有效也是最为普遍的做法。而这两部法律中也有大量关于规定政府食品安全监管部门权责的内容和条款。

我国的食品安全法律法规体系从行政部门法的角度来说,包含了调整内部行政关系的行政组织法、调整行政管理关系的行政行为法和调整行政法制监督关系的行政责任法,较为完整地覆盖了行政法的基本内容。而由于食品生产经营者在食品安全问题中扮演着重要的角色,经济法部门的内容在这一体系中也有着重要的位置,如《食品安全法》中明确规定了食品生产经营者是食品安全的第一责任人。此外,这一体系中还包含了民法和刑法的内容,如《食品安全法》中备受关注的"十倍赔偿"条款借鉴自英美法系的惩罚性赔偿,属于民法内容,而对于违反食品安全法律并构成犯罪的则适用刑法的相关规定。

第二节 中国现行食品安全法律法规体系

一、现行主要食品安全法律简介

(一)中华人民共和国食品安全法

1. 立法背景和意义

作为我国食品卫生法制建设的重要里程碑,《食品卫生法》从1995年修订通过并施行到被《食品安全法》所取代,在保证我国的食品卫生、预防和控制食源性疾病、保障人民群众身体健康中发挥了重要作用。但是食品安全问题仍然较为突出,如违法生产经营行为屡禁不绝,食品安全分段监管的不足逐渐暴露,食品行业的规模化和生产力水平较低等,并且食品安全事件频发,这使得食品安全问题愈发成为社会关注的焦点问题。2008年"三鹿奶粉事件"的发生最终成为我国出台《食品安全法》的关键性因素。尽管《食品卫生法》的篇幅达2.5万字左右,《食品安全法》仅为9000字左右,但在后者的出台过程中,整体的立法思路是从食品安全这一高度出发的,其考虑问题的角度、深度和广度比《食品卫生法》有了长足的进步,这也是围绕食品安全主题截至本书截稿时最新的、涵盖内容最为广泛和全面的一部法律。

制定这样一部法律有着相当重要的意义。新法根据食品安全新形势,针对食品安全监管中的漏洞,建立起保障食品安全的长效机制和法律屏障,完善了我国的食品安全法律制度。只有准确把握保障公众身体健康和生命安全的立法宗旨,深刻领会预防为主、科学管理、明确责任、综合治理的价值观念,才能科学地认识各项食品安全制度在监管链条中的地位和作用,并以此为出发点在实践中进一步明确监管部门的权力和职责,明晰行政相对人的权利和义务,最终形成完备的食品安全监管体系和诚信守法、监督有利的良好局面。新《食品安全法》不仅在食品安全总体思路上提出了"预防为主、风险防范""建立最严格的过程监管制度""建立最为严格的法律责任制度""社会共治"等基本要求,还对婴幼儿配方乳粉、农药使用、保健食品、特殊医学用途配方食品等受争议的五大核心问题做了部分修改。这些修改对我国食品安全规制会产生深远影响,对保证人民群众生命安全、健康具有重大意义。

2. 基本内容

2018年新修订的《中华人民共和国食品安全法》共十章一百五十四条,包括总则、食品安全风险监测和评估、食品安全标准、食品生产经营、食品检验、食品进出口、食品安全事故处置、监督管理、法律责任、附则共十个部分。

立法宗旨 《食品安全法》第一章第一条规定:"为了保证食品安全,保障公众身体健康和生命安全,制定本法。"在制定《食品安全法》的过程中,如何从食品链的各环节、各方面保证食品安全、保障公众身体健康和生命安全成为立法宗旨所在。

适用范围 《食品安全法》第一章第二条规定了该法的范围:①食品生产和加工(以下称食品生产),食品销售和餐饮服务;②食品添加剂的生产经营;③用于食品的包装材料、容器、洗涤剂、消毒剂和用于食品生产经营的工具、设备(以下称食品相关产品)的生产经营;④食品生产经营者使用食品添加剂、食品相关产品;⑤食品的贮存和运输;⑥对食品、食品添加剂和食品相关产品的安全管理。

对于食用农产品,质量安全管理需要遵守《农产品质量安全法》的规定,而质量安全标准的制定和食用农产品有关信息的发布,则依然需要遵守《食品安全法》的有关规定。

关于保健食品的相关内容包含在第四章第七十五至七十九条中。

食品安全监管体制:《食品安全法》对于国务院有关食品安全监管部门的职责进行了明确的界定。

① 国务院质量监督、工商行政管理和国家食品安全监督管理部门依照《食品安全法》和国务院规定的职责,分别对食品生产、食品流通、餐饮服务活动实施监督管理。《食品安全法》第五条规定,国务院食品安全监督管理部门依照本法和国务院规定的职责,对食品生产经营活动实施监督管理。国务院卫生行政部门依照本法和国务院规定的职责,组织开展食品安全风险监测和风险评估,会同国务院食品安全监督管理部门制定并公布食品安全国家标准。国务院其他相关部门依照本法和国务院规定的职责,承担相关食品安全工作。

② 在地方政府层面(县级以上)进一步明确食品安全监管工作职责,理顺工作关系。《食品安全法》第六条规定,县级以上地方人民政府对本行政区域的食品安全监督管理工作负责,统一领导、组织、协调本行政区域的食品安全监督管理工作以及食品安全突发事件应对工作,建立健全食品安全全程监督管理工作机制和信息共享机制。

县级以上地方人民政府依照本法和国务院的规定,确定本级食品安全监督管理、卫生行政部门和其他有关部门的职责。有关部门在各自职责范围内负责本行政区域的食品安全监督管理工作。县级人民政府食品药品监督管理部门可以在乡镇或者特定区域设立派出机构。

③ 为了使得食品安全监管各部门的工作能够协调和衔接,《食品安全法》第八条规定,县级以上人民政府食品安全监督管理部门和其他有关部门应当加强沟通、密切配合,按照各自职责分工,依法行使职权,承担责任。

④ 为了改善分段监管中各部门各自为政,工作存在交叉和遗漏的情况,使得食品安全监管体制运行更为顺畅,《食品安全法》第五条还规定,国务院设立食品安全委员会,其职责由国务院规定。

⑤《食品安全法》授权国务院根据实际需要,可以对食品安全监督管理体制做出调整。

食品安全风险监测和评估制度 《食品安全法》第十四条确立食品安全风险监测制度,规定由国务院卫生行政部门会同国务院食品安全监督管理等部门,制定、实施国家食品安风险监测计划。食品安全风险监测和评估是国际上流行的预防和控制食品风险的有效措施。食品安全法对此加以规定，是与国际通行做法相一致的。食品安全风险监测是指通过系统和持续收集食源性疾病、食品污染、食品中有害因素等相关数据信息，并应用医学、卫生学原理和方法进行监测。

食品安全风险评估，是指对食品、食品添加剂、食品中生物性、化学性和物理性危害因素对人体健康可能造成的不良影响所进行的科学评估，具体包括危害识别、危害特征描述、暴露评估、风险特征描述四个阶段。

《食品安全法》第十四条到二十三条，对食品安全风险监测制度、食品安全风险评估制度、食品安全风险评估结果的建立、依据、程序等进行规定。法律规定，国家建立食品安全风险评估制度，运用科学方法，根据食品安全风险监测信息、科学数据以及有关信息，对食品、食品添加剂、食品相关产品中生物性、化学性和物理性危害因素进行风险评估。国务院卫生行政部门负责组织食品安全风险评估工作，成立由医学、农业、食品、营养、生物、环境等方面的专家组成的食品安全风险评估专家委员会进行食品安全风险评估。食品安全风险评估结果由国务院卫生行政部门公布。食品安全风险评估结果是制定、修订食品安全标准和实施食品安全监督管理的科学依据。

统一食品安全国家标准 为解决食品标准在结构上的重复、品种上的缺失和内容上的矛盾，以及标准过高或过低引起争议等问题，《食品安全法》第二十七条规定，食品安全国家标准由国务院卫生行政部门会同国务院食品安全监督管理部门制定、公布，国务院标准化行政部门提供国家标准编号。

对于食品安全地方标准和企业标准，《食品安全法》的规定中明确了其地位：对地方特色食品，没有食品安全国家标准的，省、自治区、直辖市人民政府卫生行政部门可以制定并公布食品安全地方标准，报国务院卫生行政部门备案。食品安全国家标准制定后，该地方标准即行废止。对于企业标准，国家鼓励食品生产企业制定严于食品安全国家标准或者地方标准的企业标准，在本企业适用，并报省、自治区、直辖市人民政府卫生行政部门备案。

食品生产经营者的社会责任 政府和食品生产经营者在食品安全这个问题上都有各自无可替代的责任，而一直以来生产经营者的责任在一定程度上被忽视了，因此《食品安全法》强化了生产经营者是保证食品安全第一责任人这一概念，确立了以下制度：

① 生产、流通、餐饮服务许可制度。《食品安全法》第三十五条规定，国家对食品生产经营实行许可制度。

② 索证索票制度、台账制度等。如食品生产者采购食品原料、食品添加剂、食品相关产品，应当查验供货者的许可证和产品合格证明文件；食品生产企业应当建立食品出厂检验记录制度等。

③ 建立食品召回制度、停止经营制度。食品生产者发现其生产的食品不符合食品安全标准或者有证据证明可能危害人体健康，应当立即停止生产，召回已经上市销售的食品，通知相关生产经营者和消费者，并记录召回和通知情况。食品经营者发现其经营的食品不符合食品安全标准，应当立即停止经营，通知相关生产经营者和消费者，并记录停止经营和通知情况。

④ 企业食品安全管理制度。《食品安全法》第四十四条规定，食品生产经营企业应当建立健全食品安全管理制度，对职工进行食品安全知识培训，加强食品检验工作，依法从事生产经营活动。国家鼓励食品生产经营企业符合良好生产规范要求，实施危害分析与关键点控制，提高食品安全管理水平。

⑤ 建立风险预警机制。境外发生的食品安全事件可能对我国境内造成影响，或者在进

口食品、食品添加剂、食品相关产品中发现严重食品安全问题的,国家出入境检验检疫部门应当及时采取风险预警或者控制措施,并向国务院食品安全监督管理、卫生行政、农业行政部门通报。接到通报的部门应当及时采取相应措施。

保健食品的监管 经济发展使得人们摆脱对食品单纯果腹的依赖,而趋向于追求健康的生活品质,这刺激了保健食品产业的发展。到2016年底,据已有的不完全统计,已获审批的保健食品共有14800种,在这些保健食品当中,约14200余种属于国产,进口的大概有600种,并且约有2500个生产企业,600余万的从业人员,其年产值已逾3000亿元。随着中国社会老龄化趋势的发展,养老保健行业也逐步获得更多关注,与此同时,保健食品在产值与需求上也随之增长,更甚者,还催生了不少虚假宣传保健食品的违法违规行为。这使得公众对这一行业的信任度大幅降低,也制约了这一行业的健康发展。

《食品安全法》第七十四条规定:国家对保健食品、特殊医学用途配方食品和婴儿配方食品等特殊食品实行严格监督管理。声称具有特定保健功能的食品不得对人体产生急性、亚急性或者慢性危害;其标签、说明书不得涉及疾病预防、治疗功能,内容应当真实,与注册或者备案的内容相一致,应当载明适宜人群、不适宜人群、功效成分或者标志性成分及其含量等,并声明"本品不得代替药物";保健品的功能和成分必须与标签、说明书相一致。这些条款都显示了国家对于保健食品市场严格管控的态度。

食品检验工作 《食品安全法》第八十五到八十七条规定,食品检验由食品检验机构指定的检验人独立进行。食品检验实行食品检验机构与检验人负责制。食品检验报告应当加盖食品检验机构公章,并有检验人的签名或者盖章。食品检验机构和检验人对出具的食品检验报告负责。县级以上人民政府食品安全监督管理部门应当对食品进行定期或不定期的抽样检验,并依据有关规定公布检验结果,不得免检。进行抽样检验,应当购买抽取的样品,委托符合《食品安全法》规定的食品检验机构进行检验,并支付相关费用,不得向食品生产经营者收取检验费和其他费用。

食品进出口管理 《食品安全法》第九十二条规定:进口的食品、食品添加剂、食品相关产品应当符合我国食品安全国家标准。第九十三条规定:进口尚无食品安全国家标准的食品,由境外出口商、境外生产企业或者其委托的进口商向国务院卫生行政部门提交所执行的相关国家(地区)标准或者国际标准。国务院卫生行政部门对相关标准进行审查,认为不符合食品安全要求的,决定暂停适用,并及时制定相应的食品安全国家标准。第三十七条规定:利用新的食品原料生产食品,或者生产食品添加剂新品种、食品相关产品新品种,应当向国务院卫生行政部门提交相关产品的安全性评估材料。国务院卫生行政部门对其进行审查,对符合食品安全要求的,准予许可并公布;对不符合食品安全要求的,不予许可并书面说明理由。

食品安全事故处置 食品安全事故对人民群众的生命健康造成危害,如果不能及时有效地处置,会造成恶劣的影响。因此,《食品安全法》第一百零二至一百零八条规定了食品安全事故处置机制,包含三方面的内容:①报告制度。事故单位和接收病人进行治疗的单位应当及时向事故发生地县级人民政府食品安全监督管理、卫生行政部门报告。县级以上人民政府农业行政等部门在日常监督管理中发现食品安全事故或者接到事故举报,应当立即向同级食品安全监督管理部门通报。②事故处置措施。如开展应急救援工作,组织救治因食品安全事故导致人身伤害的人员;封存可能导致食品安全事故的食品及其原料,并立即进行检验;对确认属于被污染的食品及其原料,责令食品生产经营者依照《食品安全法》第六十三条的规定召回或者停止经营。封存被污染的食品相关产品,并责令进行清洗消毒;做好信息发布工作,依法对食品安全事故及其处理情况进行发布,并对可能产生的危害加以解释、说明。

③责任追究。发生食品安全事故,设区的市级以上人民政府食品安全监督管理部门应当立即会同有关部门进行事故责任调查,督促有关部门履行职责,向本级人民政府和上一级人民政府食品安全监督管理部门提出事故责任调查处理报告。

法律责任 《食品安全法》第九章对于食品安全相关的刑事、行政和民事责任进行了规定,以切实保障人民群众的生命安全和身体健康。关于刑事责任的追究,第一百四十九条规定:"违反本法规定,构成犯罪的,依法追究刑事责任。"其中借鉴国外法律,突破了我国目前民事损害赔偿的理念而确立的惩罚性赔偿制度曾一度成为人们关注的热点,这反映在第一百四十八条:生产不符合食品安全标准的食品或者经营明知是不符合食品安全标准的食品,消费者除要求赔偿损失外,还可以向生产者或者经营者要求支付价款十倍或者损失三倍的赔偿金;增加赔偿的金额不足一千元的,为一千元。但是,食品的标签、说明书存在不影响食品安全且不会对消费者造成误导的瑕疵的除外。

(二) 中华人民共和国产品质量法

1. 立法背景及意义

在我国,对于产品质量责任的立法始于 20 世纪 80 年代,如 80 年代以来,我国所制定的《工业企业全面质量管理暂行办法》(已废止)、《工业产品生产许可证试行条例》(已废止)、《进口商品质量监督管理办法》《工业产品质量责任条例》等一系列单行法规,这些法规都涉及了包括食品在内的各领域产品的质量管理及应用。而真正为产品质量责任立法则到了 1993 年 2 月 22 日,第七届全国人民代表大会常务委员会第三十次会议上,《中华人民共和国产品质量法》(简称《产品质量法》)经过审议并通过,于 1993 年 9 月 1 日起施行。2000 年 7 月 8 日第九届全国人民代表大会常务委员会第十六次会议公布了《关于修改〈中华人民共和国产品质量法〉的决定》,并于 2000 年 9 月 1 日起施行。2018 年 12 月 29 日第十三届全国人民代表大会常务委员会第七次会议对《中华人民共和国产品质量法》做了进一步修正。

《产品质量法》的宗旨是提高产品质量,明确产品责任,强化产品监督管理,保护消费者合法权益。而经过加工并用于销售的食品作为一种产品,其质量的监管和检测等方面的管理需要遵守该法的规定。制定和实施这部法律的意义在于:①明确了产品责任,维护了社会经济秩序。该法明确了生产者、经营者和销售者在产品质量方面的责任和国家对产品质量的监管职能,有利于维护产品生产、经营和销售的正常秩序,从而保障市场经济的健康发展。②强化了产品监督管理,提高了产品质量水平。《产品质量法》的制定和实施有利于促进生产者、经营者和销售者改善经营管理,增强竞争能力。③《产品质量法》是保护消费者合法权益的法律武器。产品质量问题关乎广大人民群众的切身利益,《产品质量法》的实施使得消费者所购商品有了质量保证,同时也督促了企业产品质量的提高,打击了假冒伪劣产品的生产与销售,维护了产品生产经营的正常秩序,规范了市场,有利于保护消费者的合法权益。

2. 基本内容

《产品质量法》共六章七十四条,篇幅为 8100 余字,包括总则,产品质量的监督,生产者、销售者的产品质量责任和义务,损害赔偿,罚则和附则。

产品的含义 《产品质量法》中所指的产品,是指经过加工、制作,用于销售的产品。在这里,"产品"一词从广义上来说是指经过人类劳动获得的具有一定使用价值的物品,既包括直接从自然界获取的各种农产品、矿产品,也包括手工业、加工业的各种产品。而法律中要求生产者、销售者对产品质量承担责任的产品，应当是生产者、销售者能够对其质量加以控制的产品，即经过"加工、制作"的产品，而不包括内在质量主要取决于自然因素的产品。而适用《产品质量法》各项规定的产品，必须是用于销售的产品。即不作为商品的产品，如自产自用或者作为礼物的产品则不在国家进行质量监督管理的范围内，因此也不能对其生产者适用《产品质量法》中的相关规定。

产品质量监督管理体制　产品质量监督管理是指国家产品质量管理机关依法对产品质量进行的监督、抽查、管理活动，社会各界对产品质量的监督活动，以及产品生产者、销售者按照该法要求进行产品的生产和经营活动的总和。

对于企业而言，产品质量监督管理则是外部和内部监督管理的结合。产品质量监督管理的主体包括国家产品质量监督管理机关、对产品质量进行监督的社会各界、生产者和销售者自身。其中产品质量管理的主体是企业。产品质量是企业活动的结果，因此规定生产者、销售者应当建立健全内部产品质量管理制度，依法承担产品质量责任。政府则应当对产品质量实施宏观管理，将提高产品质量纳入国民经济和社会发展规划，加强统筹规划和组织领导，引导、督促生产者、销售者加强产品质量管理，提高产品质量。而政府产品质量监督部门主管产品质量监督工作，国家对产品质量实行监督检查制度。

产品质量责任制度　在《产品质量法》中产品质量责任制度得以确立。随着科技的进步和生产力的发展，产品的制造、产品的质量特性、产品的流通等越来越复杂，产品质量责任越来越受到重视。并且在运用现代先进的科学技术成果生产并提供给消费者的产品中的风险有所增加，而人们对产品引致的风险担心也相应增加，这种情况下对消费者的保护应当增强。又由于在现代化生产的大条件下，尽管是买方市场，但消费者相对于生产者和销售者拥有的条件和掌握的知识处于弱势，因此产品的制造者以及销售者（卖方）应当比消费者（买方）更多地承担产品质量引致的风险，对产品质量就应由生产者、销售者对消费者、对社会负责，建立这一制度是符合时代趋势的，也是合理的。

这一制度具体的要点如下：

① 生产者、销售者是产品质量责任的承担者，是产品质量的责任主体。

② 生产者应当对其生产的产品的质量负责，产品存在缺陷造成损害的，生产者应当承担赔偿责任。

③ 由于销售者的过错使产品存在缺陷，造成损害的，销售者应当承担赔偿责任。

④ 因产品缺陷造成损害的，受害人可以向生产者要求赔偿，也可以向销售者要求赔偿。

⑤ 产品质量有瑕疵的，生产者、销售者负瑕疵担保责任，采取修理、更换、退货等救济措施；给购买者造成损失的，承担赔偿责任。

⑥ 产品质量应当是：不存在危及人身、财产安全的不合理的危险，具备产品应当具备的使用性能，符合在产品或者其包装上注明采用的产品标准，符合以产品说明、实物样品等方式表明的质量状况。

⑦ 禁止生产、销售不符合保障人体健康和人身、财产安全的标准和要求的工业产品。

⑧ 产品质量应当检验合格，不得以不合格产品冒充合格产品。

产品质量检验机构　《产品质量法》第十九条规定，产品质量检验机构必须具备相应的检验条件和检验能力，主要包括以下内容：

① 机构和人员应当具备的条件和能力，如：机构和人员相对独立，负责人熟悉本专业产品检验技术和管理知识，检测人员胜任该工作，熟悉操作技能并经专业培训、考试合格。

② 机构应当具备完善的内部管理制度。

③ 机构的仪器设备符合相应的要求。

④ 机构的工作环境应当符合要求，如周围环境、检测场所、温度湿度等。

⑤ 检测报告应当符合要求。检验机构、认证机构必须依法设立，不得与行政机关或其他国家机关存在隶属关系或其他利益关系，出具检验结果或认证证明必须客观公正。

（三）中华人民共和国农产品质量安全法

1. 立法背景及意义

人们每天消费的食物，有相当大的部分是直接来源于农业的初级产品，即农产品质量安全法所规范的农产品，如蔬菜、水果、水产品等；也有些是以农产品为原料加工、制作的食品。农产品的质量安全状况如何，直接关系着人民群众的身体健康乃至生命安全。在《农产品质量安全法》实施以前，我国已经有了《食品卫生法》和《产品质量法》，但《食品卫生法》不调整种植业、养殖业等农业生产活动，《产品质量法》只适用于经过加工、制作的产品，不适用于未经加工、制作的农业初级产品。为了从源头上保障农产品质量安全，维护公众的身体健康，促进农业和农村经济的发展，《农产品质量安全法》应运而生。

《农产品质量安全法》于2006年4月29日由第十届全国人民代表大会常务委员会第二十一次会议表决通过，并于2006年11月1日起实施。2018年10月26日第十三届全国人民代表大会常务委员会第六次会议对其进行修正。这部法律是新时期农业发展的一部重要法律，填补了我国农产品质量监管的法律空白，是农产品质量安全监管的重要里程碑。该法使得我国农产品从数量管理进入数量、质量并重，而且更注重安全的新阶段，也标志着农产品质量安全监管从此走上依法监管的轨道，是农业行政管理部门加强农产品质量安全监管的有效手段。如果说食品安全监管法律体系是一张拼图，那么《农产品质量安全法》则是完成拼图的最后一块拼板，它使得我国的食品安全分段监管模式得以完善和最终确立。

2. 基本内容

《农产品质量安全法》共八章五十六条，篇幅5500余字。

主要内容包括三个方面：一是关于调整的产品范围问题，该法定义农产品是指来源于农业的初级产品，即在农业活动中获得的植物、动物、微生物及其产品；二是关于规范调整的行为主体范围问题，即农产品的生产者和销售者、农产品质量安全管理者、相应的检测技术机构及人员；三是关于规范调整的管理环节问题，主要涉及产地环境、农业投入品的科学使用，农产品生产和产后处理的标准化管理，农产品的包装、标识、标志和市场准入管理。

而这些内容实际上主要确立了七项基本制度，分别是：①政府统一领导、农业主管部门依法监管、其他有关部门分工负责的农产品质量安全管理体制。②农产品质量安全标准的强制实施制度。政府有关部门应当按照保障农产品质量安全的要求，依法制定和发布农产品质量安全标准并监督实施；不符合农产品质量安全标准的农产品，禁止销售。③防止因农产品产地污染而危及农产品质量安全的农产品产地管理制度。④农产品的包装和标识管理制度。⑤农产品质量安全监督检查制度。⑥农产品质量安全的风险分析、评估制度和农产品质量安全的信息发布制度。⑦对农产品质量安全违法行为的责任追究制度。

针对上述制度，《农产品质量安全法》还规定了相应的"六个禁止"和"八个不得"。其中"六个禁止"具体如下：

① 禁止生产、销售不符合国家规定的农产品质量安全标准的农产品。

② 禁止在有毒有害物质超过规定标准的区域生产、捕捞、采集食用农产品和建立农产品生产基地。

③ 禁止违反法律、法规的规定向农产品产地排放或者倾倒废水、废气、固体废弃物或

者其他有毒有害物质。

④ 禁止伪造农产品生产记录。

⑤ 禁止在农产品生产过程中使用国家明令禁止使用的农业投入品。

⑥ 禁止冒用无公害农产品等农产品质量标志。

"八个不得"具体如下：

① 经检测不符合农产品质量安全标准的农产品，不得销售。

② 有下列情形之一的农产品，不得销售：含有国家禁止使用的农药、兽药或者其他化学物质的；农药、兽药等化学物质残留或者含有的重金属等有毒有害物质不符合农产品质量安全标准的；含有的致病性寄生虫、微生物或者生物毒素不符合农产品质量安全标准的；使用的保鲜剂、防腐剂、添加剂等材料不符合国家有关强制性的技术规范的；其他不符合农产品质量安全标准的。

③ 监督抽查检测应当委托符合规定条件的农产品质量安全监测机构进行，不得向被抽查人收取费用。

④ 监督抽查监测抽取的样品，不得超过国务院农业行政主管部门规定的数量。

⑤ 上级农业行政主管部门监督抽查的农产品，下级农业行政主管部门不得另行重复抽查。

⑥ 对采用快速检测方法检测结果有异议的，被抽检人申请复检，复检不得采用快速检测方法。

⑦ 农产品销售企业对其销售的农产品，应当建立健全进货检查验收制度；经查验不符合农产品质量安全标准的，不得销售。

⑧ 对同一违法行为不得重复处罚。

（四）中华人民共和国标准化法

1. 立法背景与宗旨

标准化（standardization）在不同的国家和地区有着不同的定义，国际标准化组织（ISO）给标准化的定义为："标准化主要是对科学、技术与经济领域内应用的问题给出解决办法的活动，其目的在于获得最佳秩序。一般来说，包括制定、发布及实施标准的过程。"而 GB/T 20000.1—2014《标准化工作指南 第1部分：标准化和相关活动的通用术语》中对标准化的定义为："为了在既定范围内获得最佳秩序，促进共同效益，对现实问题或潜在问题确立共同使用和重复使用的条款以及编制、发布和应用文件的活动。"标准往往是一份文件，用于确定统一的工程、设计或技术规范、准则、方法、过程或惯例。标准化可有助于相对于单一供应商的独立性（商品化）、兼容性、互操作性、可重复性、安全或质量。

我国标准化工作是随着新中国成立以来国民经济的发展而逐步建立和发展起来的。1957年，为进一步加强标准化工作，在国家计卫委内成立了标准局，统一管理全国标准化工作，并根据我国国情组织制定了一批国家标准和部委标准。我国标准化工作从此进入了独立自主的发展阶段。直到1962年国民经济调整时期，标准化工作才得到恢复和加强，国务院颁布了《工农业产品和工程建设技术标准管理办法》，标准化工作得到了新的发展。党的十一届三中全会以来，随着经济工作的全面恢复，标准化工作得到了国家的重视，为了加强对标准化工作的管理，1979年7月，国务院颁布了《中华人民共和国标准化管理条例》，全国标准化工作进入一个新的发展时期，使得我国标准化管理体制运行机制逐步完善，标准体系初步形成。

随着我国法制建设的推进和标准化工作的开展，1988年12月29日第七届全国人民代表大会常务委员会第五次会议通过了《中华人民共和国标准化法》（以下简称《标准化法》），并于1989年4月1日起施行。《标准化法》第一条确定了该法的立法的宗旨：为了加强标准化工作，提升产品和服务质量，促进科学技术进步，保障人身健康和生命财产安全，维护国家安全、生态环境安全，提高经济社会发展水平，制定该法。随后国务院于1990年颁布了《中华人民共和国标准化法实施条例》，对于落实《标准化法》的实施提出了具体的规定。紧接着国家技术监督局颁布了一系列有关标准化工作的规章，其内容涵盖了国家标准、行业标准和地方标准的制定、标准出版、标准档案管理以及能源、农业和企业标准化管理，初步建立起了我国标准化的法律法规体系。2017年11月4日第十二届全国人民代表大会常务委员会第三十次会议修订《中华人民共和国标准化法》，现将修订后的《中华人民共和国标准化法》公布，自2018年1月1日起施行。

在食品安全领域，《食品安全法》第二十五条规定：食品安全标准是强制执行的标准。除食品安全标准外，不得制定其他食品强制性标准。根据2017年2月14日印发的《"十三五"国家食品安全规划》的目标，到2020年，食品安全抽检覆盖全部食品类别、品种；农业源头污染得到有效治理，主要农作物病虫害绿色防控覆盖率达到30%以上，农药利用率达到40%以上，主要农产品质量安全监测总体合格率达到97%以上；食品安全现场检查全面加强；食品安全标准更加完善，制修订不少于300项食品安全国家标准，制修订、评估转化农药残留限量指标6600余项、兽药残留限量指标270余项。

2. 基本内容

《标准化法》共六章四十五条，包括总则、标准的制定、标准的实施、监督管理、法律责任和附则。

五级标准：《标准化法》及其实施条例按适用范围不同确立了中国的五级标准：国家标准、行业标准、地方标准和团体标准、企业标准。其中：

① 对保障人身健康和生命财产安全、国家安全、生态环境安全以及满足经济社会管理基本需要的技术要求，应当制定强制性国家标准。

对满足基础通用、与强制性国家标准配套、对各有关行业起引领作用等需要的技术要求，可以制定推荐性国家标准。

② 对没有推荐性国家标准、需要在全国某个行业范围内统一的技术要求，可以制定行业标准。

③ 为满足地方自然条件、风俗习惯等特殊技术要求，可以制定地方标准。

④ 国家鼓励学会、协会、商会、联合会、产业技术联盟等社会团体协调相关市场主体共同制定满足市场和创新需要的团体标准，由该团体成员约定采用或者按照该团体的规定供社会自愿采用。企业可以根据需要自行制定企业标准，或者与其他企业联合制定企业标准。国家支持在重要行业、战略性新兴产业、关键共性技术等领域利用自主创新技术制定团体标准、企业标准。

⑤ 推荐性国家标准、行业标准、地方标准、团体标准、企业标准的技术要求不得低于强制性国家标准的相关技术要求。

技术要求 《标准化法实施条例》将需要统一的技术要求概括为如下方面：

① 工业产品的品种、规格、质量、等级或者安全、卫生要求。

② 工业产品的设计、生产、试验、检验、包装、储存、运输、使用的方法或者生产、储存、运输过程中的安全、卫生要求。

③ 有关环境保护的各项技术要求和检验方法。

④ 建设工程的勘察、设计、施工、验收的技术要求和方法。

⑤ 有关工业生产、工程建设和环境保护的技术术语、符号、代号和制图方法、互换配合要求。

⑥ 农业（含林业、牧业、渔业，下同）产品（含种子、种苗、种畜、种禽，下同）的品种、规格、质量、等级、检验、包装、储存、运输以及生产技术、管理技术的要求。

⑦ 信息、能源、资源、交通运输的技术要求。

强制性及推荐性标准 《标准化法》及其实施条例按标准的执行效力又把国家标准分为强制性标准和推荐性标准。保障人体健康，人身、财产安全的标准和法律、行政法规规定强制执行的标准是强制性标准，其他标准是推荐性标准。

按照《标准化法实施条例》强制性国家标准的范围限定在如下方面：

① 药品标准，食品卫生标准，兽药标准。

② 产品及产品生产、储运和使用中的安全、卫生标准，劳动安全、卫生标准，运输安全标准。

③ 工程建设的质量、安全、卫生标准及国家需要控制的其他工程建设标准。

④ 环境保护的污染物排放标准和环境质量标准。

⑤ 重要的通用技术术语、符号、代号和制图方法。

⑥ 通用的试验、检验方法标准。

⑦ 互换配合标准。

⑧ 国家需要控制的重要产品质量标准。

标准化行政管理体系 《标准化法》及其实施条例按我国政府行政体制确立了标准化工作的管理层级和层级之间的关系。

国务院标准化行政主管部门统一管理全国标准化工作。国务院有关行政主管部门分工管理本部门、本行业的标准化工作。

省、自治区、直辖市标准化行政主管部门统一管理本行政区域的标准化工作。省、自治区、直辖市政府有关行政主管部门分工管理本行政区域内本部门、本行业的标准化工作。

（五）中华人民共和国计量法

1. 立法背景和宗旨

计量（metrology）是关于测量的科学，是用以实现测量单位统一和量值准确可靠的一切科研和管理活动。社会各行业如生产、服务、贸易、通信、科研甚至国防等均依赖准确可靠的测量科学和技术得以运转和发展，因此计量工作是经济建设中一项重要的技术基础，经济越发展，对计量科学和计量工作的要求就越高。计量的本质就是测量，但它不是普通的测量，它作为一种科学，要实现三个根本目的，而这也恰恰是计量的本质特征：①保证测量单位的统一；②保证量值的准确、可靠和相互之间的可比性；③实现测量数据的全球互认。

我国的计量法律法规制定起步主要是在 20 世纪七八十年代。1977 年我国正式加入米制公约组织（BIPM），该组织是世界上成立时间最早、最主要的政府间国际计量组织，是一个用以保证测量单位全球统一的永久性的国际框架。加入该组织正式标志着我国结束了历史上英制、俄制、中国古代制等多种测量制度并行的混乱局面，从计量的角度，为经济全球化和便利的国际贸易奠定了基础。而计量领域的正式法律《计量法》于 1985 年 9 月 6 日经第六届全国人民代表大会常务委员会第十二次会议通过，1985 年 9 月 6 日中华人民共和国主席令第 28 号公布，1986 年 7 月 1 日起施行；根据 2009 年 8 月 27 日中华人民共和国主席令第 18 号《全国人民代表大会常务委员会关于修改部分法律的决定》第一次修正；根据 2013 年 12 月 28 日中华人民共和国主席令第 8 号《全国人大常委会关于修改〈海洋环境保护法〉等七部法律的决定》第二次修正；根据 2015 年 4 月 24 日中华人民共和国主席令第 26 号《全国人民代表大会常务委员会关于修改〈中华人民共和国计量法〉等五部法律的决定》第三次修订；根据 2017 年 12 月 27 日中华人民共和国主席令第 86 号《全国人民代表大会常务委员会关于修改〈中华人民共和国招标投标法〉、〈中华人民共和国计量法〉的决定》第四次修正；根据 2018 年 10 月 26 日第十三届全国人民代表大会常务委员会第六次会议《关于修改〈中华人民共和国野生动物保护法〉等十五部法律的决定》第五次修正。

《计量法》的立法宗旨是：为了加强计量监督管理，保障国家计量单位制的统一和量值的准确可靠，有利于生产、贸易和科学技术的发展，适应社会主义现代化建设的需要，维护国家、人民的利益。计量工作与食品安全工作有着重要的联系。从生产者的角度来说，食品生产企业在生产过程中，为了确保产品质量的稳定，达到标准要求，就必须使用相关的计量器具，进行生产过程中的监控和检验。计量器具的准确就直接关系到产品质量结果评价的准确。因此，对计量器具的管理和量值溯源是食品行业生产过程的质量保证和食品安全评价的重要工作。对于监管者和科研人员而言，社会对食品安全检测中的安全限量值的要求越来越高，越来越多的有害物质被确定为"不得检出"，安全限量已经触碰到了现代检测技术的极限，很多情况下方法检出限就是食品安全检测限；在食品安全标准制定过程中，也需要高准确度且经过国际比对互认的检测方法的开发、具有可靠量值传递和量值溯源特性的食品分析相关标准物质的研发、食品检测仪器的检定和校准等工作作为支撑。可以说没有计量就没有食品安全。

随着经济的发展，计量管理已逐渐出现无法适应市场需要的情况。加入世界贸易组织之后，对于定量包装商品和一些与世界贸易组织《技术性贸易壁垒协议》正当目标原则有关的计量工作也缺少相应的法律规定。工程计量和法制计量界限不清，单一的检定方式无法满足各领域对各种工程参量测量的量值溯源需要，对由此需求而形成的校准、检测活动缺少管理的规范。因此对我国目前的计量管理，国务院于 2013 年 3 月 2 日印发了《计量发展规划（2013—2020 年）》，要求在规划期内，在法制监管领域完成《中华人民共和国计量法》及相关配套法规、规章的制修订工作；要建立权责明确、行为规范、监督有效、保障有力的计量监管体系，建立民生计量、能源资源计量、安全计量等重点领域长效监管机制；诚信计量体系基本形成，全社会诚信计量意识普遍增强。

2. 基本内容

《计量法》共六章三十四条，包括总则，计量基准器具、计量标准器具和计量检定、计量器具管理，计量监督，法律责任和附则。

《计量法》调整的地域是中华人民共和国境内。调整对象：一是机关、团体、部队、企事业单位和个人在建立计量基准和标准器具，进行计量检定、制造、修理、销售、使用计量器具等方面的各种法律关系；二是使用计量单位，实施计量监督管理等方面发生的各种法律关系。

（六）其他相关法律

1. 出入境检验检疫制度相关法律

出入境检验检疫制度是我国对外贸易管制制度的重要组成部分，它指由国家出入境检验检疫部门（原国家质检总局下辖的各地各级出入境检验检疫局，现其职能并入海关总署）依据我国有关法律和行政法规及我国政府所缔结或者参加的国际条约协定，对出入我国国境的货物及其包装物、物品及其包装物、交通运输工具、运输设备和进出境人员实施检验、检疫监督管理的法律依据和行政手段的总和。我国自 2001 年加入 WTO 以来，食品进出口规模不断扩大。但是国内的食品安全问题，部分发达国家以环保和健康为名而设置的国际贸易

"绿色壁垒"和反倾销调查等因素使得我国的食品进出口的发展受到了限制,加强出入境检验检疫是改善这种现状,提升我国食品安全水平的重要手段。我国出入境检验检疫制度实行目录管理,即海关总署根据对外贸易需要,公布并调整《出入境检验检疫机构实施检验检疫的进出境商品目录》(简称《法检目录商品》)。

我国建立出入境检验检疫制度的目的是维护国家荣誉和对外贸易有关当事人的合法权益,保证国内的生产,促进对外贸易健康发展,保护我国的公共安全和人民生命财产安全等。我国出入境检验检疫制度内容包括:进出口商品检验制度、进出境动植物检疫制度以及国境卫生监督制度。这一制度在法制层面由以下三部相关法律组成:

(1) 进出口商品检验法

我国根据《进出口商品检验法》及其实施条例的规定,建立了进出口商品检验制度,即由海关总署及其口岸出入境检验检疫机构对进出口商品进行品质、质量检验和监督管理的制度。

我国实行进出口商品检验制度的目的是加强进出口商品检验工作,规范进出口商品检验行为,维护社会公共利益和进出口贸易有关各方的合法权益,促进对外经济贸易关系的顺利发展。商品检验机构实施进出口商品检验的内容,包括商品的质量、规格、数量、重量、包装以及是否符合安全、卫生要求。我国商品检验的种类分为四种,即法定检验、合同检验、公证鉴定和委托检验。对法律、行政法规规定有强制性标准或者其他必须执行的检验标准的进出口商品,依照法律、行政法规规定的检验标准检验;法律、行政法规未规定有强制性标准或者其他必须执行的检验标准的,依照对外贸易合同约定的检验标准检验。

(2) 进出境动植物检疫法

我国根据《进出境动植物检疫法》及其实施条例的规定,建立了进出境动植物检疫制度,即由海关总署及其口岸出入境检验检疫机构对进出境动植物、动植物产品的生产、加工、存放过程实行动植物检疫的进出境的监督管理制度。

我国实行进出境检验检疫制度的目的是:防止动物传染病、寄生虫病和植物危险性病、虫、杂草以及其他有害生物传入、传出国境,保护农、林、牧、渔业生产和人体健康,促进对外经济贸易的发展。

口岸出入境检验检疫机构实施动植物检疫监督管理的方式有:实行注册登记、疫情调查、检测和防疫指导等。其管理主要包括:进境检疫、出境检疫、过境检疫、进出境携带和邮寄物检疫以及出入境运输工具检疫等。

(3) 国境卫生检疫法

我国根据《国境卫生检疫法》及其实施细则及国家其他的卫生法律法规和卫生标准,建立了国境卫生监督制度。该制度是指出入境检验检疫机构卫生监督执法人员,在进出口口岸对出入境的交通工具、货物、运输容器以及口岸辖区的公共场所、环境、生活措施、生产设备所进行的卫生检查、鉴定、评价和采样检验的制度。

我国实行国境卫生监督制度的目的是:防止传染病由国外传入或者由国内传出,实施国境卫生检疫,保护人体健康。其监督职能主要包括:进出境检疫、国境传染病检测、进出境卫生监督等。

2. 中华人民共和国消费者权益保护法

从法律意义上讲,消费者应该是为个人的目的购买或使用商品和接受服务的社会成员。当一个个体购买和食用某种食品的时候,这个个体就是其所购买和食用的食品的消费者。在一个完整的食品链中,包含了从初级生产直至消费的各个环节,消费者处于食品链的末端,而且在可运用资源和专业知识方面相对生产经营的企业来说是弱势的。而对于每个社会成员来说，在他们成为某种食品的消费者的时候，其合法权益应该受到法律的保护，这也是制定《消费者权益保护法》的宗旨之一。《消费者权益保护法》规定，为保护消费者的合法权益，维护社会经济秩序，促进社会主义市场经济健康发展，制定该法。消费者为生活消费需要购买、使用商品或者接受服务，其权益受该法保护。该法规定，经营者与消费者进行交易，应当遵循自愿、平等、公平、诚实信用的原则。国家保护消费者的合法权益不受侵害。

《消费者权益保护法》在制定出台之后，经过了两次修正。1993年10月31日，第八届全国人民代表大会常务委员会第四次会议通过了《消费者权益保护法》。而根据2009年8月27日第十一届全国人民代表大会常务委员会第十次会议《关于修改部分法律的决定》对该法进行了第一次修正。2013年10月25日，根据第十二届全国人民代表大会常务委员会第五次会议《关于修改〈中华人民共和国消费者权益保护法〉的决定》进行了第二次修正。2014年3月15日，由全国人民代表大会修订的版本《消费者权益保护法》正式实施。

2013年对《消费者权益保护法》的修正，针对新情况下的新问题做了调整。如：①首次明确了七日无理由退货制度；②扩大了"三包"（修理、更换和退货）规定的适用范围，明确了消费者优先退货权，格式条款免除责任的内容无效，以及经营者有召回缺陷商品的义务；③实行部分商品和服务的举证责任倒置（一般情况下是"谁主张谁举证"，而举证责任倒置则将举证的责任分配给了被告），进一步发挥消费者协会的作用，建立消费公益诉讼制度，以减轻消费者的举证责任；④加重发布虚假广告的责任，明星代言虚假广告要负连带责任；⑤提高了惩罚性赔偿的数额，赔偿的金额由原来为消费者购买商品的价款或者接受服务的费用的一倍提升至三倍，增加赔偿的金额不足五百元的，为五百元；⑥加大了行政违法处罚力度。

值得一提的是，作为从英美法系借鉴而来的惩罚性赔偿制度，其被引入我国后进入的第一部法律就是《消费者权益保护法》，被用来对欺诈行为进行惩罚。而后制定的《食品安全法》第一百三十一条，也站在维护消费者权益的角度，从《消费者权益保护法》那里借鉴了惩罚性赔偿制度，并且将赔偿金额提高到支付价格的十倍以上，可以说《食品安全法》第一百三十一条是《消费者权益保护法》中惩罚性赔偿制度的延伸和发展。

二、现行主要食品安全法规简介

（一）食品安全行政法规

我国已经颁布的与食品安全相关的主要行政法规、规范性文件、司法解释和部门规章，既包括《食品安全法实施条例》《产品质量法实施细则》《农产品质量安全监测管理办法》《标准化法实施条例》《计量法实施细则》《进出口商品检验法实施条例》这样针对某一法律进行的执行性立法，也包括《生猪屠宰管理条例》《农业转基因生物安全管理条例》《食品标识管理规定》《食品生产加工企业质量安全监督管理实施细则（试行）》《新资源食品管理办法》这样针对某一特定领域的立法，还包括像《关于进一步加强食品质量安全监督管理工作的通知》和《关于加大监管力度防范食品安全风险的通知》这样的部门规章。由于篇幅所限，这里仅就几个重要的食品安全法规进行简要介绍。

1. 食品安全法实施条例

为了配合《食品安全法》的实施，根据《国务院关于修改部分行政法规的决定》，《食品安全法实施条例》于2016年2月6日进行了修订。该条例包括总则、食品安全风险监测和评估、食品安全标准、食品生产经营、食品检验、食品进出口、食品安全事故处置、监督管理、法律责任和附则共十章六十四条。该条例从落实企业责任、强化各部门监管、增强制度可操作性三个方面，保证《食品安全法》严格实施。

为了落实食品生产经营者作为食品安全第一责任人的责任，条例规定企业应当建立并执行原料验收等食品安全管理制度；应当就原料、生产关键环节、检验和运输交付等事项制定并实施控制要求；生产过程中发生不符合控制要求的，要立即查明原因并采取整改措施；并应如实记录食品生产过程的安全管理情况，记录的保存期限不得少于2年。

在《食品安全法》已详细规定食品生产经营者的进货索证索票义务的基础上，条例补充规定，食品批发企业应当如实记录批发食品的名称、规格、数量、生产批号、保质期、购货者名称及联系方式、销售日期等内容，或保留载有相关信息的销售票据；记录、票据的保存期限不得少于2年。

为了促使地方各级政府和政府有关部门切实承担起食品安全监管责任，条例规定县级以上地方人民政府应当建立健全食品安全监管部门的协调配合机制，整合、完善食品安全信息网络，实现食品安全信息共享和食品检验等技术资源的共享。

条例还特别明确了县级、市级人民政府统一组织、协调食品安全监管工作的职责，规定县级人民政府应当统一组织、协调本级卫生行政、农业行政、质量监督、工商行政管理、食品药品监管部门，依法对本行政区域内的食品生产经营者进行监督管理，对发生食品安全事故风险较高的食品生产经营者，应当重点加强监督管理。

2. 食品生产许可管理办法

为规范食品、食品添加剂生产许可活动，加强食品生产监督管理，保障食品安全，根据《中华人民共和国食品安全法》《中华人民共和国行政许可法》等法律法规，2015年8月31日国家食品安全监督管理总局令第16号公布《食品生产许可管理办法》，也于同年10月1日起正式施行。该办法包括总则，申请与受理，审查与决定，许可证管理，变更、延续、补办与注销，监督检查，法律责任与附则共八章六十二条。

《食品生产许可管理办法》第二十九条明确规定食品生产许可证编号由SC（"生产"的汉语拼音字母缩写）和14位阿拉伯数字组成。数字从左到右依次为：3位食品类别编码、2位省（自治区、直辖市）代码、2位市（地）代码、2位县（区）代码、4位顺序码、1位校验码。该法实施以后，食品"QS"标志将取消，2018年10月1日起，食品生产者生产的食品不得再使用原包装、标签和"QS"标志。取消"QS"标志，一是严格执行法律法规的要求，因为新的《食品安全法》明确规定食品包装上应当标注食品生产许可证编号，没有要求标注食品生产许可证标志；二是新的食品生产许可证编号完全可以达到识别、查询的目的，取消"QS"标志有利于增强食品生产者食品安全主体责任意识。

3. 食品召回管理办法

食品召回对于我国消费者来说已经不再是一个陌生的概念了。它作为在国际上受到一致认可的食品安全事后监管有效措施，既能够有效应对食品安全突发事件，保障消费者的生命健康安全，又能够明确产品质量责任主体，规范食品生产加工企业行为，从而全面提高食品行业的质量安全水平和市场竞争力。2007年8月31日，国家质检总局在《产品质量法》《食品卫生法》《国务院关于加强食品等产品安全监督管理的特别办法》等法律法规的基础上制定发布了《食品召回管理办法》，对食品召回的范围、类型、级别、召回后的处理、监督管理以及法律责任等做出了较为明确的规定，意味着备受社会关注的不安全食品召回制度从此开始在我国正式实施。2009年颁布的《食品安全法》明确规定国家建立食品召回制度，进一步完善了我国食品召回制度的内容。2015年颁布的《食品安全法》在保留原食品安全法对于食品召回的有关合理内容外，进一步对食品召回做出了修改和完善。为配合和有效执行 2015 年修订颁布的《食品安全法》中有关食品召回的相关规定，国家食品安全监督管理总局（现其职能并入国家市场监督管理总局）在充分吸收借鉴国内外有益经验的基础上，经广泛调研、多次论证，起草了《食品召回和停止经营监督管理办法》并于 2014 年 8 月公开征求社会意见后，最终形成《食品召回管理办法》，于 2015 年 2 月 9 日经国家食品安全监督管理总局局务会议审议通过，于 2015 年 9 月 1 日起正式实施。

食品召回和不安全食品的概念：所谓食品召回，是指食品的生产商、进口商或者经销商在获悉其生产、进口或经销的食品存在可能危害消费者健康、安全的缺陷时，依法向政府部门报告，及时通知消费者，并从市场和消费者手中收回有问题产品，予以更换、赔偿等积极有效的补救措施。不安全食品，是指食品安全法律法规规定禁止生产经营的食品以及其他有证据证明可能危害人体健康的食品。

主动召回和责令召回：按照召回启动程序的不同，食品召回又分为主动召回和责令召回。食品生产企业主动实施召回的，可以依法从轻或减轻行政处罚。食品生产企业应当召回而不召回不安全食品的，省级质量监督部门可以发出责令召回通知书，责令其召回并向社会公告；在食品安全事故调查处理中，确认食品及其原料属于被污染的，省级质量监督部门应当责令食品生产企业召回并向社会公告。必要时，由国家质检总局（现其质量监督职能并入国家市场监督管理总局）责令食品生产企业召回并向社会公告。

（二）食品安全地方法规

宪法授权给县级以上各级人民政府，在管理本行政区域内的经济、教育、科学、文化、卫生、体育等行政工作中，可发布决定和命令。《立法法》规定，省、自治区、直辖市的人民代表大会及其常务委员会根据本行政区域的具体情况和实际需要，在不与宪法、法律、行政法规相抵触的前提下，可以制定地方性法规。地方政府或者地方食品安全监管部门的食品安全规章性文件是按照法定权限制定的，是为了更好地执行食品安全法律、法规和规章，对本行政区域内实施有效的监督管理，更好地完成国家法律赋予的任务。在地方层面，食品安全相关法律的执行立法和其他的法规、规章是食品安全法律法规体系的重要组成部分，它们更能适应本地实际情况，能突出地方特色，有更强的实用性和可操作性，这里仅就具代表性地区的食品安全立法做概括介绍。

1. 北京的食品法规

北京作为我国政治、经济和文化的中心，属于特大消费型城市，在食品安全上存在着自给率低、防控输入型风险难度较大的特点，因此对食品安全地方立法的要求较高，属于食品安全地方法规较为完善的地区之一。

《北京市食品安全条例》作为北京食品安全地方立法中统领性的法规，经 2007 年 11 月 30 日北京市第十二届人大常委会第 40 次会议通过，2012 年 12 月 27 日北京市第十三届人大常委会第 37 次会议修订，2012 年 12 月 27 日北京市人民代表大会常务委员会公告第 28 号公布，同时废止于 2003 年实施的《北京市食品安全监督管理规定》。该条例分总则、市场准入、食品生产经营、食用农产品、食品安全保障、法律责任、附则七章七十六条，自 2013 年 4 月 1 日起施行。

《北京市食品安全条例》的特色有六点：一是食品生产经营者生产经营有毒、有害食品，对人体健康造成严重后果、构成犯罪的，终身禁止入行；二是在发生食品安全事故或者情况紧急、可能引发突发事件时，市食品安全监督管理部门在经市人民政府批准后，可以对相关企业、区域生产的同类食品采取相应的临时控制措施；三是授权区、县人民政府制定本区域食品生产加工作坊生产加工食品的品种目录、生产加工条件和要求；四是实行食品安全和食用农产品安全追溯制度；五是禁止使用不符合标准的食品添加剂或者超限量、超范围使用食品添加剂；六是禁止以废弃油脂为原料加工制作食用油或者以此类食用油为原料加工制作食品，并加大了处罚力度。

为规范食品经营行政许可行为，加强食品经营监督管理，保障食品安全，根据《中华人民共和国食品安全法》《中华人民共和国行政许可法》《食品经营许可管理办法》等法律法规和规章，结合北京市实际，北京市食品药品监督管理局发布《北京市食品经营许可管理办法（试行）》，于2016年11月1日起施行。该法规定，市食品药品监督管理局负责指导全市食品经营许可管理工作；各区食品药品监督管理局市局直属分局按照职责分工，负责辖区内食品经营许可管理工作；从事食品销售、餐饮服务活动时，应当依法取得食品经营许可。

除此以外还有《北京市餐饮服务食品安全量化分级管理办法（2017版）》《北京市食品生产许可管理办法（试行）》《北京市畜禽产品食品安全监督管理暂行办法》《北京市实行最严格水资源管理制度考核办法》《北京市商业零售和餐饮二级安全生产标准化企业建设工作方案》《冷链即食食品生产审查实施细则（2015版）》等法规。

2. 上海的食品法规

作为一个常住人口已超过2380万（2012年末统计）的特大国际性消费型大都市，据不完全统计，上海有近25万家食品流通经营主体和餐饮服务单位，年批发交易粮食、肉类、禽蛋、水产品、蔬菜、水果等各类食用农产品1100万吨左右，年消费猪肉330万吨左右，其中来自外省市的数量为247.5万吨，和北京相似甚至更甚，上海的食品供应特点也是食品自给率低、对外依赖度高、食品数量和质量的源头控制力相对薄弱，这些因素给上海带来的食品安全风险不容忽视。这是一个以食品输入为主的城市所必须面临的现实挑战。

《上海市实施〈中华人民共和国食品安全法〉办法》（以下简称《实施办法》）由上海市第十三届人民代表大会常务委员会第二十八次会议于2011年7月29日通过，并于2011年9月1日起施行。《实施办法》是《食品安全法》颁布后的首项地方执行性立法。《实施办法》根据《食品安全法》的授权，结合上海本地的特点，按照"拾遗补缺"的原则，全面总结多年来食品安全监管取得的成效，特别是经过上海世博会证明行之有效的食品安全监管制度，以地方立法的形式予以确立。其主要着力点有三：一是通过制度安排，努力实现监管体制的无缝衔接；二是强化和凸显企业的食品安全保障责任；三是坚持疏堵结合和属地管辖的原则，治理食品小作坊和摊贩。具体包括以下内容：

第一，明确监管职责，理顺监管体制。《实施办法》一方面结合本地食品安全监管体制的历史沿革和实践情况，将卫生部门食品安全监管的相关职责剥离出来，赋予食品安全监督管理部门"食品安全风险评估、食品安全地方标准制定、食品安全信息公布、组织查处食品安全重大事故"的食品安全综合协调职责。另一方面，考虑到食品安全分段监管的复杂情况，又赋予市政府确定各部门食品安全监管的具体职责的权力。同时，将乡镇人民政府和街道办事处纳入食品安全监督管理的相关工作中来，充分发挥基层力量对食品安全监管的促进作用。

第二，以疏堵结合的方式，治理食品小作坊和摊贩问题。《实施办法》以疏堵结合的方式从加强监管和合理帮扶两个层面入手，来提升小作坊和摊贩的食品安全水平。其中，第二十六条和第三十三条规定，政府部门应当建立相对固定、集中的生产经营场所，以方便群众、合理布局的原则进行小作坊和摊贩治理。明确摊贩的属地管理原则，第三十八条第三款规定：乡、镇人民政府和街道办事处应当协调辖区内相关部门，对辖区内的食品摊贩进行监督管理，发现食品摊贩存在违法行为的，告知相关部门依法进行查处。

第三，规范食品委托加工行为。诸如蒙牛、伊利、双汇等大的食品企业、集团的扩张式发展导致其本身的生产经营需要借助其他企业来加以完成，如代加工和代生产。食品生产经营者委托生产食品的情况，在实践中较为常见，但《食品安全法》及其实施条例对此未做规定。对此，《实施办法》规定对委托加工食品的行为，受委托企业应取得食品生产许可并具有相应的生产条件和能力，且必须在获得生产许可的产品品种范围内接受委托生产食品，并向所在地的区、县质量技术监督部门报告。此外，为了保障消费者的知情权以及发生食品安全事故后及时溯源的需要，受委托企业还应当对自己的名称、地址、联系方式和食品生产许可证编号等信息，在受委托生产的食品的标签中明示。

第四，强化举报奖励制度的作用，设立统一的食品安全投诉举报电话。为发挥社会监督保障食品安全的作用，弥补监管资源的不足，方便广大市民开展食品安全投诉举报，《实施办法》第四十六条规定：市食品安全委员会办公室应当设立统一举报电话，并向社会公布。上海市食品安全投诉举报热线的受理范围包括对食品产业链的各个环节的违法行为的投诉举报，并确立了案件的内部移转制度，为及时处置投诉举报问题，加强部门间沟通协作提供了平台。

第五，引入保险机制，构建食品安全事件的损失分担与权利救济制度。以食品安全事件为代表的大规模侵权事件的多发，给受害人的权利救济与损失分担带来了严峻挑战。涉事企业在事件发生后，面临着来自受害者、职工、税务、享有抵押权和质押权的债权人以及其他普通债权人的权利追索，其本身的财力往往难以支撑。发展产品责任、环境污染责任等保险业务，利用保险事前防范与事后补偿相统一的机制，充分发挥保险费率杠杆的激励约束作用，将保险纳入灾害事故防范救助体系，成为国家层面的共识。而《实施办法》第二十五条规定，鼓励婴幼儿食品、生食水产品等食品的生产经营者，大型餐饮、集体用餐配送单位，以及承担重大公共活动食品供应的单位，投保食品质量安全责任险。上海在全国率先引入保险机制，发挥了保险业务在高风险食品行业领域的积极作用。

3. 广东省的食品法规

根据《中国省域经济综合竞争力发展报告（2015—2016）》蓝皮书对 2015—2016 年中国内地 31 个省级行政区的经济综合竞争力进行综合排名。结果显示，2015 年广东省位居中国内地 31 个省级行政区经济综合竞争力榜首。但广东省内区域发展不平衡的状况也非常突出，珠三角发达地区与粤东西两翼以及粤北山区县经济发展水平差异巨大，这也造成了广东食品安全监管的特殊局面：作为食品生产、流通、消费大省，食品供应链条长，数量种类和来源渠道多，产品更新和集散速度快，食品安全风险不易确定，监管任务重、难度大。同时广东省食品生产经营的特点是以小型分散为主，小作坊、小摊贩、小餐饮数量多、规模小、分布广、条件差、管理难，城乡接合部和农村边远地区常常产生食品生产黑窝点，农家饭店和中小学周边小食杂店的食品安全隐患多，现有监管力量难以覆盖。《广东省食品安全条例》于 2008 年 1 月 1 日率先在全国出台并实施。广东省是最早进行食品安全地方性立法的省份之一，而《广东省食品安全条例》是我国第一部关于食品安全的地方性法规。广东省第十二届人大常委会第二十六次会议修订通过《广东省食品安全条例》（以下简称《条例》）并于 2016 年 9 月 1 日起实施。《条例》在全国创下了多个第一，包括首次实现食品安全"吹哨人"制度地方立法；首次以地方立法的形式对食品追溯做出具体规定等。2015 年 7 月 31 日省第十二届人大常委会第十九次会议通过了《广东省食品生产加工小作坊和食品摊贩管理条例》，自 2015 年 10 月 1 日起施行。在我国，食品产业的规模化、组织化和规范化的程度较低，小作坊和小摊贩在整个食品产业中还占有较大的比重。《中国的食品质量安全状况》白皮书将 10 人以下、从事传统食品生产加工的主体定义为"小作坊"。食品小作坊和食品摊贩分布广泛，因其数量多、规模小、经营散，生产条件简陋，销售范围广，容易造成食品安全事故，日常监管任务重，难度大。据统计，广东省有食品小作坊2万多家，从业人员20万人；各类食品摊贩近30万家，从业人员60多万人，消费人群广泛。因此对于小摊贩、小作坊的地方立法成了当务之急。《食品安全法》第三十六条规定，食品生产加工小作坊和食品摊贩从事食品生产经营活动，应当符合该法规定的与其生产经营规模、条件相适应的食品安全要求，保证所生产经营的食品卫生、无毒、无害，食品安全监督管理部门应当对其加强监督管理。县级以上地方人民政府应当对食品生产加工小作坊、食品摊贩等进行综合治理，加强服务和统一规划，改善其生产经营环境，鼓励和支持其改进生产经营条件，进入集中交易市场、店铺等固定场所经营，或者在指定的临时经营区域、时段经营。食品生产加工小作坊和食品摊贩等的具体管理办法由省、自治区、直辖市制定。

广东省的《管理条例》对小作坊和小摊贩进行了定义，明确了生产经营者和地方政府及相关部门在生产经营活动和监管活动中的职责和原则。对于小作坊和小摊贩，采取疏堵结合的措施：一方面，各级人民政府通过奖励、资金资助、场地租金优惠等措施，鼓励和支持食品小作坊、食品摊贩改善生产经营条件和工艺技术，提高食品安全水平。鼓励食品小作坊、食品摊贩组建行业协会或者加入相关食品行业协会，发挥行业自律、维护会员合法权益的作用。另一方面，食品小作坊实行登记管理。食品小作坊在生产加工前应当向所在地食品安全监督管理部门申请食品小作坊登记证。并且食品小作坊不得生产登记证载明的品种范围外的食品。

除了《管理条例》以外，在广东省内地市一级已经从2017年5月1日开始执行《佛山市食品生产加工小作坊集中管理办法》。

国内最早针对小作坊、小摊贩的管理进行立法的是宁夏，宁夏回族自治区于2010年3月在全国率先出台了《宁夏回族自治区食品生产加工小作坊和食品摊贩管理办法》，对监管部门的职责和食品小作坊、食品摊贩行为做出了明确规定。上海也在《上海市实施〈中华人民共和国食品安全法〉办法》和《上海市食品摊贩经营管理暂行办法》中对食品小作坊、小摊贩的问题进行了规定。而浙江省于2011年12月15日发布了《浙江省食品生产加工小作坊生产许可管理办法（试行）》。近几年来，除上述省市外，黑龙江、湖南、河南、山西、吉林、山东、福建、广西、甘肃、内蒙古、江西、江苏、陕西和海南等省份也先后制定并公布了本省的食品小摊贩、小作坊的监管规章，全国范围内对小作坊、小摊贩食品安全监管的法制体系愈发健全，人们的健康和安全将得到更好的保障。

三、现行食品安全法律法规在管理上的主要创新

1. 建立统一监管体制

① 新法建立了从田间到餐桌的全链条监管，让问题食品无处藏身。在审议食品安全法修订草案过程中，常委会组成人员表示，食品安全法修订草案三次审议稿着力解决现阶段食品安全领域中存在的突出问题，完善从田间到餐桌的全链条监管，应成为关键内容。从目前食用农产品管理情况来看，《农产品质量安全法》不仅未对食用农产品做出明确定义，监管标准也没有从安全性、营养性等方面区分于其他农产品，极易导致在食品安全监管源头上出现薄弱环节。

② 将食用农产品统一纳入食品安全监管范围。新法将"食用农产品"定义为"供食用的源于农业的初级产品"，并规定，食用农产品的质量安全管理，遵守《农产品质量安全法》的规定，但是，食用农产品的市场销售、有关质量安全标准的制定、有关安全信息的公布和新法对农业投入品做出规定的，应当遵守新法的规定。

2. 建立全程追溯制度

实现食品安全全程追溯，是社会各界的长期呼吁。在立法审议中，王明雯委员就提出如下建议："如何才能实现食品及食用农产品的全程追溯？实行批次管理是一个有效的解决办法。批次管理是发达国家对包括食品在内的各类产品进行质量追溯和管理的通用的做法，我们理应加以借鉴。"因此，新法明确规定国家建立食品安全全程追溯制度。食品生产经营者应当依照新法的规定，建立食品安全追溯体系，保证食品可追溯。国家鼓励食品生产经营企业采用信息化手段采集、留存生产经营信息，建立食品安全追溯体系。

3. 加大惩罚力度

新法规定，对非法添加化学物质、经营病死畜禽等行为，如果涉嫌犯罪，直接由公安部门进行侦查，追究刑事责任。对因食品安全犯罪被判处有期徒刑以上刑罚的，终身不得从事食品生产经营的管理工作。如果不构成刑事犯罪，则由行政执法部门进行行政处罚。此次修订大幅度提高了行政罚款的额度。新法规定，违法生产经营的食品、食品添加剂货值金额不足 1 万元的，并处 5 万元以上 10 万元以下罚款；货值金额 1 万元以上的，并处货值金额 10 倍以上 20 倍以下罚款。又如，对生产经营添加药品的食品，生产经营营养成分不符合国家标准的婴幼儿配方乳粉等违法行为，原《食品安全法》规定，最高可以处罚货值金额 10 倍的罚款，新法提高到 30 倍，这是中国所有法律中最高罚款倍数，足以体现新法的严格，也因此新法被称为"史上最严法律"。针对多次、重复被罚而不改正的问题，新法增设了新的法律责任，要求食品安全监管部门对在一年内累计三次因违法受到罚款、警告等行政处罚的食品生产经营者给予责令停产停业直至吊销许可证的处罚。对非法提供场所的行为增设了处罚。新法规定，对明知从事无证生产经营或者从事非法添加非食用物质等违法行为，仍然为其提供生产经营场所的行为，食品安全监督管理部门要进行处罚。新法增设了消费者赔偿首付责任制，要求食品生产和经营者接到消费者的赔偿请求以后，应该实行首负责任制，先行赔偿，不得推诿。完善惩罚性的赔偿制度，在现行的《食品安全法》实行 10 倍价款惩罚性的赔偿基础上，又增设了消费者可以要求支付损失 3 倍赔偿金的惩罚性赔偿。强化民事连带责任，网络交易第三方平台提供者未能履行法定义务、食品检验机构出具虚假检验报告、认证机构出具虚假的论证结论，使消费者合法权益受到损害的，也要承担连带责任。

4. 完善食品召回制度

新法增设食品经营者召回义务，规定由于食品经营者的原因造成不符合食品安全标准或者有证据证明可能危害人体健康的，食品经营者应当召回。此外，还规定食品生产经营者应当将食品召回和处理情况向所在地县级人民政府食品安全监督管理部门报告；需要对召回的食品进行无害化处理、销毁的，应当提前报告时间、地点。

5. 完善奖励制度

按照激励与惩罚相结合的原则，新食品安全法在强化食品安全法律责任追究的同时，借鉴环境保护法、消防法等的规定，增设了奖励制度。新法第十三条规定："对在食品安全工作中做出突出贡献的单位和个人，按照国家有关规定给予表彰、奖励。"既往实践证明，行政奖励是引导社会行为、树立新的食品安全文化的一项有效举措，也是有效实施新《食品安全法》的柔性、便利的一个抓手。

6. 建立网络食品交易监管制度

网络食品交易第三方平台提供者，应当对入网食品经营者进行实名登记，明确其食品安全管理责任；依法应当取得许可证的，还应当审查其许可证；发现入网食品经营者有违法行为的,应当及时制止并立即报告所在地县级人民政府食品安全监督管理部门;发现严重违法行为的,应当立即停止提供网络交易平台服务。

7. 完善保健食品监管制度

新法明确保健食品原料目录,除名称、用量外,还应当包括原料对应的功效;明确保健食品标签、说明书应当与注册或者备案的内容相一致,并声明"本品不能代替药物";明确食品安全监督管理部门应当对注册或者备案中获知的企业商业秘密予以保密。

8. 完善婴儿配方食品和特殊医学用途配方食品的监管制度

关于食品注册,新法增加规定,特殊医学用途配方食品应当经国务院食品安全监管部门注册。特殊医学用途配方食品是适用于患有特定疾病人群的特殊食品,原《食品安全法》对这类食品未做规定。一直以来,我国对这类食品按药品实行注册管理,截至目前共批准了69个肠内营养制剂的药品批准文号。2013年,国家卫生和计划生育委员会颁布了特殊医学用途配方食品的国家标准,将其纳入食品范畴。国家食品安全监督管理总局提出,特殊医学用途配方食品是为了满足特定疾病状态人群的特殊需要,不同于普通食品,安全性要求高,需要在医生指导下使用,建议在该法中明确对其继续实行注册管理,避免形成监管缺失。

9. 建立责任约谈制度

行政约谈是新法的又一亮点,是在法律层面确立的柔性行政监管模式。新《食品安全法》中体现行政约谈的条款包括:第一百一十四条、第一百一十七条。行政约谈作为一种新兴的柔性行政管理模式,是刚柔并济地有效实施新法的一个便利抓手,在全面实施依法治国方略和提升国家治理现代化水平方面将日显其特殊功用。

第三节 中国食品安全监管机构与职能

2008年,在经历了"三鹿奶粉事件"之后,为了解决部门之间职责交叉问题,国务院出台"三定"(定职能、定机构、定人员编制)方案,由卫生部管理国家食品安全监督管理局(部委管理的国家局),负责食品餐饮消费环节的安全监管和保健品、化妆品质量监管,以及食品安全综合协调、组织查处食品安全重大事故的职责。2009年6月1日《食品安全法》正式施行。依照《食品安全法》的规定,2010年2月,国务院设立食品安全委员会,以协调分段监管体制下各部门的工作。至此形成了以国务院食品安全委员会为协调机构、多部门分工合作、地方政府负总责的食品安全监管体制。

2013年,在党的十八届二中全会之后通过的《国务院机构改革和职能转变方案》为食品安全监管体制带来了新的重大变化,这是我国改革开放以来进行的第六次政府机构改革。

经过这次改革,国务院正部级机构减少4个,其中组成部门减少2个,副部级机构增减相抵数量不变。改革后,除国务院办公厅外,国务院设置组成部门25个。其中在食品安全监管方面的改革如下:

① 重新组建了国家卫生和计划生育委员会(正部级),并规定了十八项主要职责,在食品安全监管方面的主要职责调整为:组织开展食品安全风险监测、评估,依法制定并公布食品安全标准,负责食品、食品添加剂及相关产品新原料、新品种的安全性审查。

② 将国务院食品安全委员会办公室的职责、国家食品药品监督管理局的职责、国家质量监督检验检疫总局的生产环节食品安全监督管理职责、国家工商行政管理总局的流通环节食品安全监督管理职责整合,组建国家食品安全监督管理总局。其主要职责是,对生产、流通、消费环节的食品安全和药品的安全性、有效性实施统一监督管理等。将工商行政管理、质量技术监督部门相应的食品安全监督管理队伍和检验检测机构划转食品安全监督管理部门。

③ 将原来从属于卫生部的副部级机构国家食品药品监督管理局与国家质检总局、国家工商总局的食品安全监管职责进行整合,成立正部级的食品安全监督管理总局,这一改革体现的是食品安全监管思路从多部门分段监管到全程监管的改变。

2015年10月1日新修订的《中华人民共和国食品安全法》(2018年12月29日修正)规定,国务院设立食品安全委员会,国务院食品安全监督管理部门对食品生产经营活动实施监督管理。国务院卫生行政部门组织开展食品安全风险监测和风险评估,会同国务院食品安全监督管理部门制定并公布食品安全国家标准。国务院其他有关部门依法和国务院承担有关食品安全工作。地方政府对本行政区域的食品安全监督管理工作负责,统一领导、组织、协调本行政区域的食品安全监督管理工作以及食品安全突发事件应对工作,建立健全食品安全全程监督管理工作机制和信息共享机制。地方政府,确定本级食品药品监督管理、卫生行政部门和其他有关部门的职责,有关部门在各自职责范围内负责本行政区域的食品安全监督管理工作。

2018年3月,十三届全国人大通过了国务院机构改革方案。涉及食品安全方面的政府职能调整有以下几方面:

① 组建农业农村部,不再保留农业部;组建国家卫生健康委员会,不再保留国家卫生和计划生育委员会。

② 组建国家市场监督管理总局,不再保留国家工商行政管理总局、国家质量监督检验检疫总局、国家食品药品监督管理总局。

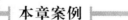

案例一

最高人民法院指导案例 23 号:孙某诉南京 OS 超市有限公司江宁店买卖合同纠纷案
(最高人民法院审判委员会讨论通过　2014 年 1 月 26 日发布)

关键词

民事　买卖合同　食品安全　十倍赔偿

裁判要点

消费者购买到不符合食品安全标准的食品,要求销售者或者生产者依照食品安全法规定支付价款十倍赔偿金或者依照法律规定的其他赔偿标准赔偿的,不论其购买时是否明知食品不符合安全标准,人民法院都应予支持。

相关法条

《中华人民共和国食品安全法》第九十六条第二款。

基本案情

2012年5月1日，原告孙某在被告南京OS超市有限公司江宁店（简称OS超市江宁店）购买"玉兔牌"香肠15包，其中价值558.6元的14包香肠已过保质期。孙某到收银台结账后，即径直到服务台索赔，后因协商未果诉至法院，要求OS超市江宁店支付14包香肠售价十倍的赔偿金5586元。

裁判结果

江苏省南京市江宁区人民法院于2012年9月10日做出（2012）江宁开民初字第646号民事判决：被告OS超市江宁店于判决发生法律效力之日起10日内赔偿原告孙某5586元。宣判后，双方当事人均未上诉，判决已发生法律效力。

裁判理由

法院生效裁判认为：关于原告孙某是否属于消费者的问题。《中华人民共和国消费者权益保护法》第二条规定："消费者为生活消费需要购买、使用商品或者接受服务，其权益受本法保护；本法未作规定的，受其他有关法律、法规保护。"消费者是相对于销售者和生产者的概念。只要在市场交易中购买、使用商品或者接受服务是为了个人、家庭生活需要，而不是为了生产经营活动或者职业活动需要的，就应当认定为"为生活消费需要"的消费者，属于消费者权益保护法调整的范围。本案中，原、被告双方对孙某从OS超市江宁店购买香肠这一事实不持异议，据此可以认定孙某实施了购买商品的行为，且孙某并未将所购香肠用于再次销售经营，OS超市江宁店也未提供证据证明其购买商品是为了生产经营。孙某因购买到超过保质期的食品而索赔，属于行使法定权利。因此OS超市江宁店认为孙某"买假索赔"不是消费者的抗辩理由不能成立。

关于被告OS超市江宁店是否属于销售明知是不符合食品安全标准食品的问题。《中华人民共和国食品安全法》（以下简称《食品安全法》）第三条规定："食品生产经营者应当依照法律、法规和食品安全标准从事生产经营活动，对社会和公众负责，保证食品安全，接受社会监督，承担社会责任。"该法第二十八条第（八）项规定，超过保质期的食品属于禁止生产经营的食品。食品销售者负有保证食品安全的法定义务，应当对不符合安全标准的食品自行及时清理。OS超市江宁店作为食品销售者，应当按照保障食品安全的要求贮存食品，及时检查待售食品，清理超过保质期的食品，但OS超市江宁店仍然摆放并销售货架上超过保质期的"玉兔牌"香肠，未履行法定义务，可以认定为销售明知是不符合食品安全标准的食品。

关于被告OS超市江宁店的责任承担问题。《食品安全法》第九十六条第一款规定："违反本法规定，造成人身、财产或者其他损害的，依法承担赔偿责任。"第二款规定："生产不符合食品安全标准的食品或者销售明知是不符合食品安全标准的食品，消费者除要求赔偿损失外，还可以向生产者或者销售者要求支付价款十倍的赔偿金。"当销售者销售明知是不符合安全标准的食品时，消费者可以同时主张赔偿损失和支付价款十倍的赔偿金，也可以只主张支付价款十倍的赔偿金。本案中，原告孙某仅要求OS超市江宁店支付售价十倍的赔偿金，属于当事人自行处分权利的行为，应予支持。关于被告OS超市江宁店提出原告明知食品过期而购买，希望利用其错误谋求利益，不应予以十倍赔偿的主张，因前述法律规定消费者有权获得支付价款十倍的赔偿金，因该赔偿获得的利益属于法律应当保护的利益，且法律并未对消费者的主观购物动机作出限制性规定，故对其该项主张不予支持。

思考：对于孙某的行为，你赞同吗？类似孙某这类"打假人"所进行的"知假买假"行为，法院为什么予以认同和支持？

案例二

最高人民检察院惩治危害食品安全犯罪案例（检例第 12 号）
柳某等人生产、销售有毒、有害食品，生产、销售伪劣产品案

关键词

生产、销售有毒、有害食品罪 生产、销售伪劣产品罪

要旨

明知对方是食用油经销者，仍将用餐厨废弃油（俗称"地沟油"）加工而成的劣质油脂销售给对方，导致劣质油脂流入食用油市场供人食用的，构成生产、销售有毒、有害食品罪；明知油脂经销者向饲料生产企业和药品生产企业等单位销售豆油等食用油，仍将用餐厨废弃油加工而成的劣质油脂销售给对方，导致劣质油脂流向饲料生产企业和药品生产企业等单位的，构成生产、销售伪劣产品罪。

相关立法

《中华人民共和国刑法》第一百四十条、第一百四十四条。

基本案情

被告人有柳某、鲁某、李某、柳某、于某、刘某、王某等人，均为男性，原系山东省济南 B 生物科技有限公司（以下简称 B 公司）及山东省济南 G 生物能源有限公司（以下简称 G 公司）的经营者或员工。

自 2003 年始，被告人柳某在山东省平阴县 K 镇经营油脂加工厂，后更名为 Z 脂肪酸甲酯厂，并转向餐厨废弃油（俗称"地沟油"）回收再加工。2009 年 3 月、2010 年 6 月，柳某又先后注册成立了 B 公司、G 公司，扩大生产，进一步将地沟油加工提炼成劣质油脂。自 2007 年 12 月起，柳某从四川、江苏、浙江等地收购地沟油加工提炼成劣质油脂，在明知他人将向其所购的劣质成品油冒充正常豆油等食用油进行销售的情况下，仍将上述劣质油脂销售给他人，从中赚取利润。柳某先后将所加工提炼的劣质油脂销售给经营食用油生意的山东聊城 C 粮油实业公司、河南郑州 H 粮油商行等（均另案处理）。前述粮油公司等明知从柳某处购买的劣质油脂系地沟油加工而成，仍然直接或经勾兑后作为食用油销售给个体粮油店、饮食店、食品加工厂以及学校食堂，或冒充豆油等油脂销售给饲料、药品加工等企业。截止到 2011 年 7 月案发，柳某等人的行为最终导致金额为 926 万余元的此类劣质油脂流向食用油市场供人食用，金额为 9065 万余元的劣质油脂流入非食用油加工市场。

其间，经被告人柳某招募，被告人鲁某负责 G 公司的筹建、管理；被告人李某负责地沟油采购并曾在 G 公司分提车间工作；被告人柳某从事后勤工作；被告人于某负责 G 公司机器设备维护及管理水解车间；被告人刘某作为驾驶员运输成品油脂；被告人王某作为驾驶员运输半成品和厂内污水，并提供个人账户供柳某收付货款。上述被告人均在明知柳某用地沟油加工劣质油脂并对外销售的情况下，仍予以帮助。

诉讼过程

2011 年 7 月 5 日，柳某、鲁某、李某、柳某、于某、刘某、王某因涉嫌生产、销售不符合安全标准的食品罪被刑事拘留，8 月 11 日被逮捕。

该案侦查终结后，移送浙江省宁波市人民检察院审查起诉。浙江省宁波市人民检察院经审查认为，被告人柳某、鲁某、李某、柳某、于某、刘某、王某违反国家食品管理法规，结

伙将餐厨废弃油等非食品原料进行生产、加工，并将加工提炼而成且仍含有有毒、有害物质的非食用油冒充食用油予以销售，并供人食用，严重危害了人民群众的身体健康和生命安全，其行为均触犯了《中华人民共和国刑法》第一百四十四条，犯罪事实清楚，证据确实充分，应当以生产、销售有毒、有害食品罪追究其刑事责任。被告人柳某、鲁某、李某、柳某、于某、刘某、王某又违反国家食品管理法规，结伙将餐厨废弃油等非食品原料进行生产、加工，并将加工提炼而成的非食用油冒充食用油予以销售，以假充真，销售给饲料加工、药品加工单位，其行为均触犯了《中华人民共和国刑法》第一百四十条，犯罪事实清楚，证据确实充分，应当以生产、销售伪劣产品罪追究其刑事责任。2012年6月12日，宁波市人民检察院以被告人柳某等人犯生产、销售有毒、有害食品罪和生产、销售伪劣产品罪向宁波市中级人民法院提起公诉。

2013年4月11日，宁波市中级人民法院一审判决：被告人柳某犯生产、销售有毒、有害食品罪和生产、销售伪劣产品罪，数罪并罚，判处无期徒刑，剥夺政治权利终身，并处没收个人全部财产；被告人鲁某犯生产、销售有毒、有害食品罪和生产、销售伪劣产品罪，数罪并罚，判处有期徒刑十四年，并处罚金人民币四十万元；被告人李某犯生产、销售有毒、有害食品罪和生产、销售伪劣产品罪，数罪并罚，判处有期徒刑十一年，并处罚金人民币四十万元；被告人柳某犯生产、销售有毒、有害食品罪和生产、销售伪劣产品罪，数罪并罚，判处有期徒刑十年六个月，并处罚金人民币四十万元；被告人于某犯生产、销售有毒、有害食品罪和生产、销售伪劣产品罪，数罪并罚，判处有期徒刑十年，并处罚金人民币四十万元；被告人刘某犯生产、销售有毒、有害食品罪和生产、销售伪劣产品罪，数罪并罚，判处有期徒刑七年，并处罚金人民币三十万元；被告人王某犯生产、销售有毒、有害食品罪和生产、销售伪劣产品罪，数罪并罚，判处有期徒刑七年，并处罚金人民币三十万元。

一审宣判后，柳某、鲁某、李某、柳某、于某、刘某、王某提出上诉。

浙江省高级人民法院二审认为，柳某利用餐厨废弃油加工劣质食用油脂，销往粮油食品经营户，并致劣质油脂流入食堂、居民家庭等，供人食用，其行为已构成生产、销售有毒、有害食品罪。柳某还明知下家购买其用餐厨废弃油加工的劣质油脂冒充合格豆油等，仍予以生产、销售，流入饲料、药品加工等企业，其行为又构成生产、销售伪劣产品罪，应予二罪并罚。柳某生产、销售有毒、有害食品的犯罪行为持续时间长，波及范围广，严重危害食品安全，严重危及人民群众的身体健康，情节特别严重，应依法严惩。鲁某、李某、柳某、于某、刘某、王某明知柳某利用餐厨废弃油加工劣质油脂并予销售，仍积极参与，其行为分别构成生产、销售有毒、有害食品罪和生产、销售伪劣产品罪，亦应并罚。在共同犯罪中，柳某起主要作用，系主犯；鲁某、李某、柳某、于某、刘某、王某起次要或辅助作用，系从犯，原审均予减轻处罚。原判定罪和适用法律正确，量刑适当；审判程序合法。2013年6月4日，浙江省高级人民法院二审裁定驳回上诉，维持原判。

思考：

和案例一比较，该案例是属于民事案件还是刑事案件，为什么？违法和犯罪的区别和联系是什么？

对于本案的情况，法院审判中适用了哪一部法律？《食品安全法》中对于刑事责任的规定是怎样的？

该案中原告方是谁，为什么是由他们提起诉讼，和一般的诉讼有什么不同？

查找资料并了解我国《刑法》最新的修正案是第几号，并了解《刑法》中关于食品安全犯罪的法条。

---- 讨论题 ----

1. 我国现行《食品安全法》包含了哪几个方面的基本内容？
2. 《产品质量法》中所指的"产品"的定义是什么？自产自用和用作礼物的产品属于该法调整的对象吗？
3. 标准化和计量的概念分别是什么？
4. 为什么在制定了《食品安全法》后还需要制定配套的执行性行政法规及地方法规？
5. 我国的食品安全法律法规体系有着怎样的特点？
6. 食品安全监管，最终需要依靠中央还是地方政府的工作来保证？
7. 新一轮的国务院机构改革在食品安全监管方面贯彻了怎样的新型食品安全监管理念？

第九章 中国食品安全标准体系

第一节 中国食品安全标准体系的发展

一、我国食品标准发展简史

食品标准是食品行业中的技术规范,涉及食品行业各个领域的不同方面,它从多方面规定了食品的技术要求、抽样检验规则、标志、标签、包装、运输、贮存等。食品标准是国家管理食品行业的依据和企业科学管理的基础,也是食品安全卫生的重要保证。食品标准中有关食品安全的标准也随着食品标准的发展而不断发展。

(一) 食品标准的发展

中华人民共和国成立初期,我国的食品类标准较少,20世纪70年代末以后我国食品类相关标准开始日益丰富,颁布的主要是食品添加剂的产品标准,食品的卫生标准和产品标准较少。20世纪80年代后陆续发布了一系列的食品卫生标准和产品标准。在1981年颁布的GB 2757—1981《蒸馏酒及配制酒卫生标准》开创了中国酿酒行业的新纪元。1985年颁布了粮食、油料检验方法标准和一系列植物油脂检验方法标准。1986年和1987年颁布了GB 7100—1986《糕点、饼干、面包卫生标准》、粮食类产品标准和以ZBX为编号的一系列专业生产技术规程。1988年国家卫生部又颁布了19个食品类卫生标准。20世纪90年代初商检局颁布了一系列进出口产品标准和检验方法标准,卫生部还颁布了一批农药残留等检验方法标准。1995年中国农业部颁布了第一批绿色食品相关标准,2001年颁布了第一批无公害食品相关标准,标志着绿色食品和无公害食品在中国走向制度化,也说明了人们食品安全意识的提高和国家对食品安全工作的重视。1996年、2003年和2005年中国对食品方面卫生标准进行了三次大范围的修订和颁布,使卫生标准的覆盖范围更加广泛,更加有利于保证人民群众的健康和安全。目前我国已形成了基础标准、食品安全限量标准、方法标准、产品标准、管理技术标准及标识标签标准等门类齐全、相互配套、基本适应我国加工食品工业发展的标准体系。

(二) 食品安全相关标准的发展

在我国发展的初期,我国对食品安全标准重视不够。1988年12月29日第七届全国人民代表大会常务委员会第五次会议通过了《中华人民共和国标准化法》(以下简称《标准化法》),明确了标准的法律地位,并先后颁布了计量、产品质监等一系列相关法律、法规,进一步确立了标准的严肃性、权威性。《标准化法》中规定了"保障人体健康,人身、财产安全的标准和法律、行政法规规定强制执行的标准是强制性标准。"食品标准中的卫生指标就属于该类强制性标准,而《产品质量监督法》和《食品卫生法》又更具体地说明了严格执行食品标准的必要性、必须性。

随着食品工业的发展,食品安全问题不断涌现,中国的食品标准也由原来重视感官和理化指标转向重视安全性指标。1988年以前的国家标准和行业标准,限制的主要是感官、净含量和理化指标,有些产品甚至没有相关的卫生标准,即使有卫生标准,其限制的范围也主要是微生物指标和一些理化指标,例如 GB 10138—1988《咸鲳鱼卫生标准》,只规定了酸价和过氧化值,对其他的指标不作限制。

1994年《食品安全性毒理学评价程序》正式作为国家标准颁布,结束了我国食品安全评价工作长久以来没有标准的局面,使我国的食品安全管理工作又向前迈进了一大步。在同一年内国家还颁布了179个食品营养强化剂使用卫生标准、食品企业通用卫生规范、食品中铅限量卫生标准等国家卫生标准。

到2000年底,我国发布的食品国家标准1070项,食品行业标准11164项。2001年6月1日开始,我国食品标准的修订与补充工作,又一次全面开展。"十一五"期间,我国食品标准体系建设和食品标准修订工作受到了高度重视,科学、统一、权威的食品安全标准体系建设和食品安全标准的修订成为重点,并对食用农产品、加工食品的1141项国家标准和1322项行业标准进行了清理和修订。2009年,《中华人民共和国食品安全法》颁布实施后,对食品国家标准和行业标准,进行了更加全面的清理和修订。2015年,新修订的《中华人民共和国食品安全法》实施,2018年又进行了修正。

二、我国食品标准分类

1. 按级别分类

我国食品标准按级别分类可分为:国家标准、行业标准、地方标准、团体标准和企业标准。

对需要在全国范围内统一的技术要求,应当制定国家标准。编号由国家标准代号(GB或 GB/T)、发布顺序号和发布年号三个部分组成。标准发布年号不是标准的执行日期,如 GB 7718—2004《预包装食品标签通则》(已作废)取代 GB 7718—1994《食品标签通用标准》于2005年10月1日开始实施。

对没有推荐性国家标准而又需要在全国某个行业范围内统一的技术要求,可以制定行业标准。目前,已批准了58个行业标准代号,轻工行业标准代号为"QB",如:QB/T 1433.1—1992《饼干 酥性饼干》(已作废)、QB/T 2829—2006《螺旋藻碘盐》等。水产品行业标准代号为"SC",如:SC/T 3040—2008《水产品中三氯杀螨醇残留量的测定 气相色谱法》、SC/T 1102—2008《虾类性状测定》、SC/T 1103—2008《松浦鲤》等。商业行业标准代号为"SB",如:SB/T 10136—1993《面包用小麦粉》(已作废)、SB/T 10251—2000《火腿肠(高温蒸煮肠)》(已作废)等。

为满足地方自然条件、风俗习惯等特殊技术要求,可以制定地方标准。地方标准代号是由"DB"加上行政区划代码前两位数字,如 DBS 50/028—2017《食品安全地方标准 调味面制品》。

企业可以根据需要自行制定企业标准,或者与其他企业联合制定企业标准。国家支持在重要行业、战略性新兴产业、关键共性技术等领域利用自主创新技术制定团体标准、企业标准。企业应当按照标准组织生产经营活动,其生产的产品、提供的服务应当符合企业公开标准的技术要求。

2. 按性质分类

我国食品标准中国家标准分为强制性标准、推荐性标准，行业标准、地方标准是推荐性标准。强制性标准指具有法律属性，在一定范围内通过法律、行政法规等强制手段加以实施的标准。强制性国家标准的代号是"GB"，"GB"是国标两字汉语拼音首字母的大写，如GB 7718—2004《预包装食品标签通则》，该标准取代 GB 7718—1994《食品标签通用标准》。推荐性国家标准不具有强制性，任何单位均有权决定是否采用，违反这类标准，不构成经济或法律方面的责任。应当指出的是，推荐性标准一经接受并采用，或各方商定同意纳入商品经济合同中，就成为各方必须共同遵守的技术依据，具有法律上的约束性。推荐性标准的代号是"GB/T"，字母"T"是表示"推荐"的意思，如 GB/T 5835—2009《干制红枣》、GB/T 5009.13—2017《食品中铜的测定》等。

我国强制性标准属于技术法规的范畴，推荐性标准在一定情况下可以转化为强制性标准。

3. 按内容分类

我国食品标准按内容可分为：
① 食品基础标准。
② 食品安全限量标准。
③ 食品检验检测方法标准。
④ 食品质量安全控制与管理技术标准。
⑤ 食品标签标准。
⑥ 重要食品产品标准。
⑦ 食品接触材料与制品标准。
⑧ 其他标准。

4. 按标准的作用范围分类

① 技术标准。指对标准化领域中需要协调统一的技术事项所制定的标准。技术标准的形式可以是标准、技术规范、规程等文件，以及标准样品实物。

② 管理标准。指对标准化领域中需要协调统一的管理事项所制定的标准，如 ISO 9000 质量管理体系标准、ISO 14000 环境管理体系标准等管理体系标准、管理程序标准及定额标准及期量标准。

③ 工作标准。为实现整个工作过程的协调，提高工作质量和效率，对工作岗位所制定的标准。

三、食品安全标准方面的成就

近年来，我国食品安全标准工作取得明显成效。截至 2014 年底，我国已有食品国家标准 2242 项，其中强制性国家标准 913 项，推荐性国家标准 1329 项，基本建立了以国家标准为核心，行业标准、地方标准和企业标准为补充的食品标准体系。随着社会的发展和生活质量的不断提高，人们对食品的质量安全要求越来越高，也使得食品安全成为当今社会人们最为关注的焦点之一。新版《食品安全法》的颁布与实施终结了"五龙治水"的食品安全分段监管模式，推动了我国食品标准的清理整合以及制定完善食品安全国家标准的工作，为我国食品安全国家标准体系的构建提供了保障。

新版《食品安全法》公布施行后，食品安全标准工作力度逐步加大，又取得了以下新的进展。

1. 完善食品安全标准管理制度

按照现行《食品安全法》的要求，食品安全标准是开展食品生产经营的重要依据，也是食品安全风险监测和评估工作的主要目的之一,更是依法开展食品检验、监督管理和进出口管理的技术依据。

在管理上,食品安全标准目前由国务院卫生行政部门会同国务院食品安全监督管理部门负责制定公布,国务院标准化行政部门提供编号。在专业分工上,食品中农药、兽药残留的限量规定及其检验方法与规程由国务院卫生行政部门、国务院农业行政部门会同国务院食品安全监督管理部门制定;屠宰畜、禽的检验规程由国务院有关主管农业行政部门会同国务院卫生行政部门制定。

在技术管理上,目前已经成立了食品安全国家标准审评委员会,负责标准的审查。按照新版《食品安全法》的要求,食品安全国家标准由国务院卫生行政部门会同国务院食品安全监督管理部门负责制定、公布,并规定食品安全国家标准应当经食品安全国家标准审评委员会审查通过。根据《食品安全国家标准管理办法》,由卫生部(现国家卫生健康委员会)负责食品安全国家标准的制修订工作。目前该项工作主要由国务院卫生行政部门会同国务院食品安全监督管理部门实施。

此外,卫生部组织成立的食品安全国家标准审评委员会,负责审查食品安全国家标准草案,对食品安全国家标准工作提供咨询意见。食品安全国家标准审评委员会秘书处的日常工作由国家卫生健康委员会主办的国家食品安全风险评估中心承担。国家食品安全风险评估中心承担食品安全风险评估相关科学数据、技术信息、检验结果的收集、处理、分析等任务,向国家卫生健康委员会提交风险评估分析结果,并和国家市场监督管理总局开展食品安全风险监测工作。食品安全风险评估结果和食品安全监管中发现的重大问题,为食品安全国家标准审评委员会的工作以及食品安全标准的相关制修订部门提供参考。

2. 法律法规标准体系进一步健全

修订食品安全法、兽药管理条例等10部法律法规,制修订20余部食品安全部门规章,6个省(区、市)出台了食品生产加工小作坊和食品摊贩管理地方性法规。最高人民法院、最高人民检察院出台关于办理危害食品安全刑事案件适用法律若干问题的解释,最高人民法院出台审理食品药品纠纷案件适用法律若干问题的规定。国家卫生计生委清理食品标准5000项,整合400项,发布新的食品安全国家标准926项、合计指标1.4万余项。农业部新发布农药残留限量指标2800项,清理413项农药残留检验方法。

3. 制定公布新的食品安全国家标准

截止至《食品安全国家标准"十二五"规划》发布,已制定公布269项食品安全国家标准,包括乳品安全国家标准、食品添加剂使用、复配食品添加剂、真菌毒素限量、预包装食品标签和营养标签、农药残留限量以及部分食品添加剂产品标准,补充完善了食品包装材料标准,提高了标准的科学性和实用性。具体内容将在下一节食品安全相关标准中介绍。

4. 推进食品安全国家标准顺利实施

积极开展了食品安全国家标准宣传培训。通过加强标准的解释工作以及标准的宣贯和培训,保障了食品安全标准的相关主体有能力参与到标准的建议、制定、修改工作中来,使从业人员了解、熟悉标准,提高了产业界的标准化意识,并且增进了社会公众和消费者对标准的理解与接受。另外,组织开展了食品安全国家标准跟踪评价,对食品安全国家标准执行情况进行调查,了解标准实施情况并进行分析和研究,从而有利于提出标准实施和标准修订的相关建议,以及指导食品行业严格执行新的标准。

5. 深入参与国际食品法典事务

我国自1984年正式加入国际食品法典委员会后,成立了"中国食品法典委员会",一直积极参与食品法典委员会工作，并不断加强参与和研究的力度。经过了近年的工作实践，我国参与法典工作已取得诸多进展，在酱油中"氯丙醇"限量、食品添加剂法典标准中"豆制品分类"等多项工作中突显了我国的作用，逐渐得到了国际社会的认可。2006年成功申请成了国际食品添加剂法典委员会（CCFA）和国际食品法典农药残留委员会（CCPR）主持国。2011年当选为CAC执委，代表亚洲区域参加执委会的工作。并且作为唯一承担两个国际食品法典专业委员主持国的发展中国家，我国目前已经成功主持了7届国际食品添加剂法典委员会会议和6届国际食品法典农药残留委员会会议，对国际食品法典食品添加剂和农药残留标准的制定做出了重要贡献。自2012年起，中国作为执委，代表亚洲参与了2014～2019年国际食品法典战略规划，在促进发展中国家参与法典工作、提高法典标准的科学水平等方面提出了很多意见和建议。同时，注意到提供合理有效的风险分析数据是确保我国在国际会议中争取有利地位的基础，我国先后开展了茶叶中硫丹残留限量、谷物中三唑磷残留限量、莱克多巴胺在猪体内的残留消除试验等风险分析工作，并得到了食品法典委员会的认可，对维护我国产品的国际贸易具有重要意义。

四、农业标准化与农产品质量安全标准体系

（一）农业标准化的建设进展

中国自1991年颁布实施《中华人民共和国产品质量认证管理条例》以来，全国各地都加强了农业标准的制定和实施，农业标准化工作取得了较快进展。目前，国内农业主管部门、各省、自治区、直辖市农业部门都设置了标准化管理机构，重点开展建立健全农业标准化体系和建设农业标准化生产示范基地，提高农产品质量和安全性，促进农业产业化发展等方面的农业标准化工作，取得了明显成效。

1. 农业标准化体系基本形成

20年来，中国已发布农业国家标准1000余项，行业标准3300多项，至2010年4月，国家和行业的农业标准总数达到4400余项，其中强制性国家标准700多项，"三品一标"（即无公害农产品、绿色食品、有机食品、农产品地理标志）总数达到7.2×10^4个。各省市根据地方农业资源特征、农业生产特色和地方优势农产品发展需求，在国家标准、行业标准的基础上，围绕种植业、畜牧、园艺、林业、水产、水利、农机、农业资源开发等行业，围绕粮油、水产、蔬菜、畜禽、花卉等优势农产品，围绕生产、加工、审定、监测等方面的技术规程和标准规范，制定了一系列地方农业生产和管理标准。到目前为止，共出台了地方农业标准15000多项，覆盖各类农产品，贯穿产前、产中、产后的全过程，涉及农业基础管理、农业产品质量和安全、动植物保护、检疫和检验、农林机械与设备等各个方面，初步形成了一个以国家标准为主体，行业标准、地方标准、企业标准相互配套，包括产前、产中、产后全过程的农业标准体系。

2. 农业标准化管理体制进一步加强

国家农业主管部门设有专门分管农业质量标准化的机构（农业部市场与经济信息司），各省、自治区、直辖市农业部门都设有标准化管理机构。在技术方面，成立了全国性农业标准化专业技术委员会和技术归口单位20多个，负责对标准的技术性和实用性进行审查，农业标准化在整个国家标准体系中，成为不可替代的重要组成部分。

3. 农业质量监督体系从无到有

从20世纪80年代中期开始，中国加强了农业质量监督体系建设，形成了国家级产品质检中心、部级质检中心和省、市、县检测机构组，初步建成了遍布全国的检验检测体系。

4. 农业标准化法规逐步建立

近年来,根据《中华人民共和国产品质量法》《标准化法》《计量法》及有关法律法规,结合农业的特点,中国先后颁布了《标准化法实施条例》《食品卫生法》《农产品质量安全法》和农药、兽药、饲料与饲料添加剂、农业转基因生物安全等一系列法规和部门规章,有力地促进了国内农业化标准化工作,规范了农业标准体系的建设,使农业标准化工作有法可依、有章可循,步入了法制管理的轨道,为依法行政、依法治农奠定了基础。

5. 产品质量认证发展迅速

参照国际上质量认证的通行做法,组建了中国水产品质量认证中心和中国农机产品质量认证中心。在认真学习国外经验的基础上,建立起具有中国特色的认证体系,并在种子、饲料、兽药等一系列产品方面进行认证前的试点,摸索经验,扩大认证领域。

但由于起步较晚,地区之间也存在着较大差异,总的看来,农业标准化体系建设尚处在试点和起步阶段,与国外先进水平相比,还有很大差距,远远满足不了农业市场化和现代化的要求。我国的农业标准化体系还存在重要性认识不足,缺乏统一规划,以及农产品质量标准和监测标准尚未与国际接轨等问题。

(二)农产品质量安全标准体系的现状

我国的农产品质量安全标准经历了从无到有、从单项标准向标准体系过渡的发展历程。现有农业标准体系覆盖了农业产地环境、投入品、生产规范、产品质量、安全限量、检测方法、包装标识、贮存运输等方面。截至 2016 年 1 月,现行农业标准 9932 项,其中国家标准 4503 项,行业标准 5429 项,此标准体系主要涵盖了种植业、畜牧业与渔业三大行业范围的标准,并可大致划分为九种标准类别:

① 安全卫生标准。主要指对农产品中农药、兽药等有毒有害物质最大允许量或最大残留限量制定的标准。

② 农业投入品类标准。主要指对农业生产所用种子种苗、肥料、农药、兽药、饲料和饲料添加剂等制定的质量标准。

③ 农业资源环境类标准。主要指对动植物种植资源、农业水资源、耕地资源、草地资源、农产品产地环境(含养殖环境)、生态环境等方面制定的标准。

④ 动植物防疫检疫类标准。主要指对动植物检疫与防疫、诊断与防治等方面制定的标准。

⑤ 管理规范类标准。主要指对农业投入品安全使用准则、农产品安全控制规范(GAP、GMP、GVP、HACCP)以及农产品包装、标识、贮运等方面制定的标准。

⑥ 农产品品质规格类标准。主要指对重要农产品质量、规格的分等级制定的标准。

⑦ 生产技术规程。主要指对农产品种植、养殖、采摘、捕捞、保鲜、加工等操作技术规程制定的标准。

⑧ 分析测试方法类标准。主要指对农业生态环境、农药肥料等农业投入品、农产品成分等的分析与测试技术规范制定的标准。

⑨ 名词术语类标准。主要指对农产品质量及其安全的名词、术语等方面制定的标准。

农产品质量安全标准体系的范围、内容与层次见表 9-1。

表 9-1 农产品质量安全标准体系的范围、内容与层次

项 目	内 容
农产品质量安全标准体系的范围	种植业包含水稻、小麦、玉米、大豆、棉花、蔬菜、水果、茶叶、花卉、糖料、麻类、橡胶等不同产品所涉及的标准;畜牧业包含猪、牛、羊、鸡、鸭、兔、饲料等不同产品所涉及的标准;渔业包含鱼、虾、贝等不同产品所涉及的标准

续表

项 目	内 容
农产品质量安全标准体系的内容	安全类标准：主要是影响农产品安全的物理性、化学性和生物性危害因素方面的标准； 质量类标准：主要是农产品质量标准以及与农产品质量有关的标准，包括基础标准、资源与环境保护标准、农业投入品标准、生产操作规程、包装贮运标准、方法标准等
农产品质量安全标准体系的层级	由国家标准、行业标准、地方标准和企业标准四级标准组成

然而，同世界贸易组织（WTO）的要求相比，我国农产品及食品质量标准存在着标准不配套、标准内容不适应、时效性差、技术含量低、体系不合理等问题，与国际标准存在一定的差距。

第二节　中国食品安全相关标准介绍

为保障食品及其行业的健康发展，促进社会经济的繁荣，经多年的努力工作，我国制定发布实施了大量的食品标准，包括食品行业基础及相关标准、食品卫生标准、食品产品标准等国家标准以及行业和地方标准。各食品产业及相关企业积极应对市场的变化和要求，与国际接轨，采用国际标准或国外先进标准，或参照国内外相关标准不断制定、备案和发布自己的企业标准。《食品安全法》实施后，我国对各类、各级食品标准进行整合，统一发布，使我国食品标准体系更加完备。随着食品产业的发展和世界经济一体化进程，今后我国还会有大量的食品标准被制定或修订。尤其是食品安全标准将更加科学规范，以不断满足人们对食品营养、安全的期望。

一、食品基础标准

食品基础标准在食品领域具有广泛的使用范围，涵盖整个食品或某个食品专业领域内的通用条款。食品基础标准主要包括通用的食品技术术语标准，相关量和单位标准，通用的符号、代号标准等。

（一）食品术语标准

术语（terminology）是在特定学科领域用来表示概念的称谓的集合，在我国又称为名词或科技名词（不同于语法学中的名词）。术语是通过语音或文字来表达或限定科学概念的约定性语言符号，是思想和认识交流的工具。以各种专用术语为对象所制定的标准，称为术语标准。术语标准中一般规定术语、定义（或解释性说明）和对应的外文名称。

术语标准化的主要内容是概念、概念的描述、概念体系、概念的术语和其他类型的订名、概念和订名之间的对应关系。术语标准化的目的在于分清专业界限和概念层次，从而正确指导各项标准的制定和修订工作。因此，术语标准化的重要任务之一是建立与概念体系相对应的术语体系。专业学科和一定专业领域的概念，构成一个概念体系，与之相对应的术语，在专业学科和一定专业领域也需要构成一个术语体系。把一定范围内的术语，及其内在联系形成科学的有机整体，经过对其选编、注释、定义，形成人们普遍接受的一套专门用语，即人们通常称说的术语集。术语标准化的另一个任务，是对陈旧落后的阻碍科技进步的原有术语进行清理、修订，重复的要删除，混乱、交叉的进行统一。

食品术语标准的制定及其标准化既是当代食品工业发展和国际贸易的需要，也是信息技术兴起的需要。和其他术语一样，食品标准中的术语表现形式有两种：一是制定成一项单独的术语标准或单独的部分；二是编制在含有其他内容的标准中的"术语和定义"一章中。

除了编制于众多技术标准中的术语和定义外，我国先后颁布了30多部食品术语集的国家标准和行业标准，如GB/T 15091—1994《食品工业基本术语》、GB/T 25171—2010《畜禽养殖废弃物管理术语》、GB/T 12728—2006《食用菌术语》、GB/T 12140—2007《糕点术语》、GB/T 15109—2008《白酒工业术语》、GB/T 26632—2011《粮food名词术语 粮油仓库设备与设施》、GB/T 8873—2008《粮油名词术语 油脂工业》、GB/T 18007—2011《咖啡及其制品 术语》、GB/T 9289—2010《制糖工业术语》、GB/T 31120—2014《糖果术语》、SC/T 3012—2002《水产品加工术语》等。

（二）食品图形符号、代号类标准

图形符号是指以图形为主要特征，用以传递某种信息的视觉符号。图形符号跨越语言和文化的障碍，从视觉上引导人们，达到世界通用效果。符号代表的含义比文字丰富，图形符号是自然语言外的一种人工语言符号，具有直观、简明、易懂、易记的特点，便于信息的传递，使不同年龄、具有不同文化水平和使用不同语言的人都容易接受和使用。按其应用领域可分为标志用图形符号（公共信息类）、设备用图形符号和技术文件用图形符号三类。和术语一样，图形符号是人类用来刻画、描写知识的最基本的信息承载单元，它们不仅渗透科研、生产各环节，而且与我们的日常生活密切相关。术语标准体系和图形符号标准体系属于标准体系中的两大分支，是各行业、各领域开展标准化工作的基础。

食品的图形符号、代号标准主要包括 GB/T 191—2008《包装储运图示标志》、GB/T 13385—2008《包装图样要求》、GB/T 16900—2008《图形符号表示规则 总则》、GB/T 12529.1—2008《粮油工业用图形符号、代号 第1部分：通用部》、GB/T 12529.2—2008《粮油工业用图形符号、代号 第2部分：碾米工业》、GB/T 12529.3—2008《粮油工业用图形符号、代号 第3部分：制粉工业》、GB/T 12529.4—2008《粮油工业用图形符号、代号 第4部分：油脂工业》、GB/T 12529.5—2010《粮油工业用图形符号、代号 第5部分：仓储工业》等。

（三）食品分类标准

食品分类的标准化是食品行业发展和技术进步的基础，其基础性功能体现在以下几方面：

① 食品分类标准是规范市场的工具，是食品生产监督管理部门对食品生产企业进行分类管理、行业统计、经济预测和决策分析的重要依据，也是进行消费者调查的重要工具。

② 食品分类识别标准是食品安全风险暴露评估的依据，是食品安全标准的标准。

③ 食品分类标准是国家和地区食品成分表的重要组成部分，是进行国家和地区膳食评估比较的依据。

④ 建立食品分类标准并使之与国际接轨，是国际贸易发展和信息化的需要，缺乏统一认可的食品分类识别标准，会给国际间食品贸易和安全信息交流带来困难。

因食品分类的目的、原则和方法各异，其分类结果也大不相同。食品分类标准应当在逻辑上是严密的，在用语上是规范的，在操作上是直观的，既要体现食品行业的学科属性，具有完整性和系统性的特点，又要强调食品分类的社会实用性，充分考虑应用分类的社会各组织、各社会组织体系的客观基础。食品分类强调实用性，但不具实用性。在结构设置上，应尽量避免类级的轻重不当，不能突出一点而忽略其他。随着食品产业的细化，国际上食品分类正朝着开放性的方向发展。

我国现有已制定的加工食品分类标准主要有：GB/T 17204—2008《饮料酒分类》、GB/T 10784—2006《罐头食品分类》、GB/T 8887—2009《淀粉分类》、GB/T 20903—2007《调味品分类》、SB/T 10171—1993《腐乳分类》、SB/T 10172—1993《酱的分类》、SB/T 10173—1993《酱油分类》、SB/T 10297—1999《酱腌菜分类》、SB/T 23823—2009《糖果分类》、SC 3001—1989《水产及水产品分类与名称》等。

二、食品流通标准

所谓食品流通是指以食品的质量安全为核心，以消费者的需求为目标，围绕食品采购、贮存、运输、供应、销售等过程环节而进行的管理和控制活动。食品（特别是生鲜食品）在流通中对环境条件（如温度和湿度）要求极为严格，需要在尽可能短的时间内迅速配送到目的地，否则其营养、质量、安全状况将大打折扣，甚至严重影响消费者的健康和权益。食品流通一般包括商流和物流两个方面，它的基本活动主要有运输、贮藏、装卸搬运、包装、流通加工、配送、信息处理以及销售等。食品流通过程与食品安全密切相关，涉及原料、加工工艺过程、包装、贮运及生产加工的相关因素（环境、物品、人员等）等一系列可能影响食品质量安全的因素。因此需要建立从田间生产→收购→加工→流通→消费的统一安全管理体系和标准体系。

（一）食品贮藏标准

贮藏和运输是流通过程中的两个关键控制环节，被称为"流通的支柱"。贮藏的概念包括商品的分类、计量、入库、保管、出库、库存控制以及配送等多种功能。我国与食品贮藏相关的标准主要有以下几种：

1. 仓库布局标准

如 GB/T 18768—2002《数码仓库应用系统规范》、GB 50072—2010《冷库设计规范》、GB/T 9829—2008《水果和蔬菜 冷库中物理条件 定义和测量》等标准。

2. 贮藏保鲜技术规程

此项技术标准大多是关于果蔬的，如 GB/T 51124—2017《马铃薯贮藏设施设计规范》、GB/T 26432—2010《新鲜蔬菜贮藏与运输准则》、GB/T 29372—2012《食用农产品保鲜贮藏管理规范》等标准，分别规定了贮藏前的处理、贮藏的温度、湿度和贮藏期限等内容。

3. 堆码苫垫技术标准

对食品的堆垛方式和技术、货架以及苫盖、衬垫方式和技术等都应制定相应的标准和操作规程。

（二）食品包装工艺标准

包装工艺过程是对各种包装原材料或半成品进行加工或处理，最终将产品包装成商品的过程。包装工艺规程则是文件形式的包装工艺过程。食品包装工艺、规程的标准化是指必须按"提高品质、严格控制有害物质含量"的有关标准，设计每道工序、确定每项工艺，并制定科学、严格且可行的操作规程。包装工艺标准化应包括产品和包装材料，按规定的方式将其结合成可供销售的包装产品，然后在流通过程中保护内包装产品，并在销售和消费时得到消费者的认可，其主要内容为：

① 容量标准化。容量即为每个包装中的产品数量。食品包装容量是标准化的重要内容，数量的过多过少均是不合规范的，不便于食品的贮藏、运输与销售。

② 产品状态条件的标准化。包装产品的状态，如温度、物理外形或浓度都会影响食品的贮存期，因此应该规范产品的状态条件。

③ 包装材料标准化。在选用合适、卫生的包装材料的同时，将现场操作时的材料准备状态标准化，必要时需将包装材料部件组装成形以供产品充填。

④ 包装速度规范化。包装速度也应规范化，它是控制成本和质量的因素之一，包装速度取决于所采用的工艺装备的自动化程度。

⑤ 包装步骤说明。包装步骤是指选定生产线的操作规程。

⑥ 规定质量控制要求。

（三）运输方式及作用规范标准

运输是一个系统，制定各种运输方式标准和作业规范，将有利于运输的合理分工、配合协作，有利于发挥各种运输方式的运输潜力。

GB/T 7635.1—2002《全国主要产品分类与代码 第一部分：可运输产品》规定了全国主要产品（可运输产品）的分类原则与方法、代码结构、编码方法、分类与代码，适用于信息处理和信息交换。在运输作业规范方面，我国颁布了 GB/T 20014.11—2005《良好农业规范 第 11 部分：畜禽公路运输控制点与符合性规范》。

（四）食品配送标准

配送是在经济合理区域范围内，根据用户要求，对物品进行拣选、加工、包装、分割、组配等作业，并按时送达指定地点的物流活动。配送是物流中一种特殊的、综合的活动形式，是商流与物流的紧密结合，包含了商流活动和物流活动，是由集货、配货、送货三部分有机结合而成的流通活动，配送中的送货是短距离的运输。配送不仅是分发、配货、送货等活动的有机结合形式，同时它与订货、销售系统也有密切联系。因此，必须依赖物流信息的作用，建立完善的配送系统，形成现代化的配送方式。目前我国颁布的配送方面的标准有 GB/T 18715—2002《配送备货与货物移动报文》。该标准适用于国内和国际贸易，以通用的商业管理为基础，而不局限于其特定的业务类型和行业，规定了在配送中心管辖范围内的仓库之间发生的配送备货服务和所需的货物移动所用到的报文的基本框架结构。

（五）食品销售标准

食品销售就是将产品的所有权转给用户的流通过程，也是以实现企业销售利润为目的的经营活动。产品只有经过销售才能实现其价值，创造利润，实现企业的价值。销售是包装、运输、贮藏、配送等环节的统一，是流通的最后一个环节，而实现食品销售的重要因素就是市场。商务部等八部委联合组织制定了 GB/T 19220—2003《农副产品绿色批发市场》和 GB/T 19221—2003《农副产品绿色零售市场》两个国家标准，二者均从场地环境、设施设备、商品管理、市场管理等方面对销售市场进行了规定。农副产品绿色批发市场是指环境设施清洁卫生、交易商品符合国家标准的质量管理要求、经营管理具有较好信誉的农副产品批发市场；农副产品绿色零售市场是指环境设施清洁卫生、交易商品符合国家标准的质量管理要求、经营管理具有较好信誉的农副产品零售市场。这两个绿色市场标准对市场流通标准体系建设和规范市场流通环节具有重要意义。

三、食品安全国家标准介绍

《中华人民共和国食品安全法》中规定，"食品安全，指食品无毒、无害，符合应当有的营养要求，对人体健康不造成任何急性、亚急性或者慢性危害。"据此，食品安全标准是指为了对食品生产、加工、流通和消费（即"从农田到餐桌"）食品链全过程影响食品安全和质量的各种要素以及各关键环节进行控制和管理，经协商一致制定并由公认机构批准，共同使用的和重复使用的一种规范性文件。

食品安全法第二十六条规定，"食品安全标准应当包括下列内容：食品、食品添加剂、食品相关产品中的致病性微生物，农药残留、兽药残留、生物毒素、重金属等污染物质以及其他危害人体健康物质的限量规定；食品添加剂的品种、适用范围、用量；专供婴幼儿和其他特殊人群的主辅食品的营养成分要求；对与卫生、营养等食品安全要求有关的质量要求；与食品安全有关的食品检验方法与规程；其他需要制定食品安全标准的内容等。"根据食品安全标准的内容，食品安全标准可以分为以下几类：基础标准，食品、食品添加剂及食品相关产品标准，食品生产经营过程的卫生要求标准及检验方法与规程。

（一）基础标准

食品安全限量标准是对食品中天然存在的或者由外界引入的不安全因素限定安全水平所做出的规定。通过技术研究，使这些规定形成特殊形式的文件，经与食品有关的各部门进行协商和严格的技术审查后，由国家有关部门批准，并以特定的形式发布，作为共同遵守的准则和依据。主要包括致病菌限量标准、真菌毒素限量标准、农药残留限量、污染物限量标准、兽药残留限量、食品添加剂使用标准、营养强化剂、预包装食品标签标准、食品接触材料及制品用添加剂等。食品安全限量标准规定了人体对食品中存在的有毒有害物质可接受的最高水平，其目的是将有毒有害物质限制在安全阈值内，保证食用安全性，最大限度地保障人体健康。

1. 食品中的致病菌限量标准

目前，我国乃至全球最突出的食品安全问题仍是由食源性致病菌导致的食源性疾病。要想有效控制微生物性食源性疾病，就必须采取有效措施来预防病原菌对食品的污染和减少人群的暴露概率，其中，一个重要方面是制定科学合理的食品中的致病菌限量标准。

2014年1月10日，国家卫生计生委公布了GB 29921—2013《食品安全国家标准 食品中致病菌限量》。该标准是在清理整合现行食品卫生标准、食品质量标准、行业标准以及农产品质量标准中致病菌限量规定基础上，结合我国食品中致病菌的风险监测结果和食品生产加工、贮藏销售和消费过程中致病菌状况的变化等科学依据，借鉴了国际食品法典委员会和其他国家的相关标准而制定的一项食品安全通用标准。

《食品安全国家标准 食品中致病菌限量》规定了食品中的致病菌指标、限量要求和检验方法。其中涉及的食品种类有：肉及肉制品、水产品、蛋制品、粮食制品、豆类制品、焙烤及油炸类食品、糖果、巧克力类及可可制品、蜂蜜及其制品、加工水果、藻类制品、饮料类、冷冻饮品、发酵酒及其配制酒、调味品、脂肪、油和乳化脂肪制品、果冻以及即食食品。其对每一类食品分别制定了不同的致病菌限量指标值，包括沙门氏菌、单核细胞增生李斯特菌、金黄色葡萄球菌、空肠弯曲菌、大肠埃希菌 O157:H7/NM 和副溶血性弧菌。

2. 食品中的真菌毒素限量标准

真菌毒素是指真菌在生长繁殖过程中产生的次生有毒代谢产物。真菌毒素限量是指真菌毒素在食品原料和（或）食品成品可食用部分中允许的最大含量水平。食品安全国家标准 GB 2761—2017《食品安全国家标准 食品中真菌毒素限量》规定了食品中黄曲霉毒素 B_1、黄曲霉毒素 M_1、脱氧雪腐镰刀菌烯醇、展青霉素、赭曲霉毒素 A 及玉米赤霉烯酮的限量指标，见表 9-2～表 9-7。

《食品安全国家标准 食品中真菌毒素限量》列出了可能对公众健康构成较大风险的真菌毒素，制定限量值的食品是对消费者膳食暴露量产生较大影响的食品。

表 9-2　食品中黄曲霉毒素 B_1 限量指标

食品类别（名称）	限量/(μg/kg)
谷物及其制品	
玉米、玉米面（渣、片）及玉米制品	20
稻谷[①]、糙米、大米	10
小麦、大麦、其他谷物	5.0
小麦粉、麦片、其他去壳谷物	5.0
豆类及其制品	
发酵豆制品	5.0
坚果及籽类	
花生及其制品	20
其他熟制坚果及籽类	5.0
油脂及其制品	
植物油脂（花生油、玉米油除外）	10
花生油、玉米油	20
调味品	
酱油、醋、酿造酱	5.0
特殊膳食用食品	
婴幼儿配方食品	
婴儿配方食品[②]	0.5（以粉状产品计）
较大婴儿和幼儿配方食品[②]	0.5（以粉状产品计）
特殊医学用途婴儿配方食品	0.5（以粉状产品计）
婴幼儿辅助食品	
婴幼儿谷类辅助食品	0.5
特殊医学用途配方食品[②]（特殊医学用途婴儿配方食品涉及的品种除外）	0.5（以固态产品计）
辅食营养补充品[③]	0.5
运动营养食品[②]	0.5
孕妇及乳母营养补充食品[③]	0.5

① 稻谷以糙米计。
② 以大豆及大豆蛋白制品为主要原料的产品。
③ 只限于含谷类、坚果和豆类的产品。

表 9-3　食品中黄曲霉毒素 M_1 限量指标

食品类别（名称）	限量/(μg/kg)
乳及乳制品[①]	0.5
特殊膳食用食品	
婴儿配方食品[②]	0.5（以粉状产品计）
较大婴儿和幼儿配方食品[②]	0.5（以粉状产品计）
特殊医学用途婴儿配方食品	0.5（以粉状产品计）
特殊医学用途配方食品[②]（特殊医学用途婴儿配方食品涉及的品种除外）	0.5（以粉状产品计）
辅食营养补充品[③]	0.5
运动营养食品[②]	0.5
孕妇及乳母营养补充食品[③]	0.5

① 乳粉按生乳折算。
② 以乳类及乳蛋白制品为主要原料的产品。
③ 只限于含乳类的产品。

表 9-4　食品中脱氧雪腐镰刀菌烯醇限量指标

食品类别（名称）	限量/(μg/kg)
谷物及其制品	
玉米、玉米面（渣、片）	1000
大麦、小麦、麦片、小麦粉	1000

表 9-5　食品中展青霉素限量指标

食品类别（名称）①	限量/(μg/kg)
水果及其制品	
水果制品（果丹皮除外）	50
饮料类	
果蔬汁类	50
酒类	50

① 仅限于以苹果、山楂为原料制成的产品。

表 9-6　食品中赭曲霉毒素 A 限量指标

食品类别（名称）	限量/(μg/kg)
谷物及其制品	
谷物①	5.0
谷物碾磨加工品	5.0
豆类及其制品	
豆类	5.0
酒类	
葡萄酒	2.0
坚果及籽类	
烘焙咖啡豆	5.0
饮料类	
研磨咖啡/烘焙咖啡	5.0
速溶咖啡	10.0

① 稻谷以糙米计。

表 9-7　食品中玉米赤霉烯酮限量指标

食品类别（名称）	限量/(μg/kg)
谷物及其制品	
小麦、小麦粉	60
玉米、玉米面（渣、片）	60

3. 食品中农药最大残留限量标准

农药残留物是指任何由于使用农药而在食品、农产品和动物饲料中出现的特定物质，包括被认为具有毒理学意义的农药衍生物，如农药转化物、代谢物、反应产物以及杂质等。农药残留物浓度超过了一定量就会对人、畜、环境产生不良影响或通过食物链对生态系统造成危害。为保证合理使用农药，控制污染，保障公众身体健康，需制定允许农药残留于作物及食品上的最大限量。目前国际上通常用最大残留限量值来表示。最大残留限量是指在食品或农产品内部或表面法定允许的农药最大浓度，以每千克食品或农产品中农药残留的毫克数表示（mg/kg）。

新版《食品安全法》实施后，我国有针对性地开展农药残留监测工作。根据农药登记和使用情况、主要食用农产品消费情况和农药残留监测结果，整合修订了相关标准。2016 年

12月18日，由中华人民共和国卫生和计划生育委员会、农业部与食品安全监督管理总局共同发布食品安全国家标准 GB 2763—2016《食品安全国家标准 食品中农药最大残留限量》，代替了 GB 2763—2014《食品中农药最大残留限量》，与 GB 2763—2014 相比主要技术变化有：对原标准中吡草醚、氟唑磺隆、甲咪唑烟酸、氟吡菌酰胺、克百威、三唑酮和三唑醇 7 种农药残留定义，敌草快等 5 种农药每日允许摄入量等信息进行了核实修订；增加了 490 项农药最大残留量标准及 2,4-滴异辛酯等 46 种农药；增加了规范性附录 B《豁免制定食品中最大残留限量标准的农药名单》。

4. 食品中污染物限量标准

食品污染物是指食品从生产（包括农作物种植、动物饲养和兽医用药）、加工、包装、贮存、运输、销售，直至食用等过程中产生的或由环境污染物带入的、非有意加入的化学性危害物质。这些物质包括除农药、兽药、生物毒素和放射性物质以外的化学污染物。由于食品生产的工业化和新技术的使用、对食品中有害因素的新认识，出现了新的污染物及新的控制策略要求。食品污染物限量标准作为判定食品是否安全的重要科学依据，它对保障人体健康具有极其重要的作用。我国于 2017 年 3 月 17 日发布了食品安全国家标准 GB 2762—2017《食品安全国家标准 食品中污染物限量》，该标准规定了食品中铅、镉、汞、砷、锡、镍、铬、亚硝酸盐、硝酸盐、苯并（a）芘、N-二甲基亚硝胺、多氯联苯、3-氯-1,2-丙二醇的限量指标。

GB 2762—2017《食品安全国家标准 食品中污染物限量》是在充分理顺分析我国现行有效的食用农产品质量安全标准、食品卫生标准、食品质量标准以及有关食品的行业标准中强制执行的标准中污染物的限量指标，找出标准中交叉、重复、矛盾或缺失等问题，提出详细的比较结果，同时分析参考了 CAC、欧盟、澳大利亚、新西兰、日本、美国、中国香港、中国台湾等地关于食品中的污染物限量标准的基础上，对 2012 年发布的 GB 2762—2012《食品安全国家标准 食品中污染物限量》进行的修订。新的《食品安全国家标准 食品中污染物限量》取消了植物性食品中稀土限量要求，增加螺旋藻及其制品中铅限量要求，补充已发布食品安全国家标准特殊膳食产品标准中设置的污染物限量，修改干制食品中污染物指标表达方式，基本满足我国食品污染物控制需求，适应我国食品安全监管需要。

5. 食品中兽药最大残留限量标准

兽药残留是指食品动物用药后，动物产品的任何食用部分中与所有药物有关的物质的残留，包括原型药物或（和）其代谢产物。兽药残留是影响动物源食品安全的主要因素之一。随着人们对食品安全的重视，动物性食品中的兽药残留也越来越被关注，在国际贸易中的壁垒也有越来越严重的趋势。为保障公众身体健康，需制定允许兽药残留于动物及食品上的最大限量标准。最高残留限量是对食品动物用药后产生的允许存在于食物表面或内部的该兽药残留的最高量/浓度（以鲜重计，单位为 $\mu g/kg$）。

为加强兽药残留监控工作，保证动物性食品卫生安全，根据《兽药管理条例》规定，农业部组织修订了《动物性食品中兽药最高残留限量》，自发布之日起，原《动物性食品中兽药最高残留限量》（农牧发〔1999〕17 号）同时废止。

6. 食品添加剂使用标准

食品安全国家标准 GB 2760—2014《食品安全国家标准 食品添加剂使用标准》于 2014 年 12 月 24 日发布。该标准规定了食品添加剂的使用原则、允许使用的食品添加剂品种、适用范围及最大使用量或残留量。所谓最大使用量是指食品添加剂使用时所允许的最大添加量，最大残留量是指食品添加剂或其分解产物在最终食品中的允许残留水平。与 GB 2760—

2011《食品安全国家标准 食品添加剂使用卫生标准》相比，GB 2760—2014《食品安全国家标准 食品添加剂使用标准》按照《食品安全法》规定，对食品添加剂的安全性和工艺必要性进行严格审查。该食品添加剂标准增补了原卫生部2010年16号公告至国家卫计委2014年17号公告的食品添加剂规定；将食品营养强化剂和胶基果糖中基础剂物质及其配料名单调整由其他相关标准进行规定；同时修改了"带入原则"；并增加了"附录A中食品添加剂使用规定索引"等内容。

《食品安全国家标准 食品添加剂使用标准》包括了食品添加剂、食品用香精香料、食品工业用加工助剂、胶基糖果中基础剂物质等2314个品种，涉及16大类食品、23个功能类别；规范了食品添加剂的使用、食品用香料香精的使用原则、食品工业用加工助剂的使用原则、胶基糖果中基础剂物质及其配料名单、食品添加剂的功能类别等内容。表9-8为食品添加剂的允许使用品种、使用范围以及最大使用量或残留量。

表9-8 食品添加剂的允许使用品种、使用范围以及最大使用量或残留量

食品添加剂	食品名称	最大使用量/(g/kg)	备注
β-阿朴-8′-胡萝卜素醛	风味发酵乳	0.015	以β-阿朴-8′-胡萝卜素醛计
氨基乙酸	植物蛋白饮料	1.0	固体饮料按稀释倍数增加使用量
胺膦酯	巧克力和巧克力制品、除05.01.01①以外的可可制品	10.0	
巴西棕榈蜡	新鲜水果	0.0004	以残留量计
白油（液体石蜡）	除胶基糖果以外的其他糖果	5.0	
L-半胱氨酸盐酸盐	发酵面制品	0.06	
苯甲酸及其钠盐	蜜饯凉果	0.5	以苯甲酸计
苯甲酸及其钠盐	茶、咖啡、植物（类）饮料	1.0	以苯甲酸计，固体饮料按稀释倍数增加使用量
冰结构蛋白	冷冻饮品（03.04②食用冰除外）	按生产需要适量使用	
L-丙氨酸	调味品	按生产需要适量使用	
丙二醇	糕点	3.0	
丙二醇脂肪酸酯	脂肪、油和乳化脂肪制品	10.0	
丙酸及其钠盐、钙盐	豆类制品	2.5	以丙酸计
茶多酚	熏、烧、烤肉类	0.3	以油脂中儿茶素计
茶多酚棕榈酸酯	基本不含水的脂肪和油	0.6	
赤藓红及其铝色淀	肉罐头类	0.015	以赤藓红计
刺梧桐胶	水油状脂肪乳化制品	按生产需要适量使用	
刺云实胶	果冻	5.0	如用于果冻粉，按冲调倍数增加使用量
醋酸酯淀粉	生湿面制品（如面条、饺子皮、馄饨皮、烧麦皮）（仅限生湿面条）	按生产需要适量使用	

① 此处0.5、0.1、0.1指可可制品（包括以可可为主要原料的脂、粉、浆、酱、馅等）。
② 此外03.04指食用冰。

续表

食品添加剂	食品名称	最大使用量/(g/kg)	备注
单辛酸甘油酯	肉灌肠类	0.5	
淀粉磷酸酯钠	饮料类（14.01[①] 包装饮用水除外）	按生产需要适量使用	固体饮料按稀释倍数增加使用量
靛蓝及其铝色淀	配制酒	0.1	以靛蓝计
丁基羟基茴香醚	坚果与籽类罐头	0.2	以油脂中的含量计
对羟基苯甲酸酯类及其钠盐	醋	0.25	以对羟基苯甲酸计
二丁基羟基甲苯	饼干	0.2	以油脂中的含量计
N-[N-(3,3-二甲基丁基)]-L-α-天门冬氨-L-苯丙氨	水果干类	0.1	
2,4-二氯苯氧乙酸	经表面处理的鲜水果	0.01	残留量≤2.0mg/kg
二氧化硅	香辛料类	20.0	
二氧化硫、焦亚硫酸钾、焦亚硫酸钠、亚硫酸钠、亚硫酸氢钠、低亚硫酸钠	腐竹类（包括腐竹、油皮等）	0.2	最大使用量以二氧化硫残留量计
二氧化碳	配制酒	按生产需要适量使用	
番茄红	风味发酵乳	0.006	
番茄红素	焙烤食品	0.05	以纯番茄红素计
蜂蜡	糖果	按生产需要适量使用	
富马酸	面包	3.0	
富马酸一钠	焙烤食品	按生产需要适量使用	
甘草酸胺、甘草酸一钾及甘草酸三钾	调味品	按生产需要适量使用	
甘草抗氧化物	油炸面制品	0.2	以甘草酸计
D-甘露糖醇	糖果	按生产需要适量使用	
柑橘黄	生干面制品	按生产需要适量使用	
高锰酸钾	食用淀粉	0.5	
谷氨酰胺转氨酶	豆类制品	0.25	
瓜尔胶	较大婴儿和幼儿配方食品	1.0 g/L	以即食状态食品中的使用量计
硅酸钙	酵母及酵母类制品	按生产需要适量使用	
果胶	稀奶油	按生产需要适量使用	
海萝胶	胶基糖果	10.0	
海藻酸丙二醇酯	冰激淋、雪糕类	1.0	
海藻酸钠（褐藻酸钠）	黄油和浓缩黄油	按生产需要适量使用	
核黄素	方便米面制品	0.05	
黑豆红	配制酒	0.8	

[①] 此处14.01指包装饮用水。

续表

食品添加剂	食品名称	最大使用量/(g/kg)	备注
黑加仑红	碳酸饮料	0.3	固体饮料按稀释倍数增加使用量
红花黄	杂粮罐头	0.2	
红米红	含乳饮料	按生产需要适量使用	固体饮料按稀释倍数增加使用量
红曲黄色素	风味饮料	按生产需要适量使用	
红曲米 红曲红	腐乳类	按生产需要适量使用	
β-胡萝卜素	水果罐头	1.0	
琥珀酸单甘油酯	蛋白饮料	2.0	
琥珀酸二钠	调味品	20.0	
花生衣红	饼干	0.4	
滑石粉	话化类	20.0	
槐豆胶	婴幼儿配方食品	7.0	
环己基氨基磺酸钠（甜蜜素）	果糕类	8.0	以环己基氨基磺酸计
β-环状糊精	复合蛋白饮料	0.5	固体饮料按稀释倍数增加使用量
黄原胶	生干面制品	4.0	
己二酸	果冻	0.1	如用于果冻粉，按冲调倍数增加使用量

(1) 食品添加剂的使用规定

① 食品添加剂的使用原则：使用食品添加剂不应对人体产生任何健康危害；不应掩盖食品腐败变质；不应掩盖食品本身或加工过程中的质量缺陷或以掺杂、掺假、伪造为目的而使用食品添加剂；不应降低食品本身的营养价值，在达到预期效果的前提下尽可能降低在食品中的使用量。

② 使用食品添加剂的几种情况：保持或提高食品本身的营养价值；作为某些特殊膳食用食品的必要配料或成分；提高食品的质量和稳定性，改进其感官特性；便于食品的生产、加工、包装、运输或者贮藏。食品添加剂的生产、经营和使用者所使用的食品添加剂应当符合相应的质量规格要求。

③ 使用食品添加剂的带入原则，即食品添加剂可以在下列情况下通过食品配料（含食品添加剂）带入食品中：食品配料中允许使用该食品添加剂；食品配料中该添加剂的用量不应超过允许的最大使用量；应在正常生产工艺条件下使用这些配料，并且食品中该添加剂的含量不应超过由配料带入的水平；由配料带入食品中的该添加剂的含量应明显低于直接将其添加到该食品中通常所需要的水平。

(2) 食品用香料、香精的使用原则

① 在食品中使用食品用香料、香精的目的是使食品产生、改变或提高食品的风味。食品用香料一般配制成食品用香精后用于食品加香，部分也可直接用于食品加香。食品用香料、香精不包括只产生甜味、酸味或咸味的物质，也不包括增味剂。

② 食品用香料、香精在各类食品中按生产需要适量使用。

③ 用于配制食品用香精的食品用香料品种应符合 GB 2760—2014 的规定。用物理方法、

酶法或微生物法（所用酶制剂应符合 GB 2760—2014 的有关规定）从食品（可以是未加工过的，也可以是经过了适合人类消费的传统的食品制备工艺的加工过程）中制得的具有香味特性的物质或天然香味复合物可用于配制食品用香精。天然香味复合物是一类含有食品用香味物质的制剂。

④ 具有其他食品添加剂功能的食品用香料，在食品中发挥其他食品添加剂功能时，应符合 GB 2760—2014 的规定。如：苯甲酸、肉桂醛、瓜拉纳提取物、二醋酸钠、琥珀酸二钠、磷酸三钙、氨基酸等。

⑤ 食品用香精可以含有对其生产、贮存和应用等所必需的食品用香精辅料（包括食品添加剂和食品）。

食品用香精辅料应符合以下要求：

a. 食品用香精中允许使用的辅料应符合相关标准的规定。在达到预期目的的前提下尽可能减少使用品种。

b. 作为辅料添加到食品用香精中的添加剂不应在最终食品中发挥功能作用，在达到预期目的的前提下尽可能降低在食品中的使用量。

⑥ 凡添加了食品用香料、香精的食品应按照国家相关标准进行标示。

GB 2760—2014 中还明确规定了不得添加食用香料香精的食品名单、允许使用的食品用天然香料名单、允许使用的食品用合成香料名单。

（3）食品工业用加工助剂及其使用原则

食品工业用加工助剂是指保证食品加工能顺利进行的各种物质，与食品本身无关。如助滤、澄清、吸附、脱模、脱色、脱皮、提取溶剂，发酵用营养物质等。食品工业用加工助剂的使用原则如下：

① 加工助剂应在食品生产加工过程中使用，使用时应具有工艺必要性，在达到预期目的前提下应尽可能降低使用量。

② 加工助剂一般应在制成最终成品之前除去，无法完全除去的，应尽可能降低其残留量，其残留量不应对健康产生危害，不应在最终食品中发挥功能作用。

③ 加工助剂应该符合相应的质量规格要求。

GB 2760—2014 中还明确规定了，可在各类食品加工过程中使用残留量不需限定的加工助剂名单（不含酶制剂）、需要规定功能和使用范围的加工助剂名单（不含酶制剂）、食品用酶制剂及其来源名单。

（4）食品添加剂功能类别

食品添加剂有 22 个常用功能类别，每个食品添加剂在食品中可具有以下一种或多种功能：

① 酸度调节剂。用以维持或改变食品酸碱度的物质。

② 抗结剂。用于防止颗粒或粉状食品聚集结块，保持其松散或自由流动状态的物质。

③ 消泡剂。在食品加工过程中降低表面张力、消除泡沫的物质。

④ 抗氧化剂。能防止或延缓油脂或食品成分氧化分解、变质，提高食品稳定性的物质。

⑤ 漂白剂。能够破坏、抑制食品的发色因素，使其褪色或使食品免于褐变的物质。

⑥ 膨松剂。在食品加工过程中加入的，能使产品发起并形成致密多孔组织，从而使制品膨松、柔软或酥脆的物质。

⑦ 胶基糖果中的基础剂物质。赋予胶基糖果起泡、增塑、耐咀嚼等作用的物质。

⑧ 着色剂。赋予食品色泽和改善食品色泽的物质。

⑨ 护色剂。能与肉及肉制品中呈色物质作用，使之在食品加工、保存等过程中不致分

解、破坏，使肉及肉制品呈现良好色泽的物质。

⑩ 乳化剂。能改善乳化体中各种构成相之间的表面张力，形成均匀分散体或乳化体的物质。

⑪ 酶制剂。由动物或植物的可食或非可食部分直接提取，或由传统或通过基因修饰的微生物（包括但不限于细菌、放线菌、真菌菌种）发酵、提取制得，用于食品加工，具有特殊催化功能的生物制品。

⑫ 增味剂。补充或增强食品原有风味的物质。

⑬ 面粉处理剂。促进面粉的熟化和提高制品质量的物质。

⑭ 被膜剂。涂抹于食品外表，起保质、保鲜、上光、防止水分蒸发等作用的物质。

⑮ 水分保持剂。有助于保持食品中水分而加入的物质。

⑯ 防腐剂。防止食品腐败变质、延长食品贮存期的物质。

⑰ 稳定剂和凝固剂。使食品结构稳定或使食品组织结构不变，增强黏性固形物的物质。

⑱ 甜味剂。赋予食品甜味的物质。

⑲ 增稠剂。可以提高食品的黏稠度或形成凝胶，从而改变食品的物理性状、赋予食品黏润、适宜的口感，并兼有乳化、稳定作用或使食品呈悬浮状态的物质。

⑳ 食品用香料。能够用于调配食品香精，并使食品增香的物质。

㉑ 食品工业用加工助剂。有助于食品加工能顺利进行的各种物质，与食品本身无关。如助滤、澄清、吸附、脱模、脱色、脱皮、提取溶剂等。

㉒ 其他。上述功能类别中不能涵盖的其他功能。

（5）复配食品添加剂通则

卫生部于 2011 年 7 月 5 日发布食品安全国家标准 GB 26687—2011《食品安全国家标准 复配食品添加剂通则》。该标准适用于除食品用香精和胶基糖果基础剂以外的所有复配食品添加剂。

所谓复配食品添加剂，是指为了改善食品品质、便于食品加工，将两种或两种以上单一品种的食品添加剂，添加或不添加辅料，经物理方法混匀而成的食品添加剂。定义中所说的辅料，是为复配食品添加剂的加工、贮存、溶解等工艺目的而添加的食品原料。复配食品添加剂应满足以下基本要求：

① 复配食品添加剂不应对人体产生任何健康危害。

② 复配食品添加剂在达到预期的效果下，应尽可能降低在食品中的用量。

③ 用于生产复配食品添加剂的各种食品添加剂，应符合 GB 2760 和卫生部公告的规定，具有共同的使用范围。

④ 用于生产复配食品添加剂的各种食品添加剂和辅料，其质量规格应符合相应的食品安全国家标准或相关标准。

⑤ 复配食品添加剂在生产过程中不应发生化学反应，不应产生新的化合物。

⑥ 复配食品添加剂的生产企业应按照国家标准和相关标准组织生产，制定复配食品添加剂的生产管理制度，明确规定各种食品添加剂的含量和检验方法。

复配食品添加剂的感官要求应符合表 9-9 的规定。

表 9-9 复配食品添加剂感官要求

要　　求	检验方法
不应有异味、异臭，不应有腐败及霉变现象，不应有肉眼可见的外来杂质	取适量被测样品于无色透明的容器或白瓷盘中，置于明亮处，观察形态、色泽，并在室温下嗅其气味

对于复配食品添加剂有害物质的控制，应根据复配的食品添加剂单一品种和辅料的食品安全国家标准或相关标准中对铅、砷等有害物质的要求，按照加权计算的方法由生产企业制定有害物质的限量并进行控制。终产品中相应有害物质不得超过限量。有害物质限量要求：砷（以 As 计）≤2.0mg/kg，铅（Pb）≤2.0mg/kg。

对于致病性微生物的控制，应根据所有复配的食品添加剂单一品种和辅料的食品安全国家标准或相关标准，对相应的致病性微生物进行控制，并在终产品中不得检出。

复配食品添加剂产品的标签、说明书应当标明下列事项：产品名称、商品名、规格、净含量、生产日期；各单一食品添加剂的通用名称、辅料的名称，进入市场销售和餐饮环节使用的复配食品添加剂还应标明各单一食品添加剂品种的含量；生产者的名称、地址、联系方式；产品的保质期、标准代号、贮存条件、生产许可证编号、使用范围、用量、使用方法；标签上载明"食品添加剂"字样，进入市场销售和餐饮环节使用的复配食品添加剂应标明"零售"字样；法律、法规要求应标注的其他内容。

进口复配食品添加剂应有中文标签、说明书，除标示上述内容外还应载明原产地以及境内代理商的名称、地址、联系方式，生产者的名称、地址、联系方式可以使用外文，可以豁免标识产品标准代号和生产许可证编号。复配食品添加剂的标签、说明书应当清晰、明显，容易辨识，不得含有虚假、夸大内容，不得涉及疾病预防、治疗功能。

7. 营养强化剂

卫生部于 2012 年 3 月 15 日发布食品安全国家标准 GB 14880—2012《食品安全国家标准 食品营养强化剂使用标准》。该标准适用于食品中营养强化剂的使用，国家法律、法规和（或）标准另有规定的除外。

营养强化剂是指为了增加食品的营养成分（价值）而加入食品中的天然或人工合成的营养素和其他营养成分。定义中的营养素是指食物中具有特定生理作用，能维持机体生长、发育、活动、繁殖以及正常代谢的物质，包括蛋白质、脂肪、碳水化合物、矿物质、维生素等。与 GB 14880—1994《食品营养强化剂使用卫生标准》相比，GB 14880—2012 删除了原标准中附录 A "食品营养强化剂使用卫生标准实施细则"；在风险评估的基础上，结合该标准的食品类别（名称），调整、合并了部分营养强化剂的使用品种、使用范围和使用量，删除了部分不适宜强化的食品类别；列出了允许使用的营养强化剂化合物来源名单；增加了营养强化的主要目的、使用营养强化剂的要求和可强化食品类别的选择要求等内容。

使用营养强化剂的要求如下：

① 营养强化剂的使用不应导致人群食用后营养素及其他营养成分摄入过量或不均衡，不应导致任何营养素及其他营养成分的代谢异常。

② 营养强化剂的使用不应鼓励和引导与国家营养政策相悖的食品消费模式。

③ 添加到食品中的营养强化剂应能在特定的贮存、运输和使用条件下保持质量的稳定。

④ 添加到食品中的营养强化剂不应导致食品一般特性如色泽、滋味、气味、烹调特性等发生明显不良改变。

⑤ 不应通过使用营养强化剂夸大食品中某一营养成分的含量或作用误导和欺骗消费者。

8. 预包装食品标签标准

预包装食品，是指预先定量包装或者制作在包装材料和容器中的食品，包括预先定量包装以及预先定量制作在包装材料和容器中并且在一定限量范围内具有统一的质量或体积标识的食品。GB 7718—2011《食品安全国家标准 预包装食品标签通则》于 2011 年 4 月 20 日发布。该标准适用于直接提供给消费者的预包装食品标签和非直接提供给消费者的预包装食品标签,不适用于为预包装食品在贮藏运输过程中提供保护的食品贮运包装标签、散装食品和现制现售食品的标识。与 GB 7718—2004《预包装食品标签通则》版本相比,新版标准既体现了食品安全标准的基本要求,又保证了消费者的知情权,提高了标准实施的可操作性。

(1) 预包装食品标签的基本要求

① 应符合法律、法规的规定,并符合相应食品安全标准的规定。

② 应清晰、醒目、持久,应使消费者购买时易于辨认和识读。

③ 应通俗易懂、有科学依据,不得标示封建迷信、色情、贬低其他食品或违背营养科学常识的内容。

④ 应真实、准确,不得以虚假、夸大、使消费者误解或欺骗性的文字、图形等方式介绍食品,也不得利用字号大小或色差误导消费者。

⑤ 不应直接或以暗示性的语言、图形、符号,误导消费者将购买的食品或食品的某一性质与另一产品混淆。

⑥ 不应标注或者暗示具有预防、治疗疾病作用的内容,非保健食品不得明示或者暗示具有保健作用。

⑦ 不应与食品或者其包装物(容器)分离。

⑧ 应使用规范的汉字(商标除外)。具有装饰作用的各种艺术字,应书写正确,易于辨认。可以同时使用拼音或少数民族文字,拼音不得大于相应汉字。可以同时使用外文,但应与中文有对应关系(商标、进口食品的制造者和地址、国外经销者的名称和地址、网址除外),所有外文不得大于相应的汉字(商标除外)。

⑨ 预包装食品包装物或包装容器最大表面面积大于 $35cm^2$ 时,强制标示内容的文字、符号、数字的高度不得小于 1.8mm。

⑩ 一个销售单元的包装中含有不同品种、多个独立包装可单独销售的食品,每件独立包装的食品标识应当分别标注。

⑪ 若外包装易于开启识别或透过外包装物能清晰地识别内包装物(容器)上的所有强制标示内容或部分强制标示内容,可不在外包装物上重复标示相应的内容;否则应在外包装物上按要求标示所有强制标示内容。

(2) 直接向消费者提供的预包装食品的标签应标示的内容

直接向消费者提供的预包装食品的标签应包括食品名称,配料表,净含量和规格,生产日期和保质期,贮存条件,生产者和(或)经销者的名称、地址和联系方式,食品生产许可证编号,产品标准代号及其他需要标示的内容。主要标示内容的要求如下:

① 食品名称。应在食品标签的醒目位置,清晰地标示反映食品真实属性的专用名称;标示"新创名称""奇特名称""音译名称""牌号名称""地区俚语名称"或"商标名称"时,应在所示名称的同一展示版面标示专用名称;为不使消费者误解或混淆食品的真实属性、物理状态或制作方法,可以在食品名称前或食品名称后附加相应的词或短语,如干燥的、浓缩的、复原的、熏制的、油炸的、粉末的、粒状的等。

② 配料表。预包装食品的标签上应标示配料表,配料表中的各种配料应标示具体名称;食品添加剂应当标示其在《食品安全国家标准 食品添加剂使用标准》(GB 2760)中的食品添加剂通用名称。食品添加剂通用名称可以标示为食品添加剂的具体名称,也可标示为食品添加剂的功能类别名称并同时标示食品添加剂的具体名称或国际编码(INS 号)。

③ 配料的定量标示。如果在食品标签或食品说明书上特别强调添加了含有一种或多种有价值、有特性的配料或成分,应标示所强调配料或成分的添加量或在成品中的含量;如果在食品的标签上特别强调一种或多种配料或成分的含量较低或无时,应标示所强调配料或成

分在成品中的含量；食品名称中提及的某种配料或成分而未在标签上特别强调，不需要标示该种配料或成分的添加量或在成品中的含量。

④ 净含量和规格。净含量的标示应由净含量、数字和法定计量单位组成；应依据法定计量单位标示包装物（容器）中食品的净含量；净含量应与食品名称在包装物或容器的同一展示版面标示；容器中含有固、液两相物质的食品，且固相物质为主要食品配料时，除标示净含量外，还应以质量或质量分数的形式标示沥干物（固形物）的含量；同一预包装内含有多个单件预包装食品时，大包装在标示净含量的同时还应标示规格；规格的标示应由单件预包装食品净含量和件数组成，或只标示件数，可不标示"规格"二字；单件预包装食品的规格即指净含量。

⑤ 生产者、经销者的名称、地址和联系方式。应当标注生产者的名称、地址和联系方式。生产者名称和地址应当是依法登记注册，并能够承担产品安全质量责任的生产者的名称、地址；依法承担法律责任的生产者或经销者的联系方式应标示以下至少一项内容：电话、传真、网络联系方式等，或与地址一并标示的邮政地址；进口预包装食品应标示原产国国名或地区区名（如香港、澳门、台湾），以及在中国依法登记注册的代理商、进口商或经销者的名称、地址和联系方式，可不标示生产者的名称、地址和联系方式。

⑥ 日期标示。应清晰标示预包装食品的生产日期和保质期。如日期标示采用"见包装物某部位"的形式，应标示所在包装物的具体部位。日期标示不得另外加贴、补印或篡改；当同一预包装内含有多个标示了生产日期及保质期的单件预包装食品时，外包装上标示的保质期应按最早到期的单件食品的保质期计算。外包装上标示的生产日期应为最早生产的单件食品的生产日期，或外包装形成销售单元的日期；也可在外包装上分别标示各单件装食品的生产日期和保质期；应按年、月、日的顺序标示日期，如果不按此顺序标示，应注明日期标示顺序。

⑦ 贮存条件。预包装食品标签应标示贮存条件。

⑧ 食品生产许可证编号。预包装食品标签应标示食品生产许可证编号的，标示形式按照相关规定执行。

⑨ 产品标准代号。在国内生产并在国内销售的预包装食品（不包括进口预包装食品）应标示产品所执行的标准代号和顺序号。

⑩ 其他标示内容

a. 辐照食品。经电离辐射线或电离能量处理过的食品应在食品名称附近标示"辐照食品"，经电离辐射线或电离能量处理过的任何配料，应在配料表中标明。

b. 转基因食品。转基因食品的标示应符合相关法律、法规的规定。

c. 营养标签。特殊膳食类食品和专供婴幼儿的主辅类食品，应当标示主要营养成分及其含量，标示方式按照《食品安全国家标准 预包装特殊膳食用营养标签通则》（GB 13432）执行。

d. 质量（品质）等级。食品所执行的相应产品标准已明确规定质量（品质）等级的，应标示质量（品质）等级。

（3）非直接提供给消费者的预包装食品的标签应标示的内容

非直接提供给消费者的预包装食品的标签应标示食品名称、规格、净含量、生产日期、保质期和贮存条件，其他内容如未在标签上标注，则应在说明书或合同中注明。

（4）标示内容的豁免

酒精度大于等于10%的饮料酒、食醋、食用盐、固态食糖类、味精，可以免除标示保质期；当预包装食品包装物或包装容器的最大表面面积小于10cm^{2}时，可以只标示产品名称、净含量、生产者（或经销商）的名称和地址。

（5）推荐标示内容

① 批号。根据产品需要，可以标示产品的批号。

② 食用方法。根据产品需要，可以标示容器的开启方法、食用方法、烹调方法、复水再制方法等对消费者有帮助的说明。

③ 致敏物质。食品及其制品可能导致过敏反应，如果用作配料，宜在配料表中使用易辨识的名称，或在配料表邻近位置加以提示；如加工过程中可能带入上述食品或其制品，宜在配料表临近位置加以提示。

9. 食品接触材料及制品用添加剂

食品接触材料及制品用添加剂是指食品接触材料及制品生产过程中，为满足预期用途，所添加的有助于改善其品质、特性，或辅助改善品质、特性的物质；也包括在食品接触材料及制品生产过程中，所添加的为保证生产过程顺利进行，而不是为了改善终产品品质、特性的加工助剂。

2016年10月19日，国家卫生和计划生育委员会发布GB 9685—2016《食品安全国家标准 食品接触材料及制品用添加剂标准》，该标准规定了食品接触材料及制品用添加剂的使用原则、允许使用的添加剂品种、使用范围、最大使用量、特定迁移限量或最大残留量、特定迁移总量限量及其他限制性要求。特定迁移限量（SML）是指从食品接触材料及制品迁移到与其接触的食品或食品模拟物中的某种或某类添加剂的最大允许量，以每千克食品或食品模拟物中指定的某种或某类迁移物质（或基团）的毫克数（mg/kg），或食品接触材料及制品与食品或食品模拟物的每平方分米面积中指定的某种或某类迁移物质（或基团）的毫克数（mg/dm^2）表示。食品接触材料及制品用添加剂的使用需要遵循以下几个原则：

① 食品接触材料及制品在推荐的使用条件下与食品接触时，迁移到食品中的添加剂及其杂质水平不应危害人体健康。

② 食品接触材料及制品在推荐的使用条件下与食品接触时，迁移到食品中的添加剂不应造成食品成分、结构或色香味等性质的改变（有特殊规定的除外）。

③ 使用的添加剂在达到预期的效果下应尽可能降低在食品接触材料及制品中的用量。

④ 使用的添加剂应符合相应的质量规格要求。

⑤ 列于GB 2760的物质，允许用作食品接触材料及制品用添加剂时，不得对所接触的食品本身产生技术功能。

（二）食品、食品添加剂及食品相关产品标准

1. 食品产品质量安全标准

食品产品标准是对产品结构、规格、质量、检验方法等所做的技术规范，是我国现行食品标准中数量最多的一类，该标准涉及谷物及其制品、乳与乳制品、蛋与蛋制品、肉与肉制品、水产品及其制品、果蔬及其制品、食用油、油脂及其制品、饮料、酒类、豆类及其制品、食用淀粉及其衍生物、调味品和香辛料、坚果和籽类、罐头食品、焙烤食品、糖果和巧克力、蜂产品、茶叶、辐照食品、保健食品和其他食品21类食品。通过对这些标准的系统的分析，总结现行标准存在的问题，提出标准的清理意见。为避免再次出现由于标准繁多而导致的标准之间的重复、交叉、矛盾等问题，食品安全国家标准在构建初始就注重通用性更强的基础标准的构建，对于食品产品的安全标准则建议直接引用基础标准的指标，不再单独制定或重复列出基础标准已涵盖的内容。清理后拟形成食品安全国家标准目录，共计79项

标准。其中71项是在现行行业标准的基础上进行修订、整合或者已经是食品安全国家标准制修订项目计划，8项是建议新增的食品安全国家标准，包括果蔬酱、坚果及籽类酱、食品工业用盐、复合调味品料、香辛料通则、茶叶、可可豆及其可可制品、胶原蛋白。目前我国发布的部分食品产品质量安全国家标准详见表9-10。

表9-10 食品产品质量安全国家标准

序号	标准代号	标准名称
1	GB 19301—2010	食品安全国家标准 生乳
2	GB 19645—2010	食品安全国家标准 巴氏杀菌乳
3	GB 25190—2010	食品安全国家标准 灭菌乳
4	GB 25191—2010	食品安全国家标准 调制乳
5	GB 5420—2010	食品安全国家标准 干酪
6	GB 14963—2011	食品安全国家标准 蜂蜜
7	GB 26878—2011	食品安全国家标准 食用盐碘含量
8	GB 2711—2014	食品安全国家标准 面筋制品
9	GB 2712—2014	食品安全国家标准 豆制品
10	GB 7096—2014	食品安全国家标准 食用菌及其制品
11	GB 10133—2014	食品安全国家标准 水产调味品
12	GB 15203—2014	食品安全国家标准 淀粉糖
13	GB 19300—2014	食品安全国家标准 坚果与籽类食品
14	GB 16740—2014	食品安全国家标准 保健食品
15	GB 17401—2014	食品安全国家标准 膨化食品
16	GB 19298—2014	食品安全国家标准 包装饮用水
17	GB 2714—2015	食品安全国家标准 酱腌菜
18	GB 2720—2015	食品安全国家标准 味精
19	GB 7099—2015	食品安全国家标准 糕点、面包
20	GB 17400—2015	食品安全国家标准 方便面
21	GB 31602—2015	食品安全国家标准 干海参
22	GB 19641—2015	食品安全国家标准 食用植物油料
23	GB 19299—2015	食品安全国家标准 果冻
24	GB 15196—2015	食品安全国家标准 食用油脂制品
25	GB 10136—2015	食品安全国家标准 动物性水产制品
26	GB 7101—2015	食品安全国家标准 饮料
27	GB 7098—2015	食品安全国家标准 罐头制品
28	GB 2749—2015	食品安全国家标准 蛋与蛋制品

2. 食品添加剂安全标准

食品添加剂是指为改善食品品质和色、香、味，以及为防腐、保鲜和加工工艺的需要而加入食品中的人工合成或者天然物质。食品添加剂本身不是以食用为目的，也不是作为食品的原料物质，其自身并不一定含有营养物质，但是它在增强食品营养功能、改善食品感官风味、延长食品保质期、改善食品加工工艺,以及新产品开发等诸多方面具有重要作用。随着食品工业的快速发展,食品添加剂已经成为现代食品工业的重要组成部分,并且已经成为食品工业技术进步和科技创新的重要推动力。

由于食品添加剂大多属于化学合成物质或者动植物提取物,其安全问题受到世界各国和国际组织的重视。目前,为规范食品添加剂的生产经营和使用管理,我国已建立了一套完善的食品添加剂监督管理和安全性评价制度。

为加强食品添加剂新品种管理,卫生部根据《食品安全法》及其实施条例的规定,制定了《食品添加剂新品种管理办法》,负责食品添加剂的安全性评价和食品添加剂国家标准的制定。食品添加剂新品种是指未列入食品安全国家标准的食品添加剂品种、未列入卫生部公告允许使用的食品添加剂品种、扩大使用范围或者用量的食品添加剂品种。卫生部负责食品添加剂新品种的审查许可工作,组织制定食品添加剂新品种技术评价和审查规范。

截止到2017年底,我国已公布665项有关食品添加剂的食品安全国家标准,其中包括GB 2760—2014《食品安全国家标准 食品添加剂使用标准》、GB 26687—2011《食品安全国家标准 复配食品添加剂通则》、GB 29924—2013《食品安全国家标准 食品添加剂标识通则》和662项食品添加剂产品标准。部分标准见表9-11。

表9-11 食品添加剂食品安全国家标准

序号	标准代号	标准名称
1	GB 1886.211—2016	食品安全国家标准 食品添加剂 茶多酚(又名维多酚)
2	GB 1886.210—2016	食品安全国家标准 食品添加剂 丙酸
3	GB 1886.209—2016	食品安全国家标准 食品添加剂 正丁醇
4	GB 1886.208—2016	食品安全国家标准 食品添加剂 乙基麦芽酚
5	GB 1886.207—2016	食品安全国家标准 食品添加剂 中国肉桂油
6	GB 1886.206—2016	食品安全国家标准 食品添加剂 L-香芹酮
7	GB 1886.250—2016	食品安全国家标准 食品添加剂 植酸钠
8	GB 1886.249—2016	食品安全国家标准 食品添加剂 4-己基间苯二酚
9	GB 1886.204—2016	食品安全国家标准 食品添加剂 亚洲薄荷素油
10	GB 1886.248—2016	食品安全国家标准 食品添加剂 稳定态二氧化氯
11	GB 1886.202—2016	食品安全国家标准 食品添加剂 乙酸异戊酯
12	GB 1886.247—2016	食品安全国家标准 食品添加剂 碳酸氢钾
13	GB 1886.20—2016	食品安全国家标准 食品添加剂 氢氧化钠
14	GB 1886.246—2016	食品安全国家标准 食品添加剂 滑石粉
15	GB 1886.201—2016	食品安全国家标准 食品添加剂 乙酸苄酯
16	GB 1886.245—2016	食品安全国家标准 食品添加剂 复配膨松剂
17	GB 1886.244—2016	食品安全国家标准 食品添加剂 紫甘薯色素
18	GB 1886.199—2016	食品安全国家标准 食品添加剂 天然薄荷脑
19	GB 1886.243—2016	食品安全国家标准 食品添加剂 海藻酸钠(又名褐藻酸钠)
20	GB 1886.241—2016	食品安全国家标准 食品添加剂 甘草酸三钾
21	GB 1886.196—2016	食品安全国家标准 食品添加剂 己酸乙酯
22	GB 1886.240—2016	食品安全国家标准 食品添加剂 甘草酸一钾
23	GB 1886.195—2016	食品安全国家标准 食品添加剂 丁酸异戊酯

续表

序号	标准代号	标准名称
24	GB 1886.239—2016	食品安全国家标准 食品添加剂 琼脂
25	GB 1886.194—2016	食品安全国家标准 食品添加剂 丁酸乙酯
26	GB 1886.238—2016	食品安全国家标准 食品添加剂 改性大豆磷脂
27	GB 1886.193—2016	食品安全国家标准 食品添加剂 丙酸乙酯
28	GB 1886.237—2016	食品安全国家标准 食品添加剂 植酸（又名肌醇六磷酸）
29	GB 1886.192—2016	食品安全国家标准 食品添加剂 苯乙醇
30	GB 1886.235—2016	食品安全国家标准 食品添加剂 柠檬酸
31	GB 1886.234—2016	食品安全国家标准 食品添加剂 木糖醇
32	GB 1886.233—2016	食品安全国家标准 食品添加剂 维生素E
33	GB 1886.232—2016	食品安全国家标准 食品添加剂 羧甲基纤维素钠
34	GB 1886.231—2016	食品安全国家标准 食品添加剂 乳酸链球菌素
35	GB 1886.230—2016	食品安全国家标准 食品添加剂 抗坏血酸棕榈酸酯
36	GB 1886.229—2016	食品安全国家标准 食品添加剂 硫酸铝钾（又名钾明矾）
37	GB 1886.228—2016	食品安全国家标准 食品添加剂 二氧化碳
38	GB 1886.226—2016	食品安全国家标准 食品添加剂 海藻酸丙二醇酯
39	GB 1886.225—2016	食品安全国家标准 食品添加剂 乙氧基喹
40	GB 1886.224—2016	食品安全国家标准 食品添加剂 日落黄铝色淀
41	GB 1886.223—2016	食品安全国家标准 食品添加剂 诱惑红铝色淀
42	GB 1886.22—2016	食品安全国家标准 食品添加剂 柠檬油
43	GB 1886.221—2016	食品安全国家标准 食品添加剂 胭脂红铝色淀
44	GB 1886.218—2016	食品安全国家标准 食品添加剂 亮蓝铝色淀
45	GB 1886.286—2016	食品安全国家标准 食品添加剂 丁酸丁酯
46	GB 1886.216—2016	食品安全国家标准 食品添加剂 氧化镁（包括重质和轻质）
47	GB 1886.215—2016	食品安全国家标准 食品添加剂 白油（又名液体石蜡）
48	GB 1886.214—2016	食品安全国家标准 食品添加剂 碳酸钙（包括轻质和重质碳酸钙）
49	GB 1886.213—2016	食品安全国家标准 食品添加剂 二氧化硫
50	GB 1886.212—2016	食品安全国家标准 食品添加剂 酪蛋白酸钠（又名酪朊酸钠）
51	GB 1886.282—2016	食品安全国家标准 食品添加剂 麦芽酚
52	GB 1886.28—2016	食品安全国家标准 食品添加剂 D-异抗坏血酸钠
53	GB 1886.21—2016	食品安全国家标准 食品添加剂 乳酸钙
54	GB 1886.277—2016	食品安全国家标准 食品添加剂 树兰花油
55	GB 1886.276—2016	食品安全国家标准 食品添加剂 白兰叶油
56	GB 1886.267—2016	食品安全国家标准 食品添加剂 绿茶酊
57	GB 1886.263—2016	食品安全国家标准 食品添加剂 玫瑰净油
58	GB 1886.260—2016	食品安全国家标准 食品添加剂 橙皮素
59	GB 1886.257—2016	食品安全国家标准 食品添加剂 溶菌酶
60	GB 1886.255—2016	食品安全国家标准 食品添加剂 活性炭

续表

序号	标准代号	标准名称
61	GB 1886.251—2016	食品安全国家标准 食品添加剂 氧化铁黑
62	GB 1886.94—2016	食品安全国家标准 食品添加剂 亚硝酸钾
63	GB 1886.77—2016	食品安全国家标准 食品添加剂 罗汉果甜苷
64	GB 1886.6—2016	食品安全国家标准 食品添加剂 硫酸钙
65	GB 1886.186—2016	食品安全国家标准 食品添加剂 山梨酸
66	GB 1886.169—2016	食品安全国家标准 食品添加剂 卡拉胶
67	GB 1886.105—2016	食品安全国家标准 食品添加剂 辣椒橙
68	GB 1886.63—2015	食品安全国家标准 食品添加剂 膨润土

3. 食品相关产品安全标准

食品相关产品是指用于食品的包装材料、容器、洗涤剂、消毒剂和用于食品生产经营的工具、设备。用于食品的包装材料和容器，指包装、盛放食品或者食品添加剂用的纸、竹、木、金属、搪瓷、陶瓷、塑料、橡胶、天然纤维、玻璃等制品和直接接触食品或者食品添加剂的涂料。用于食品的洗涤剂、消毒剂，指直接用于洗涤或者消毒食品、餐饮具以及直接接触食品的工具、设备或者食品包装材料和容器的物质。用于食品生产经营的工具、设备，指在食品或者食品添加剂生产、流通、使用过程中直接接触食品或者食品添加剂的机械、管道、传送带、容器、用具、餐具等。

食品相关产品的安全性直接影响食品安全，继而对人体健康产生影响。近年来，随着食品生产加工经营行为的日益多样化，食品相关产品涉及的物品种类日趋复杂。如何科学地界定具体的某种食品相关产品是否为食品级或可以用于食品的生产经营活动，其安全性如何，是否会对直接或间接接触的食品造成不利影响，已成为食品相关产品监管的重要内容。在这种情况下，依据食品安全标准来规范食品相关产品的生产经营活动显得尤为重要。

我国已制定塑料、橡胶、涂料、金属、纸等69项食品包装材料和包装容器标准，主要为食品卫生标准和检验方法标准。这些标准绝大部分是在20世纪80年代末与90年代初制定的，存在着标准数量少、检验项目少、安全限量指标不合理、缺乏限量值及检测方法等问题，不能从根本上适应食品行业的发展需要，更不能满足消费者对食品安全的需要。据统计，我国食品容器、包装材料助剂使用卫生标准仅规定了65种助剂限量标准，而欧盟仅在2002/72/EC指令中就对近400种化学物质制定了明确的限量标准。我国目前已经发布国家安全标准的食品相关产品安全标准见表9-12。

表9-12 食品相关产品安全标准

序号	标准代号	标准名称
1	GB 4806.9—2016	食品接触用金属材料及制品
2	GB 14930.2—2012	消毒剂
3	GB 4806.10—2016	食品接触用涂料及涂层
4	GB 14930.1—2015	洗涤剂
5	GB 31604.1—2015	食品接触材料及制品迁移试验通则
6	GB 4806.2—2015	奶嘴

（三）食品生产经营过程的卫生要求标准

1. 食品生产卫生规范

食品生产卫生规范又称良好操作规范（good manufacture practice，GMP），是食品企业在原辅材料采购、产品加工、包装和贮运等过程中，关于人员、建筑、设施、设备的设置，以及卫生、生产过程、产品品质等管理应达到的条件和要求，以确保提供安全、可靠、卫生的产品。

1994年我国建立了《食品企业通用卫生规范》（GB 14881—1994），在规范我国食品生产企业加工环境，提高从业人员食品卫生意识，保证食品产品的卫生安全方面起到了积极作用。近些年来，随着食品生产环境、生产条件的变化，食品加工新工艺、新材料、新品种不断涌现，食品企业生产技术水平进一步提高，对生产过程控制提出了新的要求，原标准的许多内容已经不能适应食品行业的实际需求，为此中华人民共和国国家卫生和计划生育委员会在2013年组织修订了新版《食品安全国家标准 食品生产通用卫生规范》（GB 14881—2013）。

GB 14881标准分14章，内容包括：范围，术语与定义，选址及厂区环境，厂房和车间，设施与设备，卫生管理，食品原料、食品添加剂和食品相关产品，生产过程的食品安全控制，检验，食品的贮存和运输，产品召回管理，培训，管理制度和人员，记录和文件管理。附录"食品加工过程的微生物监控程序指南"，针对食品生产过程中较难控制的微生物污染因素，向食品生产企业提供了指导性较强的监控程序建立指南。

与GB 14881—1994相比，新标准主要有以下几方面变化：强化了源头控制，对原料采购、验收、运输和贮存等环节的食品安全控制措施做了详细规定；加强了过程控制，对加工、产品贮存和运输等食品生产过程的食品安全控制提出了明确要求，并制定了生物、化学、物理等主要污染的控制措施；加强对生物、化学、物理污染的防控，对设计布局、设施设备、材质和卫生管理提出了要求；增加了产品追溯与召回的具体要求；增加了记录和文件的管理要求；增加了附录A"食品加工过程的微生物监控程序指南"。

2009年《食品安全法》颁布前，卫生部以食品卫生国家标准的形式发布了近20项"卫生规范"和"良好生产规范"。有关行业主管部门制定和发布了各类"良好生产规范""技术操作规范"等400余项生产经营过程标准。2010年以来，国家卫生和计划生育委员会（包括卫生部）先后颁布了《食品安全国家标准 乳制品良好生产规范》（GB 12693—2010）、《食品安全国家标准 粉状婴幼儿配方食品良好生产规范》（GB 23790—2010）、《食品安全国家标准 特殊医学用途食品良好生产规范》（GB 29923—2013）、《食品安全国家标准 食品接触材料及制品生产通用卫生规范》（GB 31603—2015）、《食品安全国家标准 食品经营过程卫生规范》（GB 31621—2014），作为各类食品生产过程管理和监督执法的依据。

良好操作规范是一种具有专业特性的质量保证体系和制造业管理体系。政府以法规形式对所有食品制定了一个通用的良好操作规范，所有企业在生产食品时都应自主地采用该操作规范。同时政府还针对各种类别的食品（如低酸性罐头食品）制定一系列的GMP，各食品厂在生产该类食品时也应自主地遵守它的GMP。食品GMP要求对食品加工的原料、加工的环境和设施、加工贮存的工艺和技术、加工的人员等的管理都符合良好操作规范，防止食品污染，减少事故发生，确保食品安全和稳定。

2. 乳制品、饮料等食品生产规范

2010年3月26日卫生部发布食品安全国家标准GB 12693—2010《乳制品良好生产规

范》，代替 GB 12693—2003《乳品厂卫生规范》和 GB/T 21692—2008《乳粉卫生操作规范》。与 GB 12693—2003 和 GB/T 21692—2008 相比，该标准对适应范围进行了调整，强调了适用于各类乳制品企业；强调了在原料进场、生产过程的食品安全控制，产品的运输和贮存整个生产过程中防止污染的要求；对生产设备进行了调整，从防止微生物、化学、物理污染的角度对生产设备提出了布局、材质和设计要求；并强调了生产过程的食品安全控制，制定了控制微生物、化学、物理污染的主要措施；取消了实验室建设中的硬件要求，增加了原料采购、验收、运输和贮存的相关要求以及对包装材料的使用及其要求。该标准适用于以牛乳（或羊乳）及其加工制品等为主要原料加工各类乳制品的生产企业。

2015 年 11 月 13 日国家卫计委发布 GB 7101—2015《食品安全国家标准 饮料》，代替 GB 2759.2—2003《碳酸饮料卫生标准》、GB 7101—2003《固体饮料卫生标准》、GB 11673—2003《含乳饮料卫生标准》、GB 16321—2003《乳酸菌饮料卫生标准》、GB 16322—2003《植物蛋白饮料卫生标准》、GB 19296—2003《茶饮料卫生标准》、GB 19297—2003《果、疏汁饮料卫生标准》、GB 19642—2005《可可粉固体饮料卫生标准》。与被代替标准相比，该标准将名称修改为"食品安全国家标准 饮料"，且修改了理化指标和微生物限量，具体见表 9-13 和表 9-14。

表 9-13 理化指标

项 目	指标	检验方法
锌、铜、铁总和[①]/(mg/L) ≤	20	GB 5009.13 或 GB 5009.14 或 GB/T 5009.90
氰化物(以 HCN 计)[②]/(mg/L) ≤	0.05	GB/T 5009.48
脲酶试验[③]	阴性	植物蛋白饮料按 GB/T 5009.183 检验

① 仅适用于金属罐装果蔬汁饮料。
② 仅适用于以杏仁为原料的饮料。
③ 仅适用于以大豆为原料的饮料。
注：固体饮料、浓缩饮料按产品标签标示的冲调比例稀释后应符合该标准要求。

表 9-14 微生物限量

项 目	采样方案[①]及限量				检验方法
	n	c	m	M	
菌落总数[②]/(CFU/g 或 CFU/mL)	5	2	$10^2(10^3)$	$10^4(5\times10^4)$	GB 4789.2
大肠菌群/(CFU/g 或 CFU/mL)	5	2	1(10)	$10(10^2)$	GB 4789.3 中的平板计数法
霉菌/(CFU/g 或 CFU/mL)			20(50)		GB 4789.15
酵母[③]/(CFU/g 或 CFU/mL)			20		GB 4789.15

① 样品的采样及处理按 GB 4789.1 和 GB/T 4789.21 执行。
② 不适用于活菌（为杀菌）型乳酸菌饮料。
③ 不适用于固体饮料。
注：1. 括号中的限值仅适用固体饮料，且奶茶、豆奶粉、可可固体饮料菌数的 $m=10^4$ CFU/g。
2. n 为同一批次产品应采集的样品件数；c 为最大可允许超出 m 值的样品数；m 为微生物指标可接受的限值量；M 为微生物指标的最高安全限量值。

3. 食品添加剂生产卫生规范

为贯彻《食品添加剂卫生管理办法》，加强食品添加剂生产企业的卫生管理，规范食品添加剂的申报与受理，保证食品添加剂的卫生安全，依据《中华人民共和国食品安全法》和《食品添加剂卫生管理办法》制定了《食品添加剂生产企业卫生规范》（2002 年 7 月 3 日颁布实施）。规范的主要内容是规定了食品添加剂生产企业选址、设计与设施、原料采购、生产过程、贮存、运输和从业人员的基本卫生要求和管理原则。规范的使用范围是凡从事食品添加剂生产的企业，包括食品香精、香料和食品工业用加工助剂的生产企业，规范的性质属于国家强制性执行的法规。

4. 食品相关产品生产卫生规范

2015年9月21日国家卫生健康委员会发布了GB 31603—2015《食品安全国家标准 食品接触材料及制品生产通用卫生规范》，于2016年9月21日起实施，该标准规定了食品接触材料及制品的生产，包括原辅料采购、加工、包装、贮存和运输等各个环节的场所、设施、人员的基本卫生要求和管理准则。该标准适用于各类食品接触材料及制品的生产，如确有必要制定某类食品接触材料及制品的专项卫生规范，应当以该标准作为基础。

5. 食品经营卫生规范

GB 31621—2014《食品安全国家标准 食品经营过程卫生规范》于2015年5月24日实施，该标准规定了食品采购、运输、验收、贮存、分装与包装、销售等经营过程中的食品安全要求；该标准适用于各种类型的食品经营活动，不适用于网络食品交易、餐饮服务、现制现售的食品经营活动。该标准对卫生管理方面做出以下规定：

① 食品经营企业应根据食品的特点以及经营过程的卫生要求，建立对保证食品安全具有显著意义的关键控制环节的监控制度，确保有效实施并定期检查，发现问题及时纠正。

② 食品经营企业应制定针对经营环境、食品经营人员、设备及设施等的卫生监控制度，确立内部监控的范围、对象和频率，记录并存档监控结果，定期对执行情况和效果进行检查，发现问题及时纠正。

③ 食品经营人员应符合国家相关规定对人员健康的要求，进入经营场所应保持个人卫生和衣帽整洁，防止污染食品。

④ 使用卫生间、接触可能污染食品的物品后，再次从事接触食品、食品工具、容器、食品设备、包装材料等与食品经营有关的活动前，应洗手消毒。

⑤ 在食品经营过程中，不应饮食、吸烟、随地吐痰、乱扔废弃物等。

⑥ 接触直接入口或不需清洗即可加工的散装食品时应戴口罩、手套和帽子，头发不应外露。

6. 餐饮操作卫生规范

餐饮业是指通过加工制作、商业销售和服务性劳动等手段，向消费者提供食品（包括饮料）、消费场所和设施的食品生产经营行业。餐饮业是我国食品行业中消费额最大的一个行业。餐饮业同时又是一个社会窗口，它集服务、美食、社交文化、艺术、风俗于一体，从侧面也反映了一个地区的对外形象，并且还是与人民群众的生活息息相关、紧密相连的民心工程。

餐饮业具有网点多、服务环境差别大、服务对象流动人员多、从业人员水平差距大、管理难度大等特点。我国政府和各级有关部门对餐饮业的卫生管理历来十分重视，已先后出台多部专门针对餐饮业及集体食堂和学生饭堂的法规和条例。新颁布的《食品安全法》规定，餐饮服务活动由国家食品安全监督管理总局实施监督管理。2003年8月14日，国务院发布的《食品安全行动计划》明确提出至2007年，全国学生集中供餐企业、快餐供应企业、餐饮业和医院营养配餐企业等都要实施HACCP管理。

2000年1月16日，为加强餐饮业的卫生管理，保障消费者身体健康，根据《食品卫生法》，卫生部制定《餐饮业食品卫生管理办法》，该办法自2000年6月1日起施行。2005年12月25日，为贯彻落实《国务院关于进一步加强食品安全工作的决定》和《中编办关于进一步明确食品安全监管部门职责分工有关问题的通知》精神，进一步规范食品卫生许可证的管理，保障卫生行政部门有效实施食品卫生监督管理，维护正常的食品生产经营秩序，保护消费者健康，卫生部制定了《食品卫生许可证管理办法》，该办法自 2006 年 6 月 1 日起施行。

2010 年 2 月 8 日，为加强餐饮服务监督管理，保障餐饮服务环节食品安全，根据《食品安全法》《中华人民共和国食品安全法实施条例》（以下简称《食品安全法实施条例》），卫生部制定了《餐饮服务食品安全监督管理办法》（卫生部令第 71 号），该办法自 2010 年 5 月 1 日起施行，卫生部 2000 年 1 月 16 日发布的《餐饮业食品卫生管理办法》同时废止。2010 年 2 月 8 日，为规范餐饮服务许可工作，加强餐饮服务监督管理，维护正常的餐饮服务秩序，保护消费者健康，根据《食品安全法》《中华人民共和国行政许可法》（以下简称《行政许可法》）《食品安全法实施条例》等有关法律法规的规定，卫生部还制定了《餐饮服务许可管理办法》（卫生部令第 70 号），该办法自 2010 年 5 月 1 日起施行，卫生部 2005 年 12 月 15 日发布的《食品卫生许可证管理办法》同时废止。

同时，其他相关部门也陆续制定了一系列与餐饮服务相关的部门规章，如 2010 年 8 月 23 日，为加强餐饮服务食品安全监管，规范监督抽检工作，根据《食品安全法》《食品安全法实施条例》《餐饮服务食品安全监督管理办法》，国家食品安全监督管理总局制定了《餐饮服务食品安全监督抽检工作规范》；2011 年 4 月 18 日，为规范餐饮服务食品采购索证索票行为，国家食品安全监督管理总局制定餐饮服务食品采购索证索票管理规定（国食药监局 [2011] 178 号）；2011 年 8 月 22 日，为进一步提高餐饮服务提供者食品安全意识、诚信经营意识和自律意识，落实企业主体责任，规范餐饮服务经营行为，保障消费者饮食安全，国家食品安全监督管理总局制定《餐饮服务食品安全操作规范》（国食药监护食 [2011] 395 号）。

2018 年 12 月 29 日新修订的《食品安全法》中明确规定，食品经营包括食品流通与餐饮服务，并且国务院食品安全监督管理总局依照《食品安全法》和国务院规定的职责，对食品生产经营活动实施监督管理。国家食品安全监督管理总局在 2015 年 8 月 31 日公布了《食品经营许可管理办法》（国家食品药品监督管理总局令第 17 号），该办法自 2015 年 10 月 1 日起施行。

（四）检验方法与规程

食品安全检验方法标准是指对食品的质量安全要素进行测定、试验、计量、评价所做的统一规定，主要包括食品理化检验方法标准、食品微生物学检验方法标准、食品安全性毒理学评价程序及寄生虫检验方法。

1. 食品理化检验方法标准

食品理化检验主要是利用物理、化学以及仪器等分析方法对各类食品中的营养成分、特征性理化指标、添加剂，以及重金属、真菌毒素、农药残留、兽药残留等有毒有害化学成分进行检验。物理检验是对食品的一些物理特性的检验，如密度、折射度、旋光度等；化学检验是以物质的化学反应为基础，多用于常规检验，如蛋白质、脂肪、糖等营养成分的检验；仪器分析是利用大型精密仪器来测定物质的含量，多用于微量成分或食品中有害物质的分析，如重金属，农、兽药残留量检测等。食品理化检验的内容丰富，而且范围非常广泛，特别是不同种类的食品其有不同的特性。目前我国已发布的食品安全检验方法理化部分标准详见表 9-15。

表 9-15 食品安全检验方法理化标准

序号	标准代号	标准名称
1	GB 5009.93—2017	食品安全国家标准 食品中硒的测定
2	GB 5009.12—2017	食品安全国家标准 食品中铅的测定
3	GB 5009.92—2016	食品安全国家标准 食品中钙的测定
4	GB 5009.9—2016	食品安全国家标准 食品中淀粉的测定
5	GB 5009.85—2016	食品安全国家标准 食品中维生素 B_2 的测定
6	GB 5009.83—2016	食品安全国家标准 食品中胡萝卜素的测定
7	GB 5009.6—2016	食品安全国家标准 食品中脂肪的测定
8	GB 5009.36—2016	食品安全国家标准 食品中氰化物的测定
9	GB 5009.5—2016	食品安全国家标准 食品中蛋白质的测定
10	GB 5009.32—2016	食品安全国家标准 食品中 9 种抗氧化剂的测定
11	GB 5009.277—2016	食品安全国家标准 食品中双乙酸钠的测定
12	GB 5009.275—2016	食品安全国家标准 食品中硼酸的测定
13	GB 5009.273—2016	食品安全国家标准 水产品中微囊藻毒素的测定
14	GB 5009.27—2016	食品安全国家标准 食品中苯并(α)芘的测定
15	GB 5009.270—2016	食品安全国家标准 食品中肌醇的测定
16	GB 5009.265—2016	食品安全国家标准 食品中多环芳烃的测定
17	GB 5009.262—2016	食品安全国家标准 食品中溶剂残留量的测定
18	GB 5009.261—2016	食品安全国家标准 贝类中神经性贝类毒素的测定
19	GB 5009.206—2016	食品安全国家标准 水产品中河豚毒素的测定
20	GB 5009.128—2016	食品安全国家标准 食品中胆固醇的测定
21	GB 5413.30—2016	食品安全国家标准 乳和乳制品杂质度的测定
22	GB 5413.40—2016	食品安全国家标准 婴幼儿食品和乳品中核苷酸的测定
23	GB 5413.38—2016	食品安全国家标准 生乳冰点的测定
24	GB 5413.31—2013	食品安全国家标准 婴幼儿食品和乳品中脲酶的测定
25	GB 5413.6—2010	食品安全国家标准 婴幼儿食品和乳品中不溶性膳食纤维的测定
26	GB 5413.39—2010	食品安全国家标准 乳和乳制品中非脂乳固体的测定
27	GB 5413.29—2010	食品安全国家标准 婴幼儿食品和乳品溶解性的测定
28	GB 5413.17—2010	食品安全国家标准 婴幼儿食品和乳品中泛酸的测定
29	GB 5413.36—2010	食品安全国家标准 婴幼儿食品和乳品中反式脂肪酸的测定
30	GB 29681—2013	食品安全国家标准 牛奶中左旋咪唑残留量的测定 高效液相色谱法
31	GB 29682—2013	食品安全国家标准 水产品中青霉素类药物多残留的测定 高效液相色谱法
32	GB 29683—2013	食品安全国家标准 动物性食品中对乙酰氨基酚残留量的测定 高效液相色谱法
33	GB 29684—2013	食品安全国家标准 水产品中红霉素残留量的测定 液相色谱-串联质谱法
34	GB 29685—2013	食品安全国家标准 动物性食品中林可霉素、克林霉素和大观霉素多残留的测定 气相色谱-质谱法
35	GB 29686—2013	食品安全国家标准 猪可食性组织中阿维拉霉素残留量的测定 液相色谱-串联质谱法
36	GB 29687—2013	食品安全国家标准 水产品中阿苯达唑及其代谢物多残留的测定 高效液相色谱法

续表

序号	标准代号	标准名称
37	GB 29688—2013	食品安全国家标准 牛奶中氯霉素残留量的测定 液相色谱-串联质谱法
38	GB 29696—2013	食品安全国家标准 牛奶中阿维菌素类药物多残留的测定 高效液相色谱法
39	GB 29689—2013	食品安全国家标准 牛奶中甲砜霉素残留量的测定 高效液相色谱法
40	GB 29697—2013	食品安全国家标准 动物性食品中地西泮和安眠酮多残留的测定 气相色谱-质谱法
41	GB 29690—2013	食品安全国家标准 动物性食品中尼卡巴嗪残留标志物残留的测定 液相色谱-串联质谱法
42	GB 29698—2013	食品安全国家标准 奶及奶制品中17β-雌二醇、雌三醇、炔雌醇多残留的测定 气相色谱-质谱法
43	GB 29699—2013	食品安全国家标准 鸡肌肉组织中氯羟吡啶残留量的测定 气相色谱-质谱法
44	GB 29700—2013	食品安全国家标准 牛奶中氯羟吡啶残留量的测定 气相色谱-质谱法
45	GB 29691—2013	食品安全国家标准 鸡可食性组织中尼卡巴嗪残留量的测定 高效液相色谱法
46	GB 29701—2013	食品安全国家标准 鸡可食性组织中地克珠利残留量的测定 高效液相色谱法
47	GB 29702—2013	食品安全国家标准 水产品中甲氧苄啶残留量的测定 高效液相色谱法
48	GB 29692—2013	食品安全国家标准 牛奶中喹诺酮类药物多残留的测定 高效液相色谱法
49	GB 29703—2013	食品安全国家标准 动物性食品中呋喃苯烯酸钠残留量的测定 液相色谱-串联质谱法
50	GB 29704—2013	食品安全国家标准 动物性食品中环丙氨嗪及代谢物三聚氰胺多残留的测定 超高效液相色谱-串联质谱法
51	GB 29693—2013	食品安全国家标准 动物性食品中常山酮残留量的测定 高效液相色谱法
52	GB 29705—2013	食品安全国家标准 水产品中氯氰菊酯、氰戊菊酯、溴氰菊酯多残留的测定 气相色谱法
53	GB 29706—2013	食品安全国家标准 动物性食品中氨苯砜残留量的测定 液相色谱-串联质谱法
54	GB 29707—2013	食品安全国家标准 牛奶中双甲脒残留标志物残留量的测定 气相色谱-质谱法
55	GB 28404—2012	食品安全国家标准 保健食品中α-亚麻酸、二十碳五烯酸、二十二碳五烯酸和二十二碳六烯酸的测定
56	GB 29694—2013	食品安全国家标准 动物性食品中13种磺胺类药物多残留的测定 高效液相色谱法
57	GB 29708—2013	食品安全国家标准 动物性食品中五氯酚钠残留量的测定 气相色谱-质谱法

2. 食品微生物学检验方法标准

食品微生物学检验是为了正确且客观地揭示食品的安全卫生情况，加强食品安全管理，保障人们的健康，并对防止某些食源性传染病的发生提供科学依据。主要检测对象包括食品中的菌落总数、大肠菌群、特征微生物、致病菌等。

食品微生物检验方法是食品质量管理必不可少的重要组成部分。其重要性在于以下几方面：

① 它是衡量食品卫生质量的重要指标之一，也是判定被检食品能否食用的科学依据之一。

② 通过食品微生物检验，可以判断食品加工环境及食品卫生情况，能够对食品被细菌污染的程度做出正确的评价，为各项卫生管理工作提供科学依据。

③ 食品微生物检验是以贯彻"预防为主"的卫生方针，可以有效地防止或者减少食物中毒和人畜共患病的发生，保障人民的身体健康。

食品微生物检验的范围如下：

① 生产环境的检验。车间用水、空气、地面、墙壁等。

② 原辅料检验。包括食用动物、谷物、添加剂等一切原辅材料。

③ 食品加工、贮藏、销售等环节的检验。包括食品从业人员的卫生状况检验，加工工具、运输车辆、包装材料的检验等。

④ 食品的检验。对出厂食品、可疑食品及食物中毒食品的检验。

目前我国已发布的食品安全微生物检验部分标准详见表9-16。

表9-16 食品安全微生物检验部分标准

序号	标准代号	标准名称
1	GB 4789.6—2016	食品安全国家标准 食品微生物学检验 致泻大肠埃希氏菌检验
2	GB 4789.43—2016	食品安全国家标准 食品微生物学检验 微生物源酶制剂抗菌活性的测定
3	GB 4789.42—2016	食品安全国家标准 食品微生物学检验 诺如病毒检验
4	GB 4789.4—2016	食品安全国家标准 食品微生物学检验 沙门氏菌检验
5	GB 4789.40—2016	食品安全国家标准 食品微生物学检验 克罗诺杆菌数检验
6	GB 4789.36—2016	食品安全国家标准 食品微生物学检验 大肠埃希氏菌O157:H7/NM检验
7	GB 4789.35—2016	食品安全国家标准 食品微生物学检验 乳酸菌检验
8	GB 4789.34—2016	食品安全国家标准 食品微生物学检验 双歧杆菌检验
9	GB 4789.3—2016	食品安全国家标准 食品微生物学检验 大肠菌群计数
10	GB 4789.30—2016	食品安全国家标准 食品微生物学检验 单核细胞增生李斯特氏菌检验
11	GB 4789.2—2016	食品安全国家标准 食品微生物学检验 菌落总数测定
12	GB 4789.16—2016	食品安全国家标准 食品微生物学检验 常见产霉菌的形态学鉴定
13	GB 4789.12—2016	食品安全国家标准 食品微生物学检验 肉毒梭菌及肉毒毒素检验
14	GB 4789.10—2016	食品安全国家标准 食品微生物学检验 金黄色葡萄球菌检验
15	GB 4789.15—2016	食品安全国家标准 食品微生物学检验 霉菌和酵母计数
16	GB 4789.8—2016	食品安全国家标准 食品微生物学检验 小肠结肠炎耶尔森氏菌
17	GB 4789.41—2016	食品安全国家标准 食品微生物学检验 肠杆菌科检验
18	GB 4789.9—2014	食品安全国家标准 食品微生物学检验 空肠弯曲菌检验
19	GB 4789.14—2014	食品安全国家标准 食品微生物学检验 蜡样芽孢杆菌检验
20	GB 4789.11—2014	食品安全国家标准 食品微生物学检验 β型溶血性链球菌检验

3. 食品安全毒理学评价程序

食品安全性毒理学评价，是从毒理学角度对食品进行安全性评价，即利用规定的毒理学程序和方法评价食品中某种物质对机体的毒性和潜在的危害，并对人类接触这种物质的安全性做出评价的研究过程。食品安全性毒理学评价实际上是在了解食品中某种物质的毒性及危害性的基础上，全面权衡其利弊和实际应用的可能性，从确保该物质的最大效益、对生态环境和人类健康最小危害性的角度，对该物质能否生产和使用做出判断或寻求人类的安全接触条件的过程。

GB 15193.1—2014《食品安全国家标准 食品安全性毒理学评价程序》适用于评价食品生产、加工、保存、运输和销售过程中所涉及的可能对健康造成危害的化学、生物和物理因素的安全性，检验对象包括食品及其原料、食品添加剂、新食品原料、辐照食品、食品相关产品（用于食品的包装材料、容器、洗涤剂、消毒剂和用于食品生产经营的工具、设备）以及食品污染物。

GB 15193.1 从受试物的要求、食品安全性毒理学评价试验的内容、对不同受试物选择毒性试验的原则、食品安全性毒理学评价试验的目的和结果判定、进行食品安全性评价时需要考虑的因素等方面规定了食品安全性毒理学评价的程序。

四、无公害农产品、绿色与有机食品标准

（一）无公害农产品标准

无公害农产品是指产地生态环境清洁，按照特定的技术操作规程生产，将有害物质含量控制在规定标准内，并由授权部门审定批准，允许使用无公害农产品标志的优质农产品或初加工的食用农产品。

无公害食品标准体系包括无公害食品产地环境质量标准、无公害食品生产技术标准、无公害食品产品质量标准及无公害食品包装贮运标准。现行有效的无公害农产品行业标准主要有：《无公害农产品 种植业产地环境条件》（NY/T 5010—2016）、《无公害农产品 淡水养殖产地环境条件》（NY/T 5361—2016）、《无公害农产品 兽药使用准则》（NY/T 5030—2016）、《无公害农产品 生产质量安全控制技术规范》（NY/T 5010—2016）。

1. 无公害农产品安全要求标准

《无公害农产品 生产质量安全控制技术规范》为系列标准，共 13 个部分，其他 12 个部分须与第一部分结合使用，该标准适合于无公害农产品生产、管理和认证。第一部分：通则，此部分规定了无公害农产品主体的基本要求，包括主体资质、生产管理人员、管理制度及文件、产地环境、生产记录档案、农业投入品管理、废弃物处置、产品质量、包装标识和产品贮运等方面。第二部分：大田作物产品，此部分规定了无公害大田作物产品生产质量安全控制的基本要求，包括产地环境、种子种苗、肥料使用、病虫鼠草害防治、耕作管理、采后处理、包装标识与产品贮运等环节关键点的质量安全控制措施，附录中列举了国家禁止在大田农作物生产中使用的农药目录。第三部分：蔬菜，此部分规定了无公害蔬菜生产质量安全控制的基本要求，包括产地环境、农业投入品、栽培管理（露地栽培、设施栽培、水生栽培）、包装标识与产品贮运等环节关键点的质量安全控制措施，附录中列举了国家禁止在无公害蔬菜生产中使用的农药目录。第四部分：水果，此部分规定了无公害农产品水果种植质量安全控制的基本要求，包括园地选择、品种选择、肥料使用、病虫草害防治、栽培管理等环节关键点的质量安全控制措施，附录中列举了国家禁止在无公害水果生产中使用的农药目录。第五部分：食用菌，此部分规定了无公害农产品食用菌生产质量安全控制的基本要求，包括产地环境、农业投入品、栽培管理、采后处理等环节关键点的质量安全控制技术及要求，附录中列举了国家禁止在食用菌生产中使用的农药目录。第六部分：茶叶，此部分规定了无公害农产品茶叶生产质量安全控制的基本要求，包括茶园环境、茶树种苗、肥料使用、病虫草害防治、耕作与修剪、鲜叶管理、茶叶加工、包装标识与产品贮运等环节关键点的质

量安全控制技术措施，附录中列举了国家禁止在茶叶生产中使用的农药目录。第七部分：家畜，此部分规定了无公害家畜生产的场址和设施、家畜引进、饮用水、饲料、兽药、饲养管理、疫病防治、无害化处理和记录等质量安全控制的技术要求。第八部分：肉禽，此部分规定了无公害肉禽饲养的场址环境选择、投入品使用、饲料管理、疫病防治、无害化处理和记录等质量安全控制技术要求。第九部分：生鲜乳，此部分规定了无公害生鲜乳生产过程中产地环境、奶牛引进、饮用水、饲料、兽药、饲养管理、疫病防控、挤奶操作、贮存运输、无害化处理和记录等质量安全控制技术及要求。第十部分：蜂产品，此部分规定了无公害蜂产品生产过程中的质量安全控制基本要求，包括生产蜂场设置、养蜂机具、蜂群饲养管理、用药管理、卫生管理、蜂产品采收和贮运等。第十一部分：鲜禽蛋，此部分规定了无公害鲜禽蛋生产的场址和设施、禽只引进、饮用水、饲料和饲料添加剂、兽药、饲养管理、疫病防控、无害化处理、包装和贮运以及记录的技术要求。第十二部分：畜禽屠宰，此部分规定了无公害畜禽屠宰生产质量安全控制的厂区布局及环境、车间及设施设备、畜禽来源、宰前检验检疫、屠宰加工过程控制、宰后检验检疫、产品检验、无害化处理、包装与贮运、可追溯管理和生产记录等关键环节质量安全控制技术要求。第十三部分：养殖水产品，此部分规定了无公害养殖水产品生产过程，包括产地环境、养殖投入品管理、收获、销售和贮运管理等环节的关键点质量安全控制技术及要求，附录中列举了国家禁止的兽（渔）药品种。

质量安全控制技术规范是无公害农产品生产经营者自控的准绳，是消费者判断农产品质量是否安全的尺度，也是各级政府部门开展农产品产地认定、产品认证、例行监测和市场监控抽查的依据，为无公害农产品质量安全监管提供了重要的技术支撑。

此外，各地还制定了许多生产技术规程地方标准，对无公害农产品进行管理和规范，如DB2103/T 008—2006《无公害农产品 超级稻生产技术规程》、DB63/T 1049—2011《无公害农产品 富硒马铃薯》、DB22/T 2143—2014《无公害农产品 鲜食甘薯生产技术规程》、DB21/T 2063—2013《无公害农产品 滑菇栽培技术规程》、DB46/T 40—2012《无公害农产品 青、黄皮尖椒生产技术规程》等。

2. 无公害农产品产地环境要求标准

产地环境中的污染物通过空气、水体和土壤等环境要素直接或间接地影响产品的质量，因此，无公害农产品产地环境要求主要对产地的空气、农田灌溉水质、渔业水质、畜禽养殖用水和土壤等的各项质量指标以及浓度限值、监测和评价方法做出规定。

无公害农产品产地环境国家标准GB/T 18407.1—2001～GB/T 18407.5—2001于2015年3月1日废止。现行标准NY/T 5295—2015《无公害农产品 产地环境评价准则》规定了无公害农产品产地环境评价的原则、程序、方法和报告编制。评价程序中现状调查内容包括自然环境特征（自然地理、气候与气象、水文状况、土壤状况、植被及自然灾害等）、社会经济环境概况（行政区划、主要道路、工业布局和农田水利，农、林、牧、渔业发展状况等）、污染源情况［工矿污染源分布及污染物排放情况、农业副产物（畜禽粪便等）处置与综合利用、农业投入品使用情况、农村生活废弃物排放情况等以及污染源对农业环境的影响和危害情况］和环境质量概况（水环境、土壤环境、环境空气、农业生态环境保护措施）。评价方法中的评价指标则依据其产品种类分别参照NY/T 395—2012《农田土壤环境质量监测技术规范》、NY/T 396—2000《农用水源环境质量监测技术规范》、NY/T 397—2000《农区环境空气监测技术规范》、NY/T 388—1999《畜禽场环境质量标准》、NY/T 5361—2016《无公害产品 淡水养殖产地环境条件》、NY 5362—2010《无公害食品 海水养殖产地环境条件》、NY 5027—2008《无公害食品 畜禽饮用水水质》、NY 5028—2008《无公害食品畜禽产品加工用水水质》等。

（二）绿色食品标准

绿色食品是特指产自优良生态环境，按照绿色食品标准生产、实行全程质量控制并获得绿色食品标志使用权的安全、优质食用农产品及相关产品。绿色食品分为 AA 级和 A 级。AA 级绿色食品是指在生产过程中不使用化学合成的肥料、农药、兽药、饲料添加剂和其他有害于环境和人类健康的物质，按有机生产方式生产的产品。A 级绿色食品是限量使用限定的化学合成生产物资所生产的产品。

绿色食品标准的内容主要有绿色食品产地环境质量标准、绿色食品生产技术标准、绿色食品产品标准、绿色食品包装标签标准、绿色食品贮藏运输标准、绿色食品其他相关标准，这些标准对绿色食品产前、产中、产后全过程质量控制技术和指标做了全面的规定，构成了一个科学、完整的标准体系。

1. 绿色食品产地环境质量标准

根据农业生态的特点和绿色食品生产对生态环境的要求，充分依据现有国家环保标准，对控制项目进行优选。分别对空气、农田灌溉水、养殖用水和土壤质量等基本环境条件做出了严格规定。现行标准为《绿色食品 产地环境质量》（NY/T 391—2013）。

制定绿色食品产地环境标准的目的：一是强调绿色生产必须产自良好的生态环境地域，以保证绿色食品最终产品的无污染、安全性；二是促进对绿色食品产地环境的保护和改善。

绿色食品产地环境质量标准规定了产地的空气质量标准、农田灌溉水质标准和土壤环境质量标准的各项指标以及浓度限值、监测和评价方法。提出了绿色食品产地土壤肥力分级和土壤质量综合评价方法。对于一个给定的污染物在全国范围内其标准是统一的，必要时可增设项目，适用于绿色食品（AA 级和 A 级）生产的农田、菜地、果园、牧场、养殖场和加工厂。

2. 绿色食品生产技术标准

绿色食品生产过程的控制是绿色食品质量控制的关键环节。绿色食品生产技术标准是绿色食品生产控制的核心，它包括绿色食品生产资料使用准则和绿色食品生产技术操作规程两部分。

绿色食品生产资料使用准则是对生产绿色食品过程中物质投入的一个原则性规定，它包括生产绿色食品的农药、肥料、食品添加剂、饲料添加剂、兽药和水产养殖药的使用准则，对允许、限制和禁止使用的生产资料及其使用方法、使用剂量、使用次数和休药期等做了明确规定。

绿色食品生产技术操作规程是以上述准则为依据，按作物、畜牧种类和不同农业区域的生产特性分别指定的，用于指导绿色食品生产活动，规范绿色食品生产技术的技术规定，包括农产品种植、畜禽饲养、水产养殖和食品加工等技术操作规程。

此类标准主要有：NY/T 392—2013《绿色食品 食品添加剂使用准则》、NY/T 393—2013《绿色食品 农药使用准则》、NY/T 394—2013《绿色食品 肥料使用准则》、NY/T 471—2010《绿色食品 畜禽饲料及饲料添加剂使用准则》、NY/T 472—2013《绿色食品 兽药使用准则》、NY/T 473—2016《绿色食品 畜禽卫生防疫准则》、NY/T 755—2013《绿色食品 渔药使用准则》、DB34/T 2531—2015《绿色食品 猕猴桃生产技术规程》、DB41/T 1054—2015《绿色食品 番茄生产技术规程》、DB41/T 1025—2015《绿色食品 稻生产技术规程》等。

3. 绿色食品产品标准

根据国内外相关产品标准要求，坚持安全与优质并重、先进性与实用性相结合的原则，针对具体产品制定相应的品质和安全性项目和指标要求，它们是绿色食品产品认证检验和年度抽检的重要依据。

绿色食品产品标准是衡量绿色食品最终产品质量的指标尺度。它虽然与普通食品的标准一样，规定了食品的外观品质、营养物质和卫生品质等内容，但其卫生品质要求高于国家现行标准，主要表现在对农药残留和重金属的检测项目种类多、指标严。而且，使用的主要原料必须来自绿色食品产地，管理和质量控制的水平，突出了绿色食品无污染、安全的卫生品质。

现行绿色食品产品标准主要是农业部指定的行业标准，如 NY/T 2140—2015《绿色食品 代用茶》、NY/T 1325—2015《绿色食品 芽苗类蔬菜》、NY/T 2799—2015《绿色食品 畜肉》、NY/T 1512—2014《绿色食品 生面食、米粉制品》、NY/T 1047—2014《绿色食品 水果、蔬菜罐头》、NY/T 1039—2014《绿色食品 淀粉及淀粉制品》、NY/T 891—2014《绿色食品 大麦及大麦粉》、NY/T 892—2014《绿色食品 燕麦及燕麦粉》、NY/T 433—2014《绿色食品 植物蛋白饮料》、NY/T 657—2012《绿色食品 乳制品》、NY/T 749—2012《绿色食品 食用菌》、NY/T 752—2012《绿色食品 蜂产品》、NY/T 842—2012《绿色食品 鱼》、NY/T 1040—2012《绿色食品 食用盐》、NY/T 435—2012《绿色食品 水果、蔬菜脆片》、NY/T 1709—2011《绿色食品 藻类及制品》、NY/T 1712—2009《绿色食品 干制水产品》、NY/T 420—2009《绿色食品 花生及制品》等。

4. 绿色食品包装标签标准

为确保绿色食品在生产后期包装和运输过程中不受外界污染而制定一系列标准，主要包括 NY/T 658—2015《绿色食品 包装通用准则》和 NY/T 1056—2006《绿色食品 贮藏运输准则》两项。

包装标准规定了进行绿色食品产品包装时应遵循的原则，包装材料选用的范围、种类，包装上的标识内容等。要求产品包装从原料、产品制造、使用、回收和废弃的整个过程都应有利于食品安全和环境保护，包括包装材料的安全、牢固性，节省资源、能源，减少或避免废弃物产生，易回收循环利用，可降解等具体要求和内容。

贮藏运输标准对绿色食品贮运的条件、方法、时间做出规定，以保证绿色食品在贮运过程中不受污染、不改变品质，并有利于环保、节能。

5. 绿色食品包装标签、监测标准

绿色食品包装标签除要求符合 GB 7718—2011《食品安全国家标准 预包装食品标签通则》外，还要求符合《中国绿色食品商标标志设计使用规范手册》（简称《手册》）规定，该《手册》对绿色食品的标准图形、标准字形、图形和字体的规范组合、标准色、广告用语以及在产品包装上的规范应用均做了具体规定。

绿色食品的抽样、监测应按照 NY/T 896—2015《绿色食品 产品抽样准则》、NY/T 1055—2015《绿色食品 产品检验规则》、NY/T 1054—2013《绿色食品 产地环境调查、监测与评价规范》等在国家定点监测机构进行检测。

初次申请绿色食品认证产品时应参照中国绿色食品发展中心制定的《绿色食品产品适用标准目录》（2015 版）选择适用标准，该产品目录实施动态管理，不定时更新。申请认证产品如其所含能量或营养术语以特别标称，如"低能量""无糖"和"低胆固醇"等，则应在《绿色食品产品抽样单》中注明需加检的项目及依据，绿色食品产品质量定点检测机构依据

《绿色营养标签管理规范》《食品安全国家标准 预包装特殊膳食用食品标签通则》(GB 13432—2013)等有关规定进行检测和判定。

(三) 有机食品标准

有机农业是指遵照特定的农业生产准则,在生产中不采用基因工程获得的生物及其产物,不使用化学合成的农药、化肥、生长调节剂、饲料添加剂等物质,遵循自然规律和生态学原理,协调种植业和养殖业的平衡,采用一系列可持续的农业技术以维持持续稳定的农业生产体系的一种农业生产方式。

1. 有机食品标准的内涵

有机食品标准是应用生态学和可持续发展原理,结合世界各国有机食品的生产实践而制定的技术性文件。有机食品标准是一种质量认证标准,不同于一般的产品标准。一般的产品标准是对产品的外观、规格以及若干构成产品内在品质的指标所做的定性和定量描述,并规定品质的标准检测方法,通过产品抽样检测,了解和控制产品的质量。有机食品标准则不然,它是对一种特定生产体系的共性要求,它不针对某个食品品种或类别,凡是遵守这种生产规范生产出来的农产品及其加工品都可以冠以"有机食品"的称谓进行销售,并可以在包装上印制特定的有机产品质量证明商标。

总的来说,它要求在有机食品的原料生产(包括作物种植、畜禽养殖、水产养殖等及加工、贮藏、运输、包装、标识、销售)等过程中不违背有机生产原则,保持有机完整性,从而生产出合格的有机产品。有机食品是以有机农业生产体系为前提的,有机农业是一种完全不用化学合成的肥料、农药、生产调节剂、畜禽饲料添加剂等物质,也不使用基因工程生物及其产物的生产体系,其核心是建立和恢复农业生态系统的生物多样性和良性循环,以维持农业的可持续发展。

2. 有机食品标准制定的原则

制定有机食品标准有以下一些基本原则:为消费者提供营养均衡、安全的食品;加强整个系统内的生物多样性;增加土壤生物活性,维持土壤长效肥力;在农业生产系统中依靠可更新资源,通过循环利用植物性和动物性废料,向土地归还养分,并因此尽量减少不可更新资源的使用;促进土壤、水及空气的健康使用,并最大限度地降低农业生产可能对其造成的各种污染;采用谨慎的方法处理农产品,以便在各个环节保持产品的有机完整性和主要品质;生产可完全生物降解的有机产品,使各种形式的污染最小化;提高生产者和加工者的收入,满足他们的基本需求,努力使整个生产、加工和销售链都能向公正、公平和生态合理的方向发展。

3. 我国的有机食品标准

有机食品标准内容涵盖有机食品的原料生产(包括作物种植、畜禽养殖、水产养殖等)、加工、贮藏、运输、包装、标志、销售等过程。而它的核心是有机农业生产,包括有机作物生产、有机动物养殖。

我国现行的有机产品国家标准主要有:GB/T 19630.1—2011《有机产品 第1部分:生产》、GB/T 19630.2—2011《有机产品 第2部分:加工》、GB/T 19630.3—2011《有机产品 第3部分:标识与销售》、GB/T 19630.4—2011《有机产品 第4部分:管理体系》。

此外,农业部和各省也制定有行业标准和地方标准,如:NY/T 1733—2009《有机食品 水稻生产技术规程》、DB11/T 896—2012《有机食品 苹果生产技术规程》、DB3701/T 115—2010《有机食品 茶生产技术规程》、DB11/T 1085—2014《有机食品 梨生产技术规程》等。

本章案例

原创 | 从"辣条"抽检不合格事件,分析不同标准(国标 地标)的适用及产品标准的选择相关问题

原创:张小北知食观 9 月 5 日

针对最近几天"WL 公司辣条抽检不合格"的情况,本文从食品安全国家标准与地方标准的关系与地位、食品的分类、产品执行标准的选择等方面进行了简单的梳理。以期提醒企业避免类似的问题再次发生。并且简要梳理了实际案件的来龙去脉,以达到给读者一个完整结构的目的。

1. 相关法律

《中华人民共和国食品安全法》(2018 年修正)第二十五条规定"食品安全标准是强制执行的标准。除食品安全标准外,不得制定其他食品强制性标准。"第二十九条关于食品安全地方标准的规定"对地方特色食品,没有食品安全国家标准的,省、自治区、直辖市人民政府卫生行政部门可以制定并公布食品安全地方标准,报国务院卫生行政部门备案。食品安全国家标准制定后,该地方标准即行废止。"

《中华人民共和国标准化法》(2017 年修订)第二条规定"标准包括国家标准、行业标准、地方标准和团体标准、企业标准。国家标准分为强制性标准、推荐性标准,行业标准、地方标准是推荐性标准。"与第二十五条"不符合强制性标准的产品、服务,不得生产、销售、进口或者提供。"

2. 争议分析

此次事件的主要争议焦点在于标准适用问题,依据不同的标准,完全可以得出不同的结论。

WL 公司声称其产品执行的是《河南省地方标准 调味面制食品(DB 41/T515—2007)》,该标准"4.5 食品添加剂的使用要求 食品添加剂的使用应符合 GB 2760(参照糕点类、膨化食品类)的规定。"而根据该标准,山梨酸及其钾盐和脱氢乙酸及其钠盐均可用于糕点类、膨化食品类,因此上述两种添加剂可用于辣条。所以,其产品完全合法合规。

2015 年 5 月 27 日国家食品安全监督管理总局在《食品安全监管总局关于严格加强调味面制品等休闲食品监管工作的通知(国食药监食监—〔2015〕第 57 号)》中说明:根据调味面制品的产品特点和工艺要求,总局决定将其纳入"方便食品"实施许可,作为单独单元,生产许可证内容为"方便食品(调味面制品)";按照总局监管要求,调味面制品(俗称"辣条")属于"方便食品"。依据《食品安全国家标准 食品添加剂使用标准(GB 2760—2014)》,山梨酸及其钾盐和脱氢乙酸及其钠盐这两种食品添加剂可使用的食品类别,不包括调味面制品。

在食品领域,我国现有标准体系中包括通用标准、产品标准、生产经营规范、检验方法四类,涉及 500 项食品安全国家标准,涉及上万项安全指标和参数。在没有特定的食品安全专项标准的情况下,通用标准可以对相关指标进行覆盖。尽管关于调味面制品(俗称"辣条")的专门标准《食品安全国家标准 调味面制品》(国卫办食品函〔2018〕317 号)还在征求意见中,没有正式实施。但不能据此就认为,"没有"相关的食品安全标准。

按照《标准化法实施条例》(1990年4月6日实施)以及《标准化法》(2018年1月1日实施)对标准的复审周期要求均为五年。事件中涉及的《河南省地方标准 调味面制食品 (DB 41/T515—2007)》(2007-12-20发布,2008-01-10实施),从发布至今已经经历了两个复审周期(2012年,2017年)。在此期间,《食品安全国家标准 食品添加剂使用标准》(GB 2760—2014)(2015年5月24日 实施),2015年5月27日国家食品安全监督管理总局在《食品安全监管总局关于严格加强调味面制品等休闲食品监管工作的通知(国食药监食监—〔2015〕第57号)》中将调味面制品纳入"方便食品"实施许可,作为单独单元,生产许可证内容为"方便食品(调味面制品)"。而至今,《河南省地方标准 调味面制食品(DB 41/T515—2007)》中,"食品添加剂的使用应符合GB 2760(参照糕点类、膨化食品类)的规定。"是否已经不合时宜?地方标准是否存在更新、复审不及时的问题?

3. 关于生产许可分类问题

2015年5月27日国家食品安全监督管理总局在《食品安全监管总局关于严格加强调味面制品等休闲食品监管工作的通知(国食药监食监—〔2015〕第57号)》总要求"省级食品安全监管总局可根据食品安全法、食品生产许可审查通则等规定,制定生产许可审查要求。已经制定地方标准的,省级食品安全监管部门要积极协调卫生计生部门,予以完善或修订;没有地方标准的,尽快推动制定地方标准。未按照调味面制品实施许可的企业,原则给予1~2年过渡期,在许可期满后予以调整。对新申请许可的调味面制品生产企业,要严格按照相关法律、法规、标准规定和本通知要求实施许可。"并且漯河市PP食品有限责任公司(SC10741119100167)食品类别为:其他方便食品/调味面制品。

至此，湖北省食药监抽检的两种食品属于"调味面制品（俗称'辣条'）"而在调味面制品（俗称"辣条"）使用山梨酸及其钾盐和脱氢乙酸及其钠盐这两种食品添加剂，可以认为是超范围使用食品添加，属于不符合食品安全标准。或许企业会认为自己比较"冤"，你们"神仙打架"（国家食品安全标准与地方标准），为啥我们"凡人遭殃"？

在此也给相关企业提个醒，在实际中需要密切关注国家基础标准的更新，或许执行的标准没有跟上国家标准的更新速度。在此情况下就应该及时更新或更换自己企业的执行标准，以满足国家食品安全标准的要求。避免"明明我没错，为什么就不符合食品安全标准"的情况再次出现。

4. 事件回顾

2018年8月30日

湖北省食品安全监督管理总局发布抽检公告

事件回顾

2018年8月30日
湖北省食品安全监督管理总局发布抽检公告

本次抽检检出不合格的食品种类为方便食品、酒类、饮料、调味品、蔬菜制品、糕点和食用农产品。

抽检依据是《食品安全国家标准 食品添加剂使用标准》（GB 2760-2014）、《食品安全国家标准 食品中污染物限量》（GB 2762-2017）、《食品安全国家标准 食品中致病菌限量》（GB 29921-2013）等标准及产品明示标准和指标的要求。

抽检项目包括品质指标、食品添加剂、重金属、微生物、兽药残留、农药残留等指标，检出酒类不合格2批次、糕点不合格1批次、蔬菜制品不合格1批次、方便食品不合格6批次、饮料不合格2批次、调味品不合格1批次和食用农产品不合格1批次。

不合格产品信息见附表。

附表：食品监督抽检不合格产品信息附件

序号	标称生产企业名称	标称生产企业地址	被抽样单位名称	被抽样单位地址	食品名称	规格型号	商标	生产日期/批号	不合格项目|检验结果|标准值	检验机构	备注
1	柘城县BW食品有限公司	河南商丘市柘城县工业大道	湖北美联商贸连锁有限公司南漳涌泉店	湖北省南漳县九集镇涌泉店	铁板烧-素食	120克/袋	谢博士	2018-03-05	山梨酸及其钾盐（以山梨酸计）|0.296g/kg|不得使用；脱氢乙酸及其钠盐（以脱氢乙酸计）|0.221g/kg|不得使用	湖北省食品质量安全监督检验研究院	
2	驻马店市PP食品有限公司	驻马店市高新区创业大道西段	南漳县东方天天乐购物广场	南漳县武安镇沿河大道	亲嘴烧（红烧牛肉味调味面制品）	散装称重	卫龙	2018-01-19	山梨酸及其钾盐（以山梨酸计）|0.163g/kg|不得使用；脱氢乙酸及其钠盐（以脱氢乙酸计）|0.131g/kg|不得使用	湖北省食品质量安全监督检验研究院	委托方：漯河市平平食品有限责任公司；委托方地址：漯河经济开发区燕山路南段民营工业园
3	漯河W食品科技有限公司	漯河经济技术开发区燕山路南段民营工业园	南漳县东方天天乐购物广场	南漳县武安镇沿河大道	小面筋（香辣味调味面制品）	散装称重	卫龙	2018-01-19	山梨酸及其钾盐（以山梨酸计）|0.307g/kg|不得使用；脱氢乙酸及其钠盐（以脱氢乙酸计）|0.180g/kg|不得使用	湖北省食品质量安全监督检验研究院	委托方：漯河市平平食品有限责任公司；委托方地址：漯河经济开发区燕山路南段民营工业园

湖北省食品安全监督管理总局8月30日发布《湖北省食品安全监督管理局 食品安全监督抽检信息公告（2018年第34期）》称两批次"WL"辣条产品被抽检查出违规添加。当地食品安全监督管理总局已督促生产经营者立即封存、下架和召回不合格产品。

不合格情况分别为：1）南漳县DF购物广场销售漯河市PP食品有限责任公司委托驻马

店市 PP 食品有限公司生产的亲嘴烧（红烧牛肉味调味面制品）（生产日期/批号：2018-01-19），山梨酸及其钾盐（以山梨酸计）检出值为 0.163g/kg，标准要求为不得使用；脱氢乙酸及其钠盐（以脱氢乙酸计）检出值为 0.131g/kg，标准要求为不得使用。检验机构为湖北省食品质量安全监督检验研究院。2）南漳县 DF 购物广场销售漯河市 PP 食品有限责任公司委托漯河卫来食品科技有限公司生产的小面筋（香辣味调味面制品）（生产日期/批号：2018-01-19），山梨酸及其钾盐（以山梨酸计）检出值为 0.307g/kg，标准要求为不得使用；脱氢乙酸及其钠盐（以脱氢乙酸计）检出值为 0.180g/kg，标准要求为不得使用。检验机构为湖北省食品质量安全监督检验研究院。

2018 年 9 月 4 日

WL 发布《郑重申明》

郑重声明

尊敬的消费者和媒体朋友们：

关于我公司产品含有山梨酸及其钾盐、脱氢乙酸及其钠盐，致使辣条"抽检不合格"的情况。我公司郑重声明，我公司产品完全合法合规。具体说明如下：

一、自2007年开始，调味面制品（辣条）一直执行各地方标准（其中以河南省执行的《调味面制食品地方标准》（DB41/T 515-2007）及湖南省执行的《挤压糕点地方标准》（DBS43/002-2017）为代表）。

二、我公司严格按照河南省地方标准及食品生产许可依法依规组织生产，现河南省地方标准现行有效，市场上执行河南省地方标准及执行企业标准的产品均符合相关法律法规要求。

三、2018年5月14日国家卫生健康委员会发函《关于征求〈食品安全国家标准 调味面制品〉等4项食品安全国家标准（征求意见稿）意见的函》，国家标准进入征求意见阶段，现仍在制订中。在国家标准正式发布之前，我公司严格按照河南省地方标准执行，我公司可提供合格证明文件。

感谢各级政府监管部门以及媒体朋友对我辣条行业的监督，我们愿意接受社会各界的指导和意见，并认真对待每一个关于食品质量安全的反馈和建议。我公司郑重承诺，会一如既往地遵守国家和地方相关法律法规，向消费者提供安全放心的产品。

9月4日凌晨，WL 官方紧急发布声明，表示 WL 产品完全合法合规。

申明称，自 2017 年开始，辣条产品其严格按照河南省地方标准及食品生产许可依法依规组织生产，现河南省地方标准现行有效，市场上执行河南省地方标准及执行企业标准的产品均符合相关法律法规要求。

2018 年 9 月 4 日

湖北食品安全监督管理总局就抽检公告进行情况通报

关于相关调味面制品（俗称"辣条"）抽检情况的通报
来源：湖北省食品药品监督管理局　发布时间：2018-09-04　阅读次数：192

2018 年 8 月 30 日，我局在官网发布了 2018 年第 34 期食品抽检信息，涉及漯河市 PP 食品有限责任公司等食品生产企业生产的 6 批次不合格调味面制品（俗称"辣条"）。针对公众及媒体关注的几个问题，现将有关情况通报如下：

一、关于调味面制品分类

2015 年国家食品药品监管总局《关于严格加强调味面制品等休闲食品监管工作的通知》（食药监食监一〔2015〕57 号）中已明确，调味面制品（辣条）纳入"方便食品"实施许可，作为单独单元，生产许可证内容为"方便食品（调味面制品）"。

二、关于调味面制品抽检判定依据

《食品安全法》第二十五条规定食品安全标准是强制执行的标准。2017 年 10 月 20 日，国家卫生计生委《关于爱德万甜等 6 种食品添加剂新品种、食品添加剂环己基磺酸钠（又名甜蜜素）等 6 种食品添加剂扩大使用量和使用范围的公告》（2017 年第 8 号）中明确，有关调味面制品食品添加剂使用归属于"方便米面制品"。原国家食品药品监管总局组织的食品及保健食品专项抽检方案中明确调味面制品食品添加剂使用的判定标准为《GB 2760—2014 食品安全国家标准食品添加剂的使用标准》。

三、关于核查处置情况

此次专项抽检检出的不合格调味面制品我省经营企业所在地食品药品监管部门已按要求依法开展核查处置。对不合格调味面制品生产企业的核查处置由其所在地食品药品监管部门组织处置。

下一步,我局将强化日常监管,严厉查处违法违规行为,确保人民群众食品安全。

湖北省食品药品监督管理局
2018 年 9 月 4 日

主旨说明其判定依据合规合法,针对问题处置得当。

讨论题

1. 简述我国食品安全标准的现状与存在的问题。
2. 简述我国目前在食品安全标准方面取得的成就。
3. 简要说明我国目前食品安全国家标准的发布情况。
4. 食品安全限量标准包括哪些内容?
5. 简述农业标准化与食品安全的关系。

参考文献及推荐读物和推荐网站

[1] 何勤华. 法的移植与法的本土化 [J]. 中国法学, 2002, 3 (3).
[2] 张骐. 判例法的比较研究——兼论中国建立判例法的意义,制度基础与操作 [J]. 比较法研究, 2002 (4): 79-94.
[3] 高军. 论中国法制现代化进程中的法律移植 [J]. 理论与改革, 2005 (6): 122-124.
[4] 封丽霞. 偶然还是必然:中国近现代选择与继受大陆法系法典化模式原因分析 [J]. 金陵法律评论, 2005 (1): 145-157.
[5] 杨毅炯. 日本法律继受经验及对我国的启示 [J]. 赤峰学院学报:科学教育版, 2011 (4): 91-93.
[6] 芮锦烨. 区分法与法律的关系 [N]. 江苏经济报, 2011-05-28 (B03).
[7] Garner B A, Black H C. Black's law dictionary [M]. St. Paul, MN: Thomson/West, 2004.
[8] 彼得·德恩里科, 邓子滨. 法的门前 [M]. 北京: 北京大学出版社, 2012.
[9] 刘得宽. 法学入门 [M]. 北京: 中国政法大学出版社, 2006.
[10] 张文显. 法理学 [M]. 北京: 高等教育出版社, 2007.
[11] 李宏勃. 浓缩法学 [M]. 北京: 法律出版社, 2008.
[12] 杜国明. 我国食品安全民事责任制度研究 [J]. 政治与法律, 2014 (8): 22-29.
[13] 王永强, 管金平. 精准规制——大数据时代市场规制法的新发展 [J]. 法商研究, 2014 (6): 55-62.
[14] 胡秋辉, 王承明. 食品标准与法规 [M]. 北京: 中国计量出版社, 2006.
[15] 周才琼, 张平平. 食品标准与法规 [M]. 北京: 中国农业大学出版社, 2016.
[16] 张水华, 余以刚. 食品标准与法规 [M]. 北京: 中国轻工业出版社, 2010.
[17] 吴澎, 赵丽芹. 食品法律法规与标准 [M]. 北京: 化学工业出版社, 2010.
[18] 王晓英, 邵威平. 食品法律法规与标准 [M]. 郑州: 郑州大学出版社, 2012.
[19] 王平. 从历史发展看标准和标准化组织的性质和地位 [J]. 中国标准化, 2005 (6): 23-25.
[20] 谭福有. 标准和标准化的概念 [J]. 信息技术与标准化, 2005 (3): 56-57.
[21] 麦绿波. 广义标准概念的构建 [J]. 中国标准化, 2012 (4): 57-62.
[22] 刘钢. 关于"标准"的探讨 [D]. 南京: 东南大学, 2005.

[23] 邝兵. 标准化战略的理论与实践研究 [M]. 武汉：武汉大学出版社，2011.
[24] 崔彦民，陈国良，张晶. 标准化的概念与作用 [J]. 内蒙古石油化工，2012（14）：75-77.
[25] 孙志贤. 世界贸易组织概论 [M]. 北京：电子工业出版社，2016.
[26] 刘少伟. 国际食品法典研读 [M]. 上海：华东理工大学出版社，2016.
[27] 林伟，徐战菊，黄冠胜，等. 技术性贸易措施风险预警及快速反应系统框架的初步研究 [J]. 中国标准化，2006（3）：16-19.
[28] 温珊林. WTO 协议的分类和总体框架结构 [J]. 中国标准化，2001，1（4）.
[29] 黄颖丽.《实施卫生与植物卫生措施协议》研究 [D]. 郑州：郑州大学，2003.
[30] 谈谭. 艰难的霸权转换 [D]. 上海：上海师范大学，2007.
[31] 肖冰. 技术性贸易壁垒协议与实施卫生与植物卫生措施协议关系辨析 [J]. 国际经济法论丛（6）.
[32] 赵柯. WTO 规则的法理分析 [D]. 长春：吉林大学，2012.
[33] 赵蕾. 论《实施卫生与植物卫生协议》中的风险评估原则 [D]. 北京：中国政法大学，2011.
[34] 刘晓毅，石维妮，刘小力，等. 浅谈构建我国食品安全风险监测与预警体系的认识 [J]. 食品工程，2009（2）：3-5.
[35] 余敏友，左海聪，黄志雄. WTO 争端解决机制概论 [M]. 上海：上海人民出版社，2001.
[36] 曹建明，贺小勇. 世界贸易组织 [M]. 北京：法律出版社，1999.
[37] 相林，广辉. 世界贸易组织法总论 [M]. 北京：中国法制出版社，2004.
[38] 张汉林，刘光溪. 中国与世界贸易组织疑难问题解答 [M]. 北京：对外经济贸易大学出版社，1999.
[39] 尹肖妮. 运用《TBT 协议》的相关原则应对国外技术贸易壁垒 [J]. 经济师，2005（1）：260.
[40] 申进忠. 从 WTO/TBT 协议谈我国技术法规的目标定位 [J]. 中国标准化，2002，2：16-19.
[41] 江虹，吴松江.《国际食品法典》与食品安全公共治理 [M]. 北京：中国政法大学出版社，2015.
[42] 魏启文，崔野韩，等. 中国与国际食品法典 [M]. 北京：北京知识出版社，2005.
[43] 中国兽医药品监察所译编. 食品法典工作法规 [M]. 北京：中国农业科学技术出版社，2003.
[44] 世界卫生组织，联合国粮食及农业组织. 食品法典委员会程序手册（第 20 版）[M]. 粮农组织、世卫组织联合食品标准计划秘书处，2011.
[45] 世界卫生组织. 国际卫生条例 [Z]. 2005.
[46] 世界卫生组织，联合国粮食及农业组织. 食品法典委员会 2008—2013 年战略计划 [Z]. 2008.
[47] 宋雯. 标准之路——国际食品法典委员会（CAC）简史 [N]. 中国标准导报，2013，11.
[48] 蒋美仕，李艾青. FAO/WHO 在食品安全保证体系中的地位与作用——国际食品法典委员会（CAC）视角 [J]. 洛阳师范学报，2013，32（6）：14-17.
[49] 陆如山. 第 60 届世界卫生大会简介 [J]. 医学信息学杂志，2007，4：420.
[50] 钱富珍. 国际食品法典委员会（CAC）组织机制及其标准体系研究 [J]. 上海标准化，2005，12：21-25.
[51] 晋继勇. 世界卫生组织改革评析 [J]. 外交评论，2013（1）：139-150.
[52] 李乐，宋怿，房金岑. 国际食品法典委员会水产标准制定程序及启示 [J]. 农业质量标准，2009（5）：50-52.
[53] 席兴军，刘文. 国际食品法典标准体系及其发展趋势 [J]. 中国标准化，2004（4）：73-75.
[54] 樊永祥. 国际食品法典标准对建设我国食品安全标准体系的启示 [J]. 中国食品卫生杂志，2010（2）：121-129.
[55] 田静，刘秀梅. 食品法典委员会简介及我国食品法典工作的进展 [J]. 中国食品卫生杂志，2005（6）：94-96.
[56] 罗国英，林修齐. 2000 版 ISO 9000 族标准质量管理体系教程 [M]. 北京：中国经济出版社，2005.
[57] 刘立生. ISO 14000 环境管理体系培训教程 [M]. 北京：中国计量出版社，2003.
[58] 张学民. 管理第 1 现场 [M]. 北京：中国财富出版社，2012.
[59] 陈红丽，缪瑞. 商品检验与质量认证 [M]. 北京：北京大学出版社，2011.
[60] 王克娇. ISO 22000 食品安全管理体系应用与实施 [M]. 北京：中国计量出版社，2011.
[61] 黄宇. 可持续发展视野中的大学——绿色大学的理论与实践 [M]. 北京：北京师范大学出版

社，2012.
[62] 黄镇海，吴波波. 食品企业 ISO 22000 ISO 9001 ISO 14001 一体化管理体系文件实例 [M]. 北京：中国计量出版社，2006.
[63] ISO. Selection and use of the ISO 9000 family of standards [Z]. 2009，01.
[64] 包起帆. ISO 18186 国际标准的制定及思考 [J]. 中国工程科学，2012，14（10）.
[65] 刘生明. 食品企业 ISO 22000 ISO 9001 ISO 14001 一体化管理体系实施要点 [M]. 北京：中国计量出版社，2006.
[66] 孙丹峰，季幼章. 国际标准化组织（ISO）简介 [J]. 电源世界，2013（11）：56-61.
[67] 傅文景. ISO 14000 与 ISO 9000 体系兼容的必要性与可行性 [J]. 中国检验检疫杂志，1998（8）：21-22.
[68] 朱红斌. ISO/TC 17 发展特点及我国参加该委员会所做的工作与收获 [J]. 冶金标准化与质量，1997（5）：43-45.
[69] 乔东. 浅谈对 ISO 22000 标准的理解和应用 [J]. 食品与发酵工业，2005（8）：70-72.
[70] 赵元晖. 食品供应链中的关键要素（ISO 22000）[J]. 肉类研究，2010（2）：60-66.
[71] 河南省食品药品监督管理局. 美国食品安全与监管 [M]. 北京：中国医药科技出版社，2017.
[72] 余以刚. 食品标准与法规 [M]. 北京：中国轻工业出版社，2017.
[73] 王世平. 食品标准与法规 [M]. 北京：科学出版社，2017.
[74] 孙伟东，刘秀丽，邹艳丽. 美国食品安全监管模式及法案对我国的启示 [J]. 食品安全导刊，2016（36）：15-16.
[75] 姜旭光，刘凯. 美国食品安全监督管理体系创新及对我国的启示 [J]. 经营与管理，2017（3）：6-8.
[76] 王浦劬，刘新胜. 美国食品安全监管职权体系及其借鉴意义 [J]. 科学决策，2016（3）：1-9.
[77] 吕青，苏大路，吕朋，王慧. 美国 HACCP 体系法律法规建立与实施的研究. 安徽农业科学 2008，36（1）：340-341.
[78] 胡小钟，余建新，吴涛. 美国食品安全监管体系简介 [J]. 中国检验检疫，2000，（7）：43-44.
[79] 杨丽. 美国食品安全体系. 中国食物与营养 [J]. 2004，（6）：16-19.
[80] 潘煜辰，周瑶，伊雄海. 美国食品安全风险管理体系的研究美国食品安全风险管理体系的研究 [J]. 食品工业科技，2012，18：003.
[81] 康莉莹. 美国食品安全监管法律制度的创新及借鉴 [J]. 企业经济，2013，3：189-192.
[82] 袁文艺. 食品安全管制制度的国际比较及启示 [J]. 湖北行政学院学报，2012（2）：46-51.
[83] 范硕. 基于中美对比的食品安全管制研究 [D]. 北京：中共中央党校，2013.
[84] 董晓培. 美国纯净食品药物的联邦立法之路（1906-1962）[J]. 厦门：厦门大学，2009.
[85] 邹志飞，吴宏中. 日本食品添加剂法规标准指南 [M]. 北京：中国标准出版社，2016.
[86] 周建安，鄢建. 日本食品安全法律法规汇编 [M]. 北京：中国质检出版社，2016.
[87] 董晓文. 日本食品安全监管法律制度的新发展及其启示 [J]. 世界农业，2017（4）：120-125.
[88] 张璐. 日本食品安全监管体系及法规现状 [J]. 食品安全导刊，2015（25）：68-69.
[89] 王玉辉，肖冰. 21 世纪日本食品安全监管体制的新发展及启示 [J]. 河北法学，2016，34（6）：136-147.
[90] 卫学莉，张帆. 日本食品安全规制的多中心治理研究 [J]. 世界农业，2017（2）：15-20.
[91] 阮喜珍，潘艾华. 现代质量管理实务 [M]. 武汉：武汉大学出版社，2009.
[92] 刘录民. 我国食品安全监管体系研究 [M]. 北京：中国质检出版社，2013.
[93] 张永慧，吴永宁. 食品安全事故应急处置与案例分析 [M]. 北京：中国质检出版社，2012.
[94] 陈忠文. 信息安全标准与法律法规 [M]. 武汉：武汉大学出版社，2011.
[95] 程景民. 中国食品安全监管体制运行现状和对策研究 [M]. 北京：军事医学科学出版社，2013.
[96] JETRO. Food Sanitation Law in Japan [Z]. 2004，11.
[97] 熊立文，李江华. 日本食品安全标准体系及其监管体制初探 [N]. 中国标准导报，2010，03.
[98] 边红彪，钟湘志. 日本食品监控体系中的认证认可制度 [J]. WTO 技术壁垒，2010（05）：90-92.
[99] 李立，罗神，娄喜山，付建. 日本食品安全体系介绍 [J]. 检验检疫学刊，2009，19（3）：54-55.

[100] 刘畅,安玉发,中岛康博. 日本食品行业 FCP 的运行机制与功能研究:基于对我国"三鹿"、"双汇"事件的反思 [J]. 公共管理学报, 2011 (4): 96-102.

[101] 李清."日本食品中残留农药肯定列表制度"分析与对策研究 [J]. 世界农业, 2007 (2): 41-44.

[102] 顾长青. 借鉴日本肯定列表制度完善我国食品安全体系 [J]. 中国标准化, 2007 (2): 61.

[103] 孙杭生. 日本的食品安全监管体系与制度 [J]. 农业经济, 2006 (6): 50-51.

[104] 彭娟. 论日本食品安全危机的法律应急机制 [J]. 商业文化:学术版, 2011 (2): 14-15.

[105] 李立,李守峰,于贝贝. 日本食品安全规制及对中日食品贸易的影响 [J]. 青岛科技大学学报(社会科学版), 2013, 29 (3): 61-64.

[106] 谢浩然. 将立法触角伸至食品安全一线 [J]. 立法时空, 2015 (9): 27-28.

[107] 李容琴. 新《食品安全法》下保健食品监管难题及其应对措施 [J]. 食品与机械, 2016 (11): 229-236.

[108] 王世平. 食品标准与法规(第2版)[M]. 北京:科学出版社, 2017.

[109] 刘金福. 食品质量与安全管理 [M]. 北京:中国农业大学出版社, 2016.

[110] 中华人民共和国卫生部."十三五"国家食品安全规划, 2017.

[111] 丁则芳. 论我国食品安全法律体系的完善 [D]. 长春:吉林大学, 2012.

[112] 邹志群. 我国食品安全法律制度研究 [D]. 长沙:湖南大学, 2009.

[113] 王卫东,赵世琪. 从《食品安全法》看我国食品安全监管体制的完善 [J]. 中国调味品, 2010 (6): 22-24.

[114] 陈旭潇. 从比较法的角度看我国惩罚性赔偿制度的必要性 [J]. 犯罪研究, 2011 (4): 38-42.

[115] Balzano J. China's Food Safety Law: Administrative Innovation and Institutional Design in Comparative Perspective [J]. APLPJ, 2011, 13: 23.

[116] Liu C. The Obstacles of Outsourcing Imported Food Safety to China, [J]. Cornell Int'l LJ, 2010, 43: 249.

[117] 吴林海,王建华,朱淀,等. 中国食品安全发展报告 2013 [M]. 北京:北京大学出版社, 2013.

[118] 杨凤春. 中国政府概要 [M]. 北京:北京大学出版社, 2002.

[119] 王忠敏. 标准化基础知识实用教程 [M]. 北京:中国标准出版社, 2010.

[120] 国家质量监督检验检疫总局食品生产监管司. 食品安全监管法规文件汇编 2013 [M]. 北京:中国标准出版社, 2013.

[121] 刘录民. 我国食品安全监管体系研究 [M]. 北京:中国质检出版社, 2013.

[122] 中华人民共和国卫生部. 食品安全国家标准"十二五"规划. 2012.

[123] 李佳,叶兴乾,沈立荣. 我国食品标准的现状,存在问题及发展趋势 [J]. 食品科技, 2010 (010): 297-300.

[124] 颜丽. 浅析我国食品标准现状及几点建议 [J]. 大众标准化, 2011 (002): 45-48.

[125] 门玉峰. 我国食品安全标准体系构建研究 [J]. 黑龙江对外经贸, 2011 (9): 61-63.

[126] 何晖,任端平. 我国食品安全标准法律体系浅析 [J]. 食品科学, 2008, 29 (9): 659-663.

[127] 季任天. 论中国食品安全法中的食品安全标准 [J]. 河南省政法管理干部学院学报, 2009, 24 (4): 122-127.

[128] 武艳如,路勇. 科学构建我国食品安全标准体系 [J]. 中国标准化, 2013 (005): 59-62.

[129] 李里特. 农产品标准化是现代农业和食品安全的基础 [J]. 标准科学, 2009 (1): 18-21.

[130] 李江华. 建立健全农产品质量安全标准体系 [J]. 食品科学, 2008, 29 (8): 685-688.

[131] 王南,汪学才,张文斌,等. 农产品质量安全标准化体系建设内涵浅析 [J]. 上海农业科技, 2011 (2): 28-29.

[132] 谢瑞红,杨春亮,王明月,等. 我国农产品质量安全标准体系存在问题及应对措施 [J]. 热带农业科学, 2013, 32 (12): 91-93.

[133] 杨柳. 中国农产品质量安全标准体系建设研究 [D]. 南昌:江西农业大学, 2013.

[134] 何翔. 食品安全国家标准体系建设研究 [D]. 长沙:中南大学, 2013.

[135] 汤晓艳,郭林宇,王敏,等. 农产品质量安全标准体系发展现状与主攻方向 [J]. 农产品质量与安

全，2017，6：3-8.

推荐网站

中国标准服务网 http：//www.cssn.net.cn
国家标准化管理委员会 www.sac.gov.cn
WTO 官网：http：//www.wto.org/
中国质量新闻网：http：//www.cqn.com.cn/
国家食品安全风险评估中心官网：http：//www.cfsa.net.cn/
公共卫生科学数据中心：http：//www.phsciencedata.cn/Share/index.jsp
中国食品安全法制网：http：//www.foodlaw.cn/
世界卫生组织官网：http：//www.who.int/en/
联合国粮食及农业组织官网：http：//www.fao.org/home/en/
国际食品委员会官网：http：//www.codexalimentarius.org/
ISO 官网：http：//www.iso.org/iso/home.htm
美国食品药品监督管理局 http：//www.fda.gov/
美国农业部 http：//www.usda.gov/wps/portal/usda/usdahome
美国环境保护署 http：//www.epa.gov/
美国疾病控制与预防中心 http：//www.cdc.gov/
全球法规网 http：//policy.mofcom.gov.cn/
日本农林水产省官网 http：//www.maff.go.jp/e/index.html
日本厚生劳动省食品政策介绍 http：//www.mhlw.go.jp/english/policy/health-medical/food/index.html
纽约时报中国食品安全专题：http：//www.nytimes.com.topic/destination/food-safety-in-china
中华人民共和国国家卫生健康委员会 http：//www.nhfpc.gov.cn
国家市场监督管理总局 www.sda.gov.cn
标准文献网 hrrp：//www.bzwxw.com